Milton Leontiades

Mischkonzerne verändern die Welt

Der Synergie-Faktor jenseits der Monopole

Übersetzt und ergänzt
von Hartmut J. H. Rastalsky

ECON Verlag
Düsseldorf · Wien · New York

Titel der amerikanischen Originalausgabe:
Managing the Unmanageable, Strategies for Success Within the Conglomerate
Originalverlag: Addison-Wesley Publishing Company, Inc., Reading (Mass.)
Übersetzt und ergänzt von Hartmut J. H. Rastalsky

CIP-Kurztitelaufnahme der Deutschen Bibliothek

Leontiades, Milton:
Mischkonzerne verändern die Welt: d. Synergie-Faktor jenseits d. Monopole/Milton Leontiades.
Übers. u. erg. von Hartmut J. H. Rastalsky.
Düsseldorf; Wien; New York: ECON Verlag, 1987.
Einheitssacht.: Managing the unmanageable ‹dt.›
ISBN 3-430-15922-9
NE: Rastalsky, Hartmut J. H. [Bearb.]

Gesetzt aus der Times
Satz: Formsatz GmbH, Diepholz
Papier: Papierfabrik Schleipen GmbH, Bad Dürkheim
Druck und Bindearbeiten: Bercker, Grafischer Betrieb GmbH, Kevelaer
Printed in Germany
ISBN 3-430-15922-9

Für Susan

Inhaltsverzeichnis

Vorwort zur deutschen Ausgabe 9

I Das Wesen des Mischkonzerns verstehen 11
1. Warum Mischkonzerne auf Vorbehalte stoßen . . 13
2. Die Mythen entlarven 51
3. Wertschöpfung im Konglomerat 85

II Anforderungen an das Management 125
1. Die Diversifikation organisatorisch vorbereiten . 127
2. Besondere Fähigkeiten ausbauen 167
3. Die Kunst, die richtigen strategischen Manager auszusuchen 203

III Anforderungen an den Aufbau eines Mischkonzerns 233
1. Für den Wandel planen 235
2. Sein Geschäft kennen 271
3. Der Weg, der noch vor uns liegt 295

IV Mischkonzerne in der Bundesrepublik 311
1. Der neue Weg zu mehr Wachstum und mehr Arbeitsplätzen 313
2. Synergieeffekte in deutschen Mischkonzernen . 343
3. Großfusionen – Verbot per se? 355

Personen- und Sachregister 360

Vorwort zur deutschen Ausgabe

Heute betreiben laut einer Statistik weniger als 15 Prozent der Unternehmen, die zu den *Fortune* 500 gezählt werden – einer Auflistung des anerkannten amerikanischen Managermagazins der erfolgreichsten Firmen der USA –, nur eine Art von Geschäft. Mischkonzerne gewinnen kontinuierlich an Bedeutung. Aber nicht nur in den USA, sondern auch in der Bundesrepublik ist eine solche Entwicklung zu verzeichnen: Im vergangenen Jahr stieg die Zahl der Zusammenschlüsse drastisch an, und bei immer mehr Fusionen sind Umsatz-Milliardäre beteiligt.

Die AEG geht an Daimler-Benz, Rheinmetall kauft Pierburg, Orenstein & Koppel steigt bei den Faun-Werken ein; Mannesmann, Thyssen, Neckermann und Henkel sind weitere Beispiele für Firmen, die sich an Unternehmensaufkäufen in großem Umfang beteiligen. Quer durch alle Wirtschaftssektoren – von den Zukunftsbranchen Elektronik und Computerei bis zu siechen Branchen wie Werften und Stahl – sind die Großerwerbungen in vollem Gange.

Aber nicht nur die Riesen bedienen sich, sondern auch mittelständische Unternehmen greifen zu ihren Konkurrenten. Professionelle Firmenmakler haben Hochkonjunktur, und bei den auf Fusionen spezialisierten Kartellanwälten häufen sich die Anfragen. Ziel all dieser Zusammenschlüsse ist es, zusätzliche langfristige Perspektiven für ein Unternehmen zu eröffnen und seine Zukunft auf breiter Basis stabil abzusichern, die vielfältigen Möglichkeiten der Mischkonzerne bestmöglich zu nutzen, um Synergien zu gewinnen.

Milton Leontiades, ein anerkannter Spezialist für Geschäftsstrategien, zeigt anhand von zahlreichen Fallstudien des internationalen Business, wie die existentielle Synergie durch ein sorgfältig geplantes Diversifikationsprogramm zu erreichen ist.

In Ergänzung zu der amerikanischen Originalausgabe verdeutlichen Statements von Vertretern unterschiedlichster Positionen die ökonomische Relevanz und politische Brisanz. Die gesamte Wachstumsdiskussion wird sich in den nächsten Jahren in ihrem Kern auf dieses Thema beschränken. Ein Thema, das umstritten ist zwischen den großen Parteien, dem sich die Gewerkschaften nicht verschließen können und zu dem die Monopolkommission Stellung nehmen muß.

Düsseldorf, im Juli 1987 J. H. Rastalsky

I

Das Wesen des Mischkonzerns verstehen

I

Warum Mischkonzerne auf Vorbehalte stoßen

In der Managementliteratur stoßen Mischkonzerne überwiegend auf Vorurteile. Schon der amerikanische Begriff *conglomerate* erweckt Skepsis. Würde man eine lockere Definition dieses Phänomens versuchen wollen, so könnte man von einer Verschmelzung »einer Unmenge von Einzelunternehmen aus verschiedensten Branchen« sprechen. Doch gerade diese Beschreibung scheint zu neutral zu sein, wenn man an den Schaden denkt, den einige Mischkonzerne angerichtet haben, die bestenfalls halsbrecherisch handeln und schlechtestenfalls die eigenen unterschiedlichen Erfordernisse nicht miteinander in Einklang bringen können.

Die formale Definition einer Konglomeratsfusion, die von der US-amerikanischen Handelskommission (Federal Trade Commission) 1969 verwendet wurde, spricht von einer »Vereinigung von mindestens zwei Unternehmen, die weder eine Käufer-Verkäufer-Beziehung noch eine funktionale Beziehung in Produktion oder Marketing zueinander haben.« Die Kommission illustriert ihre Definition mit dem Beispiel der nahezu unwahrscheinlichen Fusion »einer Werft mit einem Speiseeishersteller«. Natürlich trug dieses Beispiel nicht gerade dazu bei, Vertrauen in die einer Konglomeratsbildung innewohnende Logik zu wekken. Was für einen Sinn sollte der Zusammenschluß einer Werft mit einem Speiseeisfabrikanten, eines Waschmaschinenherstellers mit einem Fahrradhersteller, einer Schnellimbißkette mit einem Stahlwerk oder eines anderen derart ungewöhnlichen Paares zu einer Firma haben? Wo sollten bei solchen Verbindungen Synergien entstehen, jene vereinten Kräfte, die aus zwei plus zwei fünf machen? Wie können solche monströsen Gebilde geleitet werden? Werden Unternehmen von den Wettbewerbsschlachten innerhalb einer Branche nicht schon genug gefordert, ohne daß sie sich noch der gewaltigen Aufgabe unterziehen, Firmen in gänzlich verschiedenen Wirtschaftszweigen zu leiten?

Sicher geben die bisherigen Fehlleistungen der Mischkonzerne reichlich Munition für die Kritiker ab. Die Formulierung von Rezepten zur effizienten Leitung von Konglomeraten ist bisher noch nicht gelungen. Strategische Planung ist oft ein fehlendes Charakteristikum, was Wissenschaftler und Experten der Praxis in negativen Beurteilungen des Managements von Mischkonzernen ebenso minutiös beschrieben haben wie andere Mängel. Dennoch setzt sich die Bildung von Mischkonzernen über-

Abbildung 1
Anteile der Übernahmearten an den großen Unternehmensübernahmen in Industrie und Bergbau der USA

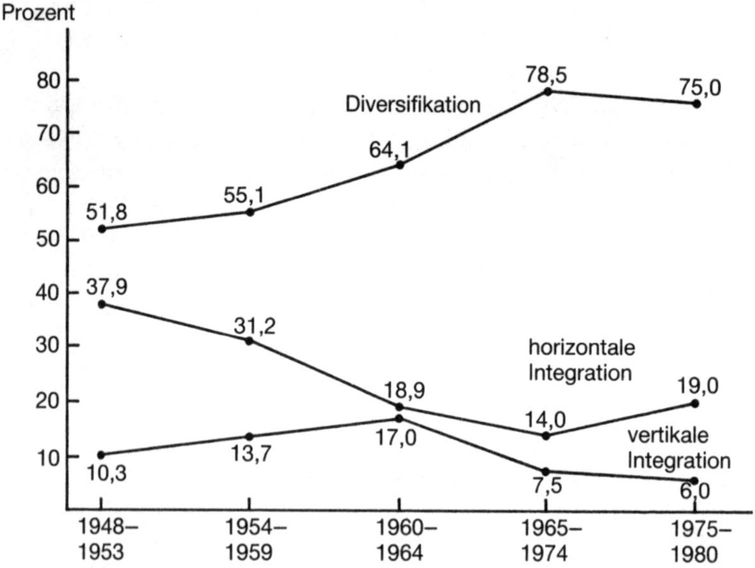

Quelle: Bureau of Economics, Federal Trade Commission, und Interpolationen des Autors. Für die Jahre nach 1980 wurden diese Daten nicht mehr veröffentlicht.

all in der westlichen Welt stetig fort, wie für die USA aus *Abbildung 1* zu ersehen ist. Jahr für Jahr hat sich seit den fünfziger Jahren der Trend zu immer mehr Diversifikation, zur zunehmenden Verzweigung der Unternehmenstätigkeit in grundverschiedene Branchen, bei den großen US-Unternehmen fortgesetzt.

Von den 500 nach dem Umsatz größten Industrieunternehmen der USA sind nach der jährlichen Auflistung der Zeitschrift *Fortune* weniger als 15 Prozent weitgehend nur in einer Branche tätig. Nur von 1975 bis 1980 ist der Anteil der Unternehmensübernahmen zur horizontalen Integration (zur Vermehrung der Betriebe und/oder zur geographischen Marktausweitung innerhalb ein und derselben Branche) an den großen Unternehmensaufkäufen in den USA wieder gestiegen, und zwar sowohl gegenüber dem aber immer noch haushoch überwiegenden Anteil der Aufkäufe von Unternehmen in anderen Branchen als auch gegenüber dem kleinsten Anteil von Firmenübernahmen zur vertikalen Integration (durch Erwerb von Betrieben zur Herstellung von bisher von Zulieferern bezogenen Rohstoffen oder Zwischenprodukten oder durch Aufkauf von Betrieben für nachfolgende Produktions- oder Vertriebsstufen). Kürzliche Übernahmen branchenfremder Unternehmen durch Goodyear, General Motors, Coca-Cola und Pepsi-Cola stellen sozusagen sicher, daß die Diversifikation in der Wirtschaft auch künftig weiter zunehmen wird. Tatsächlich wird es in unseren Tagen immer schwieriger, eine Zeitung oder eine Wirtschaftszeitschrift zu finden, in der nicht über den Aufkauf oder die versuchte Übernahme einer Firma durch ein größeres Unternehmen aus einer ganz anderen Branche berichtet wird.

Das Bestreben von Unternehmen, gleichzeitig in unterschiedlichste Branchen vorzudringen, hat die Funktions- und Betätigungsweise dieser Unternehmen grundlegend geändert. Seit Mehrfachfusionen um die Jahrhundertwende in den USA Riesenunternehmen wie U.S. Steel, American Tobacco, International Paper, U.S. Rubber und andere hatten entstehen lassen, fand kein so einschneidender Wandel mehr statt wie der Zusammenschluß zu Mischkonzernen. Doch inmitten dieses Wandels sind die Experten nicht in der Lage, den Managern der neuen

Mischkonzerne durch fundierte Strategien zur Seite zu stehen. Wie unterscheidet sich die Führungsweise in einem Mischkonzern vom Management eines Unternehmens, das nur in einer bestimmten Branche spezialisiert ist? Welche Positionen sollten die Konglomerate einnehmen, um aus der neuen, gemischten Struktur ihrer Aktiva Nutzen zu ziehen? Welche Arten von Synergien sind zu gewinnen? Wann müssen sich die Mischkonzerne von der routinemäßigen Planung auf eine neue kreative Planung umstellen? Zu einem großen Teil mußten die Manager die Antworten auf diese existentiellen Fragen durch Ausprobieren finden. Sich irren kann aber bei der Diversifikation in unbekannte Branchen tödlich sein. Die Fortschritte in der Entwicklung einer systematischen Vorgehensweise bei der Diversifikation zum Mischkonzern sind bisher enttäuschend bescheiden gewesen.

Für einen Manager muß das Auseinanderklaffen von Theorie und Praxis in bezug auf das Funktionieren von Mischkonzernen verblüffend sein. Die Strategie der Diversifikation hat sich in mehr als drei Jahrzehnten bei einer wachsenden Zahl von Unternehmen in der Praxis bewährt. Entwickelt aus ihren revolutionierenden Anfängen in den fünfziger und sechziger Jahren, wird sie heute im Prinzip von einigen der größten, konservativsten und am erfolgreichsten geleiteten Unternehmen der Welt akzeptiert. Doch die Zusammenhänge, auf denen die Strategie der Diversifikation beruht, liegen nach wie vor im dunkeln. Trotz der sich Jahr für Jahr häufenden praktischen Beweise, daß Mischkonzerne funktionieren können, daß sie also schon effektiv arbeiten können, bleibt die Mehrheit der Experten in ihren Beurteilungen skeptisch. Lassen sich die Geschäftsleute blenden? Werden sie nur von trügerischen Erfolgen verschiedener Konglomerate zu einer falschen oder verwerflichen Strategie verführt?

In diesem Buch wird die Entstehung von Mischkonzernen als eine positive Entwicklung angesehen. Es akzeptiert die nach dem Zweiten Weltkrieg über mehr als dreißig Jahre beobachtbare Diversifikation zu Mischkonzernen als Beweis dafür, daß die Strategie dazu ihre Berechtigung hat. Mit anderen Worten, eine völlig neue Rechtfertigung für Existenz und Bildung von

Mischkonzernen ist für die Akzeptanz dieser Unternehmensform als eine permanente Dimension der Wirtschaft überflüssig. Unternehmen wie Sears und Coca-Cola werden ihre Diversifikation in unterschiedliche Branchen nicht rückgängig machen. Die Umstrukturierung einer großen Anzahl von Unternehmen wird sich fortsetzen. Da die Diversifikation in unterschiedliche Branchen eine Fülle von komplexen Problemen aufwirft, ist es wichtig, eingehend zu untersuchen, wie bei der Diversifikation vorzugehen und wie mit der sich ergebenden Vielfalt der Komponenten eines Mischkonzerns umzugehen ist. Die Manager brauchen dringend Antworten auf die praktischen Fragen, mit denen sie ständig konfrontiert werden. Die Diskussion über die Vor- und Nachteile von Konglomeraten im allgemeinen kann unabhängig davon fortgesetzt werden. Der Hauptzweck des ersten Teils dieses Buches ist daher, Managern zu einem gründlicheren Verständnis der Diversifikation in unterschiedliche Branchen und der dabei zu berücksichtigenden Probleme zu verhelfen, so daß sich ihre Chancen verbessern, mit übernommenen Unternehmen aus anderen Branchen erfolgreich umzugehen. Damit angeblich unlenkbare Mischkonzerne geleitet werden können, ist es primär notwendig, über oft negative Annahmen hinauszuschauen, die jahrzehntelang den Blick für wichtige Realitäten der Konglomerate versperrt haben.

Eine unerschütterliche Ansicht

John Kenneth Galbraith äußerte einmal: »Das Kennzeichen einer konventionellen Weisheit ist die Akzeptanz.« Eine Auffassung, die weithin akzeptiert wird, ist schwer zu widerlegen – so ist es auch mit der Ablehnung der Mischkonzerne. Die Meinung, daß Mischkonzerne funktionieren, wird nur von einer sehr kleinen Minderheit von Wissenschaftlern und Experten geteilt. Gegenwärtig ist allerdings die Opposition gegen die Konglomerate weitgehend emotional bestimmt, genauso wie es um die Jahrhundertwende die verbreitete Abneigung gegen die Entstehung riesiger Unternehmen durch Fusionen war. Zu jener Zeit konnten diese Fusionen nicht mit der damaligen konventionellen Weisheit in Einklang gebracht werden, die besagte, daß nur eine Vielzahl von kleinen Firmen für den Wettbewerb untereinander förderlich ist. Konzerne dagegen, so hieß es, kann man nicht kontrollieren. Heute nimmt kein Mensch mehr die Vorstellung ernst, eine Volkswirtschaft könne nur aus Kleinunternehmen bestehen. Statt dessen ist die heutige Komplexität in der Vielfalt von Unternehmensarten eine neue Herausforderung an die konventionelle Weisheit.

»Wenn Sie diversifizieren möchten, dann halten Sie sich an das, was Sie kennen.« Das ist eine der Hauptforderungen des Buches *Auf der Suche nach Spitzenleistungen**, und sie gibt eine Überzeugung wieder, die von vielen geteilt wird. Tom Peters und Robert Waterman, die Autoren des Buches, hegen offensichtlich Mißtrauen gegen Konglomerate. Dennoch nennen sie als Beispiel für eine überragende Managementleistung eines der am weitesten diversifizierten Unternehmen der Welt: General Electric. Ihre Erklärung für dessen Erfolg ist, daß die Geschäftszweige von GE nach ihrer Meinung als »verwandt« anzusehen seien. Die Ausweitung der Produktion von Turbinen zur Elektrizitätserzeugung durch Düsenmotoren wird als repräsentatives Beispiel dafür angegeben, was unter Verwandtschaft zu subsumieren ist. Unerwähnt bleiben jedoch die von GE ebenfalls hergestellten Glühbirnen, Kühlschränke, Fernsehempfänger, Lokomotiven und technischen Kunststoffe sowie die Leasing- und Computerdienstleistungen, die Bauaktivitäten und Ingenieurdienstleistungen des Unternehmens. GE hat seine Tätigkeit ganz eindeutig auf viele unterschiedliche Geschäftszweige ausgeweitet, die nicht alle miteinander verwandt sind, und brachte es fertig, die verschiedenen Branchen in einen sehr erfolgreichen Mischkonzern zu integrieren.

Was Tom Peters und Robert Waterman versuchen, ist, aus einer subjektiven Sichtweise zwischen »guten« und »schlechten« Konglomeraten zu unterscheiden. Als weiteres Beispiel nennen sie das Know-how von Minnesota Mining and Manufacturing

* T. Peters, R. Waterman, *Auf der Suche nach Spitzenleistungen*, Landsberg 1985.

(3M) auf dem Gebiet der Oberflächen- und Klebetechnik, das 3M dazu befähige, seine unterschiedlichen Geschäftszweige für Druckplatten, Mikrofilmsysteme, Kopiergeräte, Schleifmittel und Klebstoffe sowie Spezialchemikalien miteinander in Beziehung zu bringen. Zugegeben, es gibt mehr oder weniger geringe Gemeinsamkeiten in der Technologie zur Herstellung dieser Produkte, aber sie sind im Vergleich zu den wesentlichen Unterschieden in den Produktions- und Vertriebsanforderungen für die Erzeugnisgruppen von 3M unbedeutend.

Eine Frage der Definition

Eine der Schwierigkeiten bei der Beurteilung von Diversifikationen ist die, daß es keine eindeutige Definition des Phänomens »Mischkonzern« gibt. Die Zeitschrift *Fortune* nennt Unternehmen dann ein Konglomerat, wenn sie in mindestens vier unterschiedlichen Branchen tätig sind, von denen keine mehr als 50 Prozent zum Umsatz beiträgt. Nach dieser Definition sind sowohl General Electric als auch 3M Mischkonzerne. Auch die Zeitschrift *Forbes* verwendet »vier wichtige und gleichzeitig unterschiedliche Geschäftszweige« als Mindestausmaß von Diversifikation. Ähnlich messen auch die Federal Trade Commission und die Börsenaufsichtsbehörde SEC (Securities and Exchange Commission) die Diversifikation auf der Grundlage der verschiedenen Branchen, in denen ein Unternehmen konkurriert, wobei sie die Geschäftsbereiche einer Firma nach der Standard-Industrieklassifizierung SIC (Standard Industrial Classification) der US-Regierung einordnen, nach der jeder Branche, ob groß oder klein, eine eigene Codenummer zugeteilt wird.

Wie diversifiziert ein Unternehmen sein muß, um als Konglomerat definiert zu werden, ist letztlich eine Frage der Interpretation. Es gibt keine allgemeingültige Definition. Die Beispiele in diesem Buch umfassen Unternehmen, die bedeutende Firmenübernahmen vollzogen haben, auf die das von der US-Handelskommission verwendete Merkmal zutrifft, daß die Unternehmen zueinander »weder eine Käufer-Verkäufer-Beziehung noch eine funktionale Beziehung in Produktion oder Vertrieb« hatten. Damit werden aber auch Unternehmen einbezogen, die nach engeren Definitionen keine Mischkonzerne sind. Wie auch immer – Ziel des Buches ist es, eine sachlich fundierte Strategie für das Management von Mischkonzernen zu beschreiben und nicht eine allgemeingültige Definition zu entwickeln.

Aufgrund dieser Voraussetzung kann Sears als Konglomerat angesehen werden, weil das Unternehmen in mindestens vier verschiedenen Branchen tätig ist: im Einzelhandel, im Versicherungs-, Immobilien- und Wertpapiergeschäft. Ähnlich operiert auch R. J. Reynolds Industries in mehr als vier Bereichen der Lebensmittel- und Getränkeindustrie und muß sich so mit allen Problemen der Diversifikation auseinandersetzen, auch wenn mehr als 50 Prozent ihres Umsatzes noch auf Tabakerzeugnisse entfallen. Schließlich haben auch Unternehmen, die man noch so sehr mit ihrer originären Branche identifiziert, wie General Motors, Coca-Cola und der Reifenproduzent Goodyear, bedeutende Übernahmen von Firmen anderer Branchen vollzogen und außerdem ihr Interesse an weiterer Diversifikation bekundet. Alle diese Unternehmen haben also das Konzept der Diversifikation für sich akzeptiert. Die Unterschiede zwischen ihnen und komplexeren Mischkonzernen bestehen somit nur im Ausmaß der Diversifikation und nicht in der positiven oder negativen Grundeinstellung. Ob einfach oder komplex, die Probleme, die eine Diversifikation in unterschiedliche Branchen aufwirft, müssen in jedem Fall überwunden werden.

Mischkonzerne: Besondere Fälle brauchen besondere Lösungen

Die Debatte mit den Kritikern der Mischkonzerne wird die Befürworter große Anstrengungen kosten. Viel ist aber schon gewonnen, wenn nachgewiesen werden kann, daß bei der Bildung von Konglomeraten Synergien zu gewinnen sind – Möglichkeiten zu zusätzlicher Wertschöpfung und damit zu Gewinnen, die der übernehmenden und der übernommenen Firma allein nicht möglich gewesen wären. Wie können nun Unternehmen, die anscheinend nichts gemeinsam haben, vereint mehr Gewinn erwirtschaften als unabhängig voneinander?

Tatsächlich gibt es verschiedene Arten von Synergien, die aus der Diversifikation in unterschiedliche Branchen zu gewinnen sind, je nachdem, wieviel Mittel jeglicher Art und wieviel besondere Fähigkeiten ein Unternehmen in seine übernommenen Firmen und Betriebe investieren kann, wovon im dritten Kapitel detailliert die Rede sein wird. Grundsätzlich gilt: Je mehr Mittel und Fertigkeiten eingebracht werden, desto mehr Synergien sind von der Kombination unterschiedlicher Unternehmen zu erwarten. Beispielsweise kann ein Unternehmen, das gerade das Kapital für die Übernahme aufbringen kann, nur einen relativ bescheidenen Erfolg erwarten, da die übernommene Firma in der Regel dann nur mit der gleichen Effizienz weiterbetrieben werden kann wie vor der Übernahme. Dagegen hat ein Unternehmen mit der entsprechenden Kapazität, das die aufgekaufte Firma umstrukturiert, im Mischkonzern integriert und damit effizienter als das alte Management leitet, bedeutende Synergien zu erwarten, wenn es bereit ist, auch die größeren Risiken auf sich zu nehmen.

Wettbewerbsentscheidende Fähigkeiten wie besonderes Know-how in Produktion und Marketing bis hin zu Fähigkeiten zu technischen, kaufmännischen und organisatorischen Innovationen sind nicht gleichmäßig unter den Unternehmen verteilt. Daher muß eine Firma ihre spezifischen Fähigkeiten und ihre Grenzen genau erkennen, um in ihrem Diversifikationsprogramm Mittel und Fähigkeiten realistisch im Streben nach Synergien einsetzen zu können. Es kommt bei der Diversifikation auf drei Schritte an: die Wahl des richtigen Zeitpunkts, die Auswahl der richtigen Branchen und die Integration der neu erworbenen Firmen und Betriebe mit dem Käuferunternehmen zu einem geeinten Konzern. Immer mehr Unternehmen riskieren die Diversifikation. Von den vielen, die offenbar den richtigen Zeitpunkt gewählt haben, können etliche auch einigen Erfolg beim zweiten Schritt aufweisen, der Wahl der Branchen, in denen sie sich neu versuchen. Was sie dann noch dokumentieren müssen, ist die Fähigkeit, die einzelnen Teile des Konglomerats in eine einheitliche Organisation zu integrieren. Ohne den Übergang von den unternehmerischen Bestrebungen aktiver Diversifikation zu einem professionellen Management des Ganzen erreichen die diversifizierenden Unternehmen nicht das entscheidende Ziel, ein ausgereifter und erfolgreicher Mischkonzern zu werden.

Eine Zerreißprobe für das Management

Allein die Leitung eines Unternehmens in dieser Größenordnung, dessen Jahresumsätze sich auf viele Milliarden Dollar oder DM belaufen, ist schon eine enorme Herausforderung. Wie können die Manager solcher Giganten dann auch noch mit der zusätzlichen Dimension der gleichzeitigen Betätigung in den unterschiedlichsten Branchen fertig werden? Mit dieser immer wieder gestellten Frage wird die Fähigkeit der Mischkonzerne angezweifelt, erfolgreich konkurrieren zu können. Daran zu zweifeln ist sicherlich legitim, dennoch ist das Problem nicht unlösbar. Einen Teil der Lösung bringt die Zeit. Die Kunst der Leitung von Konglomeraten kann nur über eine Zeitspanne von vielen Jahren perfektioniert werden – es können Generationen dazu nötig sein. Deshalb sind so wenige Unternehmen als Mischkonzerne oder beim Bestreben, Konglomerate zu werden, auf der ganzen Linie erfolgreich. Ein solcher Erfolg erfordert eine beträchtliche Zeit des Experimentierens, vielleicht mehr als eine Phase der Umstrukturierung des Gesamtunternehmens, und außerdem auch Glück. Zeit und ausgewogene Strategien sind somit entscheidende Elemente des Erfolgs.

Für das erfolgreiche Management von Konglomeraten müssen spezifische Lösungswege bei der Entwicklung einer neuen Organisationsstruktur des Unternehmens, bei der Förderung besonderer Fähigkeiten sowie bei der Auswahl der richtigen Manager für die Strategie des Mischkonzerns gefunden werden. Diese Kernprobleme werden in den Kapiteln 4 bis 6 behandelt, und dort wird gleichzeitig erläutert, inwieweit die entsprechenden Bereiche reformiert werden müssen. Beispielsweise muß ein Unternehmen, das aktiv Diversifikation betreibt, zwei Ziele ausbalancieren: die Optimierung des internen Wachstums einerseits mit dem externen Wachstum durch Übernahmen von Unternehmen und Betrieben andererseits. Beide Strategien zu verfolgen heißt gleichzeitig, Flexibilität und Zusammenhalt innerhalb des Unternehmens zu entwickeln. Dazu muß die herkömmliche Struktur des Unternehmens überdacht werden, die in der Regel nur auf stetiges Wachstum ausgerichtet ist. Es müssen neue Arten von Verbindungen zwischen der Leitung des Gesamtkonzerns und den verschiedenen Geschäftsbereichen entwickelt werden.

Entwicklung und Pflege besonderer Fähigkeiten ist eine weitere Komponente der Erfolgsrezeptur. Es gibt genug Experten, die sachkundig mit Problemen bei der Spezialisierung in einer Branche fertig werden, aber für die effektive Leitung von Mischkonzernen wissen sie keinen Rat. Sie haben bislang kein vernünftiges Konzept dafür entwickelt, wie sie ihre Fähigkeiten auf unterschiedliche Industrien übertragen können. Damit werden möglichst weitreichend und vielseitig anwendbare Fähigkeiten wichtiger als nur begrenzt verwertbares spezialisiertes Können. Es müssen Qualifikationen erreicht werden, die besonders für den Vorstoß in neue Branchen geeignet sind. Auch in bezug darauf ist das Management dringend aufgerufen, neue Ideen zu entwickeln.

Schließlich muß sich auch der Managementstil ändern, wenn sich ein Unternehmen in alternative Bereiche und damit in neue Branchen- und Unternehmenskulturen vorwagt. Selbstverständlich müssen sich die Manager in den Dienst der neuen Strategie stellen. Das wird in vielen Unternehmen erkannt und doch nicht in die Tat umgesetzt. So mancher Mischkonzern propagiert in sprachlich vollendeter Form die besten Theorien über die Auswahl von Managern und befördert doch die falschen zu wichtigen Positionen.

Schon der Aufbau eines Mischkonzerns ist eine Kunst

Bevor man sich über die Leitung von Mischkonzernen Gedanken machen kann, muß erst einmal eine vernünftige Zusammensetzung des Unternehmens zustande kommen. Und der Erfolg beim Aufbau hängt weitgehend von der Auswahl der richtigen Branchen für die Diversifikation ab. Die Kapitel 7 bis 9 beschäftigen sich mit drei entscheidenden Komponenten, auf denen ein Programm zur Diversifikation beruhen sollte: strategische Planung, Kenntnisse über die Branchen der aufzukaufenden Unternehmen und Begrenzung der Anzahl von Firmenübernahmen innerhalb eines Zeitraums auf ein verkraftbares Ausmaß.

Um zu einem Mischkonzern zu werden, müssen Unternehmen die Übernahme von Firmen aus anderen Branchen bewußt planen und außerdem Planungssysteme zur wirksamen Lenkung der verschiedenen Teile des Konzerns entwickeln. In Umfragen ist eine weitgehende Unzufriedenheit mit den Resultaten strategischer Planung auf der Ebene der Gesamtkonzerne festgestellt worden. Für ein Unternehmen nach dem anderen ist eine systematische Planung nur für die einzelnen unterschiedlichen Geschäftsbereiche entwickelt worden. Die Konzeption für einen Wandel des Gesamtkonzerns, die Planung der Diversifikation, erfolgt weitgehend nur ad hoc. Vor allem eine kreative, strategische, langfristige Planung – im Gegensatz zur taktischen Planung der täglichen Betriebs- und Geschäftsabläufe – kommt systematisch nur in einigen wenigen Einzelfällen zustande.

Die Entwicklung einer geeigneten Konzeption wird erleichtert, wenn ein Unternehmen über die Firmen, die es übernimmt, und ihre Branchen grundsätzlich Kenntnisse vorzuweisen hat und wenn es nur so viele Firmen aufkauft, wie es im Zeitraum der Übernahmen verkraften kann. Das sind zwar nur Regeln, die der gesunde Menschenverstand diktiert, dennoch werden sie wiederholt außer acht gelassen. So hängt der Erfolg eines Unternehmens in fast jeder Branche davon ab, daß in ein oder zwei Kernbereichen ein ausreichender Erfahrungsschatz vorzuweisen ist, der für erfolgreiches Konkurrieren in der Branche entscheidend sein kann. Die Identifizierung dieser Schlüsselelemente ist aber nicht immer einfach. Überraschenderweise versuchen jedoch viele Unternehmen erst gar nicht, die Grundnotwendigkeiten zu erkennen und zu berücksichtigen, daß auch bei auf ausreichendem Wissen beruhenden, sorgfältig geplanten Firmenübernahmen noch manches schiefgehen kann. Wenn in zu schneller

Folge eine ganze Serie von Unternehmensaufkäufen versucht wird, steigt das Risiko des Scheiterns überdimensional hoch an.

Wie Großunternehmen groß wurden

Die gegenwärtige weltweite Debatte über Mischkonzerne kann zweifellos von einem Rückblick auf die Entstehungsgeschichte der Wirtschaftsunternehmen in den USA profitieren. Diversifikation in unterschiedliche Branchen ist nur eine Phase in einem sich wiederholenden historischen Zyklus von Renaissance und Evolution. Die Taktik hat sich immer wieder geändert, aber das Streben nach Wachstum und Überleben ist in der Wirtschaft eine beständige Kraft geblieben. Der gegenwärtige Trend zur Diversifikation in nichtverwandte Branchen dürfte ebensowenig der letzte Wandel sein, wie es in der Vergangenheit Veränderungen wie die Herstellung mehrerer Produktvarianten statt eines einzigen Erzeugnisses, Export statt nur für den Inlandsmarkt zu produzieren, Erzielung des Größeneffekts durch kostengünstige Massenproduktion oder Ausweitung der Geschäftstätigkeit auf verwandte Produkte und Märkte waren. So wird sich wohl auch der Widerstreit der Meinungen über die Mischkonzerne mit der Zeit in mehr und mehr Konsens auflösen. Wenn die Geschichte ein Lehrmeister ist, so wird bei einem Rückblick in einigen Jahrzehnten die heutige Angst vor den Konglomeraten reichlich übertrieben wirken.

Entstehung und Wachstum im Zeitraum von 1850 bis 1897

Vor 1850 und dem Aufstieg des »modernen Kapitalismus« lagen die Grundfunktionen des Managements in fast allen Unternehmen in den Händen eines einzigen Besitzers, der als Manager und Finanzier praktisch alle Entscheidungen fällte. Typischerweise waren die Firmen klein und in ihrer Tätigkeit durch unzuverlässige Transportmittel und mühsame Kommunikationssysteme auf einen Ort oder eine kleine Region beschränkt. Weder stetiges noch explosionsartiges Wachstum waren realistische Unternehmensziele. Erst als Eisenbahnen und Telegraphie als Katalysatoren des Wachstums verfügbar wurden, konnten Unternehmen innerhalb der Landesgrenzen rapide expandieren.

Mit der Sprengung der Grenzen durch die Entwicklung des Schienenverkehrs- und Fernmeldewesens begann aber das Rennen der Unternehmen um Wachstum mit Vehemenz. Neue Märkte schufen neue Nachfrage. Innovationen, Maschinen für kontinuierliche Herstellungsverfahren ermöglichten Massenproduktion. Expandierende Umsätze brachten den Unternehmen steigende Gewinne, die immer wieder in die Ausweitung der Produktionskapazitäten investiert wurden. Dieser durch den Marktmechanismus beschleunigte Wachstumskreislauf brachte die ersten Massenproduzenten hervor und wurde damit zum Muster, dem die anderen Firmen nacheiferten.

Das Streben nach Unternehmensgröße wurde zur grundlegenden Strategie. Eine Konsequenz daraus waren Investitionen in Großbetriebe, mit denen sich die Unternehmen der Massenproduktion verschrieben. Das funktionierte nur effizient, wenn die Nachfrage mit den Produktionskapazitäten Schritt hielt und die Arbeit im Betrieb ungehindert im Fluß bleiben konnte. In einigen Fällen erforderte die Sicherung reibungsloser, kontinuierlicher Produktion, daß die Firma ihre Tätigkeit über die bloße Produktion hinaus ausdehnte.

So konnten die Vertriebsnetze der damaligen kleinen Handelsfirmen vielfach nicht die wachsende Erzeugnisflut der Massenproduzenten bewältigen. Doch auch Großhändler, die den besonderen Anforderungen der Massenhersteller nicht gerecht wurden oder sich nicht dem Stil anpassen konnten, in dem diese neuen Riesen ihre Geschäfte abwickelten, wurden entweder in den Ruin getrieben oder aufgekauft. Fleischabpacker wie Armour, Cudahy, Morris und Swift entwickelten ihre eigenen Kühltransportsysteme, um die Qualität und Frische von Fleisch auch beim Transport über große Entfernungen sicherzustellen. In der Brauereiindustrie schufen Anheuser-Busch, Blatz, Pabst und Schlitz Einkaufs- und Vertriebsnetze, die in der Lage waren, ihre besonderen Anforderungen zu erfüllen. Große Lebensmittelhersteller integrierten ihre Tätigkeiten vertikal vom Betrieb von Plantagen bis zu Transport- und Verarbeitungsbetrieben. Ähnlich verfuhren Rohstoffunternehmen. Die Integration konnte sich dabei auf Betriebe im In- und Ausland erstrecken.

Unvorhersehbare Rezessionen verunsicherten jedoch die Unternehmen. In der Depression von 1873 sank die Nachfrage sehr stark und veranlaßte die Firmen, sich innerhalb ihrer Branche zusammenzuschließen, um sich vor ruinöser Preiskonkurrenz zu schützen. Zunächst geschah dies durch *Gentlemen's Agreements*, in denen Preise und Marktaufteilungen vereinbart wurden. Diese Vereinbarungen waren auf kooperative Bemühungen vieler Firmen angewiesen. Da sie nicht juristisch bindend waren, konnten sie oft nicht durchgesetzt werden und scheiterten vielfach, wenn Mitglieder der Gruppe der Versuchung nachgaben, unter Umgehung der Vereinbarung individuelle Vorteile zu erlangen.

Doch der Wunsch, den Markt unter Kontrolle zu halten, blieb stark. So folgten den Vereinbarungen, auch *Pools* genannt, die *Trusts*, die Vereinigungen von Treuhändern. Bei dieser juristischen und damit rechtlich bindenden Organisation wurde das Eigentum an den Firmen einem *Board of Trustees* übertragen. Dieser Treuhänderrat erreichte durch effektive Kontrolle, was sich mit informellen Vereinbarungen als nicht möglich erwiesen hatte. Die *Trusts* arbeiteten zwar wirksam, doch sie wurden schon bald nach ihrer Ausbreitung durch die Anti-Trust-Gesetzgebung für ungesetzlich erklärt. Unbeirrt griffen viele Unternehmen daraufhin zum Mittel der Holdinggesellschaft. Sie gründeten Tochtergesellschaften eines Holdingunternehmens, was eine zentrale Kontrolle erlaubte, ohne daß die Anti-Trust-Gesetze verletzt wurden. Diese Holdinggesellschaften bildeten die Ausgangspunkte für die Welle von Vielfachfusionen, die sich um die Jahrhundertwende häuften. Bei diesen Fusionen zur Erlangung von Marktmacht, die das Kennzeichen der nächsten Hauptphase der Evolution waren, entstanden die mächtigen Marktführer vieler wichtiger Branchen.

Der Fusionstrend von 1898 bis 1903

Nachdem sie die Effizienz großer Betriebe erreicht hatten, strebten die führenden Unternehmen nach immer größerer Marktmacht innerhalb ihrer Branchen. Daher gingen sie nach der Bildung der Holdinggesellschaften als nächstes dazu über, mehrere konkurrierende Firmen zu einem einzigen riesigen Unternehmen zu fusionieren. Diese Vielfachfusionen gab es in fast allen bedeutenden Industriezweigen. Sie brachten die Vorteile der Unternehmensgröße, ohne daß die einzelnen Firmen expandieren mußten, und gleichzeitig die erstrebte vergrößerte Macht am Markt. Im typischen Fall wurden Dutzende von kleineren Firmen durch eine gleichzeitige Fusion vereint, um sich als starker Wettbewerber am Markt behaupten zu können. Solche Fusionen bewirkten die Entstehung von Industriegiganten unserer Tage wie General Electric, Du Pont, American Brands, National Brands, International Paper, U.S. Steel und anderen.

Zu diesem Drang nach Konsolidierung trug auch der steile Anstieg der Börsenumsätze von Industrieaktien bei. Finanziers und auf die Förderung von Firmengründungen spezialisierte Geschäftsleute, *Promoter*, wendeten sich von den Eisenbahn- den Industrieaktien zu, trugen damit zur stärkeren Nachfrageentwicklung nach Industrieaktien bei und profitierten immer auch selbst davon. Dabei »entstand ein neuer Beruf, der des Fusionspromoters«.* Fusionen zu arrangieren war für die Finanzwelt lukrativ und konnte auch für die Investoren, die Aktionäre, Gewinne abwerfen. Industrieaktienbesitz breitete sich so weit aus wie zuvor der Besitz von Eisenbahnaktien, und schließlich ruhten Aktienbesitz und Management nicht mehr in einer Hand.

Doch fast so schnell, wie sie begonnen hatte, ebbte die Flut von Fusionen auch wieder ab. Die sogenannte »Panik des reichen Mannes« um 1903 dämpfte den Enthusiasmus der Investoren, indem deutlich wurde, daß die von professionellen Arrangeuren forcierten Fusionen nicht nur hohe Gewinne bringen

* Hannah Leslie, *Mergers*, in: *Encyclopedia of American History, Studies of the Principal Movements and Ideas*, herausgegeben von Glenn Porter, New York 1980, Band II, S. 643.

konnten, sondern auch sehr riskant waren. Es folgten zwar noch einige bedeutende Fusionen, sie waren aber nicht mehr die treibende Kraft für künftige Aktivitäten zum Zusammenschluß von Unternehmen. Diese Rolle fiel zunehmend Zusammenschlüssen in Form von Unternehmensübernahmen zu.

Der Anstieg von Diversifikationen in die gleiche oder eine verwandte Branche in der Zeit von 1904 bis 1939

Die Industrien, in denen sich die Fusionswelle der Jahrhundertwende abspielte, waren gewöhnlich auch die, in denen sich ab 1904 die Unternehmensübernahmen häuften. Bei der Fusionswelle handelte es sich um Zusammenschlüsse von jeweils mehreren Unternehmen. Diese Form der Fusion wurde Konsolidierung genannt. Im Gegensatz dazu steht die Unternehmensübernahme, die Fusion von nur zwei Firmen, wobei gewöhnlich die größere die kleinere absorbiert. Die Verlagerung des Schwergewichts bei den Fusionsarten in der US-Industrie von 1895 bis 1920 ist aus *Tabelle 1* zu ersehen, in der allerdings die Unternehmensübernahmen zusammen mit den kleineren Konsolidierungen von drei oder vier Firmen erfaßt werden.

Tabelle 1
Prozentuale Verteilung der Fusionsarten 1895 bis 1920 in Prozent

	1895 bis 1904	1905 bis 1914	1915 bis 1920
Firmenübernahmen und Konsolidierungen von drei oder vier Firmen	25,0 %	62,3 %	86,1 %
Konsolidierungen von mindestens fünf Firmen	75,0 %	37,7 %	13,9 %

Quelle: Ralph L. Nelson, *Merger Movements in American Industry, 1895–1956*, Princeton 1959, S. 53.

Im großen und ganzen stellten die Unternehmensübernahmen eine kontinuierliche Weiterentwicklung der Konsolidierungen dar. Beide Fusionsarten verhalfen Unternehmen zur Schaffung oder Stärkung dominierender Positionen in ihren Industriezweigen. Die Unternehmensübernahmen ermöglichten weitere Festigungen der Stellungen in den Branchen und schließlich die Diversifikation in neue, aber den bisherigen Unternehmenstätigkeiten verwandte Bereiche: Die Tätigkeit der Käuferunternehmen wurde auf zusätzliche, verwandte Produkte und Märkte ausgedehnt.

Neben Firmenübernahmen verhalf den Unternehmen die interne Entwicklung neuer Produkte zum Wachstum. Da Massenproduktions- und -vertriebssysteme die Firmen in die Lage versetzten, auch mit einer größeren Vielfalt von Produkten umzugehen, strebten viele eine Vervollständigung ihrer Produktpalette zu einem kompletten Sortiment an. In einigen Fällen wurde das durch recht einfache Ergänzungen des Produktionsprogramms erreicht. Die Fleischabpacker beispielsweise nahmen Geflügel und Molkereiprodukte in ihr Warenangebot auf, was sich als logische zusätzliche Nutzung ihrer Investitionen in Kühlausrüstungen und Lageranlagen anbot. Stahlunternehmen dagegen entwickelten ganze Serien von neuen Stahlerzeugnissen nach Kundenwünschen, die sie zusätzlich zu den massenproduzierten Standardprodukten wie Stabstahl oder Stahlbleche herstellten.

Eine andere Wachstumsstrategie war die Entwicklung neuer Erzeugnisse durch Forschung und Entwicklung. Du Pont war Pionier dieser Strategie. Nach dem Ersten Weltkrieg diversifizierte Du Pont, ursprünglich nur Hersteller von Sprengstoffen, seine Unternehmenstätigkeit immer mehr. Nach und nach wurde die Produktion von Farben, Basischemikalien, Kunstfasern, Kunstleder und Zelluloidfilm aufgenommen. Die Herstellung jeder dieser Produktgruppen beruhte auf der gleichen chemischen Technik, die auch bei der Produktion von Sprengstoffen angewendet wurde. Auch Unternehmen wie U.S. Rubber und Goodyear setzten chemisches Fachwissen zur Entwicklung neuer Erzeugnisse und damit zur Ausweitung ihrer Produktpaletten als Mittel zum Wachstum ein. Schon 1920 gab es eine Reihe von technisch auf einem hohen Level arbeitenden Unternehmen, die sich große Forschungseinrichtungen aufgebaut hatten. Es war somit keine große Schwierigkeit für die Manager dieser Firmen, die in diesen Einrichtungen bereits gebundenen Mittel zur Entwicklung von immer mehr neuen Erzeugnissen einzusetzen, bei denen meistens von schon bestehenden Vertriebssystemen und Verwaltungseinrichtungen ein noch effektiverer Gebrauch gemacht werden konnte.

In ihrem Ringen um Wachstum begannen Unternehmen zudem auch Märkte im Ausland zu erobern. Viele der großen integrierten Firmen, die den Inlandsmarkt beherrschten, wurden auch die ersten multinationalen Unternehmen, besonders diejenigen, die großes Geschick im Marketing bewiesen: Vertriebsnetze waren der erste Schritt bei der Verfolgung einer Strategie zur Diversifizierung im Ausland, dem Investitionen in Produktionsanlagen und Ausrüstungen folgten.

Gegen Ende der dreißiger Jahre gingen den Großunternehmen die Optionen zur Erzielung der bis dahin erreichten Wachstumsraten aus. Die Entscheidungsschlachten um die Vorherrschaft in den verschiedenen Branchen waren fast alle schon ausgetragen worden. Die logischen Ausweitungen von Produktpaletten und Märkten waren erfolgt. Die Volkswirte sahen eine lange Zeit des statischen Gleichgewichts auf den Märkten voraus. Gefechte um Vorteile innerhalb von Branchen würde es nach diesen Voraussagen noch geben, doch könnten sie die Lage auf den Schlachtfeldern nicht mehr verändern. Erst in der zweiten Hälfte des zwanzigsten Jahrhunderts sollte sich diese Interpretation der Evolution als falsch erweisen.

Das Goldene Zeitalter der Konglomerate: 1955 bis 1968

Mitte der fünfziger Jahre begann ein zweiter wesentlicher Wandel in der Evolution der Großunternehmen. Viele von ihnen wendeten sich der damals grundlegend neuen Strategie einer Diversifikation in nicht verwandte Branchen zu. Unternehmen gaben ihre branchenspezifische Orientierung zugunsten einer diversifizierten Ausrichtung auf eine Betätigung in vielen Branchen auf. Diese neue »Konglomeratsphilosophie« bot sich als Weg zur Fortsetzung hohen Wachstums an und war in dieser

Hinsicht im Einklang mit der Entwicklung der Vergangenheit. Sie stand jedoch im Widerspruch zu der früheren Zukunftsvision, daß künftig weitgehende Stabilität innerhalb der Branchen herrschen würde.

Im Goldenen Zeitalter der Mischkonzerne kam ein neuer Managertyp zum Zuge: der Konglomeratsunternehmer. In vieler Hinsicht ähnelte er dem Unternehmer des vergangenen Jahrhunderts, der gleichzeitig Eigentümer war. Auch der Konglomeratsunternehmer führte das Unternehmen nach seinem Instinkt. Mangels systematischer Organisation des Mischkonzerns dominierte er einfach durch die Kraft seines persönliches Stils. Er zog die Entscheidungsfindung ganz an sich, statt sie, wie es in vielen spezialisierten Großunternehmen geschah, auf Managementkomitees zu verteilen. Im Durchschnitt waren die Konglomeratsmanager nicht so gut ausgebildet wie ihre Kollegen in den nur in einer Branche tätigen Unternehmen, besaßen weniger Geschick im Management und ließen sich nicht so sehr von Traditionen leiten. Sie waren auf jeden Fall keine professionellen Administratoren. Man nannte sie Makromanager oder Imperienbaumeister und verglich sie mit den alten Industriekapitänen wie Ford, Rockefeller und Carnegie. Sie sahen ihre Aufgabe offensichtlich im Aufbau eines Unternehmens, das sie selbst gegründet hatten, und nicht in der Führung eines bestehenden großen Unternehmens.

Dies entspricht dem stereotypen Bild vom Konglomerat, sie wurde geprägt und dadurch übertrieben, daß man sich auf die Unternehmen konzentrierte, die bei der ersten Welle der Diversifikation in die verschiedensten Branchen am aktivsten andere Firmen aufkauften. Großunternehmen im alten Stil wie General Electric, Westinghouse, Minnesota Mining and Manufacturing (3M) und Koppers wurden nie als Konglomerate angesehen, denn die Vielfalt ihrer Produktpalette war in einem langen Zeitraum und überwiegend durch interne Expansion entwickelt worden. Obwohl auch sie in mehreren Branchen tätig waren, wurden sie von Anfang an als etwas anderes als die »neuen« Konglomerate angesehen, die im Gegensatz zu ihnen in fieberhaftem Tempo Firmen in den verschiedensten Branchen aufkauften.

Die Geschichte der neuen Mischkonzerne ist weitgehend identisch mit den Resultaten der dynamischen Aktivitäten, in die sich die rastlosen Persönlichkeiten an der Spitze der Diversifikationsbewegung stürzten. Beispielhaft für diese Gruppe von Führungskräften ist James J. Ling, Chefmanager von Ling-Temco-Vought (jetzt LTV). Ling begann 1946 mit einer bescheidenen Investition von 3000 Dollar in eine Firma für Elektroinstallationen. Dreizehn Jahre später hatte er Temco Aircraft aufgekauft, ein Unternehmen mit einem Jahresumsatz von 100 Millionen Dollar und Gesamtaktiva von 34,5 Millionen Dollar. Von 1961 bis 1968 brachte es Lings Unternehmen auf dreiundzwanzig Firmenübernahmen. Von den erworbenen Unternehmen hatte eines Gesamtaktiva von über einer Milliarde Dollar, bei drei weiteren beliefen sich die Aktiva auf über 100 Millionen Dollar. Nicht schlecht für ein Unternehmen, das zu Beginn der fünfziger Jahre noch ein Winzling war. Ebenso eindrucksvoll war der meteorhafte Aufstieg von Gulf & Western (jetzt G + W) unter der Führung von Charles Bluhdorn. Gulf & Western begann 1958 als kleines Unternehmen für Kfz-Teile und war zehn Jahre später in der *Fortune*-Liste der 500 größten US-Unternehmen an vierunddreißigster Stelle. Zu den Produkten bzw. Dienstleistungen von Gulf & Western gehörten mittlerweile Zink, Zucker und Zigarren, Musikinstrumente, Papiererzeugnisse und verschiedene andere Industrieprodukte, die Produktion von Spielfilmen sowie Aktivitäten im Versicherungs-, Verlags- und Immobilienwesen und auf dem Feld der Kapitalanlagen.

Sie waren schon eine engagierte Gruppe, die Jimmy Lings und Charles Bluhdorns. In ihrem Bericht über Konglomerate nennt die US-Handelskommission elf Unternehmen, die bei ihren Firmenübernahmen mehr als die Hälfte der Aktiva an sich brachten, die von den fünfundzwanzig in den sechziger Jahren am aktivsten durch Unternehmensaufkäufe diversifizierenden US-Unternehmen bei den Übernahmen erworben wurden. Neun davon, Gulf & Western, Ling-Temco-Vought (LTV), International Telephone and Telegraph (IT&T), Teledyne, Litton, Food Machinery and Chemical (FMC), Textron, White Consolidated und Colt Industries, sind in *Tabelle 2* aufgeführt, zusammen mit

Tabelle 2

Konglomerate mit dem höchsten Anteil an den Unternehmensübernahmen in den sechziger Jahren

Unternehmen	Anzahl der Unternehmensübernahmen 1961–1968	Große (50 Mill. $ und mehr)	Mittlere (10–49 Mill. $)	Gründungsjahr	Ursprüngliche Branche	Konglomeratsunternehmer
Gulf & Western	67	10	3	1958	Kraftfahrzeugteile	Charles Bluhdorn
LTV	23	5	4	1958	Elektronik, Luft- und Raumfahrt	James J. Ling
IT & T	47	7	9	1960	Fernmeldewesen	Harold Geneen
Teledyne	127 (1960–61)	3	11	1960	Elektronik, Luftfahrt	Henry Singleton, George Kozmetsky
Litton	97 (1958–69)	2	18	1953	Elektronik	Charles Thornton, Roy Ash
FMC	[1])	2	4	1928	Maschinenbau	Paul Davies
Textron	70 (1948–68)	[1])	[1])	1955	Textilindustrie	Royal Little
White Consolidated	27	4	3	1964	Nähmaschinen	E. S. Reddig
Colt Industries	[1])	2	2	ca. 1955	Maschinenbau	George Strichman

[1]) Daten nicht verfügbar

Quelle: Federal Trade Commission, Bureau of Economics, »Economic Report of Corporate Mergers«, *Hearings before the Subcommittee on Antitrust and Monopoly*, 1969, Kapitel 8

der Zahl ihrer Firmenübernahmen und ihren Chefmanagern, den Architekten dieser Imperien. Zwei wurden ausgelassen, GTE, weil es als öffentliches Versorgungsunternehmen nur Telefongesellschaften aufkaufte, und GATX, weil es nur durch eine große Übernahme in die Liste kam und sich später von dieser Firma wieder trennte. Die Tabelle zeigt, daß große Mischkonzerne Unternehmen sind, die in relativ kurzer Zeit ein phänomenales Wachstum erzielt haben.

Textron, Litton, Food Machinery and Chemical, Teledyne und andere Mischkonzerne, die von der US-Handelskommission untersucht wurden, sind als Unternehmen beschrieben worden, die auf Wachstum versessen waren, ohne eine vernünftige Struktur dafür festzulegen – einen Wachstumsrahmen, innerhalb dessen sie effizient arbeiten konnten. Da es weder historische Präzedenzfälle noch volkswirtschaftliche Begründungen gab, nach denen die Diversifikation geplant werden konnte, blieb den Unternehmen auch nichts anderes übrig, als beim Aufbau ihrer sich auf viele Branchen erstreckenden Imperien zu experimentieren. Männern der Tat mit starkem Willen, wie sie an der Spitze der Mischkonzerne standen, lag es aber sowieso nicht, nach sorgfältig detaillierten Plänen vorzugehen. Textron, eines der ersten Unternehmen, das ein richtiges Konglomerat zusammengestükkelt hatte, war dabei so plan- und wahllos vorgegangen, daß ein Unternehmenssprecher zugab, Ende der fünfziger Jahre habe das Unternehmen »einen großen Teil seiner Energien dazu verwendet, herauszufinden, was richtig gemacht wird.«*

Ein gemeinsames Merkmal der Konglomeratsunternehmer war die intensive Aufmerksamkeit, die sie der Finanzseite des Managements widmeten. Interessanterweise ist diese Perspektive der einzige Punkt, in dem sie mit ihren Kritikern übereinstimmten, wenn auch mit gegensätzlichen Interpretationen. Die Kritiker sahen die »Konglomerateure« als Imperienbauer, »angetrieben von der Vision, ein machtvolles Industrie-›Imperium‹ zu erschaffen, das sich über ein weites Gebiet erstreckt . . . Viele der Imperienbauer sind als Individuen nichts als Finanz-

* *Forbes*, 1. Januar 1963, S. 35.

spekulanten, und die Sammlung von Firmen, die sie erwerben, nehmen nie den Charakter eines einzigen Industrieunternehmens an.«*

Die Begründer der Mischkonzerne bestätigten, daß sie die Diversifikation aus finanziellen Gründen betrieben, nämlich allein um die Gewinne zu maximieren. Sie sahen sich in erster Linie als Manager von Kapitalansammlungen und weniger als Leiter von unterschiedlichsten Industrie-, Handels- und Dienstleistungsunternehmen. Nach ihrer Meinung mußte jeder frei sein, mit seinem Geld den höchsten Ertrag zu erwirtschaften, ganz gleich in welcher Branche. Die meisten Theoretiker waren aber überzeugt, daß Unternehmen dann am besten abschneiden, wenn sie sich an die Branche halten, die sie kennen. Die Imperienbauer waren schlicht anderer Meinung. »Die Basis dieser Art von Operationen (Unternehmensübernahmen) ist die Rendite des investierten Kapitals. Darum dreht sich das ganze Spiel«, äußerte ein Chefmanager in einer Zeitschrift.** Wenn die Rendite in einer Branche maximiert werden kann, in der das Unternehmen noch nicht tätig war, so rechtfertigt das die Diversifikation in diese Branche. Royal Little, ehemaliger Chefmanager von Textron und einer der glaubwürdigsten Befürworter der Diversifikationsstrategie der Mischkonzerne, drückte es präzise aus:

> Es ist demonstriert worden, daß mit der Kombination von normalem internem Wachstum und Wachstum durch Übernahmen von Unternehmen in anderen Branchen eine bessere kumulative Wachstumsrate des Kapitals erzielt werden kann als bei jeder normalen Betätigung in nur einer Branche.***

Das Goldene Zeitalter der Konglomerate erreichte um die Mitte der sechziger Jahre seinen Gipfel. Die Aktienpreise waren hoch. Die Gewinne stiegen. Die Haussestimmung der Börse stimulierte eine Rekordzahl von Unternehmensübernahmen, und der Anteil der Übernahmen zur Diversifikation an den gesamten Firmenaufkäufen nahm gegenüber den Übernahmen zur hori-

* Edith T. Penrose, *The Theory of Growth of the Firm*, Oxford 1959, S. 40.
** *Forbes*, 1. Januar 1963, S. 39.
*** *Interview of Royal Little*, in: Dun's Review, May 1968.

zontalen und vertikalen Integration ständig zu. Mehr und mehr Unternehmen wurden zur Diversifikation bekehrt. Kurz, die Mischkonzerne erfreuten sich ihrer Erfolge. Wenn auch die Kritiker die Konglomerate für ungerechtfertigt oder unvernünftig hielten, so waren sie doch ein zu weit verbreitetes Phänomen geworden, um ignoriert werden zu können. Und im Vergleich zu ihnen erschienen die bisherigen Börsenfavoriten (*Blue Chips*), die bei ihren Leisten – sprich: bei ihrer Branche – blieben, eher glanzlos. Die Kritiker der Mischkonzerne waren zwar nicht mundtot gemacht, aber zunächst einmal gedämpft worden.

Eine Zeit der Neubewertung (1969 bis 1976)

Doch was aufsteigt, muß auch irgendwann einmal wieder herunterkommen. In den späten sechziger Jahren erlebten die Konglomerate den Beginn des Abstiegs von ihrem Gipfel. Eine Reihe von Ampeln auf den Wachstumspfaden schalteten sich 1968 von Grün auf Rot um. Litton, Gulf & Western, Ling-Temco-Vought, die in den mittleren sechziger Jahren alle phänomenale Steigerungen von Umsätzen und Gewinnen erzielt hatten, mußten 1968 Rückgänge oder zumindest starke Verminderungen der Wachstumsraten hinnehmen. Die Aktienkurse sanken 1969 und blieben bis über die Mitte von 1970 hinaus im Keller. Unternehmensübernahmen auf der Basis des Austausches von Aktien des einen gegen die des anderen Unternehmens erschienen bei den ebenfalls fallenden Kurs/Gewinn-Verhältnissen nicht mehr attraktiv. Auch die Investoren an der Börse, die mit dem Kauf von Aktien der Mischkonzerne in der Blütezeit der Konglomeratsbewegung hohe Gewinne erzielt hatten, fürchteten nun, daß die Kurse der Aktien von Mischkonzernen bei weiteren Unternehmensübernahmen eher fallen würden. Die Unternehmer und Investoren, die auf eine Rückkehr der für die Mischkonzerne so günstigen Verhältnisse der sechziger Jahre hofften, wurden vom nächsten scharfen Einbruch der Aktienkurse 1974 gänzlich desillusioniert. Das Klima hatte sich verändert. Die Börse reflektierte wirtschaftliche Verhältnisse, die zwar nicht zur Aufgabe des intensiven Strebens nach Diversifikation führten und auch nicht das Grundkonzept der Konglomeratsbildung veränderten, wohl aber den Charakter der Konglomeratsbewegung.

Zunächst einmal begannen Mischkonzerne, erworbene Unternehmen wieder zu verkaufen, statt immer mehr Firmen zu übernehmen. Viele Konglomerate stellten fest, daß sie gar nicht mit dem fertig werden konnten, was sie so hastig zusammengekauft hatten. Wie aus der folgenden *Tabelle 3* zu ersehen, stieg die Zahl der Unternehmen, die von Mischkonzernen wieder abgestoßen wurden, allein im Jahre 1970 gegenüber dem Vorjahr um 75 Prozent. Die Mehrzahl der Verkäufe wurde von den Unternehmen vorgenommen, die in den vorangegangenen Jahren die aktivsten, die schwungvollsten Aufkäufer gewesen waren. Die gleichen Mischkonzerne, die in die Vollen gegangen waren, als die Aussichten verlockend erschienen, waren nun durch die Umstände gezwungen, die Kosten zu reduzieren, die ihnen durch übernommene Unternehmen entstanden, deren Leistung weit hinter den Erwartungen zurückblieb.

Es wäre aber oberflächlich, aus den Verkäufen zu schließen, daß die gesamte Konglomeratslogik nicht stimmt, und diese Argumentation dazu zu verwenden, diese Bestrebungen zu diskreditieren. Die sich verschlechternde Wirtschaftslage und die Baisse an der Börse wirkten sich nicht nur auf die Mischkonzerne schlimmer aus, als nötig gewesen wäre. Schlechte Planung und schlechte Planausführung plagten auch die Mehrzahl der amerikanischen Unternehmen, die keine Mischkonzerne waren.

Die drei folgenden Fallbeschreibungen verdeutlichen verschiedene Fehler, die bei Versuchen, Mischkonzerne aufzubauen, gemacht werden können. Der erste Fall ist der von Westinghouse, einem Unternehmen alten Stils, das bereits eine breite Palette von Produkten herstellte, bevor es sich mit mehr Firmenaufkäufen, als es verkraften konnte, übernahm; beim zweiten Fall geht es um Storer Broadcasting. Das Unternehmen kaufte eine Fluggesellschaft, Northeast Airlines, auf, und dies mehr aus Naivität als aus Habgier. Das abschließende Beispiel U.S. Industries (USI) wurde ausgewählt, weil es den negativen Inbegriff eines wahllos in die Branchenvielfalt auswuchernden Konglomerats verkörpert.

Tabelle 3
Bedeutung der Wiederverkäufe von Unternehmen in der Fusions- und Übernahmenbewegung

	Bekanntgaben von Fusionen und Firmen- übernahmen	Wieder verkaufte übernommene Unternehmen	
		Anzahl	in % der Fusionen und Übernahmen
1963	1361	[1])	[1])
1964	1950	[1])	[1])
1965	2125	191	9
1966	2377	264	11
1967	2975	328	11
1968	4462	557	12
1969	6107	801	13
1970	5152	1401	27
1971	4608	1920	42
1972	4801	1770	37
1973	4040	1557	39
1974	2861	1331	47
1975	2297	1236	54
1976	2276	1204	53
1977	2224	1002	45
1978	2106	820	39
1979	2128	752	35
1980	1889	666	35
1981	2395	830	35
1982	2346	875	37
1983	2533	932	37
1984	2543	900	35

[1]) Keine Daten verfügbar

Quelle: W. T. Grimm and Co.

Westinghouse
Der ehrgeizige Manager hatte große Pläne für seinen ihm unterstellten kleinen Bereich von Westinghouse Electric Corp. Nach seiner Einschätzung des Umsatzes gefragt, antwortete er: »Wir können dieses Jahr auf 800 Millionen Dollar kom-

men und das sehr bald danach auf zwei Milliarden Dollar steigern.«

»Das war seine letzte offizielle Verlautbarung«, sagte Robert E. Kirby, der neue Chairman von Westinghouse, der ihn kurz danach feuerte . . . Und nachdem Robert E. Kirby nun der Spitzenmanager bei Westinghouse ist, verbreitet er emsig sein Evangelium im Unternehmen. Seine Vorgehensweise ist Teil einer Strategie rigorosen Handelns unter dem Motto »Zurück zu den soliden Grundlagen«, die vom vierzehntgrößten Industrieunternehmen des Landes zielstrebig verfolgt wird. Diese Strategie hat zwei Ziele. Das eine ist, die Talfahrt der Gewinne zu beenden, bei der die versteuerten Gewinne von Westinghouse von ihrer Rekordhöhe von 198,7 Millionen Dollar 1972 auf 28,1 Millionen Dollar 1974 schrumpften.

Das andere Ziel ist, die Wiederholung einer Serie unternehmerischer Mißgriffe zu vermeiden, die auf zu ehrgeizigen Wachstumsplänen beruhten, die Westinghouse 1973 und 1974 Millionen von Dollar kosteten. Das führte zu einem Zeitpunkt im vergangenen Jahr in den Worten von Robert E. Kirby zu einer »Vision, daß Westinghouse dabei war, durch ein kleines Astloch hindurchgezogen zu werden«.

Das Unternehmen weist jetzt nicht nur Manager, die das Unternehmen zu rasch expandieren lassen wollen, in die Schranken, es hat auch Fehler der Vergangenheit rückgängig gemacht. In den letzten Monaten hat Westinghouse fünf bedeutende verlustbringende Betriebe geschlossen oder verkauft, auf die etwa 15 Prozent des Umsatzes von 1973 entfielen . . . Die Rückkehr zu den soliden Grundlagen zielt auf eine scharfe Wende weg von der Richtung, die Westinghouse seit den frühen sechziger Jahren eingeschlagen hatte.*

Storer Broadcasting

Rundfunk und Fernsehen sind die reinsten Dukatenesel, denn die Ausgabe von Senderlizenzen wird von der Federal Communications Commission (FCC) begrenzt: Für ein be-

* *Wall Street Journal*, 7. März 1975, S. 1.

deutendes Großstadtgebiet werden gewöhnlich nur vier oder fünf Fernsehlizenzen erteilt. Das damit praktisch fest begrenzte Angebot von Werbezeiten wird von der wachsenden Nachfrage immer wieder übertroffen. Dabei haben die Sender einen geringen Investitionsbedarf. Storer rechnet vor, daß seine Wiederbeschaffungskosten für Anlagen und Ausrüstungen weniger als 50 Prozent seiner Abschreibungen ausmachen, im Gegensatz zu den Verhältnissen in den meisten anderen Branchen, in denen die steuerlich zulässigen Abschreibungen geringer sind als die inflationierten Wiederbeschaffungskosten.

Überdies müssen die landesweit tätigen Fernsehgesellschaften große Summen in Dutzende von Serien investieren, während selbständige örtlich begrenzte Sender wie Storer nur lokale Nachrichten und Programme sowie Kindersendungen produzieren müssen. Dazu kaufen sie sogenannte syndizierte Programme und verwenden einige Filme der großen Fernsehgesellschaften zur Vervollständigung ihres Programms. Storers Programmkosten belaufen sich auf nur 30 Prozent der Nettoeinnahmen, was etwa dem Durchschnitt der US-Lokalsender entspricht . . .

Den großen Fehler, der Storer in der Wall Street in Ungnade fallen ließ, machte das Unternehmen 1965. Die Aufsichtsbehörde FCC beschränkte die Zahl der Sender, die sich in einer Hand befinden dürfen, und danach hatte Storer das Limit fast erreicht. Dieser Tatbestand warf für das Unternehmen ein schwieriges Problem auf: Was sollte es mit dem reichen Cash-flow aus Gewinnen und Abschreibungen machen, da es doch in der eigenen Branche nicht mehr expandieren konnte und auch nicht viel Kapital für seine Tätigkeit brauchte?

Storer hörte vermutlich auf den schlechten Rat von Anlageberatern und kaufte Northeast Airlines. Die Übernahme basierte auf der Berechnung, daß die überschüssigen Einnahmen des Senders dazu ausreichen würden, die Kurz- und Mittelstreckenflugzeuge zu kaufen, die das Management von Northeast für notwendig hielt. Das Problem war, daß Northeast ruiniert war, als Storer die Fluggesellschaft kaufte, und daß die einst glänzende Luftfahrtbranche, einige Jahre nachdem Storer dazugekommen war, eine Talfahrt begann. Es dauerte Jahre, bis Northeast an Delta Airlines verkauft und der Schaden überwunden werden konnte.*

U.S. Industries
Die Springflut von Unternehmensdiversifikationen in den sechziger Jahren – dem Jahrzehnt, in dem die Mischkonzerne entstanden – ließ auch eine extreme Theorie der Dezentralisierung modern werden. Man kaufe Unternehmen mit guten Managements und lasse sie so weitermachen wie bisher. Diese Logik starb in den turbulenten siebziger Jahren einen schnellen Tod, als Katastrophen in Unternehmensteilen so manchen Mischkonzern zwangen, seine diversen Tätigkeiten stärker zu beaufsichtigen.

U.S. Industries ist ein klassisches Beispiel . . . USI (war) das am weitesten diversifizierte aller Konglomerate. Es absorbierte mehr als hundert kleine Unternehmen in der Annahme, es könnte Unternehmern helfen, ihre Sache noch besser zu machen, indem es sie mit zentralem Stabspersonal unterstützte, das die kleinen Firmen sich allein nicht leisten konnten. Statt dessen erwarb es eine Vielzahl von Problemen, mit denen das USI-Personal nicht einmal anfangen konnte fertig zu werden. Jetzt (1975), nach vier USI-Präsidenten in vierzehn Monaten, versucht das Unternehmen, einhundert Abteilungen zu 27 zu konsolidieren. »USI spottet jeder intelligenten Analyse«, sagt der Anlagekonten-Manager (für die Fonds Windsor und Gemini) John Neff, der früher an USI glaubte.**

Wie die geschilderten Mißgeschicke beweisen, gab es noch viel über die Meriten und Methoden des Sichvorwagens in unbekannte Branchen zu lernen. Doch selbst während noch die Leh-

* *Forbes*, 1. April 1977, S. 48.
** *Forbes*, 9. Januar 1978, S. 94, und *Forbes*, 1. Januar 1975, S. 178.

ren aus diesen und anderen Fehlschlägen gezogen wurden, begannen die Unternehmen bereits nach günstigen Gelegenheiten zur Wiederaufnahme einer Strategie der Diversifikation in unterschiedliche Branchen Ausschau zu halten. Ein wichtiger Unterschied zur Blütezeit der ersten Konglomeratsbewegung war jedoch, daß die Manager nunmehr vorsichtiger und besser vorbereitet an die Gestaltung ihrer Zukunft herangingen.

Die Professionalisierung seit 1977

Im Gegensatz zu den neu entstehenden Konglomeraten der sechziger Jahre, die aus bescheidenen Anfängen in wahlloser Verzweigung aufgebaut und von der Vision eines dominierenden Chefmanagers geleitet wurden, beteiligten sich an der neuen, dritten Fusionswelle auch traditionelle, konservativ geleitete Großunternehmen. Industriegiganten wie Mobil, Coca-Cola, Philip Morris, Goodyear und U.S. Steel wie auch riesige Handels- oder Dienstleistungsfirmen wie Sears und American Express setzten durch Aufkäufe von Unternehmen aus anderen Branchen dem Konzept der Diversifikation im Konglomeratsstil ihren Stempel auf. Es konnte nun nicht länger behauptet werden, die Diversifikationsbewegung sei auf einige auffällige und besonders radikale Unternehmen beschränkt.

Während der zweiten Fusionswelle hatte der Präsident von Du Pont einmal bemerkt: »Ein Konglomerat zu leiten ist eine Aufgabe für Management-Genies, nicht für normale Sterbliche wie wir hier bei Du Pont.«* Doch schon 1981 erwarb der Chemieriese die Conoco, die achtgrößte Ölgesellschaft der USA. Bisher auf eine Branche konzentrierte Industriegiganten wie Anheuser-Busch (mit dem Erwerb von Campbell-Taggart, dem zweitgrößten Hersteller von Backwaren der USA), U.S. Steel (mit dem Aufkauf von Marathon Oil), Coca-Cola (mit dem Erwerb von Columbia Industries, einem diversifizierten Unternehmen der Unterhaltungsindustrie) und der Handelskonzern Sears (mit den Übernahmen der Immobilienfirma Coldwell Banker und der Ef-

* *Fortune*, Februar 1967, S. 131.

fektenfirma Dean Witter) schufen sich alle Positionen in neuen Branchen. Konservativ geleitete Unternehmen wie Nabisco (das mit Standard Brands zu National Brands fusionierte) und Kraftco (das sich mit Dart Industries zu Dart & Kraft zusammenschloß) machten ihre wichtigsten Fusionsschritte seit den großen Konsolidationen um die Jahrhundertwende. Außergewöhnlich gut geleitete Unternehmen, die früher fast nur durch interne Ausweitung ihrer Produktpalette expandiert hatten, wurden ebenfalls Konvertiten: Procter & Gamble erwarb Norwich, ein Pharmazieunternehmen, und Crush International, ein Unternehmen für alkoholfreie Getränke. Selbst die Eisenbahnen schlossen sich der Bewegung an: Union Pacific übernahm Champlin Petroleum, und Burlington Northern erwarb El Paso, ein Unternehmen zum Bau von Erdgasleitungen.

Diese Blue-Chip-Reihe von angesehenen Firmen alter Schule verlieh dem Gedanken der Übernahme von Firmen aus anderen Branchen Legitimation. Die Zeitschrift *Forbes* brachte es auf den Punkt: »Die Konglomerate sind nicht mehr die scharlachroten Huren von Amerika. Viele von ihnen sind respektable Matronen.«* Die Mischkonzerne waren volljährig geworden. Das Konzept hatte die anfängliche Phase wahlloser Ausuferung sowie eine Pause zur Verdauung und für Wiederverkäufe überlebt. Diskreditiert war am Ende nicht das Prinzip der Diversifikation in unterschiedliche Branchen, sondern dessen unvernünftige und planlose Anwendung durch einige der Unternehmen, die es praktiziert hatten.

In dieser jüngsten Phase kauften Unternehmen nicht nur andere Firmen, sondern sie verließen oft die Branche, die einst ihr Standbein war. Unter den Bezeichnungen »Neueinsatz der Aktiva«, »Unternehmensumstrukturierung« oder »Rationalisierung« bedeutete ein solcher Exodus nichts anderes als die Wiedergeburt eines Unternehmens. Diese Umstellungen erzwangen für manche Unternehmen einen Wandel, der so dramatisch war wie die Fusionen und Konsolidierungen um die Jahrhundertwende, von denen sie geschaffen worden waren. Die Umstruk-

* *Forbes*, 1. Januar 1976, S. 62.

turierungen werfen die Frage auf, die zuerst Theodore Levitt von der Harvard-Universität Anfang der sechziger Jahre stellte: »Was für eine Art von Unternehmen wollen Sie sein?« Die Frage wurde mit der Absicht gestellt, die Vorstellungskraft des Managements über die Grenzen ihrer spezifischen Branche hinaus zu lenken. Beispielsweise sollten Eisenbahngesellschaften sich nicht unbedingt auf den Betrieb von Eisenbahnen beschränken. In einem weiteren Sinne waren sie im Transportwesen tätig, wozu eine Vielfalt von Geschäftszweigen gehört, auf die die Eisenbahngesellschaften ihre Tätigkeit in einer logischen Weise ausdehnen könnten. Ähnlich konnten Computerfirmen als Teile der Kommunikationsbranche aufgefaßt werden und Hersteller von Kegelbahnausrüstungen als Teile der Freizeitindustrie.

Die Mischkonzerne dehnen diese Perspektive bis zur äußersten Grenze aus: Wenn das vorrangigste Ziel des Unternehmens Gewinn ist, dann kann das Streben nach Gewinnmaximierung auf alle Märkte ausgedehnt werden, ohne daß Begrenzungen auf Verwandtschaften der angepeilten Märkte zu den bisherigen Geschäftsbereichen der Firma zu gelten haben. Tatsächlich wurde diese Perspektive ein immer augenfälligerer Bestandteil von mehr und mehr Unternehmen. Das Endresultat konnte eine Renaissance des Unternehmens sein und war es auch in vielen Fällen.

NL Industries (die alte National Lead Company) hat beispielsweise längst nichts mehr mit Blei zu tun, dem ursprünglichen Produkt des Unternehmens, das im alten Firmennamen den Hauptgeschäftszweig anzeigte. Westinghouse hat Glühbirnen und ehemals wichtige Haushaltsgeräte aus seinem Produktionsprogramm gestrichen. Esmark war auf der Grundlage des alten Fleischabpackers Swift & Co. aufgebaut worden, verkaufte aber seinen Geschäftsbereich für Frischfleisch und wurde selbst später von Beatrice Foods übernommen. Allegheny International (früher Allegheny Ludlom Steel Co.) verkaufte sein Spezialstahlgeschäft. Harris begann als Hersteller von Druckerpressen und verkaufte seine Betriebe zur Produktion von Druckereiausrüstungen, und Insilco (die frühere International Silver Co.) hat sich vom Silbergeschäft getrennt. In jedem dieser Fälle lösten sich Unternehmen von ausgereiften Geschäftsbereichen, die mit den Firmenursprüngen identifiziert wurden. Andere Unternehmen behielten zwar ihren »Kerngeschäftsbereich«, reduzierten aber im Zuge der Diversifikation dessen Anteil am Gesamtumsatz auf weniger als die Hälfte. Die neuen Mischkonzerne haben mit den ersten Konglomeraten gemeinsam, daß sich ihre Abhängigkeit von einer einzelnen Branche immer mehr verringerte.

Diese massive Umlenkung der eingesetzten Kapitalien unterstreicht den bedeutenden Wandel, der in den Strategien stattgefunden hat. Unternehmen fühlen sich nicht mehr in Branchengrenzen eingeschlossen oder dazu verpflichtet, bei ihren Leisten zu bleiben. Jeder Geschäftszweig wird nach seinem Beitrag zum Erfolg des Gesamtunternehmens beurteilt, so daß das Kapital anders eingesetzt wird, wenn Firmenteile nicht mehr in den strategischen Plan passen, bestimmte Leistungsnormen nicht mehr erreichen oder wenn das gute Geld in anderen Branchen ertragreicher investiert werden kann.

Ein Ergebnis dieser neuen Strategie war die Verwischung der Branchengrenzen. Die Einordnung der Unternehmen nach der Standardindustrieklassifizierung (SIC) in Elektro-, Papier-, Chemie-, Metall- und andere Industrien wird immer unangebrachter. Mehr und mehr betreiben Großunternehmen eine Familie strategischer Firmengruppen, die alle oder zum größten Teil die traditionellen Branchengrenzen überschreiten.

Eine Frage des Überlebens

Rückblickend sehen wir, daß Großunternehmen sich in der Regel in zwei Dimensionen entwickelt haben. Wie in *Abbildung 2* dargestellt, wurden sie innerhalb einer Branche groß und diversifizierten dann ihre Tätigkeit. Beide Phasen verliefen nach ähnlichen Mustern. In der ersten Phase strebten die Unternehmen zunächst nach Umsatzsteigerung, konsolidierten sich dann und erhielten danach wieder einen enormen Wachstumsschub. In der zweiten Phase, nach dem Zweiten Weltkrieg, begannen die Unternehmen zunächst, sich durch Aufkauf von Firmen in die verschiedensten Branchen zu verzweigen. Auf diese Zeit des Anwachsens zu Agglomeraten für zusammenhanglose Produkte und Dienstleistungen folgte die Periode der Konsolidierung von 1969 bis 1976. Seitdem wachsen die Konglomerate wieder, indem sie versuchen, zu Mischkonzernen mit geordneten Geschäftsbereichen zu werden. Die erste Phase der Evolution des Wachstums nur innerhalb der verschiedenen Branchen würde schließlich zu dem statischen Gleichgewicht geführt haben, das einmal vorausgesehen wurde. Doch innerhalb dieser eingegrenzten Arenen der Branchen blieben die Gründe für eine weitere Expansion so stark wie jemals zuvor. Zu den Gründen gehörten neue finanzielle und funktionale Synergien. In die entstandene Situation war also ein Konflikt eingebaut, der die Erreichung des vorausgesehenen statischen Gleichgewichts verhinderte.

Abbildung 2
Die zwei strategischen Dimensionen der Evolution von Großunternehmen

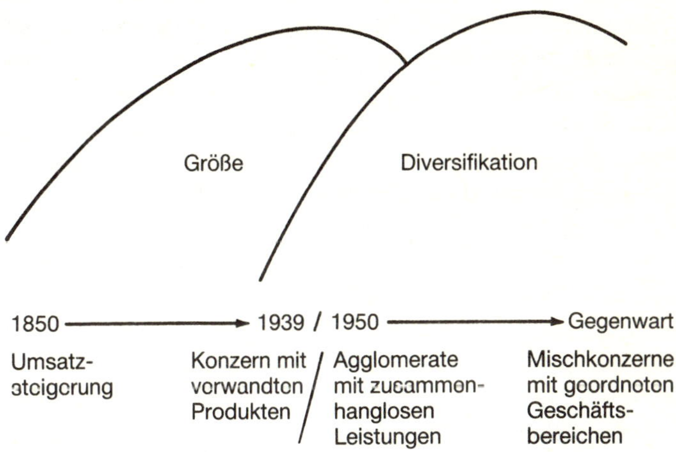

Der Konflikt erwies sich als bemerkenswert leicht zu lösen. Die Konglomeratsunternehmer ignorierten einfach die Branchengrenzen. Ihre Strategie zur Entwicklung von in vielen Branchen tätigen Konzernen umging das Haupthindernis für künftiges Wachstum. Nunmehr konnten Unternehmen theoretisch auf einer Vielzahl unterschiedlicher Märkte zu einer Größe heranwachsen, die früher für unmöglich gehalten wurde.

Henry Singleton, Gründer und Chefmanager von Teledyne, einem der bedeutendsten in den sechziger Jahren entstandenen Konglomerate, drückte die Argumentation für das Wachstum, die Teledyne und andere Mischkonzerne zur Strategie der Diversifikation in die unterschiedlichsten Branchen veranlaßt hatten, mit optimaler Klarheit aus. Indirekt offenbarte er damit auch, mit welchem Hochdruck die Strategie verfolgt wurde. In einem Interview antwortete Singleton auf die Frage: »Warum glauben Sie so stark an die Diversifikation?«

> Der Hauptgrund ist der natürliche Wunsch der Unternehmen zu überleben. Wenn Sie in einer Branche bleiben, werden Sie nicht überleben. Alles hat seine Zeit. Sie können nicht darauf warten, zu sehen, wovon das, was Sie tun, abgelöst wird. Mit dem Überlebensinstinkt stimmt das Streben nach Wachstum überein. Wenn Sie wachsen wollen – wobei der Zweck ganz eindeutig die Stärkung des Unternehmens und die Verbesserung seiner Überlebensmöglichkeit ist –, so kann das erreicht werden, indem man sich in einer ganzen Reihe von Geschäftszweigen betätigt und die alten nach und nach aufgibt. Das bezieht sich auf die langfristige Sicht.*

Ursprünglich galt Größe allein als Maß für den Erfolg. Die größten Industrieunternehmen wurden für die effizientesten und rentabelsten gehalten und standen deshalb in hohem Ansehen. Wenn ein Unternehmen einmal die Führungsposition in seiner Branche erreicht hatte, so wurde von seinem Chefmanager erwartet, daß er sie noch ausbaute oder zumindest verteidigte. Es war unwahrscheinlich, daß eine Führungskraft im Amt blieb, wenn die Marktposition seines Unternehmens sich plötzlich verschlechterte.

* *Forbes*, 15. September 1967, S. 230.

Zur Dynamik des Wettbewerbs gehört aber, daß mehrere Unternehmen um die Verbesserung ihrer relativen Position am Markt ringen. Die Vorauseinschätzungen, was Konkurrenten tun *könnten*, lassen die Strategien für die tatsächlichen Aktionen der Unternehmen noch härter werden. Firmen mit dominierenden Marktanteilen wissen, daß sie Trophäen besitzen, die ihnen andere abjagen wollen. Statt zu warten, bis ihnen andere zuvorkommen, investieren Unternehmen und expandieren in dem Bestreben, ihren Marktanteil und damit ihre Wettbewerbsvorteile zu erhalten. Sie versuchen damit gleichzeitig, ihrerseits die Aktionen der Konkurrenz vorwegzunehmen. Einmal in Position, wird die Managementhierarchie eine Hauptquelle der Motivation für fortgesetztes Wachstum und Ansammlung von Macht. Das ist heute so wahr wie früher und wird es auch in Zukunft sein. Es gibt wenig Zweifel daran, daß Wachstum für die professionell geleiteten Firmen der Gegenwart eine ebenso mächtige Kraft ist, wie sie es für die Eigentümer-Unternehmer der früheren Epoche war.

Das Phänomen der Konglomerate ist so schwierig zu verstehen, weil es noch in der Entwicklung ist. Unternehmensübernahmen durch einzelne Unternehmen, Aufkäufe auf Pump, Mischkonzerne, die andere Mischkonzerne kaufen, sowie von Börsenmaklerfirmen inspirierte und gelenkte Aufkäufe von Firmen verwischen gegenwärtig das Bild von der eigentlich entscheidenden Bewegung, die auf eine Rationalisierung der Konglomerate abzielt. Die noch zu beobachtende Vielfalt der Übernahmearten scheint die Existenz eines systematischen und systematisierenden Trends auszuschließen. Die Zukunft der Mischkonzerne liegt jedoch bei den professionell geleiteten Firmen, die sich der Strategie zur Diversifikation verschrieben haben. Wenn nicht so viele angesehene Firmen, gewissermaßen das Establishment der Unternehmenswirtschaft, das Konzept des Mischkonzerns akzeptiert hätten, würden die der Diversifikation innewohnenden Probleme vermutlich eine weitere Entwicklung der Konglomerate verhindert haben. So aber wird sich der bereits in Gang gekommene Trend zur Rationalisierung fortsetzen. Große Unternehmen in ausgereiften Branchen werden entweder ihre Geschäftstätigkeit diversifizieren oder aufgekauft werden. Da Fortschritte im Management gewöhnlich hinter Modifikationen in der Strategie hinterherhinken, ist das *Management* der Diversifikation der Bereich, der jetzt die größte Aufmerksamkeit verdient.

2

Die Mythen entlarven

In den Vorwürfen gegen die Mischkonzerne steckt ein gehöriges Stück Wahrheit. Berichte über dilettantisches oder unerklärliches Verhalten sind immer wieder zu hören. Jimmy Ling, der Gründer von Ling-Temco-Vought (jetzt LTV), wurde von der Zeitschrift *Fortune* als ein Mann beschrieben, der »viele aktive Unternehmen in einer Serie von Aufkäufen, Fusionen und Transaktionen zur Umverteilung von Aktienmehrheiten zusammengebracht und manchmal auch auseinandergenommen hatte«.* Unter Charles Bluhdorn erwarb Gulf & Western innerhalb einer kurzen Zeit ein verwirrendes Gemisch von Unternehmen. Wenn sich da überhaupt verbindende strategische Fäden hindurchzogen, so war nur Charles Bluhdorn in der Lage, sie zu erkennen. U.S. Industries übernahm mehr als hundert kleine Firmen in einem einzigen Jahr und versuchte, jede davon als autonomes Unternehmen zu betreiben. Kritik an diesen und anderen Beispielen willkürlicher Strategie ist verständlich.

Um eine positive Argumentation für das allgemeine Konzept der Mischkonzerne zu entwickeln, sollte man aber keine Entschuldigungen für die verfehlte Handlungsweise einzelner Unternehmen heranziehen. Die miserable Verwirklichung von Konzepten ist keineswegs nur bei Mischkonzernen anzutreffen. Unwiderlegbare Tatsache ist, daß seit der Mitte der fünfziger Jahre eine wachsende Zahl von Unternehmen ihre Tätigkeit immer weiter weg von ihrer ursprünglichen Branche diversifiziert haben und dies noch weiter tun. Da die Strategie zur Bildung von Konglomeraten bereits die Denkweise vieler Großunterneh-

* *Fortune*, Januar 1967, S. 137.

men reflektiert und der Trend zum Mischkonzern anscheinend von Dauer ist, lohnt sich der Versuch, die Strategie zu definieren und damit zu verstehen. Dazu müssen wir zunächst einige der verbreiteten Ansichten über Mischkonzerne als Mythen entlarven, die sie tatsächlich sind.

Mythos Nr. 1: Die Diversifikation zu Konglomeraten dient nicht den Interessen der Aktionäre

Häufig wird die Strategie zur Diversifikation als überflüssig abgetan, weil die Aktionäre durch Mischung ihres Aktienbesitzes selbst für die Diversifikation sorgen könnten, die sie für richtig hielten. Unternehmen hätten mit ihrer Tätigkeit den Interessen ihrer Aktionäre zu dienen, und das gelinge ihnen am besten, wenn sich ihre Manager auf eine Branche spezialisierten und die Diversifikation den Aktionären überließen.

Diese Ablehnung der Diversifikation eines Unternehmens in unterschiedliche Branchen ignoriert aber das Recht der Manager, Entscheidungen stellvertretend für die Aktionäre zu fällen. Als Interessenvertreter der Aktionäre eines Unternehmens sind die Führungskräfte verpflichtet, die besten geschäftlichen Entscheidungen zu treffen, die ihnen möglich sind. Sie müssen ihre Talente und Fähigkeiten zur Geschäftsführung dazu nutzen, die besten Strategien zur Ertragsmaximierung zu entwickeln. Die steigende Zahl von Managern, die sich für die Verzweigung der Unternehmenstätigkeit in verschiedene Branchen entscheidet, beweist, daß nach allgemeiner professioneller Meinung die Spezialisierung nicht mehr stets die bessere Strategie ist. Die Auffassung, daß die Manager den Aktionären in der beschriebenen einengenden Weise zu dienen haben, ist aus der Zeit übernommen worden, in der die Eigentümer gleichzeitig die Entscheidungsträger waren. In der Epoche des Merkantilismus leitete der Besitzer sein Unternehmen persönlich, die Vorstellungen von Eigentümer und Manager waren somit identisch. Schon lange vor der Entstehung der Mischkonzerne ist jedoch diese Einheit der Interessen in Großunternehmen zur Ausnahme geworden.

Schon 1932 dokumentierte das Buch *Die moderne Aktiengesellschaft* von Berle und Mean, daß die Eigentümer große Unternehmen nicht mehr selbst leiten. Die Eigentümer waren zu dem Schluß gekommen, daß die Komplexität moderner Unternehmen professionelle Manager erfordert. Daher gaben sie ihre Managementfunktionen an bezahlte Experten ab. Von den Managern wurde dann erwartet, daß sie ihre Fähigkeiten dazu einsetzten, die Leistungen des Unternehmens zu optimieren und damit indirekt den Interessen der Eigentümer maximal gerecht zu werden. Die Aktionäre konnten noch immer die Manager auswechseln, doch die neuen Manager konnten wiederum nach ihrem ihrem professionellen Urteil handeln.

Der Wert jeder Strategie ist an ihrem Erfolg zu messen. Ob Spezialisierung oder Diversifikation für ein Unternehmen das richtige Patentrezept ist, ist nur eine der vielen Entscheidungen, die dem Management von den Aktionären anvertraut werden müssen. Einzelne Aktionäre, die mit den Strategien des Unternehmens nicht einverstanden sind, haben die Freiheit, jederzeit ihre Aktien zu verkaufen und Anteile von Firmen zu erwerben, die ihnen mehr zusagen. Die Behauptung, Manager sollten die Tätigkeit eines Unternehmens nicht diversifizieren, weil die Aktionäre ihren Aktienbesitz diversifizieren können, verbindet zwei Sachverhalte, die nichts miteinander zu tun haben.

Tatsächlich könnte die Erfüllung der Forderung, Manager sollten in einer Branche verwurzelt bleiben, diese dazu zwingen, ausgesprochen schlechte Managementpraktiken zu befolgen, beispielsweise in einem schrumpfenden Markt zu bleiben. Sollten dann Manager das Risiko eingehen, ihr Unternehmen unter die Firmen einzureihen, die sich nicht dem Wandel in der Wirtschaft anpassen können, oder in sterbenden Industrien bleiben, bis sie mit der Branche untergehen? Wie aus *Tabelle 4* zu ersehen ist, sind nur wenige der bedeutenden Industrieunternehmen, die schon 1909 tätig waren, unabhängig geblieben, und einige von ihnen sind in Konkurs gegangen. Sollten denn die Manager mit ihrem Unternehmensschiff untergehen müssen, während Aktionäre ihre Anteile einfach verkaufen können, wenn sie befürchten, daß sich Unheil für das Unternehmen anbahnt?

Tabelle 4

Das Schicksal der fünfzig größten US-Industrieunternehmen (in der Reihenfolge der Höhe ihrer Bilanzsumme von 1909)

	Noch selbständig	Nicht mehr selbständig
1.	U. S. Steel (jetzt USX)	
2.	Standard Oil of New Jersey (jetzt Exxon)	
3.	American Tobacco (jetzt American Brands)	
4.	International Harvester	
5.		Amalgamated Copper (1977 von ARCO übernommen)
6.		Central Leather (Konkurs 1953)
7.		Pullmann (1980 von Wheelabrator-Frye übernommen)
8.		Armour (1969 von General Host übernommen)
9.	American Sugar (jetzt Amstar)	
10.	U. S. Rubber (jetzt Uniroyal)	
11.	American Smelting and Refining (jetzt Asarco)	
12.	Singer Manufacturing (jetzt Singer)	
13.	Swift (jetzt Swift International)	
14.		Pittsburgh Coal (1966 von Consolidated Coal übernommen; vgl. auch Nr. 23)
15.	General Electric	
16.	American Car & Foundry (jetzt ACF)	
17.		Colorado Fuel & Iron (1969 von Crane übernommen)
18.	Corn Products (jetzt General Foods)	
19.	American Can	
20.		Lackawanna (1923 von Bethlehem Steel übernommen)

	Noch selbständig	Nicht mehr selbständig
21.		American Woolens (1955 von Textron übernommen)
22.	Westinghouse	
23.		Consolidated Coal (1967 von Continental Oil übernommen)
24.	Du Pont	
25.		Republic Steel (1984 mit LTV zu LTV Steel fusioniert)
26.		Va-Carolina Chemical (1962 von Mobil übernommen)
27.	International Paper	
28.	Bethlehem Steel	
29.		American Locomotive (1964 von Worthington übernommen)
30.		National Biscuit (1981 mit Standard Brands zu Nabisco Brands fusioniert)
31.		Cambria Steel (1916 von Midvale Steel übernommen)
32.		Chile Copper[1]) (1923 von Anaconda übernommen)
33.	Distillers Securities[2]) (jetzt National Distillers)	
34.		Calumet & Hecla (1968 von UOP übernommen)
35.		American Agricultural Chemical (1963 von Continental Oil übernommen)
36.	Allis-Chalmers	
37.		Crucible Steel (1968 von Colt Industry übernommen)
38.		Lake Superior (aus unbekannten Gründen nicht mehr existent)

	Noch selbständig	Nicht mehr selbständig
39.		U. S. Smelting & Refining (Konkurs 1979)
40.		United Copper (Konkurs 1913)
41.	National Lead (jetzt NL Industries)	
42.	Phelps Dodge	
43.		Lehigh Coal (Konkurs 1965)
44.		International Steam Pump (Konkurs 1915)
45.		Jones & Laughlin (1974 von LTV übernommen)
46.		Western Electric (Teil von AT&T)
47.		Associated Oil[2]) (1926 von Tidewater Associated Oil übernommen)
48.		American Writing Paper (Konkurs 1962)
49.		Copper Range (aus unbekannten Gründen nicht mehr existent)
50.		United Fruit (1970 mit AMK zu United Brands fusioniert)
	21 Unternehmen	29 Unternehmen

[1]) Die Originalliste enthielt nur 49 Unternehmen; es ist anzunehmen, daß Chile Copper das fehlende, an 32. Stelle gehörende Unternehmen war.
[2]) Die Unternehmen Nr. 33 und Nr. 47 wurden in der Originalliste beide wie Nr. 33 aufgeführt.

Quelle: Alfred D. Chandler Jr., *The Beginnings of Big Business in American Industry*, in: *Business History Review*, Frühjahr 1959, Tabelle 1. Die Aufstellung der Fusionen, Übernahmen und Konkurse stammt vom Autor dieses Buches.

Der Standpunkt »Das Management muß den Interessen der Aktionäre dienen« wirft auch die Frage auf, welche Aktionäre und welche ihrer Interessen gemeint sind, denn die Aktionäre eines Unternehmens sind gewöhnlich keine homogene Gruppe mit einheitlichen Meinungen. Zu individuellen Aktionären kommen immer mehr institutionelle Anteilseigner wie Banken, Versicherungen und Investmentfonds. Solche Institutionen besitzen nicht weniger als ein Drittel der stimmberechtigten Aktien, die an der Börse von New York notiert sind. An einem typischen Börsentag entfallen ungefähr 75 Prozent des Aktienumsatzes auf die institutionellen Investoren. Ein weiterer Aktionärstyp ist der professionelle Arbitrageur, der besonders bei Unternehmensübernahmen eine große Rolle spielen kann. Wenn eine Fusion angekündigt wird, kaufen Arbitrageure Aktien in der Hoffnung, daß die endgültigen Aktienkurse bis zur Fusionstransaktion höher getrieben werden als die Einstandskurse des Arbitrageurs. Schließlich gibt es noch Übernahmespezialisten, die in nach ihrer Kenntnis bezüglich der Aktienkurse unterbewertete Unternehmen investieren. Sie tun dies nicht, um diese Unternehmen zu leiten, sondern um einen finanziellen Gewinn zu erzielen. Notorische Unternehmensjäger wie Saul Steinberg, Carl Icahn, Victor Posner und T. Boone Pickens haben mit ihren Androhungen, Firmen zu übernehmen, auf ihre Unabhängigkeit bedachte Unternehmensleitungen dazu gebracht, den Jägern ihre bereits erworbenen Minderheitsanteile zu stark erhöhten Kursen wieder abzukaufen.

Wessen Interessen sollen Manager nun bei einer Übernahme gerecht werden? Individuelle Aktionäre sind gewöhnlich auf sofortige Kursgewinne aus, denn sie haben ja mit Management und Betrieb des Unternehmens direkt nichts zu tun. Institutionelle Aktieninhaber haben eine Verpflichtung, den »attraktivsten« Kaufpreis zu akzeptieren – sie sind also mehr bereitwillige Verkäufer als am Unternehmen interessierte Eigentümer. Arbitrageure betreiben mit hohem Risiko Handel mit Wertpapieren und sind auf rasche Gewinne aus. »Übernahmekünstler« wie T. Boone Pickens haben vor allem ein hohes persönliches Interesse am finanziellen Ertrag ihrer Investition in das Unternehmen, wenn sich auch Pickens immer sehr für die Interessen der Kleinaktionäre eingesetzt hat. Der britische Übernahmespezialist Sir James Goldsmith meint, eine Übernahme könne zwar im allgemeinen Interesse liegen, aber deswegen übernehme er keine Firma, sondern, so sagt er: »Ich tue es, um Geld zu verdienen.«

Keiner der genannten »Eigentümer« trifft seine Entscheidungen aus der Perspektive eines geschäftsführenden Eigentümers, sondern aus der finanziellen Sicht eines Investors. Investoren ziehen aber schnelle Gewinne oft den Resultaten langfristiger Strategien vor, die nicht ohne Risiken zu erzielen sind. Unser gesamtes Wissen über vernünftiges strategisches Management betont aber die Wichtigkeit einer langfristigen Hochleistungsfähigkeit für den Betrieb eines Unternehmens. Die kurzfristige und rein finanzielle Orientierung des durchschnittlichen Aktionärs ist sicher nicht immer die beste Richtlinie zur Leitung eines Unternehmens. In den USA hat nach Meinung einiger Fachleute übertriebene Konzentration auf kurzfristige finanzielle Entscheidungen zu einer Vernachlässigung langfristiger Investitionen in Produktionsanlagen und Geschäftsbetrieb der Unternehmen und zu verminderter Wettbewerbsfähigkeit mit so zähen Konkurrenten wie den Japanern geführt. In der Mitte August 1986 von der in Genf ansässigen Stiftung Europäisches Managementforum veröffentlichten Studie über die Wettbewerbsfähigkeit der Industrieländer wurden auch tatsächlich unzureichende Investitionen als eine der Hauptschwachstellen genannt, die dazu führten, daß Japan die USA als das Land mit der höchsten Wettbewerbsfähigkeit der Wirtschaft abgelöst hat (die Schweiz und die Bundesrepublik Deutschland folgen auf den Plätzen drei und vier).

Zusammenfassend ist zu sagen, daß die Argumentation, eine Diversifikation laufe den Interessen der Aktionäre zuwider, keineswegs auf soliden Füßen steht. Es läßt sich darüber streiten, wie sich Firmenleitungen bei aggressiven Übernahmeversuchen von anderen Unternehmen verhalten sollten und wie die kurz- und langfristigen Managementaufgaben auszubalancieren sind, doch die Feststellung, daß den Interessen der Aktionäre gedient werden müsse, hilft bei der Beantwortung dieser Fragen nicht weiter.

Mythos Nr. 2: Investitionsentscheidungen sollten von den Kapitalmärkten getroffen werden

Eine weitere unzulässige Vereinfachung, die gegen Mischkonzerne ins Feld geführt wird, ist die Annahme perfekter Kapitalmärkte, auf denen Angebot und Nachfrage zu den richtigen, weil marktgerechten Investitionsentscheidungen führen. Der gleiche Personenkreis, der sich auf die Interessen der Aktionäre zur Ablehnung der Konglomerate beruft, fordert auch, daß sich Unternehmensleitungen auf die Investitionen beschränken, für die vom Kapitalmarkt bereitwillig die Finanzierung zu erhalten ist. Unabhängig davon, was dies an theoretischen Vorteilen mit sich bringen könnte, ist nicht zu erwarten, daß erfolgreiche Manager sich so verhalten. Zwei führende Professoren der Harvard-Universität haben bei einer Gruppe von erfolgreichen, ausgereiften Unternehmen sorgfältig die finanziellen Überlegungen und psychologischen Kräfte untersucht, auf denen die strategischen Entscheidungen der Spitzenmanager beruhten. Sie kamen zu folgendem Schluß: »Diejenigen, die argumentierten, daß die Geschäftsführer von Aktiengesellschaften die Maximierung des Vermögens der Aktionäre anstreben, haben auch behauptet, daß die strategischen Entscheidungen der Manager der Disziplin des Kapitalmarkts unterworfen sind: Aus ihrer Perspektive werden die Entscheidungen des Managements vom Vergleich zwischen der Rendite des in das Unternehmen investierten Kapitals mit den Kosten des Kapitals am öffentlichen Kapitalmarkt geleitet. Wir haben aber herausgefunden, daß die Spitzenmanager von diesen großen, ausgereiften Unternehmen bestrebt sind, ihre Abhängigkeit vom Kapitalmarkt zu minimieren.«*

Manager finden es offensichtlich unangebracht, sich der Disziplin des Kapitalmarkts oder einander widersprechenden Zielen und Erwartungen von Aktionären zu unterwerfen. Daher bemühen sich Unternehmen zuerst, Investitionsprojekte aus eigenen Mitteln zu finanzieren, so daß in vielen Fällen »das Kapitalmarktfenster nicht im wörtlichen Sinn verschlossen ist, aber

* Gordon Donaldson und Jay W. Lorsch, *Decision Making at the Top*, New York 1983, S. 7.

praktisch zu bleibt, weil die Manager nicht an das Fenster herantreten wollen«. Auf einen einfachen Nenner gebracht: »Das einzige sichere Geld war dasjenige, über das sie die direkte Kontrolle besaßen.«*

Diese Einsicht hilft zu erklären, warum Unternehmen die Diversifikation in unterschiedliche Branchen suchen. In einer Firma mit verschiedenen Geschäftsbereichen gibt es mehr Alternativen für den Einsatz von Gewinnen für Investitionen. Bei der Konzentration auf eine Branche können die Erträge dagegen nur wieder in diese Industrie investiert werden, und ein Unternehmen mit einem hohen Marktanteil in einer ausgereiften Branche, das heißt in einem Wirtschaftszweig mit nicht mehr rasch wachsender Nachfrage, erzielt häufig mehr Gewinne, als es rentabel in dieser Branche investieren kann – es hat den schon sprichwörtlichen »überflüssigen« Cash-flow oder Barmittelstrom. Es könnte dann die überschüssigen Gewinne als Dividenden an die Aktionäre ausschütten und schließlich sogar mangels weiterer Verwendungsmöglichkeiten das Eigenkapital reduzieren. Schon das erstere tun Manager ungern, und das letztere, die stetige Schrumpfung, geht gegen das Grundprinzip ihrer Arbeit. Da bleibt dann nur die Diversifikation in andere Branchen, vor allem wenn ein Unternehmen seine historische Wachstumsrate beibehalten will.

Tatsächlich gibt es innerhalb jedes Unternehmens einen internen Kapitalmarkt, der von seinem eigenen Cash-flow gebildet wird. Diese Gelder werden nach Gutdünken des Managements eingesetzt und können in Mischkonzernen dazu verwendet werden, neue Geschäftszweige zu finanzieren, die das Unternehmen wachsen und prosperieren lassen. Das ist die Essenz der Motivation, die hinter den Übernahmen von Firmen aus anderen Branchen steckt. Royal Little, der Gründer von Textron, illustriert diese Konglomeratslogik sehr gut, indem er die Übernahme von Homelite durch Textron beschreibt:

Man mußte Unternehmen finden, die, auch wenn sie sehr

* Gordon Donaldson und Jay W. Lorsch, *Decision Making at the Top*, New York 1983, S. 52 und 166.

klein waren, die Fähigkeit hatten, ihre Gewinne entweder durch Wachstum oder durch Kostensenkungen zu steigern. Als wir 1955 die Homelite Corp. kauften, eine Firma zur Herstellung von Motorsägen, war sie im Vergleich zu ihrem Konkurrenten McCulloch Corp. winzig. Wir wußten aber, daß McCulloch einen Betrieb neben dem Flughafen von Los Angeles hatte, dessen Produktionskosten hoch waren. Also verlagerten wir Homelite aus dem Nordosten der USA, in dem die Arbeiter meist gewerkschaftlich organisiert waren, in den Süden des Landes, wo wir perfekte neue Produktionsanlagen errichteten. So schlugen wir McCulloch mit niedrigeren Kosten . . . Die Umsätze von Homelite sowie von zwei kleinen Metallverschlußherstellern, die wir in den fünfziger Jahren übernahmen, Townsend Co. und Camcar Manufacturing Co., sind jetzt mehr als zehnmal so hoch als zu der Zeit, in der wir sie kauften.*

Mythos Nr. 3: Konglomerate bringen keine wirtschaftlichen Vorteile

Eine objektive Analyse der Konglomerate ist auch von der gängigen volkswirtschaftlichen Theorie behindert worden, nach der Diversifikation nur gerechtfertigt ist, wenn damit die Kosten gesenkt werden. Je ähnlicher sich zwei Unternehmen sind, so lautet die Argumentation, desto mehr Kosten können durch ihren Zusammenschluß eliminiert werden. Beispielsweise beseitigt die Fusion von zwei Konkurrenten doppelte oder sich überschneidende Kosten für Werbung, Vertrieb und Verwaltung. Beim Zusammenschluß von zwei in gänzlich verschiedenen Branchen tätigen Firmen, beispielsweise einem Unternehmen für Kfz-Teile mit einer Bank für Ratenkredite, sind dagegen keine derartigen Möglichkeiten zur Kostensenkung ersichtlich.

So logisch dieses Argument aussieht, es hat doch seine Mängel. Zunächst einmal geht es auf die nunmehr zweihundert Jahre

* *Fortune*, 28. Mai 1984, S. 52.

alten Theorien von Adam Smith zurück. Adam Smith demonstrierte, daß die Kosten sinken, wenn die Produktion in spezialisierte Aufgaben zerlegt wird. Da Großunternehmen diese Spezialisierung in weitestgehender Aufteilung organisieren können, sind bei ihnen auch höhere Kosteneinsparungen möglich als bei Betrieben mit geringem Produktionsumfang. Und solange Unternehmen einer Branche verhaftet bleiben, führen die zunehmende Vertrautheit mit den Routineaufgaben und ihre immer spezialisiertere Erledigung zu immer höherer Effizienz.

Die Logik von Adam Smith stimmte lange Zeit, doch inzwischen haben sich viele Bedingungen verändert. Die ursprünglichen Kernunternehmen, die mit ihrer Branche ausgereift waren und auf immer weniger wachsende Nachfrage stießen, waren gezwungen, sich nach neuen Wachstumsmöglichkeiten umzusehen. Die bei der Diversifizierung in verschiedene Wirtschaftszweige entstehenden Mischkonzerne entwickelten eine Strategie, die auf der Erzielung höherer Umsätze und Gewinne als Motiv für den Übergang auf neue Branchen beruhte. Statt nur nach Reduzierung von Kosten zu streben, versuchten sie Umsätze und Gewinne durch Diversifizierung in attraktivere und rascher wachsende Industrien zu steigern. Lord John Maynard Keynes stellte einmal fest: »Der Motor, der ein Unternehmen antreibt, ist nicht Sparsamkeit, sondern Gewinn.« Dies widerspricht etablierten Prinzipien über die Nutzung von Synergien, die auf Kostenreduzierungen durch Kombination verwandter Geschäftsbereiche beruhen, und das ist einer der Gründe dafür, daß viele Volkswirte die Einsicht von Keynes nicht akzeptierten.

In jüngerer Zeit ist jedoch eine Theorie in dem sich mit der Industrie befassenden Zweig der Volkswirtschaftslehre aufgetaucht, die anerkennt, daß eine Branchengrenzen überschreitende Tätigkeit von Unternehmen durchaus wünschenswert ist. Nach dieser Theorie der »umkämpfbaren Märkte« sollten Unternehmen die Freiheit haben, Gelegenheiten zu gutem Geschäft nachzugehen, wo immer sie sich bieten mögen.* In vielen

* William J. Baumol, John C. Panzai und Robert D. Willig, *Contestable Markets and the Theory of Industry Structure*, New York 1982.

Branchen gibt es ineffiziente Betriebe, und sie bieten Möglichkeiten zur Leistungssteigerung, die von Unternehmen innerhalb und außerhalb der jeweiligen Branche ergriffen werden *sollten* – Märkte, die noch nicht mit der erreichbaren Effizienz bedient werden, sind »umkämpfbar« (contestable), sie rufen nach neuen Konkurrenten, und da ist jedes Unternehmen willkommen, das mehr leisten kann als bisherige Wettbewerber, auch wenn es aus einer anderen Branche kommt.

Die Theorie der »umkämpfbaren Märkte« verlangt die Freiheit, in einen Markt einzutreten und ihn auch wieder zu verlassen. Sowie Unternehmen nicht mehr als (wegen der Vorteile der Spezialisierung) an ihre Branche gebunden aufgefaßt werden, wird die Diversifikation zu Mischkonzernen theoretisch und praktisch möglich. Für »absolut umkämpfbare« Branchen, in denen die Unternehmen völlige Freiheit zu Marktein- und -austritt haben, wird die Diversifikation in der Form des Mischkonzerns sogar für nahezu unvermeidlich gehalten. Unternehmen mit ausgeprägten, nicht nur in ihrer Branche anwendbaren Fähigkeiten werden durch die Möglichkeit, damit ihre Gewinne zu maximieren, dazu *gedrängt*, sich in anderen Branchen zu betätigen.

Mythos Nr. 4: Bei verwandten Tätigkeiten bleiben ist die bessere Strategie

Wenn schon Unternehmen ihre Tätigkeit diversifizieren, sollten sie dabei nicht weit von ihrem bisherigen Geschäftszweig abweichen. Das ist im Prinzip die Botschaft, die Peters und Waterman in ihrem Buch *Auf der Suche nach Spitzenleistungen* verbreiten, und sie stimmt mit den Argumenten der meisten Volkswirte für eine Selbstbeschränkung auf ein spezialisiertes Gebiet überein.

Peters und Waterman unternehmen große Anstrengungen, um zum Beweis der Richtigkeit einer Betätigung nur auf verwandten Gebieten *gegen* Konglomerate zu argumentieren. Das ist bedauerlich, denn die positiven Aussagen des Buches sind unabhängig davon, wie man zu Mischkonzernen steht, sehr instruktiv. Beispielsweise sehen die Autoren ausgeprägte Fähigkeiten oder »Kernfähigkeiten« als Grundlage für erfolgreiche Diversifikation an. Doch ihre Auffassung von Diversifikation ist zu eng. Sie erkennen nicht, daß es auch für Manager mit guten Kernfähigkeiten gefährlich ist, die Tätigkeit des von ihnen geleiteten Unternehmens zu lange auf eine Branche zu beschränken, deren Basis bereits verrottet.

Wenn *Auf der Suche nach Spitzenleistungen* vor zwanzig Jahren geschrieben worden wäre, so hätte die Mesta Machine Company sehr wohl eine der von den Autoren unter die hervorragend geleiteten Unternehmen eingereihten Firmen gewesen sein können. Wie Dana, eines der von Peters und Waterman für Spitzenmanagement ausgewählten Unternehmen, stellten die Betriebe von Mesta Produkte für die schon damals ausgereifte Stahlindustrie her. Wie Dana war Mesta auf eine Reihe von Erzeugnissen spezialisiert, darunter Maschinen für Stahlwerke, Schiffsschraubenwellen und riesige Turbinen. Und wie bei Dana konzentrierten sich die Spitzenmanager auf einige wenige Dinge, und diese machten sie sehr gut. Zudem waren Kommunikation und Beziehungen zwischen Management und Belegschaft bei Mesta hervorragend. Ein Arbeiter, der seit 1933 in der Maschinenfabrik arbeitete, sagte über den Chefmanager von Mesta: »Er wußte wirklich, wie man Stolz (auf das Unternehmen in den Mitarbeitern) erzeugt. Wir hatten damals das, wovon die Japaner jetzt sprechen.«

Kurz, Dana und Mesta hatten vieles gemeinsam. Beide galten zur Zeit ihrer Blüte als hervorragend geleitete Unternehmen, betonten die persönliche Kommunikation, erzielten gute Gewinne und bedienten ausgereifte Märkte. Unglücklicherweise ging Mesta am 9. Februar 1983 in Konkurs. Eine Chronik der Schwierigkeiten, an denen Mesta scheiterte, enthält eine Fülle von Problemen, die Unternehmen in aller Welt unter Druck setzen: ausländische Konkurrenten, technisch veraltete Produktionsausrüstungen, zu deren Auswechslung die Investitionsmittel fehlten, und eskalierende Kosten. Doch der ausschlaggebende Faktor war die Unfähigkeit des Managements, die Notwendigkeit eines Wandels der Firmentätigkeit einzusehen. Als die Stahlindustrie ihren Abstieg begann, ließ sich Mesta mit in die Tiefe ziehen – bis zum Sturz in den Abgrund. Natürlich hätte auch der Versuch, einen Wandel zu vollziehen, fehlschlagen können. Doch mit dem Verbleib in einer alternden und technisch rückständigen Industrie besiegelte das Unternehmen praktisch sein Schicksal.

Indem sie ihr Konzept der »Verwandtschaft« von Unternehmenstätigkeiten über seine sinnvollen Grenzen ausdehnten, haben Peters und Waterman ihre Argumentation, daß nur die Betätigung innerhalb einer Branche effizient ist, bereits verwässert. Sie leugnen aber, daß Hochleistungen mit der Diversifizierung in ganz verschiedene Branchen zu erreichen ist. Doch schon während sie ihr Buch schrieben, ließ der Druck der tatsächlichen Entwicklung viele ihrer Argumente veralten. Beispielsweise verzweigte General Motors seine Tätigkeit nach Konglomeratsmanier in die Computerbranche, indem es die große Firma Electronic Data Systems (EDS) übernahm. Mit diesem einen Schritt verletzte der Automobilhersteller gleich drei der Maximen von Peters und Waterman für die Erreichung eines hervorragenden Leistungsniveaus: Bleibe im Umfeld deiner Branche, kenne das Geschäft des aufzukaufenden Unternehmens genau, und kaufe eine kleine Firma, damit du die Neuerwerbung assimilieren kannst. Heißt das, die Strategie von General Motors ist falsch? Weder Peters noch Waterman oder sonst jemand kann das mit Sicherheit sagen. Die Übernahme von EDS durch General Motors und andere Firmenaufkäufe dieser Art zeigen dies. General Motors, USX (früher U.S. Steel) und andere Großunternehmen sind zu dem Schluß gekommen, daß die Beschränkung ihrer Tätigkeit auf eine einzige reifende und von stürmischem Konkurrenzkampf geschüttelte Branche riskant wäre und wahrscheinlich unerfreuliche Resultate hätte. Dagegen bringt die Diversifikation in andere Branchen zwar neue Risiken, bietet aber die Möglichkeit eines insgesamt besseren Abschneidens.

Damit soll weder behauptet werden, daß Dana zwangsläufig das Schicksal von Mesta teilen muß, noch daß General Motors oder USX durch Diversifikation bestimmte Höchstleistungen erreichen werden, sondern daß es ein Trugschluß ist, gegenwärtig hervorragendes Management einer Firma mit einer insgesamt guten Strategie für die Leitung eines Unternehmens gleichzusetzen. Einer der Manager eines von Peters und Waterman untersuchten Unternehmens mahnte: »Kaufen Sie nie eine Firma, die Sie nicht überschauen können.« Das ist ein guter Rat, doch gehört dazu die Ergänzung: »Bleiben Sie nicht nur deshalb mit Ihrem Unternehmen in einer Branche, weil Sie in dieser Sparte so gut etabliert sind.«

Eine Abwandlung der Behauptung, es sei die bessere Strategie, bei verwandten Tätigkeiten zu bleiben, dehnt den Begriff der Verwandtschaft so weit aus, daß auch eine Diversifikation in gänzlich unterschiedliche Branchen noch als Diversifikation in verwandte Bereiche aufgefaßt werden kann. Das wird damit erreicht, daß gleiche *Funktionen* der Unternehmen wie Produktion, Vertrieb, Werbung, Buchhaltung, Forschung und Entwicklung als Ähnlichkeiten ausgelegt werden, so daß jeder Zusammenschluß von Firmen als »Diversifikation in verwandte Tätigkeiten« aufzufassen ist und die Betrachtung der Mischkonzerne als besondere Unternehmensart überflüssig wird.

Wieviel Verwirrung damit angerichtet werden kann, zeigte mir ein persönliches Erlebnis. Bei einem Doktorandenseminar an einer führenden amerikanischen Universität erwähnte ich United Technologies als ein sehr großes Konglomerat. Sofort ging die Hand eines Studenten hoch. United Technologies, sagte er, sei kein Konglomerat, weil das Unternehmen sich nur in Geschäftszweigen betätige, die »technologisch verwandt« seien. Auf mein Drängen, die technologischen oder sonstigen Gemeinsamkeiten von Klimageräten, Computern, Fahrstühlen und Düsenmotoren zu erklären, äußerte der Student, das seien alles »technologisch orientierte« Geschäfte, die das Unternehmen damit betreibe. »Heißt das«, so fragte ich zurück, »daß alle Unterschiede zwischen Autos und Fahrrädern dadurch bedeutungslos werden, daß beide Kugellager verwenden?« Offensichtlich überzeugt, ich hätte den entscheidenden Punkt nicht verstanden, lächelte der Student nur. Er konnte nicht einsehen, daß die Verwendung besonders fortschrittlicher Technologien kaum mehr Verwandtschaft zwischen Fahrstühlen und Düsenmotoren erzeugt wie das Streben nach Gewinn zwischen allen Unternehmen

– die zahllosen Unterschiede bleiben bei der »Technologieorientierung« ebenso erhalten wie beim Gewinnstreben.

Ein Abweichen von dem auf der Betätigung in verschiedenen Branchen beruhenden Maßstab für Diversifikation, den die Zeitschriften *Fortune* und *Forbes* wie auch die Handelskommission (FTC) und die Wertpapier- und Börsenkommission (SEC) der USA sowie die meisten Wirtschaftswissenschaftler verwenden, führt fast zwangsläufig zur Verwirrung. Ist der Aufkauf des Spielfilmproduzenten Columbia Industries durch Coca-Cola eine »verwandte Übernahme«, weil Coca-Cola auch in Kinos verkauft wird? Das Beispiel mag frivol erscheinen, diese Interpretation wird aber durchaus möglich, sofern für »Diversifikation in verwandte Bereiche« eine ausreichend weit gefaßte Definition verwendet wird.

Wer »Verwandtschaft« zwischen so ungemein verschiedenen wirtschaftlichen Betätigungen wie den genannten an den Haaren herbeizieht, hat zwar gesehen, daß es erfolgreiche Mischkonzerne gibt, kommt dabei aber nicht zu dem richtigen Schluß, daß die Bildung von Mischkonzernen durchaus eine erfolgreiche Strategie sein kann, sondern weicht auf den Trugschluß aus, die erfolgreichen Konglomerate seien gar keine Konglomerate, sondern Unternehmen, die »verwandte« Geschäfte betreiben.

Mythos Nr. 5: Konglomerate kann man nicht managen

Die Behauptung, daß es nicht möglich sei, Konglomerate erfolgreich zu managen, weckt bestimmte Erinnerungen. Die gleiche Anklage erhob man gegen die Mammutunternehmen, als sie um die letzte Jahrhundertwende geschaffen wurden. Auch die Argumentation war ähnlich. Große Organisationen, so hieß es, überforderten das Spitzenmanagement bei den Bemühungen, sie unter Kontrolle zu halten und zu leiten. Mit steigender Anzahl von Abteilungen und Mitarbeitern nehme die Komplexität der Managementaufgaben zu. Von einem gewissen Punkt an werde das System überladen. Das zentralisierte Kontrollnetzwerk sei dann zu schwach, um den ausufernden Anforderungen gerecht zu werden. Diese Begrenzung ist sogar mathematisch ausgedrückt worden: Dem Größeneffekt (*Economies of Scale*), den mit zunehmender Größe des Unternehmens sinkenden Produktionskosten je hergestellter Mengeneinheit, wurden die von einer bestimmten Firmengröße an nach Auffassung der Gegner von Großunternehmen steigenden Verwaltungskosten je Mengeneinheit gegenübergestellt. Die optimale Unternehmensgröße wurde nach diesem rechnerischen Modell genau vor dem Punkt erreicht, an dem die Steigerung der »Verwaltungsstückkosten« die Einsparung der Produktionsstückkosten zu übertreffen begann.

Dieses Prinzip sinkender Erträge mit zunehmender Unternehmensgröße gilt aber nur, wenn die Verwaltungsfähigkeiten auf einem eingefrorenen Stand bleiben. Ohne Veränderungen würden die Kontrollen von einer bestimmten Größe des Unternehmens an zusammenbrechen. Dies müßte in weitaus stärkerem Maße für Konglomerate gelten, bei denen zur Größe die Vielfalt der Spezialisierungen, Produkte, Märkte und Eigenheiten der verschiedenen übernommenen Firmen hinzukommt, die die Komplexität der Aufgaben des Spitzenmanagements vervielfacht.

Doch Unternehmen müssen und können sich ändern, wenn sie tatsächlich den Willen haben, eine effizientere Strategie zu verfolgen. Besonders die Verwaltungssysteme sollten geändert werden, um zu gewährleisten, daß die komplexeren Aufgaben und Probleme von Mischkonzernen bewältigt werden können. Beispielsweise haben Unternehmen neue Organisationsformen eingeführt, um mit der Größe fertig zu werden, zu der sie bei der Verzweigung in verwandte Geschäftsbereiche heranwuchsen: Sie verwandelten ihre auf eine Sparte ausgerichtete funktionale Struktur in eine horizontale Gliederung in mehrere Abteilungen für die jeweiligen Geschäftsbereiche. Solche Anpassungen der Verwaltung alleine bekehrten aber nicht jeden Skeptiker. Die These von der Unmöglichkeit, Großunternehmen zu leiten, wurde jedoch immer schwerer zu verteidigen, als die Realität bewies, daß große Unternehmen immer noch in der Lage sind, weiter zu expandieren. Ein Wirtschaftswissenschaftler, der die Theorie des Wachstums von Unternehmen eingehend untersuchte, äußerte sich wie folgt über die angeblichen Grenzen der Unternehmensgröße:

». . . Die Frage, ob Firmen ›zu groß‹ werden können, um noch effizient zu sein, ist eine falsche Frage, denn es gibt keinen Grund für die Annahme, daß große Unternehmen ineffizient werden, wenn sie wachsen. Viel wahrscheinlicher ist, daß sich ihre Organisation so verändert, daß wir sie ganz anders betrachten müssen. Wir können nicht eine Raupe definieren und dann die gleiche Definition für einen Schmetterling verwenden.«*

In der Vergangenheit hat Flexibilität in der Verwaltung leistungsfähiges Management von großen integrierten Unternehmen ermöglicht. Mit geeigneten Innovationen können auch Mischkonzerne die Kunst des Managements meistern. Anpassungsfähigkeit in der Verwaltung ist in der Tat eine Voraussetzung für die Freisetzung der Möglichkeiten von Mischkonzernstrategien, die aber in vielen Fällen bereits erfüllt ist. Das heißt nicht, daß diese Konglomerate alle mit ihrer Komplexität erfolgreich zu Rande kommen werden. Es bedeutet jedoch, daß zahlreiche sehr weit diversifizierte Unternehmen, die überlebt haben, Verwaltungssysteme entwickeln werden, die zu der neuen Strategie passen.

Einen Durchbruch für die Handhabung der Diversifikation brachte der Computer. Computerisierte Informationssysteme sind für die Komplexität, was Eisenbahnen und Telegraphie für die Erreichung von Massenumsätzen waren. Die weitverzweigte Diversifikation der besonders komplexen Mischkonzerne wäre ohne den Computer nicht zu bewältigen. Die computergestützten Managementinformationssysteme sind wesentlich, um Manager in einem dezentralisierten, in vielen Branchen tätigen Unternehmen über die Betriebs- und Geschäftsabläufe informiert zu halten. Natürlich garantieren Computer allein nicht die Effizienz des Managements. Vielleicht werden sie auch nie so gigantische Leistungen erbringen, wie bei ihrer Einführung behauptet wurde. Sie sind aber äußerst leistungsfähige Systeme zur Spei-

* Edith T. Penrose, *The Theory of the Growth of the Firm*, Oxford 1959, S. 19.

cherung und Verarbeitung großer Mengen von Daten, die jederzeit verfügbar sein müssen. Wenn Computer nichts weiter als die Konsolidierung – die Zusammenfassung, Abstimmung und Saldierung – von Budgets und Plänen verschiedener Geschäftsbereiche eines Unternehmens ermöglicht hätten, so wäre das bereits ein wesentlicher Beitrag zu dezentralisiertem Management gewesen.

Weitere Verwaltungsinnovationen werden nötig sein, um die Kunst des Managements von Mischkonzernen voranzubringen. Einige Möglichkeiten dafür werden in einem der folgenden Kapitel erörtert. Die Komplexität der Managementprobleme von Mischkonzernen dürfte in Zukunft noch so gewaltig zunehmen, daß die heutigen Aufgaben von Konglomeratsmanagern in der Rückschau als relativ leicht anzusehen sein werden.

Mythos Nr. 6: Mischkonzerne leisten weniger als andere Unternehmen

Ein weiteres Argument gegen Konglomerate basiert auf statistischen Untersuchungen ihrer Leistungen. Wenn Mischkonzerne das Resultat überlegener Strategien sind, dann sollte die Entwicklung ihrer Umsätze, Gewinne und Renditen ebenfalls günstiger sein als die der nicht diversifizierten Unternehmen. Die Kritiker der Konglomerate behaupten, es lasse sich beweisen, daß dies nicht so ist.

In Übergangszeiten wie der gegenwärtigen Periode einer Umstrukturierung der US-Industrie gibt es aber zu viele aus- und durcheinanderlaufende Entwicklungen, um statistisch einen Trend messen zu können. Mit der Statistik allein lassen sich die vielen Veränderungen auch nicht klar voneinander trennen. Die Ergebnisse einer noch im Gang befindlichen dynamischen Entwicklung aus dem statistischen Bild der Vergangenheit ablesen zu wollen kommt dem Versuch gleich, beim Autofahren ausgerechnet mit dem Blick in den Rückspiegel in eine Kurve zu steuern.

Mitten im Wandel eindeutige Beweise für andauernde gute

oder schlechte Leistungen zu finden ist nicht zu erwarten. Daten, für die es keine eindeutige Erklärung gibt, werden von Wirtschaftswissenschaftlern oft danach beurteilt, ob sie mit den gängigen Meinungen im Einklang stehen oder nicht. Bei der Entwicklung von mathematischen Formeln für evolutionäre Veränderungen neigen die Forscher dazu, das zu bestätigen, woran sie schon vor ihren Berechnungen geglaubt haben.

Royal Little, der Gründer von Textron und einer der geistigen Väter des modernen Mischkonzerns, fand in einem Artikel mit dem bezeichnenden Titel *Konglomerate erlangen eine höhere Effizienz als allgemein angenommen** viel Bewundernswertes an den Mischkonzernen – was von ihm auch nicht anders zu erwarten war. Seine Schlußfolgerungen widersprechen den ebenso voraussehbaren, wenn auch durchaus nicht einheitlichen Resultaten einer Reihe von Studien akademischer Gegner der Konglomerate. Aber man sollte nicht unbedingt Partei ergreifen, denn die Wahrheit dürfte wie so oft in der Mitte liegen. Das bestätigen Daten, die von der Zeitschrift *Forbes* über die Leistungen einer großen Anzahl von Unternehmen zusammengetragen worden sind. Daraus ließen sich in *Abbildung 3* für die Jahre seit 1963 vier Standard-Leistungsindikatoren von Konglomeraten** ableiten und mit den von der gesamten US-Industrie erreichten Durchschnittswerten vergleichen – für das fünfjährige Durchschnittswachstum von Umsätzen und Gewinnen sowie für die Rendite von Eigenkapital und gesamtem investiertem Kapital im Durchschnitt der jeweils letzten fünf Jahre. *Abbildung 3* zeigt für die Jahre ab 1963 bei den vier Leistungsindikatoren die durchschnittlichen Abweichungen der Konglomerate vom Industriedurchschnitt in Prozentpunkten. Dabei zeigt sich, daß die Konglomerate manchmal besser und manchmal schlechter als die gesamte US-Industrie abschneiden. Das Bild ist uneinheitlich, und das ist keineswegs überraschend. Behauptet wird nicht, daß die Konglomerate eine perfekte oder überlegene Strategie

* *Conglomerates Are Doing Better Than You Think*, in: *Fortune*, 28. Mai 1984, S. 50–60.

** Während in den vergangenen Jahren verschiedene Definitionen von Konglomeraten verwendet wurden, sind für *Abbildung 3* die am stärksten diversifizierten Unternehmen als Konglomerate herangezogen worden.

Abbildung 3
Wachstums- und Rentabilitätsvergleich zwischen Konglomeraten und der US-Industrie insgesamt
(Durchschnittliche Abweichungen der Konglomerate von den Durchschnittsraten der US-Gesamtindustrie in Prozentpunkten)

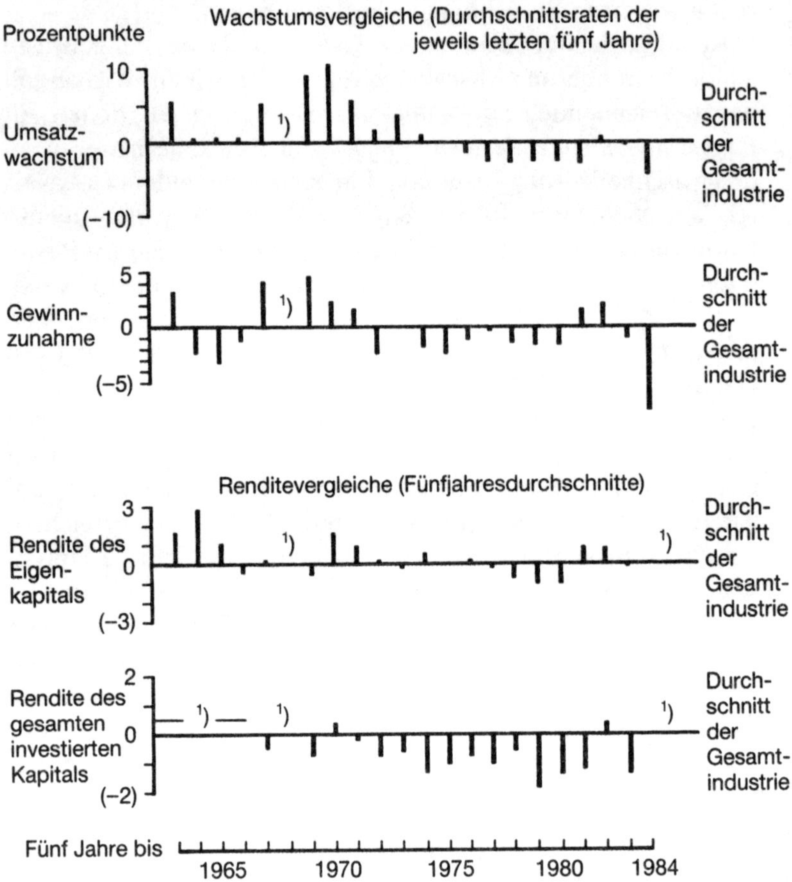

verfolgt haben, sondern daß ihre Strategie gute Ansätze aufweist. Es war zu erwarten, daß unter den Mischkonzernen auch solche mit schlechten Leistungen sind, so wie dies bei jeder größeren Gruppe von Unternehmen vorauszusetzen ist, deren Entwicklung sich mitten im Fluß befindet.

Tatsächlich gibt es schlechtes Management und schlechte Leistungen bei diversifizierten und bei nicht diversifizierten Firmen. Eine Reihe von Unternehmen machte strategische Fehler, indem sie ausschließlich in ihren nicht mehr wachsenden Branchen wie Kohlenbergbau, Stahl- oder Lederindustrie blieben. Bedeutende Umgruppierungen von Unternehmen durch Mehrheitsbeteiligungen, Firmenübernahmen und Fusionen haben zudem in vielen Industrien die einstigen Branchenführer gestürzt. Konglomerate erinnern uns daran, daß Wandel eine Konstante der Entwicklung bleibt. Wenn Daten vorgelegt werden und zu bewerten sind, die dem zu widersprechen scheinen, ist es ratsam, die Augen für die vielen erkennbaren widersprüchlichen Unternehmensentwicklungen offenzuhalten, von denen wir umgeben sind.

Mythos Nr. 7: Konglomerate fördern »Papierunternehmertum«

Es wird auch behauptet, Mischkonzerne würden Kapital durch Praktizierung von »Papierunternehmertum« fehlleiten, indem bei Aufkäufen von Firmen das Eigentum an den Aktiva der übernommenen Unternehmen »in Papierstücken« (Wertpapieren) verbrieft wird, so daß keine neuen Produktionskapazitäten durch die Kapitalinvestitionen entstehen.

Dieses Argument geht entweder am Sinn der Diversifikation vorbei, oder es führt absichtlich irre. Wie jedes Unternehmen strebt ein Mischkonzern die Maximierung der Gewinne an. Wenn das besser mit dem Erwerb von bestehenden Aktiva als durch ihre Neuerschaffung (den Bau von neuen Produktionsanlagen) geschehen kann, so wäre es eine Verschwendung von Kapital und sonstigen Ressourcen, es anders zu machen. Ob sich die gekauften Aktiva tatsächlich als produktiv erweisen, wird auch von Außenstehenden beurteilt werden können. Der Erfolg oder Mißerfolg von Übernahmen, ob die übernehmende Firma nun zur Branche des aufgekauften Unternehmens gehört oder nicht, schlägt sich in den Gesamtgewinnen des übernehmenden Unternehmens nieder. Wenn ein Unternehmen nicht gewinnbringend mit einer aufgekauften Firma fertig wird, so ruft diese Ineffizienz andere Übernahmewillige auf den Plan. Damit korrigiert der Markt für Investitionen sich selbst: Viele Investoren sind stets auf Ausschau nach Unternehmen mit unausgenutzten Produktivitätsreserven. Diese Jagd nach gewinnträchtigen Investitionsmöglichkeiten sollte Manager von Mischkonzernen dazu motivieren, stets die Betriebsleistungen übernommener Firmen so weit wie möglich zu steigern, sonst drohen ihnen unangenehme Konsequenzen.

In der ersten Hälfte unseres Jahrzehnts waren Verkäufe von Konzernteilen, deren erwartete Potentiale nicht realisiert werden konnten, und sogar Auflösungen von Mischkonzernen oder Übernahmen von Konglomeraten durch andere Unternehmen die Quittung dafür, daß Betriebe nicht effizient geführt wurden. In den siebziger Jahren waren auch schon zahlreiche in den sechziger Jahren Hals über Kopf übernommene Firmen wieder verkauft worden. Viele Mischkonzerne fanden heraus, daß unvernünftige Übernahmen, die sich in Zeiten des Wirtschaftsaufschwungs verkraften ließen, in mageren Zeiten zu große Belastungen wurden.

In einer freien Marktwirtschaft läßt schon die ständige Ausschau von Investoren und Übernahmejägern nach günstigen Beuteobjekten die Manager ständig danach streben, die Gewinne zu maximieren, um das Unternehmen nicht zum Ziel von Aufkäufern werden zu lassen, die meinen, die Leistungen der Firma verbessern zu können. Die Jagd auf Übernahmemöglichkeiten und die Vorbeugungs- und Gegenmaßnahmen der Unternehmen gehören zur Dynamik des Kapitalmarkts. Versuche, Konkurrenten auszutricksen, sind natürliche Bestandteile des Systems. Gelegentlich kann es vorkommen, daß die Regeln zum unfairen Vorteil der einen oder anderen Seite pervertiert werden. Daher revidierte beispielsweise der US-amerikanische Rat für Buchhaltungsnormen die Regeln zur Verwendung der sogenannten »Buchhaltung zum Zusammenschluß von Interessen«. Die bis dahin geübte Praxis hatte den Unternehmen erheblichen Spielraum dafür eingeräumt, wie sie ihre Gewinne berechneten, was bei einigen Konglomeraten zu Übertreibungen bestimmter Gewinne benutzt worden war. Auch heute gibt es einige mit Übernahmen zusammenhängende Praktiken, die legal, aber fragwürdig sind, wie die in der folgenden Übersicht erläuterten drei Verfahren *Grüne Post*, *Goldene Fallschirme* und *Giftpillen*.

Kontroverse Übernahmepraktiken

Grüne Post

Unter »Grüner Post« wird ein Verfahren verstanden, das aus zwei Phasen besteht: In der ersten Phase wird ein Minderheitsanteil an einem Unternehmen gekauft, in der zweiten versucht der neue Minderheitsaktionär mit der Drohung, sonst die Mehrheit an der Firma zu erwerben, das Management dazu zu bewegen, den Minderheitsanteil zu einem wesentlich erhöhten Preis zurückzukaufen. Ein besonders erfolgreiches Manöver dieser Art gelang Saul Steinberg, als er seine Anteile von 11 Prozent an Walt Disney an das Unternehmen zu einem Preis zurückverkaufte, der um 12 Dollar je Aktie über dem Preis lag, den andere Aktionäre zu jener Zeit für ihre Anteile bekommen konnten. Damit verdiente Steinberg in kürzester Zeit 59 Millionen Dollar. Noch erfolgreicher war die »Grüne Post« der Brüder Bass an Texaco. Die Brüder heimsten in 49 Tagen einen Gewinn von 280 Millionen Dollar für Anteile von weniger als 10 Prozent an Texaco ein. Bei diesem Vorgehen zahlen die Unternehmen einen Preis dafür, daß ihnen die Erschütterungen einer Übernahme erspart bleiben. Der Ausdruck Grüne Post (*greenmail*) steht in ironischem Gegensatz zu *blackmail* (Erpressung), da der Druck auf die Unternehmensleitung legal ausgeübt wird.

Goldene Fallschirme
Spitzenmanager können sich attraktive Entschädigungen für den Fall zusichern lassen, daß sie ihren Posten verlieren, wenn das von ihnen geleitete Unternehmen aufgekauft wird. Die vertragliche Zusage solcher gewöhnlich sehr hohen Abfindungen wird »Goldener Fallschirm« genannt. Das klassische Beispiel dafür war die Zahlung von 5,4 Millionen Dollar an Bill Agee, die von der Übernahme der Bendix Corp. durch die Allied Corp. ausgelöst wurde. Einem Bericht zufolge hatten mehr als 60 Prozent der Chefmanager der tausend größten US-Unternehmen Ende 1982 »Goldene Fallschirme«.

Giftpillen
Ein Unternehmen kann eine ganze Reihe von Schritten unternehmen, um sich für potentielle Aufkäufer in eine Giftpille zu verwandeln. Es kann beispielsweise Gratisaktien ausgeben und damit sein Eigenkapital »verwässern«. Es kann durch den Verkauf besonders profitabler Werke oder größerer Unternehmensteile seine Attraktivität verringern. Oder es kann hochverschuldete oder in anderer Weise wenig attraktive Firmen aufkaufen, eventuell mit Krediten, um durch Erhöhung der Verschuldung an Reiz für die Übernahmeartisten zu verlieren. So wurde gemunkelt, daß Textron Avco, einen besonders diversifizierten Mischkonzern, vor allem deshalb gekauft habe, damit von der zur Finanzierung der Übernahme notwendigen Verschuldung und der gewaltigen Größe und Komplexität der neuen Kombination eine abschreckende Wirkung auf die Jäger am Unternehmensmarkt ausgehen sollte. Die Übernahme komplexer, praktisch nicht integrierbarer Konglomerate ist nicht unbedingt irrational. So wie Käufer großer Grundstücke durch den Weiterverkauf einzelner Parzellen große Gewinne erzielen können, springen bei einem späteren Abstoßen von nicht integrierbaren Teilen eines aufgekauften Konglomerats eventuell Profite heraus.

Auf einem ebenen Spielfeld werden sich aber nur die besten Konkurrenten durchsetzen. Wenn freier Wettbewerb herrscht, erhöht sich auch der Wohlstand der Verbraucher. Ohne Markteintritte im Konglomeratsstil würden die Branchen isoliert und der Wettbewerb durch die Marktmacht der wenigen führenden Unternehmen in jedem Wirtschaftszweig eingeschränkt. Selbstgefälligkeit und mangelnde Effizienz würden in einer solchen Wirtschaft Schutz genießen. Nur durch den stets drohenden Markteintritt neuer Konkurrenten auch aus anderen Branchen werden die Unternehmen ständig dazu motiviert, effizient und innovativ zu bleiben.

Die Erreichung größerer Effizienz der Unternehmen und höheren Wohlstands der Verbraucher verursacht allerdings auch massive Schwierigkeiten. Einschneidende Veränderungen können Unternehmen stark in Mitleidenschaft ziehen, wenn sie sich dem Wandel nicht rechtzeitig angepaßt haben. So schädigte innerhalb der Luftfahrt die Entwicklung des Düsenantriebs die Firmen, die bei der Herstellung von Propellermotoren blieben. Die Erfindung des Farbfernsehens half RCA, setzte aber den Unternehmen zu, die auf die Permanenz des Schwarzweißbilds gewettet hatten. Die Deregulierung des Lkw-Verkehrs, der Eisenbahnen und der Fluggesellschaften brachte und bringt Verkehrsunternehmen in Schwierigkeiten. Die Übernahme einer ineffizient produzierenden industriellen Firma kann zur Schließung veralteter Betriebe oder zur Ersetzung überholter Techniken durch neue Technologien führen, und dies bleibt nicht ohne Folgen für Arbeitnehmer, Zulieferer und Gemeinden. Jede Interessengruppe wird versuchen, sich durch Gegenmaßnahmen zu schützen, was nur natürlich ist. Doch in dem Ausmaß, in dem dies die Steigerung der Effizienz der Unternehmen verhindert, höhlt sie die Wettbewerbsfähigkeit der Wirtschaft des Landes aus und verhindert die Steigerung des Wohlstands seiner Bürger.

Um es zusammenzufassen: »Papierunternehmertum« ist ein ungerechtfertigter Vorwurf, der auch für Mischkonzerne nicht zutrifft. Kapazitäten zu kaufen und dann besser zu nutzen oder zu steigern, statt sie neu aufzubauen, ist eine sinnvolle Strategie vieler Unternehmen, ob sie nun Konkurrenten, Betriebe in verwandten Wirtschaftszweigen oder Firmen in ganz anderen Branchen kaufen. Wer angebliches »Papierunternehmertum« kritisiert, will nur Stimmung gegen Konglomerate machen, um von seiner Auffassung abzulenken, daß Kapital ganz anders eingesetzt werden sollte, als es durch den freien Markt geschieht. Die Kritiker des »Papierunternehmertums« wollen im Grunde zentrale Planung unter der Leitung einiger Meisterplaner. Diese Gedanken tauchen immer wieder in der einen oder anderen Form auf. Wenn es auch nicht ausdrücklich gesagt wird, so steht dahinter doch die Überzeugung, daß Geschäftsleuten und Investoren die Wirtschaft nicht anvertraut bleiben darf. Statt der unparteiischen Entscheidungen des Kapitalmarkts über die effizienteste Verwendung des Kapitals soll eine Elite von Volkstribunen unser aller größeren Wohlstand sichern. Kapital und die anderen Produktionsfaktoren werden angeblich effizienter verteilt, weil die Planer mit ihrem besseren Wissen alles im Griff haben. Die kläglichen Ergebnisse der bisherigen Versuche, Investitionen zentral zu lenken, dämpfen nicht den Eifer von denen, die es juckt, das weiter zu versuchen. Auf den Punkt gebracht, sind ihre Argumente politisch und können nicht wirtschaftlich begründet werden.

Mythos Nr. 8: Mischkonzerne haben zuviel wirtschaftliche Macht

Großunternehmen, und jetzt vor allem die großen Mischkonzerne, sind immer auf Mißtrauen gestoßen, weil sie angeblich zuviel konzentrierte Macht ausüben. Unternehmensgröße bringe wirtschaftliche Macht mit sich, und bei großen diversifizierten Unternehmen werde dieses Potential noch überzogen. Wenn die Machtkonzentration in Konglomeraten schlüssig bewiesen werden könnte, wäre das eine Stärkung der Argumentation gegen Mischkonzerne. Bis jetzt haben sich jedoch viele an der Debatte über diese Frage beteiligt, aber ein Konsens ist nicht erreicht worden. Gegner wie Kritiker der Konglomerate können sich auf eine Reihe von differenzierten Studien berufen.

Für sich allein betrachtet, bietet die Konglomeratsbewegung ein eindrucksvolles Bild. Sieht man sie aber zusammen mit dem Gewinn an Einfluß von Regierungen, Gewerkschaften, Verbraucherorganisationen und anderen Institutionen, die den Mischkonzernen nicht gerade wohlwollend gegenüberstehen, so bleiben die relativen Positionen der Bewegung und der zu ihr gehörenden Unternehmen zumindest unklar. Innerhalb der Mischkonzerne gibt es zwar Kräfte, die sich um wirtschaftliche Macht bemühen. Gleichzeitig sorgen offensichtlich zahlreiche Entscheidungsträger der Öffentlichkeit dafür, daß unliebsame Konzentrationen von Macht, auch die der Konglomerate, unter Kontrolle bleiben.

Die Bildung von Konglomeraten ist zwar oft dramatisch und lenkt viel Aufmerksamkeit auf sich, doch muß betont werden, daß die Wirtschaftsgeschichte schon früher Beispiele ähnlichen oder noch stärkeren Wachstums von kleinen Firmen gekannt hat. Zunehmende Diversifikation und Komplexität bewirkt eine Differenzierung der Beziehungen von Unternehmen untereinander. Dabei nimmt die Zahl der kleinen Firmen weitaus stärker zu als die der Großunternehmen. In einer Studie wurde festgestellt, daß die Aktiva der 200 größten US-Aktiengesellschaften des Jahres 1971 das Doppelte oder etwas mehr der Aktiva der 200 größten Aktiengesellschaften des Jahres 1929 ausmachten. Parallel dazu hat sich auch die Summe der Aktiva aller übrigen Aktiengesellschaften erhöht, »doch die *Anzahl* von allen anderen Aktiengesellschaften wuchs um einen solchen Faktor, daß ›die 200‹ von 1971 jetzt von fast fünfmal soviel – und beträchtlich kleineren – Aktiengesellschaften umgeben waren als ›die 200‹ von 1929«.* Konglomerate wachsen also nicht durch Verdrängung der kleinen Firmen. Beide koexistieren und machen auch gegenseitig von ihren Leistungen Gebrauch. Der Vorwurf, daß die kleineren von den großen Firmen verdrängt werden, ist heute so falsch, wie er es vor fünfzig oder hundert Jahren war.

Durch Umstrukturierungen tragen Mischkonzerne sogar di-

* John D. Glover, *The Evolutionary Corporations: Engines of Growth, Engines of Change*, Verlag Dow Jones-Irwin, Homewood, Illinois, 1980, S. 315–316.

rekt zur Vermehrung unternehmerisch geführter kleiner und mittlerer Firmen bei. In den Industrieländern finden sich in nahezu jeder Ausgabe der Wirtschaftszeitungen Berichte über Mischkonzerne, die Tochtergesellschaften oder Betriebe an ihre Manager oder an Aktionäre verkaufen oder Abteilungen unter ihren Managern oder neuen Unternehmern zu selbständigen Tochtergesellschaften machen, wobei sie ihren leitenden Angestellten oft behilflich sind, Fremdfinanzierung für den »Herauskauf« von Unternehmensteilen zu erhalten (*Leveraged Buyout*). Bei einigen dieser Transaktionen entstehen neue Unternehmen von beachtlicher Größe, beispielsweise Sealand, ein Transportunternehmen, das auf die Aktionäre der früheren Muttergesellschaft R. J. Reynolds übertragen wurde. Es ist jetzt eines der größten unabhängigen Seetransportunternehmen der Welt. AMF verkaufte Harley-Davidson an dessen Manager. Jetzt ist die unabhängig gewordene Firma der einzige inländische Anbieter auf dem US-Motorradmarkt. Bei der weitaus größten Zahl von Fällen dieser Art werden aber kleinere Firmen geschaffen, die das stetige Anwachsen der Gesamtzahl von Unternehmern und unternehmerisch geleiteten mittelständischen Unternehmen bewirken. Nachdem sie für Großunternehmen gearbeitet haben, ziehen diese Unternehmer die Freiheit und Herausforderung vor, ihr eigenes Unternehmen zu leiten – sowie die Chance, außerordentlich hohe persönliche Belohnung und Befriedigung zu ernten. Dafür sind sie bereit, das hohe Risiko auf sich zu nehmen, das mit den finanziellen Bedingungen solcher Firmengründungen oder -übernahmen verbunden ist.

Diese dynamische neue Dimension des Unternehmertums ist direkt auf das Phänomen der Diversifikation im Konglomeratsstil zurückzuführen. Durch den um die Möglichkeiten des Markteintritts von Firmen aus anderen Branchen vermehrten und intensivierten Wettbewerb muß jedes Unternehmen versuchen, seine Effizienz zu maximieren, sonst könnte es den Appetit übernahmehungriger Firmen und Investoren wecken. Das führt aber auch dazu, daß immer wieder Tochterfirmen und Unternehmensteile verkauft werden, die ein Unternehmen meint, nicht mehr optimal leiten zu können.

Schlechtes Management braucht dafür nicht der Grund zu sein. Kleine Geschäftsbereiche eines großen Konzerns mögen nicht die Zeit und Mühe wert sein, die das anderweitig vielbeschäftigte Management aufwenden müßte, um sie effizient weiterzubetreiben. Die Gemeinkosten (für Planung, Leitung und Kontrolle) einzelner Unternehmensbereiche können in einem komplexen Großunternehmen unverschuldet höher sein als beim Betrieb als selbständiges Unternehmen. Manche Konzernteile passen auch nicht mehr in eine geänderte Gesamtstrategie eines Konglomerats.

Was auch immer die Gründe gewesen sein mögen, das Ergebnis ist jedenfalls eindrucksvoll: Eine neue Art von Unternehmern hat sich gebildet, die ohne die Belebung des Wettbewerbs durch die Konglomeratsbewegung nicht hätte entstehen können. Eine solche Umstrukturierung in den Branchen der Wirtschaft ist ein wirksames Mittel zur Renaissance des unternehmerischen Geistes und zur Stimulierung der Investitionstätigkeit, die beide für den wirtschaftlichen und gesellschaftlichen Fortschritt notwendig sind und nach Joseph Schumpeters pessimistischer Einschätzung der langfristigen Zukunft des Kapitalismus angeblich verlorengehen.

Die Frage nach der Macht der Mischkonzerne darf auch nicht isoliert betrachtet werden. Gibt es denn keine Gegenkräfte? Gibt es nicht auch ausgleichende oder sogar überwiegende Vorteile? Beiden Fragen ist bisher wissenschaftlich noch kaum nachgegangen worden, obwohl Antworten darauf entscheidend für die Beurteilung der Konglomerate sind.

Beispielsweise ist weltweiter Wettbewerb für diversifizierte US-Großunternehmen eine Selbstverständlichkeit. Die wesentliche Frage ist dann, wie »mächtig« US-Unternehmen gegenüber ihren ausländischen Konkurrenten sind. Eine umfassende Antwort bietet bereits die Tatsache, daß die hundert nach ihren Aktiva größten ausländischen Unternehmen weitaus schneller gewachsen sind als die hundert größten US-Unternehmen. Schon 1977 übertrafen die Gesamtaktiva der hundert Auslandsunternehmen die der hundert US-Spitzenreiter um mehr als zehn Prozent, und der Vorsprung hat sich seitdem vergrößert.

Der Trend zu größerer Diversifikation hat sich auch bei diesen großen ausländischen Konkurrenten durchgesetzt. In vielen Fällen werden Fusionen geduldet oder sogar gefördert, damit die ausländischen Konzerne eine stärkere Wettbewerbsposition gegenüber ihren US-Konkurrenten gewinnen. Mit der Diversifikation strömen den Konzernen mehr Einnahmen zu, und dieser Cash-flow von den übernommenen Unternehmen kann dazu verwendet werden, die Einführung neuer Technologien zu finanzieren oder neuen Tochtergesellschaften im Ausland in den schwierigen Anfangsperioden auf den neuen Märkten zu helfen. Beim Vordringen auf den Märkten der Industrieländer für Kraftfahrzeuge, Fernseh- und Videogeräte sowie andere elektronische Erzeugnisse gehörten die Strategien großer diversifizierter japanischer Unternehmen zu den aggressivsten und erfolgreichsten.

In Japan fördert die Regierung bestimmte Arten der Diversifikation von Unternehmen oft in aktiver Weise. Honda, Mitsubishi, Matsushita, Nissan oder Hitachi brauchen von den US-Konglomeraten keine Lektionen über Diversifikation zu lernen. Und sie sind es vor allem, die in den Weltranglisten der großen Unternehmen ständig aufsteigen und dabei oft ihre US-Konkurrenten überholen. Eine ernüchternde Statistik ist die, daß 1967 nur ein einziges japanisches Unternehmen in der Liste der fünfzig weltgrößten Industrieunternehmen der Welt auftauchte, während es 1985 bereits fünf waren (Toyota, Matsushita Electric Industrial, Hitachi, Nissan und Mitsubishi Heavy Industries.)*

Die Entwicklung ausländischer Unternehmen ist nicht so ausführlich dokumentiert wie die der US-Unternehmen. Aus der verfügbaren Literatur geht jedoch hervor, daß in den anderen Industrieländern dem Muster des evolutionären Prozesses der US-Wirtschaft gefolgt wird. Die US-Unternehmen hatten nach dem Krieg, als die ausländischen Konkurrenten erst ihren Wiederaufbau bewältigen mußten, einen ansehnlichen Vorsprung, der jedoch rasch zusammenschmilzt. Wenn große ausländische Mischkonzerne die Initiative an sich reißen und ihre US-Konkur-

* *Fortune*, 4. August 1986, S. 165.

renten überflügeln, dürfte der Debatte über die Machtverteilung zwischen den US-Unternehmen der Wind aus den Segeln genommen werden. Die US-Wirtschaft kann es sich nicht leisten, sich wegen eines ideologischen Arguments, das sich am Ende als unsinnig erweist, die Hände binden zu lassen; denn da Größe und Diversifikation eindeutig Wettbewerbsvorteile sind, können sie nicht den ausländischen Konkurrenten überlassen bleiben.

3
Wertschöpfung im Konglomerat

Auf welche Weise Mischkonzerne durch die Kombination unterschiedlichster Geschäftsbereiche Synergien zur zusätzlichen Wertschöpfung erzielen können, ist bisher sowohl denen entgangen, die sich mit Konglomeraten befassen, als auch vielen, die sie managen. Synergie, die Ertragskraft eines Konzerns, die seine einzelnen Teile als selbständige Unternehmen nicht hätten, ist ausschlaggebend für das Funktionieren von Konglomeraten. Als Gedankenstütze für die folgenden Erklärungen verschiedener Arten von Synergie ist es nützlich, sich eine »Mengeneinheit« Synergie als die Leistungskraft vorzustellen, mit der ein Mischkonzern eine Mark mehr an Wertschöpfung in Form von Gewinnen erzielt, als es den Komponenten des Konzerns im Falle ihrer Selbständigkeit möglich wäre.

Selbst unter den Praktikern findet sich kaum jemand, der präzise erklären kann, warum Mischkonzerne funktionieren. Vom analytischen Standpunkt aus sind aber unerklärte Handlungen stets verdächtig, und in der Praxis bedeutet die Unfähigkeit, die Elemente einer Strategie zu beschreiben, daß ein erfolgreiches Verfahren erst in einer langen Zeit des Probierens herauskristallisiert und erlernt werden muß.

Tatsächlich sind einige Lektionen bereits gelernt worden. Die ersten Konglomeratsunternehmer drangen noch in unerkundete Gebiete der Wirtschaftslandschaft vor. Es lagen weder Erfahrungen noch theoretische Überlegungen über das, was sie vorhatten, vor, so daß sie ungehemmt Bruchstücke aus jeder Lehre der Vergangenheit übernahmen und große, zusammenhanglose Unternehmen zusammenbauten und es ihren Nachfolgern überließen, Ordnung in das Chaos zu bringen und das ganze Imperium effizient zu leiten. Es waren Männer, die sich vom Instinkt und nicht von einem Plan lenken ließen. Eine kurzfristige Projektion, daß die Kombination der Firmen A und B sich günstig auf die Gewinne auswirken würde, genügte oft zur Rechtfertigung einer Unternehmensübernahme. Synergie war im Grunde der einfache Glaube, daß zwei plus zwei irgendwie fünf ergeben würde.

Mit der Übernahme des Konglomeratskonzepts durch Industriefirmen alten Stils mit angesehenen Namen konnten mehr und mehr professionelle Manager für die neuen Aufgaben in diesem Bereich interessiert werden. Das gesamte theoretische Handwerkszeug systematischen Managements steht jetzt zur Verfügung, um im nachhinein zu begründen, was die ersten Konglomeratsunternehmer als Vision vor sich sahen. Neue analytische Werkzeuge können dazu ebenfalls verwendet werden, beispielsweise die »strategischen Unternehmenszweige« (SBU = Strategic Business Units), die »Gewinnbeeinflussung der Marktstrategien« (PIMS = Profit Impact of Market Strategies) und die »Allgegenwärtige Matrix für das Portefeuille-Management« der auch in der Bundesrepublik Deutschland tätigen Boston Consulting Group. Neue Spielarten des Wettbewerbs innerhalb der Branchen und zwischen auf ähnlichen Gebieten tätigen Unternehmen beschäftigen zunehmend Manager und Theoretiker. Bücher wie *Auf der Suche nach Spitzenleistungen* von Peters und Waterman und *Competitive Strategy* von Michael Porter finden eine große, interessierte Leserschaft, dadurch, daß sie die Tugenden der Betätigung auf verwandten Gebieten und der Strategien für spezialisierte Wirtschaftsaktivitäten betonen.

Inzwischen hat sich jedoch das Schwergewicht des Strategiebedarfs auf die höhere Ebene des weit diversifizierten Gesamtunternehmens verlagert. Nur die Topmanager haben einen Überblick über das gesamte Imperium, und nur Spitzenmanager können Entscheidungen treffen, die zu einer anderen Zusammensetzung der Geschäftszweige des Unternehmens führen. Taktisches oder auf einzelnen Geschäftszweigen beruhendes Management genügt nicht mehr. Mit anderen Worten, das Konglomerat schreit geradezu nach neuen konventionellen, das

Abbildung 4
Effektivität und Effizienz als Unternehmensplanungsziele

Effektivität – die Wahl der richtigen Branchen (Das Unternehmen kann sich seine Konkurrenten aussuchen)

Effizienz – Leistungsmaximierung innerhalb einer Branche (Das Unternehmen muß seine Konkurrenten ausstechen)

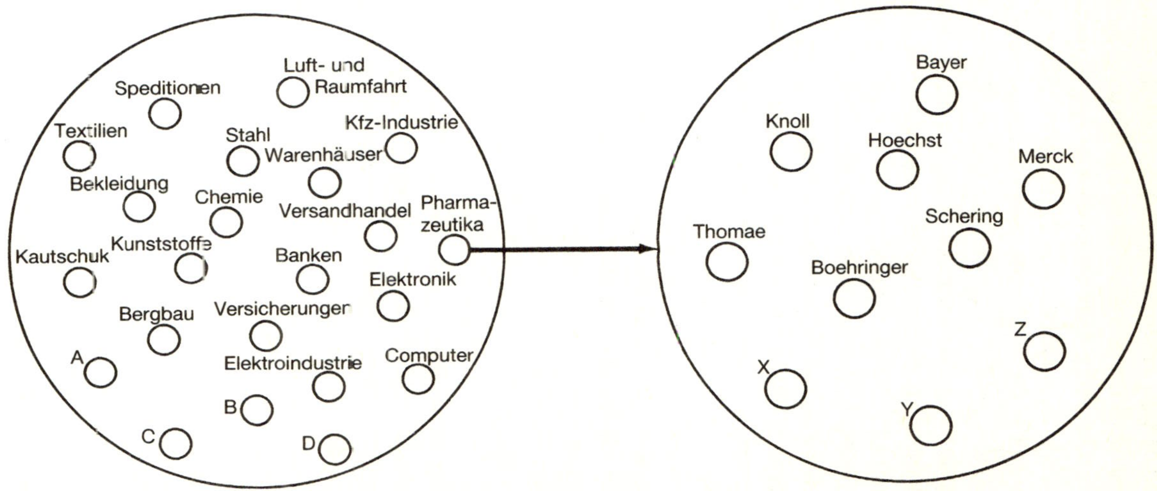

heißt weithin akzeptablen Weisheiten; es erfordert die Bereitschaft, durch Wandel, durch Verkauf und Zukauf von Geschäftszweigen eine größere Effektivität des Gesamtunternehmens zu erreichen, während gleichzeitig die Effizienz des Betriebs in jedem Geschäftszweig zu steigern oder zu erhalten ist. Diese zwei Erfordernisse der Unternehmensplanung verdeutlicht *Abbildung 4*. Mit den Entscheidungen, in welchen Branchen sich das Unternehmen betätigt, sucht es sich seine Konkurrenten aus, in jedem behaltenen oder zugekauften Geschäftszweig muß es versuchen, die Konkurrenten zu übertrumpfen.

Dagegen verlassen sich Experten und Manager noch häufig darauf, auf alten Wegen zur Wiederholung früherer Erfolge zu kommen, während das Unternehmen bereits von neuen Strömungen in der Wirtschaft in neue Richtungen bewegt wird, die ganz andere Gangarten und eventuell neue Abzweigungen erfordern.

Was erzeugt Wert? Was ist die Grundlage für die Bildung leistungsfähiger strategischer Gruppen von Betrieben und Geschäftsbereichen? Solche Fragen der Wertschöpfung und der Erzielung von Synergie wurden bislang nicht beantwortet. In diesem Kapitel werden drei Mittel zur Erreichung von Synergie durch Übernahmen von Firmen oder Betrieben aus anderen Branchen vorgeschlagen. Sie reichen von der relativ einfach durch finanzielle Mittel zu erzielenden, aber am wenigsten ergiebigen Art, der finanziellen Synergie, bis zu der am schwierigsten zu erreichenden organisatorischen Synergie, die eine ausgeklügelte Umstrukturierung und Integration der übernommenen Firmen und Betriebe erfordert.

Finanzielle Synergie

Zunächst kann man auf zwei Arten durch Übernahmen von Firmen aus anderen Branchen Geld verdienen: durch besseres Management der übernommenen Firmen oder durch effizienteres Management der Investitionsgelder. Finanzielle Synergie bezieht sich somit auf die letztere Möglichkeit. Es ist dazu nicht nötig, die übernommenen Firmen selbst direkt zu leiten. Auf einen einfachen Nenner gebracht: Man muß nur den richtigen Riecher dafür haben, mit welchen Übernahmen das investierte Geld die beste Rendite erzielt.

Unternehmen, die ihre Tätigkeit auf eine einzelne Branche beschränken, begrenzen die Höhe der Rendite, die sie mit ihren Investitionen erzielen können. Wenn dagegen beispielsweise ein Stahlunternehmen auch eine Reihe von Geschäften betreibt, die nichts mit Stahl zu tun haben, wie Allegheny International, so multiplizieren sich seine Investitionsmöglichkeiten, und bei der richtigen Mixtur von Branchen kann eine höhere Rendite des investierten Kapitals erzielt werden als im Stahlgeschäft allein. Schließlich mag dann im Laufe der Investitionsentscheidungen die ursprüngliche Branche sogar verlassen werden, wie es bei Allegheny International geschah, als sich das Unternehmen zum Verkauf von Allegheny Ludlom Steel entschloß.

Die rein finanzielle Ausrichtung auf die Erzielung der besten Investitionserträge ist die leichteste Art, den Aufbau eines Konglomerats durch Unternehmensübernahmen zu beginnen. Die so entstehenden Mischkonzerne sind den Holdinggesellschaften vergleichbar, in denen in den dreißiger Jahren in den USA öffentliche Versorgungsunternehmen zusammengefaßt waren und die sich nicht direkt um die Geschäftsführung der Tochtergesellschaften kümmerten. Das war ein Stil, der auf die ersten Konglomeratsunternehmer zugeschnitten war, die aus innerem Antrieb so rasch wie möglich große Wirtschaftsimperien aufbauten, ohne sich viele Gedanken zu machen, wie sie gemanagt werden konnten. Sie kauften Unternehmen allein auf der Grundlage von Kalkulationen, aus denen sich ergab, daß die kombinierte Geschäftstätigkeit die Gewinne pro Aktie steigern würde.

Einnahmenströme suchen nach alternativen Anlagemöglichkeiten

Ein Unternehmen, das finanzielle Synergie erzielen will, strebt vorzugsweise die Bildung eines Gemischs von Geschäftszweigen mit sich gegenseitig ergänzenden oder ausgleichenden Branchenmerkmalen an. Je besser die finanziellen Stärken und

Abbildung 5
Matrix für das Management eines Portefeuilles von Unternehmen

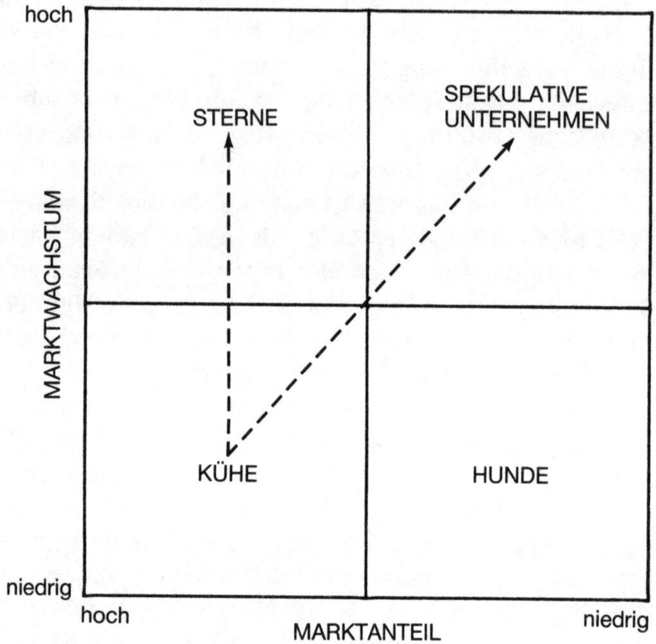

Schwächen der Komponenten des Konglomerats unterstützend und überbrückend ineinandergreifen, desto mehr Synergie kann der Mischkonzern gewinnen.

Das bekannteste Mittel zur Veranschaulichung dieser Funktionsweise von finanzieller Synergie ist die schon erwähnte »Allgegenwärtige Matrix für das Portefeuille-Management« der Boston Consulting Group. Wie in *Abbildung 5* dargestellt, teilt sie die Komponenten eines Mischkonzerns in »Kühe«, »Sterne«, »spekulative Unternehmen« und »Hunde« ein.

Die »Kühe« sind Tochtergesellschaften oder Geschäftsbereiche, die für ihre Produkte oder Dienstleistungen hohe Marktanteile erreicht haben. Die Märkte für diese Leistungen wachsen aber nur noch wenig, so daß ihr Cash-flow – Gewinne plus Abschreibungen – viel höher ist als ihr eigener Investitionsbedarf. Die Kühe können also für andere Investitionen gemolken werden. Die gestrichelten Pfeile in der Matrix zeigen an, wo die Milch hingeleitet wird.

Ein Teil vom überschüssigen Cash-flow wird in die vielversprechenden spekulativen Unternehmen im rechten oberen Quadranten der Matrix investiert, die erst niedrige Marktanteile, aber nach Meinung des Managements hohe Wachstumsaussichten haben. Wenn sie erwartungsgemäß wachsen, erringen sie hohe Marktanteile und werden somit zu Sternen. In der Matrix wandern sie dann in das linke obere Viertel. Andernfalls fallen sie herunter in den Hundequadranten, der die verkaufsreifen Konzernkomponenten mit niedrigem bis negativem Wachstum enthält.

Ein anderer Teil der Milch strömt in Sterne, deren eigener Cash-flow nicht für die bei ihrem expansiven Wachstum und/ oder zu ihrem noch besseren künftigen Gedeihen erforderlichen Investitionen ausreicht. Mit der Ausreifung der Märkte und der angewendeten Technik werfen die Sterne schließlich mehr Gewinne ab, als in sie reinvestiert werden kann – sie sind dann zu Kühen geworden, deren überschüssige Gewinne in neue spekulative Unternehmen oder in Sterne investiert werden können. Bei der weiteren Reifung der Märkte, wenn Absatzsteigerungen immer schwieriger werden oder nicht mehr möglich sind und die Marktanteile schrumpfen, werden die Kühe zu »Hunden« – die Gewinne reichen nur noch für den eigenen Bedarf an Ersatzinvestitionen. Werden die Gewinne schließlich auch dafür zu mager oder zeichnen sich gar Verluste ab, so wird es Zeit, die Hunde zu verkaufen. Die rein finanzielle Orientierung des Portefeuille-Managements spricht schon aus der Verwendung des sich sonst auf einen Bestand verschiedener Wertpapiere beziehenden Begriffs »Portefeuille« für die Gesamtheit der Tochtergesellschaften des Mischkonzerns.

Norton, ein Industriekonglomerat, hat das Portefeuille-Management nach eigener Angabe zum »Herzstück seines gesamten strategischen Planungsprozesses« gemacht. Es wurde bei Norton zur Tradition, seine verschiedenen Komponenten danach zu bewerten, in welches der vier Viertel der Matrix sie gehörten. Sterne und ausgewählte spekulative Unternehmen erforderten die meisten Investitionsmittel, während aus Gewinnen der Kühe und Verkaufserlösen von abgestoßenen Hunden die konzerninternen Mittel für die gesamte Investitionsstrategie gewonnen wurden. Für Norton ist die Matrix somit, wie in ihrer Namensgebung suggeriert, »allgegenwärtig«.

Für Unternehmen, die erst in einer Branche tätig sind und sich dabei zu einer ertragreichen Kuh entwickelt haben, wird die Suche nach Sternen und spekulativen Unternehmen besonders dringend. Unternehmen für Tabakerzeugnisse sind gute Beispiele dafür. Die Nachfrage nach den Produkten dieser Branche wächst entweder langsam oder schrumpft, und die Zukunft des Industriezweigs ist durch die stärker in den Vordergrund tretende Einsicht in die gesundheitlichen Risiken des Rauchens bedroht. So wird die Diversifikation der Zigarettenhersteller in andere Branchen zu einer natürlichen Strategie. Für American Brands hieß dies Diversifikation in Produktfelder wie Büroausrüstungen, Kosmetika, Lebensmittel, Spirituosen, Lebensversicherungen und Sicherheitsdienste. R. J. Reynolds Tobacco änderte seinen Namen in R. J. Reynolds Industries um, nachdem es begonnen hatte, sich in der Energiewirtschaft, im Seetransport sowie in der Herstellung von Lebensmitteln und Getränken zu betätigen.

Reynolds kaufte 1983 Heublein, selbst bereits ein diversifizierter Lebensmittel- und Getränkekonzern. Heublein brauchte Geld für Investitionen, das war ein Hauptgrund dafür, daß der Konzern sich verkaufte. Er hatte sich auf Gebiete vorgewagt, die er nicht aus eigener Kraft zu ihrer möglichen Leistungsstärke entwickeln konnte. Reynolds dagegen schwamm in Geld. Der Konzern verdiente an seinem Zigarettengeschäft mehr, als er reinvestieren konnte, zumal ein Modernisierungsprogramm mit Investitionen von einer Milliarde Dollar in diesen Kernbereich des Unternehmens bereits weitgehend verwirklicht war. Auch

Del Monte, die andere Haupterwerbung von Reynolds auf dem Lebensmittelsektor, war bereits in großem Umfang modernisiert worden. Außerdem waren bei Reynolds Überlegungen im Gange, die Energie- und Seetransportfirmen wieder zu verkaufen und sich ganz auf Konsumgüter unter Einschluß von Lebensmitteln und Getränken zu konzentrieren. Da kam die vielversprechende Gelegenheit, Heublein zu übernehmen, gerade recht. Auch Unternehmen wie Burlington Northern, Goodyear und Rider Transportation wurden durch den Druck reichlich zufließender Einnahmen bei ausgereiften oder stark rezessionsabhängigen Kerngeschäftsbereichen dazu gedrängt, sich nach Möglichkeiten zur Übernahme von Firmen in anderen Branchen umzusehen, in denen der Überfluß gewinnbringend angelegt werden konnte.

Nicht alles auf eine Karte setzen

Ein weiterer Grund für die Übernahme von Firmen aus anderen Branchen ist die Ausschaltung des Risikos, alle Aktiva nur in einer einzigen Branche konzentriert zu halten. Der Chefmanager von Kaman schwört beispielsweise, er werde sein Unternehmen niemals mehr der Gefahr durch die Konzentration aussetzen, wie 1966, als Kaman durch eine rückläufige Entwicklung auf diesem Markt in eine massive Krise geriet. So wurden die Herstellung von Musikinstrumenten und der industrielle Zwischenhandel zusätzlich in das Unternehmensprogramm aufgenommen. Der Chefmanager zieht diese wenn auch eigenartige neue Kombination dem Risiko der Abhängigkeit vom Auf und Ab eines einzelnen Geschäftszweigs vor.

Der Spitzenmanager von Cooper Industries ist grundsätzlich der gleichen Ansicht. Er leitet ein Unternehmen, das mit Kompressoren, Bohrausrüstungen, Handwerkszeugen und elektrischen Ausrüstungen befaßt ist. »Einen überhaupt keinen Schwankungen unterworfenen Geschäftszweig zu finden ist Wunschdenken«, meint er, »man versucht vielmehr, in eine Reihe von Zyklen hineinzukommen, so daß man nur selten von mehreren Abschwungphasen gleichzeitig getroffen wird.«

Ein anderer Anhänger der Risikostreuung ist American Standard, größter US-Hersteller von Hausinstallationsprodukten sowie Produzent von Transportausrüstungen und seit kurzem Besitzer von Trane, einem Hersteller von Klimaanlagen. Die Übernahme von Trane war dazu gedacht, die Position von American Standard auf dem Markt für Produkte der Bauwirtschaft zu stärken, indem die Angebotspalette um Erzeugnisse für einen überwiegend neuen Kundenkreis erweitert wurde. American Brands hatte zu zwei Dritteln den Wohnungsmarkt bedient, wobei das Auslandsgeschäft einen hohen Anteil ausmachte. Die Erzeugnisse von Trane sind dagegen hauptsächlich auf den Bedarf von Industrie- und Geschäftsgebäuden in den USA zugeschnitten. Wenn also der Wohnungsbaumarkt in der Flaute ist, so besteht die Chance, dies durch verstärkte Anstrengungen am Markt für Industrie- und Geschäftsgebäude auszugleichen.

Auf die Zukunft bauen

Eine dritte Finanzstrategie verfolgen große, über beträchtliche finanzielle Mittel verfügende Firmen, indem sie Anteile an Firmen übernehmen, die sich auf den Gebieten der neuen Technologien engagieren. In avantgardistischen Technologien wie der Bio- oder Robotertechnologie können die Aufwendungen eine so lange Zeit die Einnahmen übersteigen, daß kleinen Firmen die Finanzierung im Alleingang nicht möglich ist.

Die explosive Entwicklung der Biotechnologie bietet beispielsweise weit mehr Investitionsmöglichkeiten, als die vielen auf diesem Gebiet tätigen neuen Firmen selbst finanzieren können. So hat eine Reihe von großen Unternehmen Kapitalbeteiligungen an kleinen Spezialfirmen übernommen – in der Hoffnung, einst an einem der Gewinner des Biotechnologie-Rennens beteiligt zu sein. Von den über hundert gentechnologischen Firmen in den USA sind einige führend, und sie haben sämtlich Großunternehmen als Aktionäre mit beträchtlichen Anteilen. Zu den Investoren gehören American Cynamid, Standard Oil of Indiana, Standard Oil of California, Martin Marietta, Lubrizol, Monsanto, Koppers und National Distillers and Chemicals.

Diese heterogene Gruppe eint der Wunsch, aus der neuen Technologie ein florierendes Geschäft zu machen.

In einer der bizarren Ehen zwischen Firmen junger und traditioneller Branchen erwarb Frankreichs bedeutender Zementhersteller Lafarge Copée für 160 Millionen Dollar eine Beteiligung an einem Biotechnologieunternehmen, das Aminosäuren für Futtermittelzusätze und Arzneimittel produziert. Das ist vielleicht nicht gerade ein Schulbuchbeispiel für Diversifikation, doch immerhin eines, das sich erklären läßt. Als drittgrößter Zementhersteller der Welt mußte sich Lafarge Copée in seiner ursprünglichen Branche mit einem jährlichen Wachstum von ein bis zwei Prozent begnügen. »Wir wollen der beste, wenn auch nicht unbedingt der größte Zementproduzent der Welt sein«, sagte der Chefmanager von Lafarge Copée. »Doch Zement hat keine Zukunft mit hohem Wachstum vor sich«, fügte er hinzu. Das Unternehmen wollte aber ein hohes Wachstum erreichen und innerhalb von zwanzig Jahren mehr als die Hälfte seiner Gewinne durch von der Zementbranche unabhängige Geschäfte erzielen – es mußte also in andere Branchen diversifizieren.

Nicht alle auf den Gebieten fortgeschrittener Technologien neu gegründeten Firmen brauchen die Hilfe eines größeren Unternehmens. Einige vielversprechende Neugründungen können sich allein oder mit Hilfe von »Wagniskapital« finanzieren. In Schlüsselbereichen wie der Halbleiterindustrie haben aber die Spezialisten und Finanzinstitute, die Wagniskapital zur Verfügung stellen, nicht den langen Atem, der oft bis zum Erfolg notwendig ist. Wenn der Wettbewerb in- und ausländischer Konkurrenten sich zuspitzt, braucht man tiefe Taschen und Geduld, um den Lohn von Innovationen abwarten zu können. Schlumberger war die ideale Muttergesellschaft für die 1979 übernommene vielversprechende, aber von Schwierigkeiten geplagte Tochter Fairchild Semiconductor. Schlumberger konnte es sich leisten, auf den zwischenzeitlichen Wogen des Halbleitergeschäfts auf und ab zu reiten. Dieses riesige Unternehmen durfte sich Fairchild als eine gute Gelegenheit leisten, die langfristig ein Stern neben seiner Kerntätigkeit im Bohrgeschäft werden konnte.

Es gibt eine Vielzahl von Fällen, für die sich nachweisen läßt, daß die Betätigung in gegensätzlichen Geschäftsbereichen als Strategie sinnvoll ist. Viele gute Konzepte scheitern jedoch an der Art ihrer Verwirklichung. Wer sich allein auf die finanzielle Synergie verläßt, läuft Gefahr, daß die Wertschöpfung, die sich rechnerisch durch die sich ergänzenden finanziellen Merkmale der verbundenen Unternehmen erzielen lassen müßte, nicht eintritt, weil bei diesem oder jenem verbundenen Unternehmen die Betriebsergebnisse enttäuschend ausfielen. Das war bei vielen rein finanziell gerechtfertigten Übernahmen in der zweiten Hälfte der sechziger Jahre der Fall. Mit dem Verschwinden der günstigen gesamtwirtschaftlichen und finanziellen Umwelt in den siebziger Jahren traten die Schwächen in den betrieblichen Leistungen vieler übernommener Firmen zutage und führten zu einer Periode von Wiederverkäufen und strategischen Neubewertungen.

Finanzielle Synergie berücksichtigt nicht, daß betriebliche Fehlleistungen übernommener Firmen alle Berechnungen über den Haufen werfen können. Da die Muttergesellschaft die einverleibten Unternehmen nicht aktiv leitet, muß der für sie bezahlte Preis allein mit finanzieller Synergie gerechtfertigt werden: mit Reduzierungen des finanziellen Risikos für den Gesamtkonzern, dem Eintritt in neue Märkte, auf denen höhere Gewinne zu erzielen sind, mit steuerlichen Gewinnen (beispielsweise aus der Übernahme von Verlusten und Schulden) oder mit anderen finanziellen Vorteilen. Der zu erzielende finanzielle Gewinn muß den Aufpreis in den Schatten stellen, der bei Übernahmen zu zahlen ist und oft 40 bis 50 Prozent über dem Marktwert der erworbenen Firmen liegt. Ein harter Wettbewerb um die Übernahme von Sternen, Kühen und spekulativen Unternehmen zur Bildung eines diversifizierten Portefeuilles hat die frühere leichte Auswahl abgelöst.

Wenn sich auch Übernahmen zur Erzielung finanzieller Synergie gut begründen lassen, so gibt es doch zahlreiche Übernahmen im Konglomeratsstil, die nicht in den Maßanzug der finanziellen Synergie passen, die voraussetzt, daß erstens keine direkte Kontrolle der übernommenen Firma durch die neue Muttergesellschaft erfolgt, zweitens die betriebliche Effizienz der gekauften Unternehmen unverändert bleibt und drittens der Kaufpreis »vernünftig« ist. Tatsächlich übernehmen aber beispielsweise immer wieder Unternehmen ausgereifter Branchen Firmen anderer ausgereifter Wirtschaftszweige, für die der bezahlte, beträchtlich über den Marktwert hinausgehende Aufpreis nie zurückverdient werden könnte, wenn sie nur passiv als Investition behandelt würden. Das erwerbende Unternehmen muß bei solchen Übernahmen auf andere Weise Wertschöpfung in den aufgekauften Firmen erzielen. Dazu gehört mehr als finanzielle Synergie – es gehört Management dazu. Das führt uns zur Erörterung von zwei weiteren Methoden, aus übernommenen Firmen und Betrieben Synergie zu erhalten.

Synergie durch Übertragung besonderer Fähigkeiten

Eine Alternative zur Wertschöpfung durch Kapitaleinsatz ist die Nutzung schlummernder Leistungsreserven in übernommenen Unternehmen, von Versäumnissen oder Unfähigkeiten des Managements dieser Firmen. Es werden Firmen übernommen, die durch Mißmanagement nicht ihre Leistungsmöglichkeiten ausschöpfen. In diesen Fällen erreicht die übernehmende Firma mehr Wertschöpfung, indem sie besondere eigene Fähigkeiten auf die übernommenen Unternehmen überträgt, beispielsweise besseres Marketing, leistungsfähigere Vertriebsnetze, neue Technologien, eine bessere Betriebsorganisation oder überlegenes Gesamtmanagement. Mit dieser Übertragung von Fähigkeiten der Muttergesellschaft kann die Wettbewerbsposition der übernommenen Firma verbessert und ihr Marktanteil erhöht werden. Dieser Prozeß erhält seine Energiezufuhr häufig durch finanzielle Mittel, die von der neuen Muttergesellschaft zur Verfügung gestellt werden können.

Expansion durch forciertes Marketing

Ein klassisches Beispiel für diese Art der Synergie ist die Übernahme der Brauerei Miller Beer durch Philip Morris. Miller Beer lag zum Zeitpunkt der Übernahme unter den US-Brauereien an siebter Stelle und ist mittlerweile fest in der zweiten Position verschanzt. Mit der Technik der Marktsegmentierung durch das Anbieten von in den Augen verschiedener Verbrauchergruppen besonderen Produkten, eine Methode, die Philip Morris bei seinem Zigarettengeschäft perfektioniert hatte, verstärkt durch eine großangelegte Werbekampagne, gelang es, vier Konkurrenten mit bisher höheren Anteilen am Biermarkt zu überholen. Während die Brauereien früher durch Errichtung und Ausbau von Großbetrieben zur Erzielung des kostensenkenden Größeneffekts über den Preis konkurrierten, imitieren sie jetzt Millers grundlegende Strategie der Marktsegmentierung, verbunden mit unterstützender Werbung.

Um Marktanteile zu gewinnen und zu verteidigen, mußte Philip Morris aber hohe Summen in die Erweiterung von Produktionskapazitäten investieren. Die Übernahme der Brauerei erforderte also einen Transfer von Marketingfähigkeiten plus erhebliche finanzielle Mittel zum Aufbau und zur Erhaltung von Marktanteilen. Selbst wenn Miller das Geld für die notwendigen Investitionen hätte aufbringen können, so fehlte ihm doch das Know-how im Marketing, um einen solchen Durchbruch zu erzielen. Ohne die Übernahme durch Philip Morris wären Leistungen und damit Marktanteile von Miller vermutlich zurückgegangen. Es sah zum Zeitpunkt der Übernahme nach einem weiteren Absinken des Unternehmens unter seinen damaligen siebten Rang am US-Biermarkt aus.

Eine ähnliche Strategie scheint Procter & Gamble mit der Übernahme von Ben Hill Griffen verfolgt zu haben, einem Verarbeiter von Zitrusfrüchten. Orangensaft rangiert am US-Getränkemarkt hinter den Soft-Drinks (Colas, Limonaden und Mineralwasser) sowie Kaffee an dritter Stelle. Wie früher der Biermarkt ist auch der Markt für Orangensaft nicht gerade von intensivem Marketing geprägt worden, sondern vom »unauffälligen«

Absatz einer Vielzahl relativ unbekannter Markensäfte, wobei auch für die führenden Marken wie Minute Maid von Coca-Cola und Tropicana von Beatrice Foods relativ wenig geworben wird. Nach einem Testjahr wurde Citrus Hill von Procter & Gamble mit einem Werbebudget von 75 bis 100 Millionen Dollar für das erste Jahr der intensiven Vermarktung in die Geschäfte eingeführt. Das ist ein großer Sprung im Werbeaufwand – bei weitem die höchste Summe, die je für eine neue Fruchtsaftmarke ausgegeben worden ist. So wie Miller Beer den Biermarkt aus dem Gleichgewicht brachte, indem er die Brauereien zur Marktsegmentierung und damit zu einer grundlegenden Änderung ihrer Strategie zwang, so zwingt auch Procter & Gamble die übrigen Saftproduzenten zu einer Reaktion.

Ein Fall, bei dem mit der Übernahme eines leistungsschwachen Unternehmens spektakuläre Resultate erzielt wurden, war der Aufkauf von Ragu durch Chesebrough-Pond 1969. Dieser kleine regionale Hersteller von Spaghetti-Sauce wurde für nur 44 Millionen Dollar erworben. Die Übernahme warf damals naheliegende Fragen auf. Warum trat ein etablierter Hersteller von Körperpflegemitteln in den hart umkämpften Lebensmittelmarkt ein? Und warum wurde ein Unternehmen mit einem anscheinend sehr begrenzten Absatzpotential gekauft?

Wie bei Philip Morris bestand die Strategie von Chesebrough-Pond aus der Kombination der Übertragung von Fähigkeiten im Marketing (zur Realisierung ungenutzten Absatzpotentials) und von Kapitalinfusionen für ein erfolgreiches Aufbau- und Expansionsprogramm. Wie bei Miller Beer war es nicht das Produkt selbst, das zur Basis bedeutender Vorteile wurde, sondern die Art und Weise, in der das Produkt vermarktet werden konnte. Chesebrough-Pond machte sich den Umstand zunutze, daß keine andere Marken-Spaghetti-Sauce landesweit vertrieben wurde. Der Jahresumsatz von Ragu belief sich zum Zeitpunkt der Übernahme auf 25 Millionen Dollar. In nur wenigen Jahren wurde Ragu in den gesamten Vereinigten Staaten zur führenden Spaghetti-Sauce, die nahezu bei zwei von drei Einkäufern von Spaghetti-Sauce zum Zuge kam. Chesebrough-Pond katapultierte den einst bescheidenen Anteil von Ragu in die führende

Position auf diesem Markt von jährlich über 600 Millionen Dollar, der sich bis 1990 noch mehr als verdoppeln soll.

Die Grundidee war die Durchführung einer intensiven und ausgetüftelten Werbekampagne, um das bisher nur regional abgesetzte Produkt von Ragu zu einem landesweit bekannten Markenartikel zu machen. Die Komponenten der Strategie waren elementar. Man finde ein Unternehmen mit einem guten Produkt auf einem regional begrenzten Markt, führe eine Mischung aus Geld und ausgeklügeltem Marketing ein und dehne damit die Tätigkeit des Unternehmens auf das ganze Land aus. Chesebrough-Pond verfolgte diese grundlegende Strategie mit zwei weiteren übernommenen Unternehmen: Health-Tex, einem regionalen Hersteller von Kinderbekleidung, und G. H. Bass, einem bislang auf eine Region beschränkten Schuhproduzenten, dessen billige Ware in seinem Absatzgebiet berühmt und gefragt war. Auch in diesen beiden Fällen war der Übernahmepreis angemessen, die Strategie basierte auf der Übertragung besonderer Fähigkeiten sowie der Ausweitung des Absatzgebiets, und das damit erzielte Wachstum war außergewöhnlich.

Geld allein genügt meistens nicht

Branchen, in denen noch keine landesweit vertriebenen Markenartikel hergestellt werden, verlocken besonders dazu, es so zu machen wie Chesebrough-Pond. Sie eignen sich zur Übertragung des kaufmännischen Know-hows, das zum überregionalen Absatz von Markenartikeln notwendig ist, auf übernommene, lokal begrenzt tätige Firmen, deren Aktionsradius dann auf das ganze Land ausgedehnt wird.

Hohe Gewinne lassen sich aber auch mit dem Transfer besonderer Fähigkeiten innerhalb einer begrenzten Region erzielen. So baute sich beispielsweise die Brauerei G. Heileman Brewing Company ein auf ihren heimatlichen Markt im US-Mittelwesten beschränktes erfolgreiches Produktions- und Großhandelsunternehmen für Bäckereiwaren auf. Heileman erreichte außerordentlich befriedigende Resultate mit der Strategie, zunächst Bäckereien billig aufzukaufen (gewöhnlich zu Kosten, die geringer waren als die Wiederbeschaffungskosten solcher Gebäude und Anlagen), um dann seine Vertriebs- und Managementfähigkeiten zur besseren Nutzung dieser Aktiva einzusetzen. Wenn auch Brauereien und Bäckereien unterschiedliche Branchen sind, so haben sie doch in bezug auf ihre Vertriebsmethoden große Ähnlichkeit. Bier und Backwaren sind beides Produkte, die häufig gekauft werden, und bei beiden können die Vertriebskosten je Produkteinheit durch Vergrößerung des Vertriebsnetzes gesenkt und auch Barrieren gegen Markteintritte von neuen Konkurrenten aufgebaut werden. Das gilt auch für Schnellimbißerzeugnisse. Daher übernahm Heileman ebenfalls den Schnellimbißhersteller Barrel O'Fun.

In allen diesen Fällen waren finanzielle Mittel zur Erzielung der Synergie unerläßlich. Die neue Strategie für Produktpalette, Vertrieb und Absatzförderung mußte finanziert werden, ebenso die Ausweitung der Produktion zur Gewinnung von Marktanteilen. Die finanzielle Synergie ist also auch ein Teil der Strategie zur Übertragung von besonderen Fähigkeiten, aber sie reicht zum Erfolg nicht aus, wenn Firmen übernommen werden, die nicht in der Lage sind, ihr volles Potential selbst auszuschöpfen. Sonst hätten sich diese Unternehmen das nötige Geld auf dem Kreditweg besorgen und die Früchte der richtigen Verwendung selbst genießen können. Bei den zur Zeit der Übernahme von Miller Beer durch Philip Morris führenden und gute Gewinne erzielenden Brauereien (Anheuser-Busch, Schlitz und Coors) lag es nicht am fehlenden Geld, daß keine erfolgreiche Strategie entwickelt werden konnte. Wenn finanzielle Synergie genügen würde, um Resultate wie Philip Morris, Chesebrough-Pond oder Heileman zu erzielen, so würden Holdinggesellschaften weit bessere Ergebnisse erzielen, als sie in ihrer Geschichte insgesamt aufzuweisen haben.

Das entscheidende Element aller genannten Fälle ist die Übertragung besonderer Fähigkeiten vom Mutter- auf das Tochterunternehmen. Außerdem muß das Unternehmen zu einem Preis erworben werden, der nicht sein ganzes künftiges Potential bereits vorwegnimmt. Nach der Übernahme muß die Leistung des Gesamtunternehmens dann gesteigert werden – nicht einfach durch Addition von Produkten und Märkten, sondern durch Anwendung von Know-how der Muttergesellschaft im Tochterunternehmen, und das mit dem richtigen Riecher für strategische Vorteile.

Organisatorische Synergie gewinnen – durch Umstrukturierung zu strategischen Gruppen

Konglomerate, die ihre Tätigkeit besonders aktiv diversifiziert haben, können Synergie erzielen, indem sie ihre verschiedenen Unternehmen in strategische Gruppen umstrukturieren. Diese Gruppen werden zusammen zum Brennpunkt der strategischen Planung des Mischkonzerns und bilden die Kernbereiche, in die weitere kleinere, dazu passende Firmen durch Übernahmen eingereiht werden können, um einen entwicklungsfähigen Geschäftsbereich zu etablieren. Bei diesem Prozeß verschwimmen alte Branchengrenzen, neue Wirtschaftsbereiche entstehen, und alternative Möglichkeiten für größere Effizienz bei wirtschaftlichen Betätigungen bilden sich heraus. Das ist ein noch weitgehend unmarkierter Weg. Es gibt meines Wissens noch keinen Mischkonzern, der die Rationalisierung seiner strategischen Gruppen perfektioniert, der sie vollständig ausbalanciert hat. Doch es gibt schon zahlreiche Konglomerate, die durch Umstrukturierungen versuchen, strategische Gruppen zu bilden, die besser ausbalanciert sind als die bisherigen Geschäftsbereiche.

Beispielsweise erwarb Beatrice Foods bei massiven Bemühungen um Diversifikation seiner ursprünglich auf die Brauereibranche beschränkten Tätigkeit nach und nach sechs Hersteller von Süßigkeiten. Jeder wurde selbständig geleitet, doch keiner war groß genug, um mit den Riesen der Branche wie Mars Company zu konkurrieren. So plante Beatrice die Umwandlung der sechs Firmen zu einem einzigen Unternehmen. Damit wären Vertrieb und Absatzförderung zentralisiert worden, und die Betriebe hätten zur Erzielung von Produktivitätssteigerungen reorganisiert werden können. Es wäre ein neuer ernsthafter Konkurrent in der US-Süßigkeitenbranche entstanden. Das Konzept kam jedoch nicht zum Tragen, weil Beatrice Foods sein Diversifikationsprogramm mit dem Erwerb der selbst diversifizierten Konsumgüterfirma Esmark auf eine noch höhere Stufe anhob, zu der eine neue Runde von Umgruppierungen und Veräußerungen früher erworbener Unternehmen gehörte. Auch die Süßigkeitenbetriebe wurden an die finnische Gruppe Hutomaki verkauft.

R. J. Reynolds ist ein Beispiel für einen Mischkonzern, dessen umfangreiche Mischung einverleibter Firmen gute Voraussetzungen zur Bildung strategischer Gruppen von Lebensmittel- und Getränkeunternehmen bietet. Wie schon erwähnt, war die Übernahme von Del Monte durch Reynolds 1979 ein wesentlicher Fortschritt beim Aufbau des bis dahin bescheidenen Engagements von Reynolds im Lebensmittel- und Getränkegeschäft. Die spätere Übernahme von Heublein verstärkte die Position des Konzerns in dieser Branche noch. Der gesamte Sektor wurde der Leitung eines einzigen Chefmanagers unterstellt. Ein logischer nächster Schritt wäre die Reorganisation dieser in loser Beziehung zueinander stehenden Betriebe zu einer verbundenen, sinnvoll strukturierten Gruppe oder zu mehreren strategischen Einheiten. R. J. Reynolds hat bereits Del Monte und seine eigenen Lebensmittel- und Getränkebetriebe rationalisiert und integriert, unter anderem mit großen Investitionen zur Modernisierung der Produktionsanlagen und zur Steigerung der Produktivität. Jetzt steht das Unternehmen vor der schwierigeren und zeitraubenden Aufgabe, die zahlreichen Teile, aus denen die verschiedenen übernommenen Unternehmen bestehen, und die Stammfirma zu einer zusammenhängenden Organisation zu integrieren, wobei die zueinander passenden Teile, auch und gerade aus den früher getrennten Unternehmen, zu starken Geschäftszweigen zusammenzufügen sind.

Ohne Leitlinien eines strategischen Plans verließen sich die Konglomerate bei der Bildung neuer und möglichst effektiver Geschäftszweige aus ihren zusammengekauften Betrieben weitgehend auf Instinkt und persönliches Urteil. So haben sich Unternehmen wie Litton, Beatrice Foods und RCA nicht einmal, sondern mehrmals umstrukturiert. Jede der Umstrukturierungen war ein Lernprozeß auf dem Wege zur Rationalisierung, doch dieses intuitive Verfahren ist lang und schmerzhaft. Es wäre sicher besser, die Reorganisation nach zielstrebigen Plänen durchzuführen. Der erste Schritt zur Formulierung solcher Pläne muß sein, die Synergien abzuwägen, die durch den richtigen Einsatz besonderer Fähigkeiten der übernehmenden Firma bei den aufgekauften Unternehmen und Betrieben zu erzielen sind. Diese Grundregel für eine erfolgreiche Konglomeratsstrategie wird in der Praxis oft nicht eingehalten.

Kompetenz ist unerläßlich

Beim Eintritt in einen neuen Markt müssen Unternehmen nach Wettbewerbsvorteilen gegenüber den Konkurrenten streben. Mischkonzerne sollten strategische Gruppen auf den Gebieten bilden, auf denen sie über besondere Fähigkeiten verfügen, und sich aus den Geschäftsbereichen zurückziehen, in denen Konkurrenten ihnen etwas voraus haben. Bei diesem Jahre oder Jahrzehnte erfordernden Prozeß werden viele Unternehmen und Unternehmensteile nach und nach den Besitzer wechseln, bis sich die erwünschten Gruppierungen gebildet haben. Die Notwendigkeit, Gewinne zu erzielen, übt auf die Unternehmen einen Druck zur Spezialisierung ihrer besonderen Fähigkeiten aus, jenen Spezialisierungszwang, den Adam Smith im vorigen Jahrhundert in seinem klassischen Werk »Der Wohlstand der Nationen« als erster erkannt hat. Bei den Konglomeraten geht es dabei aber nicht um die Spezialisierung bei der Herstellung einer Ware durch die Zerlegung ihrer Produktion in spezialisierte Handgriffe, sondern um die Spezialisierung der Managementfähigkeiten auf bestimmte Märkte. Managementfähigkeiten müssen auf die Märkte konzentriert werden, in denen sie am erfolgreichsten angewendet werden können. Mit verschiedenen Arten dieser Spezialisierung müssen Mischkonzerne entsprechend unterschiedliche Merkmale ihrer strategischen Gruppen erzielen. Und ein Markt, der für ein Konglomerat eine gute Wettbewerbsarena ist, ist dies für ein anderes eben nicht.

So verkaufte General Electric 1983 seinen Geschäftszweig für kleine Haushaltsgeräte an Black & Decker. Für GE war das ein positiver Schritt zur beabsichtigten Konzentration auf Erzeugnisse mit Aussichten auf hohes Absatzwachstum. Für Black & Decker lagen die Vorteile in einer beträchtlichen Vergrößerung des Unternehmens, in der Erlangung einer starken Position am Markt für kleine Haushaltsgeräte und in der schon lange angestrebten Diversifizierung zur Überwindung der Abhängigkeit von seinen angestammten Produkten, den Elektrowerkzeugen.

Ein ähnlicher Fall war der Verkauf von Produktionsanlagen für Kartonplatten und Hartpapier für mehr als 500 Millionen Dollar von Continental Group an Stone Container. Das hat Stone in die Spitzengruppe der fünf größten Hersteller von stoßabweisenden Verpackungen und Mehrlagensäcken heraufkatapultiert. Vielleicht noch wichtiger ist, daß der Neubau solcher Produktionskapazitäten Stone ein Mehrfaches des Kaufpreises der fertigen Anlagen gekostet hätte. Und Continental Group, bereits ein Konglomerat, erhielt Geld, das in Geschäftszweige investiert werden konnte, die nach Meinung der Unternehmensleitung entwicklungsfähiger waren als der verkaufte Bereich. Allerdings wurde Continental Group später selbst von einem privaten Investor aufgekauft.

Dow Chemical kaufte den Geschäftsbereich für verschreibungspflichtige Medikamente von Richardson-Merrell, um sein Chemiegeschäft um eine weitere Komponente zu bereichern. Für Richardson-Merrell war der Verkauf die Gelegenheit, aus einem Gebiet zu entkommen, das Kopfschmerzen bereitet sowie nur geringe Gewinne eingebracht hatte und auch künftig mehr Aufwendungen für Forschung und Entwicklung erfordert hätte, als das Unternehmen rechtfertigen konnte. Außerdem schnitt Richardson-Merrell weit besser auf dem Markt für nicht verschreibungspflichtige Arzneimittel und Drogeriewaren ab, beispielsweise mit so bekannten Markenartikeln wie Vicks und Oil of Olaz. Inzwischen versucht Dow Chemical, sein Geschäft mit verschreibungspflichtigen Arzneimitteln weiter auszudehnen, und Richardson-Vicks, wie sich das seinerzeit als Richardson-Merrell firmierende Unternehmen jetzt nennt, konnte seine Gewinnsituation zum Guten wenden.

Beide Seiten können bei dieser Art von Übertragung viel ge-

Abbildung 6
Arten der Synergiegewinnung

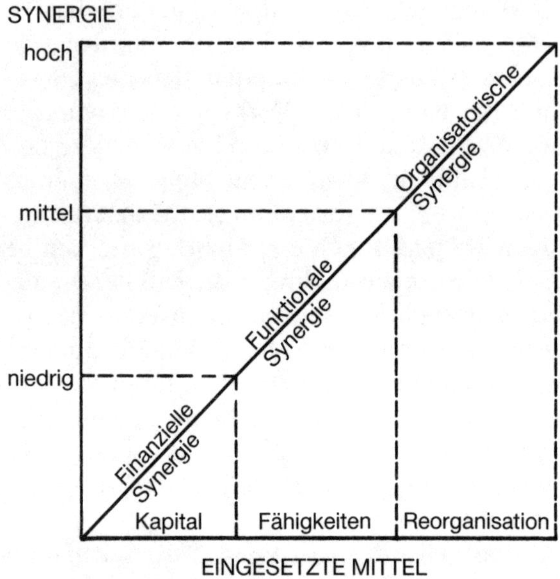

winnen: Das verkaufende Unternehmen kann sich nach der Eliminierung eines für die eigenen Kompetenzen und/oder Finanzierungsmöglichkeiten wenig aussichtsreich erscheinenden Geschäftszweigs auf vielversprechendere Betätigungsgebiete konzentrieren, und der Erwerber kann seine Stärken auch auf dem neuen oder ergänzenden Gebiet einsetzen und dabei eine effizientere Struktur des Gesamtunternehmens entwickeln. *Abbildung 6* illustriert die Synergiegewinnungspotentiale aus Finanzkraft, besonderen kaufmännischen und technischen Fähigkeiten sowie effizienterer Konzernorganisation.

Zusammenfassend ist zu sagen, daß Synergie in so vielfältigen Formen vorkommt wie die Diversifikation selbst. Drei Grundtypen sind jedoch zu unterscheiden. Finanzielle Synergien sind zwar am leichtesten zu erzielen, ihre langfristigen Erträge sind aber auch am geringsten. Aus der Übertragung von spezifischen technischen oder kaufmännischen Fähigkeiten von übernehmenden Firmen auf aufgekaufte Unternehmen ist eine andere, schwieriger zu erzielende Art von Synergie zu gewinnen, die funktionale Synergie. Mit finanzieller und funktionaler Synergie kann neues Wachstum eingeleitet werden, das ohne die Übernahme(n) nicht erreichbar gewesen wäre. Mischkonzerne können aber noch eine dritte Form von Synergie erzielen: organisatorische Synergie. Dazu müssen die aus unterschiedlichen Branchen übernommenen Firmen und Betriebe zu einer »Familie« von Geschäftsbereichen aus »verwandten« Komponenten verbunden werden. Die Erzielung der organisatorischen Synergie stellt die höchsten Anforderungen an das Management von Mischkonzernen: Firmen mit unterschiedlicher Unternehmenskultur müssen integriert, schwierige Entscheidungen über Kostensenkungen getroffen und Kontrollinstrumente zur Handhabung der stark diversifizierten Produktionsbetriebe und Geschäftsbereiche entwickelt werden. Erst mit erfolgreicher Reorganisation läßt sich aber auch die Synergie maximieren.

Der integrierte Mischkonzern oder das ausgereifte Konglomerat

Ein letzter, besonders wichtiger Aspekt erfolgreicher Diversifikation ist die Zeit, die man dafür ansetzen muß, aufgekaufte Betriebe und Firmen in integrierte Teile des Gesamtkonzerns zu verwandeln, so daß organisatorische Synergie gewonnen wird. Häufig entgeht dieser Aspekt der Aufmerksamkeit von Unternehmen, die mit der Diversifikation erst beginnen. Sie versäumen, eine effiziente Gesamtorganisation des Konzerns durch wohldurchdachte Umstrukturierungen der alten und hinzukommenden Konzernteile zu erreichen. Statt dessen wird nur versucht, die durch die ineffizienter werdende Konzernstruktur steigenden Kosten auszugleichen, indem in den alten und neu hinzugekauften Komponenten des Gesamtunternehmens die Kosten gesenkt, Produktivität und Umsatz gesteigert sowie die Investitionsmittel effizienter verwendet werden. Manchmal kommt es durch die zu rasche Transformation von aufgekauften Firmen mit ihren individuellen Unternehmenskulturen zu bloßen Konzernteilen zu einer Art »Kulturschock«, und die nunmehr vom Konglomeratsmanagement als Fremdkörper angesehenen Neuerwerbungen werden wieder verkauft.

Solche »Kulturschocks« kommen besonders häufig bei Aufkäufen von Firmen vor, die auf den Gebieten der Hochtechnologie tätig sind. Angelockt von den hohen Wachstumsaussichten »exotischer« neuer Technologien, haben viele Großunternehmen kleine technologieorientierte Firmen aufgekauft. In vielen solchen Fällen ist der unternehmerische Geist, der diese kleinen, innovativen Unternehmen angetrieben hat, von der bürokratischen Routine des aufkaufenden Großunternehmens erstickt worden.

So erwarb Raytheon 1978 Lexitron, ein führendes Textverarbeitungsunternehmen, und investierte in den folgenden Jahren eine siebenstellige Summe in die Entwicklung der Neuerwerbung. Doch 1983 schrieb Raytheon einen großen Teil seiner Investitionen in Lexitron ab und verkaufte das Unternehmen mit Verlust an Telex, wobei noch Teile von Raytheons alter Abteilung für Datensysteme mitverkauft wurden. Raytheon behauptete, es habe nicht genug Ingenieure für Lexitron finden können, weil die Textverarbeitungsfirma nunmehr als Tochtergesellschaft eines hauptsächlich für militärischen Bedarf tätigen Unternehmens gegolten habe. Mitarbeiter von Lexitron und Außenstehende waren dagegen der Meinung, daß Raytheons Management etliche Fehler gemacht und das Textverarbeitungsgeschäft nie richtig begriffen habe.

Der entscheidende Grund für das Scheitern der Verbindung ist aber, daß Raytheon nicht einmal finanzielle Synergien, sondern nur Verluste erzielte, weil es die organisatorischen Probleme nicht berücksichtigte, die das Management des völlig andersartigen und innovativen Geschäftsbereichs von Lexitron mit sich brachte. Die erfolgreiche Integration von Betrieben unter-

Abbildung 7
Synergieentwicklung im Unternehmen

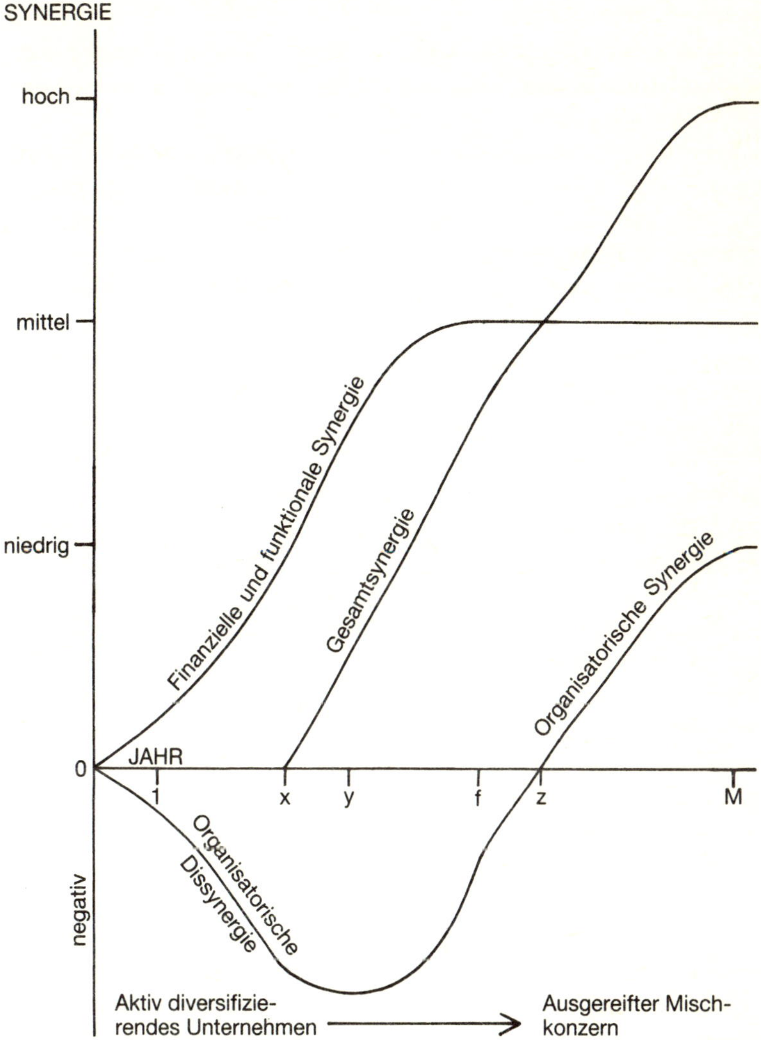

schiedlicher Branchen kann Jahrzehnte erfordern. Ohne sorgfältige Lösungen der organisatorischen Aufgaben der Diversifikation, wobei für viele Maßnahmen lange Vorbereitungen zur Einstimmung der Betroffenen nötig sind, bleibt Synergie ein unerfüllbarer Wunschtraum.

Abbildung 6 illustriert, daß sich bei der Diversifikation Synergie aus Finanzkraft, Übertragung von besonderen Fähigkeiten und effizienter Reorganisation des Mischkonzerns ergibt. Die risikoreichste Anstrengung dabei ist die Reorganisation, die ja nicht selten mißlingt oder empfindliche Fehlschläge einschließt, die auf dem langen Marsch zum Erfolg schwierige Korrekturen erfordern. Dafür winken aber auch am Ende die besten Ergebnisse – das größte Potential zur Steigerung der langfristigen Gewinne und der Wettbewerbsfähigkeit bietet die organisatorische Synergie. Das ist ein Beispiel für die gewinnbringende Wechselbeziehung zwischen Risiko und Gewinn in der Marktwirtschaft. Die zur Erzielung der hohen Gewinne aus organisatorischer Synergie notwendigen Umstrukturierungen von Unternehmen, die sich nicht mehr nur in einer Branche betätigen, sondern Konglomerate geworden sind, erfordern lange bis sehr lange Zeiträume. Diesen Zeitbedarf bezieht *Abbildung 7*, ergänzend zu *Abbildung 6*, mit ein.

Diese Abbildung illustriert die nur in einem Zeitraum von vielen Jahren mögliche Synergieentwicklung einer Firma. Im ersten Jahr beginnt das Unternehmen den langen und dornenvollen Weg zu einem ausgereiften Konglomerat. Die aufgekauften Firmen oder Unternehmensteile aus anderen Branchen setzen die bestehende organisatorische Struktur des bisher auf eine Branche konzentrierten Unternehmens unter Druck: Die Struktur paßt einfach nicht mehr. Das verursacht Kosten – Friktionen und unwirtschaftliche Abläufe entstehen auf vielen Ebenen der vergrößerten Firma in Produktions-, Verwaltungs-, kaufmännischen und anderen Bereichen bis hinauf zu den hochbezahlten Vorstandsmitgliedern, die viel unnötigen Ärger aufzuarbeiten haben, statt ihre kostbare Zeit anderen Aufgaben widmen zu können. In den Zeiten aktiver Diversifikation nimmt die organisatorische Effizienz eines Unternehmens ab – bis zum Minimum im Jahr y entstehen immer mehr Kosten: Negative organisatorische Synergien oder organisatorische Dissynergien sind das Ergebnis. Das wird aber in unserem Abbildungsbeispiel ausgeglichen: erstens durch finanzielle Synergien, Gewinne aus den Investitionen in die übernommenen Firmen, die ohne die Übernahmen nicht zu erzielen gewesen wären, und zweitens durch funktionale Synergien aus der Übertragung von besonderen Fähigkeiten auf die Neuerwerbungen, die durch Kostensenkungen, Produktivitäts- und/oder Absatzsteigerungen zusätzliche Gewinne einbringen – gewöhnlich sogar schneller als die rein finanziellen Synergien aus Investitionen, die über den Aufkauf der Firmen hinausgehen.

Bis das Unternehmen lernt, seine Erwerbungen aus den verschiedensten Branchen zu integrieren und integriert zu managen, werden in unserem Abbildungsbeispiel die Dissynergien der ineffizienten Gesamtleitung des Konzerns durch Steigerung der Effizienz innerhalb seiner einzelnen Komponenten ausgeglichen. Schon nach dem Jahr x übertreffen diese finanziellen plus funktionalen Synergien die organisatorischen Dissynergien, es wird positive, wenn auch zunächst noch geringe Gesamtsynergie erzielt. Vom Jahr y an nehmen die organisatorischen Dissynergien ab, vom Jahr z an wird positive organisatorische Synergie erzielt, die sich mit der finanziellen und funktionalen Synergie zu immer höherer Gesamtsynergie addiert.

In unserem Beispiel erreicht die aus der Diversifizierung erzielte finanzielle und funktionale Synergie im Jahr f ihr Maximum, erst im Jahr M hat der Konzern mit der Erreichung auch maximaler organisatorischer Synergie seine Entwicklung vom nur in einer Branche tätigen Unternehmen zum ausgereiften Mischkonzern abgeschlossen. Natürlich verlaufen die Synergieentwicklungskurven von Unternehmen zu Unternehmen sehr unterschiedlich. *Abbildung 7* illustriert nur den allgemeinen Fall. In manchen Firmen genügen die finanziellen und funktionalen Synergien in frühen Phasen der Diversifikation nicht zum Ausgleich der organisatorischen Dissynergien, in anderen übertreffen sie die Dissynergien von Anfang an, in wieder anderen werden nur finanzielle und hoffentlich organisatorische, aber keine funktionalen Synergien erzielt. Oder das Jahr f, in dem die maximale finanzielle plus funktionale Synergie erreicht wird, tritt viel später ein, vielleicht sogar erst mit dem Jahr M, weil manche finanziellen und funktionalen Synergien erst mit Änderungen der Organisationsstruktur des Konzerns zu erreichen oder voll auszuschöpfen sind. Tatsache bleibt, daß die Erzielung organisatorischer Synergien aus der Diversifizierung in unterschiedliche Branchen viele Jahre, nicht selten sogar Jahrzehnte erfordert.

Auf den ersten Blick scheint sich Diversifikation durch Firmenübernahmen schon dann zu lohnen, wenn die übernommenen Firmen höhere Gewinne erzielen, als sie das aufkaufende Unternehmen mit Investitionen in bisherige Geschäftsbereiche erwirtschaften kann. Tatsächlich mögen organisatorische Dissynergien, die aus Firmenübernahmen entstehen, durch solche finanziellen Synergien zunächst mehr als ausgeglichen werden. Lange wird jedoch ein Unternehmen mit organisatorischen Dissynergien nicht erfolgreich sein können, da die Dissynergien letztlich viel von der Effizienz in den Einzelunternehmen und Betrieben des Konglomerats ersticken dürften.

Es muß eine optimale »Familie« von Geschäftszweigen entwickelt werden. Gelingt dies und wird dafür eine effiziente Managementstruktur aufgebaut, so können die Früchte der Diversifizierung geerntet werden. Der lange Weg zu diesem Ziel ist voller Tücken. Das Spitzenmanagement des Mischkonzerns muß die Schwierigkeiten der organisatorischen Umstrukturierung ebenso voraussehen und einkalkulieren wie die höheren Gewinne, die bei der Umstellung auf attraktivere Märkte winken.

Die totale Integration mit der Erzielung der optimalen Synergien ist kein realistisches Ziel für jedes Unternehmen. Dazu sind umfassende Managementfähigkeiten für eine Vielzahl von Betätigungsgebieten, voll wirksame Kontrolle der erworbenen Unternehmen, herausragendes Können auf den Gebieten strategische Planung und organisatorische Umstrukturierung und schließlich noch viel Zeit zur Integration von Stammfirma und übernommenen Betrieben notwendig. Nicht alle Unternehmen, die finanziell in der Lage sind, andere Firmen aufzukaufen, können so vielfältigen Anforderungen gewachsen sein. Wenn also ein finanzstarkes Unternehmen nur im Bereich eng begrenzter Geschäftstätigkeiten über Erfahrungen verfügt, ist die Diversifizierung in ganz andere Branchen ein äußerst riskantes Vorhaben und sollte nur in Erwägung gezogen werden, wenn die Alternativen äußerst abschreckend sind.

Beispielsweise gab U.S. Leasing einen plausiblen Grund an, als es 1978 versuchte, seine Geschäftstätigkeit zu diversifizieren. Sein Kerngeschäft, das Leasing von Bürogeräten, schien nur noch wenig entwicklungsfähig zu sein. Als ersten Schritt in eine neue Richtung kaufte U.S. Leasing 1978 eine Sparkasse, die es für eine solide Grundlage hielt, von der aus die Unternehmenstätigkeit in weitere Branchen verzweigt werden könnte. Statt dessen erwies sich das Kreditinstitut als Ballast, der die Muttergesellschaft fast in die Tiefe gezogen hätte, da das Sparkassengeschäft gerade in eine angespannte und gewinnlose Phase geriet. Vier Jahre nach dem Erwerb wurde U.S. Leasing die Sparkasse wieder los und sah sein prosaisches Stammgeschäft nunmehr in einem ganz anderen Licht. Das Unternehmen gab die Absicht auf, ein Konglomerat zu werden, und konzentrierte seine Energien darauf, die Erträge aus seinem Leasinggeschäft zu steigern. Das Ergebnis war ein gestärktes, wettbewerbsfähigeres Leasingunternehmen.

Diese Geschichte unterstreicht, wie wichtig es ist, ein Konzept zu entwickeln, bevor man mit der praktischen Umsetzung einer Strategie beginnt. Ohne die finanziellen Mittel zum Durchstehen eines Sturmes und dazu ohne eine strategische Vision, was als nächstes zu tun sei, war U.S. Leasing wesentlich besser beraten, in seiner ursprünglichen Branche zu bleiben. Diversifikation ist auch nicht die Patentlösung für jedes Unternehmen, das Probleme hat, seine Umsätze weiter zu steigern. Wenn Fähigkeiten und Managementstil eines Unternehmens eng an eine Branche gebunden sind, wagt es sich besser nicht aus ihr heraus. Wenn jede Firma zu jeder Geschäftstätigkeit fähig wäre, gäbe es keine Firmen zu kaufen. Die Existenz von relativen Vorteilen, die Unternehmen für Betätigungen auf diesem oder jenem Gebiet besitzen, beruht auf der ungleichen Verteilung von ausgeprägten Fähigkeiten sowie auf einer Fülle von Ineffizienzen in der Wirtschaft, die attackiert werden können, entweder indem man es als Konkurrent besser macht oder indem man ineffiziente Unternehmen aufkauft und rationalisiert. Fähigkeiten werden zur Lösung von Problemen angewendet, und das bewirkt eine effizientere Verteilung und Verwendung von Kapital und Arbeitskräften.

Branchen und Lebenszyklen: Die Suche nach neuen Märkten

Da die herausragendsten Gewinne aus der Diversifizierung mit der Bildung geeigneter neuer strategischer Gruppen zu erzielen sind, erhebt sich natürlich die Frage, was als »geeignet« anzusehen ist. Merkwürdigerweise haben weder Theoretiker noch Praktiker bisher viel Interesse daran gezeigt, Konzepte für die »Eignung« von Wettbewerbsarenen für Unternehmen zu entwickeln. Eine traditionelle Betrachtungsweise geht noch immer nur vom Wettbewerb innerhalb gegebener Branchen aus. Das hilft aber wenig bei der Beantwortung der Frage, in welchen Branchen Konglomerate tätig sein sollten.

Nützlicher ist da schon, was als Rechtfertigung für die Organisation jedes Unternehmens gilt: Produkte und Dienstleistungen so preiswert und gut wie möglich anzubieten oder durch noch gefragtere zu ersetzen. Und wenn ein Unternehmen in seiner bisherigen Geschichte ausschließlich in einer Branche verankert war, so ist das kein ausreichender Grund dafür, daß auch seine Zukunft an diese Branche gebunden sein müßte. Wenn Andrew Carnegie heute noch einmal auf die Welt käme, wäre es sicherlich unwahrscheinlich, daß er noch einmal U.S. Steel oder ein entsprechendes Unternehmen gründen würde. Die Ausstattung mit modernem Wissen und neuesten Erkenntnissen macht es wahrscheinlicher, daß Manager, die ihre Unternehmen vergrößern wollen, sich zur Diversifikation entschließen, um die Leistungen zu maximieren und die Risiken durch Streuung zu minimieren.

Sind manche Unternehmen besonders dazu qualifiziert, sich in mehr als einem Hauptgeschäftszweig zu betätigen? Werden der Wettbewerb und das Wohl der Konsumenten durch stabile

Branchenstrukturen gefördert oder geschädigt, wenn Stabilität bedeutet, daß der Markteintritt von Branchenaußenseitern ausgeschlossen bleibt? Diesen Fragen ist noch nicht ernsthaft nachgegangen worden. Antworten findet man jedoch, wenn man sich das Schicksal der vielen Unternehmen, die außerhalb ihres Kerngeschäftsbereichs tätige Firmen aufkaufen, vor Augen führt. Denn sie halten sich ja für fähig, auf den neuen Gebieten zu konkurrieren und zur optimalen Befriedigung von Konsumentenwünschen beizutragen.

Wenn sie nach ihrem Hauptziel gefragt werden, geben Manager gewöhnlich die höchstmögliche Rendite des investierten Kapitals an, ohne zu erwähnen, daß diese Rendite auch branchenabhängig ist. Solange in der eigenen Branche attraktive Renditen zu erzielen sind, erscheint es auch wenig dringlich, woanders nach Investitionsmöglichkeiten Ausschau zu halten. Unternehmen wollen aber wachsen, und wenn sie in einer einzigen Branche bleiben, verringern sich schließlich ihre Wachstumsmöglichkeiten, denn jedes Produkt, jede Dienstleistung und jede Branche hat einen Lebenszyklus. Er beginnt mit der Geburt, dem Erfolg der innovativen Leistung am Markt durch den Umsatz, mit dem das Produkt oder die Dienstleistung zum technischen Fortschritt wird, weil sich mit der Akzeptanz am Markt die Nützlichkeit der angebotenen Leistung erweist, denn technischer Fortschritt »ist der Nutzen, der aus der Anwendung neuen Wissens in Form neuer oder verbesserter Produkte oder Dienstleistungen und kostengünstigerer Herstellungs- oder (Dienst-) Leistungsverfahren entsteht«.* Es folgt die Phase bedeutenden Umsatzwachstums durch Ausweitung der Märkte. Daran schließt sich die Periode der Reife an, in der die Grenzen der Marktausweitung erreicht werden und nur die Perfektionierung der angewendeten Technologien noch gewisse Wachstumsimpulse gibt. Und danach setzt die Altersphase ein, in der die Märkte gesättigt sind und nur noch von der Ersatznachfrage bestimmt werden oder schließlich sogar schwinden, wenn das Pro-

* Wolfram Gruhler, *Technik–Produktivität–Arbeitsmarkt*, Band 15 der Reihe *Grundwissen: Technik und Gesellschaft*, Köln 1984.

Abbildung 8
Lebenszyklus eines durch technischen Fortschritt geborenen Unternehmens

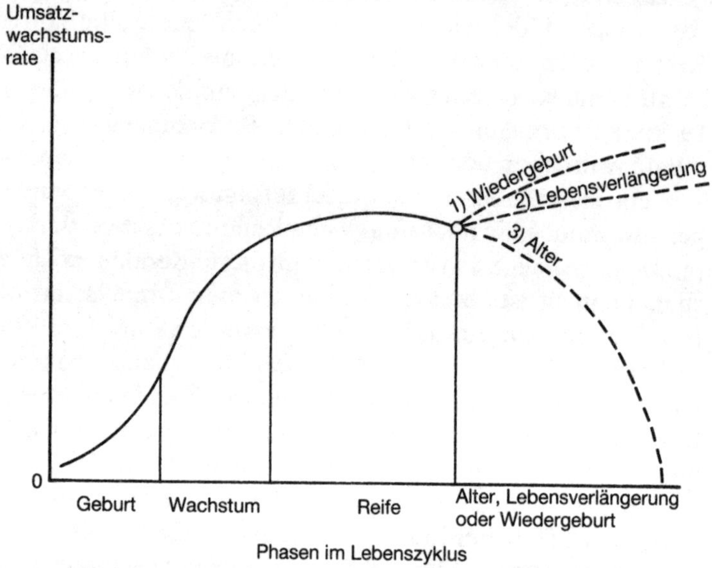

Wichtigste Wachstums-faktoren:	Neue Techno-logie oder neues Produkt	Markt-auswei-tung	Perfektionierung der Technologien und Produkte	1) Diversifikation 2) Erneuerung von Techno-logie oder Produkt 3) Veraltung von Technik oder Produkt

dukt von neuen Erzeugnissen abgelöst wird oder aus anderen Gründen nicht mehr gefragt ist.

Abbildung 8 zeigt den Lebenszyklus eines Unternehmens, das mit der erfolgreichen Anwendung einer neuen Technologie, mit der Einführung eines innovativen Produkts geboren wird. Die mittlere gestrichelte Kurve zeigt dabei die Möglichkeit an, die Altersphase hinauszuschieben, den Lebenszyklus zu verlängern, indem das Produkt durch Einführung neuer Technologien verbessert und/oder verbilligt und damit eine neue Wachstums- oder Reifephase eingeleitet wird. Solche Verjüngungen lassen sich nicht immer oder stets aufs neue wiederholen, doch es gibt einen grundsätzlichen Unterschied zwischen den Lebenszyklen von Produkten (oder Dienstleistungen) und Unternehmen, der mit der oberen gestrichelten Kurve in *Abbildung 8* angezeigt wird: Das Unternehmen kann rechtzeitig vor dem Beginn einer sich anzeigenden Krise durch Ausweitung oder Änderung seines Produktangebots, durch Diversifikation auch und gerade in andere Branchen seine eigene Wiedergeburt bewirken.

Während Produkte oder Dienstleistungen vom technischen Fortschritt geboren werden, können Unternehmen natürlich auch in den Wachstums- und Reifephasen einer Branche gegründet werden – mit entsprechend verkürzter Lebenserwartung, wenn sie nicht durch innovative Erneuerung der Technologien nach deren Ausreifung oder durch Diversifikation neues Wachstum erzielen. Nach Peter Drucker können sich die meisten erfolgreichen Produkte dreißig bis vierzig Jahre lang am Markt behaupten, andere Autoren weisen darauf hin, daß die Beschleunigung des technischen Fortschritts in den letzten Jahrzehnten auch den Lebenszyklus von vielen Produkten verkürzt. Die Länge jeder Lebensphase ist von Produkt zu Produkt sehr unterschiedlich, aber der Ablauf von der Idee bis zum Ende der Produktion ist unveränderlich. Viele der großen Unternehmen, die vor vielen Jahrzehnten gegründet worden sind, befinden sich mit ihren angestammten Produkten an den ungünstigeren Steigungen der Lebenskurven dieser Erzeugnisse.

Zu den Branchen, die sich in ihrer Altersphase befinden, gehören die Stahlindustrie, die Werften, die Landwirtschaft und die Textilindustrie, während Teile der Bekleidungsindustrie mit der Mode gewissermaßen viermal jährlich garantierte Innovation zum Sieg über das Altern in ihren Lebenszyklus eingebaut haben.

Die mit erneuerten Technologien hergestellten verbesserten und/oder verbilligten Produkte werden wieder zunehmend gekauft, weil sie als mehr oder weniger neue Produkte angesehen werden oder für Verbraucher an Nützlichkeit gewinnen. Durch ständige Innovation bewahrt sich die Automobilindustrie vor Alterserscheinungen, ebenso die Flugzeugindustrie, die zudem noch das Kind »Raumfahrt« geboren hat. Ähnliches läßt sich über die Hersteller von Meß- und Kontrollinstrumenten sowie die pharmazeutische Industrie und andere Bereiche der chemischen Industrie sagen. Noch im Wachstum befinden sich sicherlich die Mikroelektronik und die Computerindustrie.

In ihrer relativ langen Geburtsphase sind die Robotertechnik, Zweige der Kommunikationstechnik wie Bildschirmtext, Kabel- und Satellitenfernsehen sowie die Glasfasertechnik, die Herstellung künstlicher Intelligenz als Kind der Computerindustrie, die Biotechnologie und das genetische Engineering, die Lasertechnik und die Raumfahrt. Die verschiedenen Zweige des Maschinenbaus verteilen sich mit ihren Produkten auf alle Lebenszyklusphasen, angefangen von Geräten für den Umweltschutz, die noch in der Geburtsphase sind, bis zu Ausrüstungen für Branchen, die selbst altern und damit auch die von ihnen verwendeten Maschinen zu Produkten in der Altersphase machen. Die Branchen und auch viele Unternehmen leben länger als ihre jeweiligen Produkte, weil durch technologische Innovation aus alten Produkten neue zu gleichem oder auch erweitertem Zweck gemacht werden. Doch nicht in allen Branchen und nicht in allen Unternehmen läßt sich das unbegrenzt fortsetzen. Dann geraten Unternehmen in ihre Altersphase, sofern sie nicht durch Diversifikation in andere Branchen ihre Wiedergeburt erlangen. Da Unternehmen wachsen wollen, kann der Druck zur Diversifikation schon in der Reifephase einer Firma stark und im Laufe der Zeit mehr und mehr zwingend werden.

Die Diversifikation ist aber kein Ersatz dafür, vorhandene Aktiva so effizient wie möglich zu managen – das Maximum aus ihnen herauszuholen. Japanische Konkurrenten haben wiederholt westliche Unternehmen dazu gezwungen, die Annahmen zu überprüfen, nach denen bestimmte Märkte ausgereift seien. Beispielsweise hatten die US-Hersteller von Radios praktisch aufgehört, noch Neuinvestitionen in ihre Produktionsanlagen vorzunehmen – bis die Japaner auf diesem Gebiet einen neuen Weg zum Gewinn entdeckt hatten. Sie betrachteten Radios nicht als unveränderliches Produkt. Sie akzeptierten einfach nicht, daß der Lebenszyklus der Funktionen des Radios seinem Ende entgegenging, und entwickelten ganz neue Produkte, die diese Funktionen zusammen mit anderen Funktionen erfüllten:

»Der Gedanke, daß Radios als Geräte in der herkömmlichen Form ihren Höhepunkt überschritten hatten, beunruhigte sie nicht. Sie studierten Zeiten, Orte und Gelegenheiten von Verbraucherverhaltensweisen wie Hören von Rundfunksendungen, Aufnehmen von Musik auf Tonband und Abspielen von aufgenommener Musik. Die resultierende Flut von multifunktionalen Erzeugnissen wie Radiokassettenrecordern und der Walkman von Sony sind bereits Geschichte. Die Tatsache, daß US-amerikanische Verbraucher diese Produkte tatsächlich in so großer Zahl kaufen, ist ein entscheidender Beweis dafür, daß ein offensichtlicher oder latenter Benützerbedarf dafür schon immer vorhanden war.«*

In einem ähnlichen Fall überließ ein US-Unternehmen die innovative Wende nicht ausländischer Konkurrenz, sondern vollzog sie selbst. Foremost McKesson, größtes Großhandelsunternehmen der USA, war drauf und dran, seine Arzneimittelabteilung zu verkaufen, denn Großhandel mit Pharmazeutika schien bei den Kunden auf zunehmend weniger Interesse zu stoßen. Die bisherigen Kunden von Foremost McKesson lenkten angestammte Gewinne des Großhandelsunternehmens in die eigenen Kassen um, indem sie Arzneimittel direkt von den Produzenten bezogen. Die Situation änderte sich aber, nachdem Foremost McKesson seine Verkaufsabsicht zugunsten einer neuen Idee aufgab. Wie wäre es, mit Anwendung neuer Technologien die Kosten der eigenen Dienstleistungen zu senken und damit als Abnehmer für die Hersteller wieder attraktiver zu werden als die verstreuten Einzelhändler, die dann wieder Kunden von Foremost McKesson werden müßten? Foremost McKesson überdachte sein grundlegendes Konzept und kam zu einer neuen Strategie. Mit Hilfe von neuen, computerunterstützten Dienstleistungen verwandelte sich das Unternehmen in einen »Supergroßhändler« und errang sich damit seine Stellung als Mittler zwischen Produzenten und Einzelhandel zurück.

* Kenichi Ohmae, *The Mind of the Strategist,* New York 1982, S. 152.

Die Suche nach neuen Strategien in alten Märkten bleibt wichtig. Neue Technologien können reife oder alternde Geschäftszweige verjüngen, daher sollten die Forschungs- und Entwicklungsanstrengungen niemals nachlassen. Innovation steht zwar auch Firmen offen, die nur in einer Branche tätig sind, die Chancen dafür mehren sich aber für Unternehmen, die mehrere Eisen im Feuer haben – in verschiedenen Branchen. Aus der Diversifikation können beispielsweise Vorteile gewonnen werden, indem Teile der Forschungs- und Entwicklungsaktivitäten für mehrere Geschäftszweige zentralisiert und damit Kosten gespart werden, während die Investitionstätigkeit zur Ausweitung des Geschäfts in einem breiten Spektrum von Branchen erfolgt. Das Verharren in einer ausgereiften Branche in der Hoffnung auf neue Technologien oder auf die Entdeckung noch unerschlossener Märkte kann sich dagegen als trügerisch erweisen. Für manche Firmen ist die Diversifikation das Mittel zum Überleben.

In extremen Fällen aber kann die Diversifikation in eine ganz andere Branche der einzige Weg zur Vermeidung einer Katastrophe sein. Insilco, vormals International Silver Company, vertauschte beispielsweise seine heikle Position im Markt für Silberwaren mit einem Engagement auf Gebieten der Hochtechnologie. Die International Silver Company wurde zu Beginn des 19. Jahrhunderts gegründet und stellte Bestecke und Geschirr aus Silber und Zinn her. Einhundertfünfzig Jahre später verurteilten jedoch Billigimporte einerseits, Silberpreisexplosionen andererseits und dazu noch veränderte amerikanische Lebensgewohnheiten den Traum von Insilco zum Scheitern, sich seinen Ruf als Wachstumsunternehmen zu erhalten. Das Unternehmen hätte sich weiter am Rande der Existenzfähigkeit entlang lavieren können. Es hätte auch auf eine Wende, auf günstigere Silberpreise und eine Rückkehr der Vorliebe für Silberbestecke und andere Silberwaren hoffen können. Aber warum sollte Insilco das Risiko der Enttäuschung solcher Hoffnungen eingehen? Die gesamte Literatur über strategisches Management vertritt die Meinung, daß Manager ihre Zukunft *planen* und nicht darauf warten, daß sie ihnen aufgezwungen wird. Die dunklen Wolken über Insilcos Zukunft waren in Sicht. Nur der Zeitpunkt, zu dem das Unternehmen im Regen stehen würde, war noch nicht abzusehen. Zu seinen Manövern auf der Suche nach einem neuen Unternehmenskonzept gehörten einige fragwürdige Übernahmen. Die Leistungen, die mit sämtlichen Übernahmen bisher erzielt wurden, ergeben ein gemischtes Bild. Doch letzten Endes könnten die gewählten Alternativen Insilco eher zum Überleben verhelfen als das Festhalten an einem schwindenden Markt.

Singer ist ein anderes Unternehmen, das gerade noch rechtzeitig auf die Gefahren eines schrumpfenden Kerngeschäftsbereichs reagierte. Es hat ebenfalls verlustreiche Erfahrungen mit erfolglosen Übernahmen gemacht. Doch seine vor zwei Jahrzehnten eingeleitete Diversifikation in die Luft- und Raumfahrtbranche scheint sich nunmehr als rentabel zu erweisen, und vom ursprünglichen Nähmaschinengeschäft hat sich der Konzern 1986 endgültig getrennt.

Die Fähigkeit, die Zukunft aktiv zu gestalten, unterscheidet das sogenannte neue strategische Management vom alten Krisenmanagement. Von Managern wird erwartet, daß sie sich immer wieder die Frage stellen, in welchen Wirtschaftszweigen ihr Unternehmen tätig sein sollte, statt ihre Planung auf Aktivitäten in Märkten zu beschränken, in denen die Firma gerade verankert ist. Die Planung muß also sowohl mögliche Rückzüge aus dem einen oder anderen Geschäftszweig einschließen als auch eventuelle Einstiege in neue Branchen. Die richtige Zeit zur Aufgabe eines Geschäftsbereichs liegt vor der Zeit, zu der das absolut notwendig wird. Die Aktien von U.S. Steel wurden vor längerer Zeit zu mehr als 100 Dollar pro Stück gehandelt. Damals hätte das Unternehmen fast jede Firma kaufen können, die es gewollt hätte, und fast jedes übernommene Unternehmen hätte sich als bessere Geldanlage erwiesen als seine weiteren Investitionen in das Stahlgeschäft. Diversifikation wäre somit für U.S. Steel ein geringeres Risiko gewesen als das Festklammern an der Stahlbranche. Selbst ohne den Vorteil der jetzt möglichen Rückschau war das abzusehen: Die Sturmwolken über dem Stahlhorizont wurden von vielen objektiven Beobachtern klar erkannt. Zu spät mit einem Diversifikationsprogramm zu beginnen, wie U.S. Steel (jetzt USX) mit seinem Einstieg in die Ölbranche, ist vielleicht der größte Fehler, den Unternehmen machen können, die sich in einem anderen Marktsegment etablieren wollen.

Eine neue Art zu konkurrieren

So wie die Aufhebung der Branchengrenzen zu neuen Organisations- und Wettbewerbsformen von Unternehmen führt, verändert auch die Überschreitung nationaler Grenzen die Wettbewerbsformen der Unternehmen. Stahl und andere alternde Industrien der entwickelten Länder sind zu aufsteigenden und erfolgversprechenden Industrien in Entwicklungsländern geworden, die den Vorteil niedrigerer Löhne und Materialkosten genießen. So haben viele westliche Unternehmen ihre Wettbewerbsvorteile verloren. Aus streng wirtschaftlicher Sicht ist inländische Stahlproduktion in der westlichen Welt nur noch bei Spezialstählen gerechtfertigt, zu deren Produktion hochentwikkelte Technologien eingesetzt werden können – einfacher Walz- und Formstahl wird billiger in der Dritten Welt hergestellt. Westliche Unternehmen, die technisch relativ anspruchslose Produkte herstellen, sollten sich durch Diversifikation ihre internationale Wettbewerbsfähigkeit wiedererobern.

Für die Unternehmen in den noch wachsenden Wirtschaftszweigen besteht weniger Notwendigkeit zur Diversifikation. Firmen wie IBM und Merck verfügen noch über ein gewaltiges Wachstumspotential in ihren eigenen Branchen. Es gibt kaum andere Märkte, in denen sie noch größere Chancen hätten. Bei Merck haben sich frühe Diversifikationsversuche (in die Abwasserreinigung und Riementanggewinnung) als unproduktiv erwiesen. Die aus diesen Bereichen übernommenen Unternehmen werden in den Jahresberichten von Merck nicht mehr besonders hervorgehoben. Solche verfrühten Versuche zur Diversifikation in ganz andere Branchen unterstreichen, wie wichtig es ist, den richtigen Zeitpunkt für derartige Schritte zu wählen. Zu frühe Diversifikation bringt neben dem Risiko falschen Managements der neuen Geschäftszweige die Gefahr, daß Investitionen in den zu dieser Zeit noch rentableren Kerngeschäftsbereichen unterbleiben. Solche strategischen Irrtümer können ebenso schädlich sein wie zu späte Diversifikation.

Auch die besten Manager können die Zukunft nicht vollständig voraussehen, doch die Lektionen der Vergangenheit enthalten Hinweise auf die künftige Entwicklung. Zunächst einmal verringert sich mit der Zeit die Zahl der Optionen eines Unternehmens für weiteres Wachstum innerhalb seiner Branche. Der Zeitpunkt der Diversifikation ist somit wesentlich: Könnte man die Zukunft ganz voraussehen, so müßte die Diversifikation auf dem Gipfel der Reifezeit beginnen, wenn sich der jährliche Umsatzzuwachs nicht mehr steigern läßt, also bei Erreichung des Höhepunkts der Kurve in *Abbildung 8*. Da die Zukunft nicht exakt berechenbar ist, ist es bei realistischer Betrachtungsweise verständlich, daß ein Unternehmen eine Diversifikation in andere Branchen erst dann in Erwägung zieht, wenn die Altersphase schon erreicht ist. Eine zwingende Notwendigkeit zur Ausnutzung von Diversifikationsmöglichkeiten besteht, wenn alle Möglichkeiten zur Wiederbelebung des Wachstums durch Erneuerung von Technologien für das alte Kerngeschäft – wie sie von der mittleren gestrichelten Kurve in *Abbildung 8* repräsentiert werden – ausgeschöpft sind. Die obere gestrichelte Kurve zeigt, daß die Diversifikation in neue Branchen erst am bereits nicht mehr steigenden Abschnitt der mittleren gestrichelten Lebensphasenkurve beginnt. Jedenfalls sollte die Diversifikation nicht erst versucht werden, wenn die Umsätze des Unternehmens bereits unaufhaltsam schrumpfen – wenn also seine Lebensphasenkurve durch negative Umsatzwachstumsraten bereits unter der horizontalen Achse der Abbildung verläuft. Bei aller Wichtigkeit der Wahl des richtigen Zeitpunkts zur Diversifikation ist jedoch der Effizienz aller laufenden Produktions und Geschäftstätigkeiten stets die maximale Aufmerksamkeit zu widmen – sie darf nicht unter der Ausschau nach Diversifikationsmöglichkeiten leiden.

Eine zweite eindeutige Botschaft der Geschichte ist, daß Evolution dynamisch verläuft. Daher wird jede Strategie schließlich verzerrt, die sich uneingeschränkt auf statische Methoden der Analyse verläßt, seien sie auch noch so erfindungsreich. Kein einziges verallgemeinerndes Modell kann die vielen Dimensionen und Zeitphasen einfangen, die zur spezifischen Situation eines Unternehmens gehören. Es ist schon eine beachtliche Leistung, wenn es gelingt, das Denken der Manager auf eine Reihe von Alternativen und Umweltentwicklungen auszurichten. Davon ausgehend müssen die Manager die spezifischen Lösungen entwickeln, die ihrem Unternehmen angemessen sind.

II

Anforderungen an das Management

I
Die Diversifikation organisatorisch vorbereiten

Ein Konglomerat zu managen heißt, das Unmögliche möglich zu machen. Viele Lernschritte müssen vollzogen werden. Zwar sind bestimmte strategische Prinzipien für die Diversifikation inzwischen allgemein akzeptiert worden, doch ihre organisatorische Durchsetzung ist bisher nur langsam vorangekommen.

Die meisten Mischkonzerne befinden sich in einer Übergangsphase zwischen der Einführung einer neuen Strategie und der Entwicklung einer dazu passenden organisatorischen Struktur des Unternehmens. Manche Firmen fangen gerade erst mit der Diversifikation an, andere haben zumindest noch nicht die endgültige angestrebte Mischung von Geschäftszweigen erreicht. In allen diesen Fällen sind die Manager noch dabei, ihre Strategie zu verfeinern, so daß längerfristige organisatorische Veränderungen noch aufgeschoben werden.

Der himmelweite Unterschied zwischen Konglomeratsstrategien und Strategien für Unternehmen, die nur in einer Branche tätig sind, sorgt ebenfalls dafür, daß es seine Zeit dauert, bis die neuen organisatorischen Strukturen reibungslos funktionieren. Je länger jedoch ein Unternehmen bei der traditionellen Strategie und Struktur bleibt, desto größere Schwierigkeiten hat es zu überwinden, verkrustete Abläufe zu eliminieren. Als in den fünfziger Jahren die ersten Pioniere der Konglomeratsbewegung auftauchten, schreckten ihre wahllosen Schritte zur Diversifikation die konservativen Führungen der Großkonzerne vor der Nachahmung ab. Erst in jüngerer Zeit fand die Konglomeratsstrategie auch bei diesen Managern Unterstützung. Praktikable Konzepte für das Management von Mischkonzernen müssen also noch entwickelt werden.

Die bisherigen Einsichten sind als Zusammenfassung von einzelnen Erfahrungen anzusehen und stellen keine in sich geschlossene Theorie dar. Unternehmerisch denkende Manager experimentieren ständig mit neuen Strategien, und diese werden dann von Administratoren aufgegriffen, die sich um die Perfektionierung der internen Mechanismen zur Leitung und Kontrolle kümmern. Unternehmen, die ihre Administration nicht den neuen Gegebenheiten anpassen, setzen alles aufs Spiel. Auch während der intensiven Fusionswelle um die letzte Jahrhundertwende gab es bei den neuen Holdinggesellschaften nur eine minimale zentrale Kontrolle über die einzelnen Mitgliedsunternehmen, bis das Management einen Weg gefunden hatte, die verschiedenen Firmen zu einer einzigen, zusammenhängenden Organisation zu verbinden. Doch die durch Fusionen entstandenen Unternehmen »bekamen schnell finanzielle Schwierigkeiten, wenn sie nur Holdinggesellschaften blieben«, stellte Alfred Chandler fest. Wenige der fusionierten Konzerne brachten es zu langfristiger Rentabilität, sofern sich keine Managementhierarchie etablieren konnte, die in der Lage war, eine effektive Fusionsstrategie zu entwickeln. Bei den Konglomeratsfusionen dürfte es genauso sein. Ohne Anpassung der Organisation an die Strategie wird die aus der Diversifikation gewonnene Synergie weitaus geringer sein, als das volle Potential, das in *Abbildung 7* im vorigen Kapitel illustriert worden ist.

Obwohl bereits erhebliche Zeit zur Verbesserung der Strategie für eine Diversifikation in unterschiedliche Branchen aufgewendet wurde, ist die organisatorische Komponente des Managements noch immer eine Achillesferse der Mischkonzerne. Es gab zwar isolierte Experimente und Anpassungen von Fall zu Fall, doch sind noch keine weithin akzeptierten Organisationsprinzipien für Konglomerate entwickelt worden, ebensowenig für Unternehmen, die Mischkonzerne werden wollen.

Organisation nach Funktionen oder nach Geschäftsbereichen

Bei den Großunternehmen hat es bisher zwei organisatorische Hauptinnovationen gegeben: die Organisation nach Funktionen und die Organisation nach Geschäftsbereichen. Beide werden in *Abbildung 9* schematisch dargestellt. Die erstere steht für die Strategie, die für die Giganten unter den Unternehmen entwikkelt worden war. Unterhalb des Chef-Managers (CEO) wurde die Firma rund um Manager organisiert, die auf Funktionen wie Produktion, Marketing, Finanzwesen und Personal spezialisiert waren. Diese Spezialisierung wirkte kostensenkend und be-

Abbildung 9
Zwei organisatorische Grundstrukturen der Unternehmensleitung

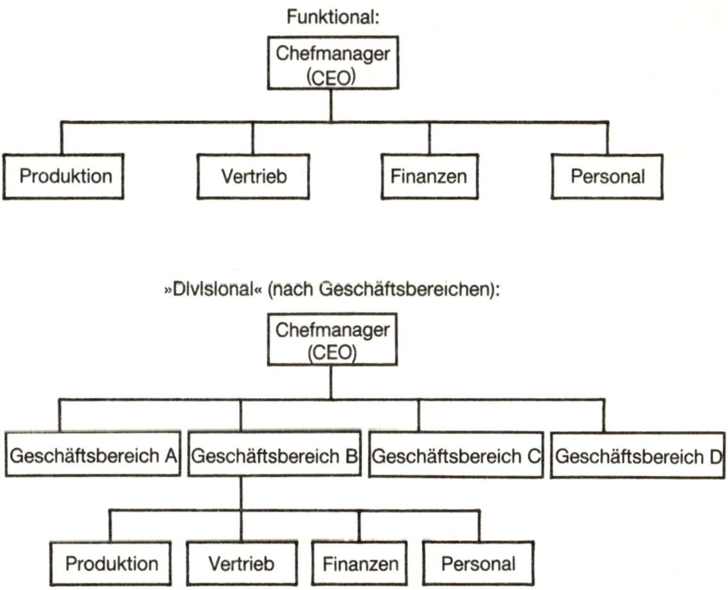

Anmerkung: Die für den Geschäftsbereich B angegebene Gliederung gilt auch für die anderen Geschäftsbereiche

währte sich, solange sich das Unternehmen nur auf *einem* speziellen Gebiet betätigte.

Die Aufgliederung nach Geschäftsbereichen spiegelt den Übergang zu einer Strategie der Diversifikation in verwandte Bereiche wider. Durch Aufteilung einer Firma in Geschäftsbereiche, die in militärischer Analogie in den USA Divisionen (divisions) genannt werden, konnte beispielsweise die Verantwortung für die Erzielung von Gewinnen auf die Division Managers konzentriert werden. Damit erhielten die verschiedenen Geschäftsbereiche mehr Autonomie, während gleichzeitig die Kontrolle im Hauptquartier blieb. Die Unternehmen konnten weiter wachsen, indem sie neue Division Managers einstellten, denen eine neue Sparte anvertraut wurde. Schon in den zwanziger Jahren hatten die meisten Großunternehmen die Organisationsstruktur nach Geschäftszweigen angenommen, und sie ist bis heute die dominierende Form des Managements für diversifizierte Unternehmen geblieben.

Bei dem Versuch, die neue, recht unorthodoxe Strategie der Konglomerate mit einer bestimmten Struktur in Einklang zu bringen, die vor langer Zeit für eine andere Strategie entwickelt worden ist, treten häufig Schwierigkeiten auf. Die Organisationsstruktur nach Geschäftsbereichen verdankt dem Vorbild militärischer Organisation viel, deshalb ist eine militärische Analogie nützlich zur Erklärung der Schwächen, die eine solche Struktur aufweist, wenn man sie auf Mischkonzerne anwenden will.

Eine Organisationsstruktur nach Geschäftsbereichen oder Divisionen ließe sich als Pyramide darstellen: mit den Generalen unter dem Feldmarschall an der Spitze, den Frontkommandeuren in der Mitte und den Offizieren der niedrigeren Ränge darunter. Karl von Clausewitz, der preußische Stratege, ist der geistige Urheber dieses Organisationstyps. Seine grundsätzliche Auffassung von Strategie wurde von seinem profunden Wissen über Krieg und Kriegsführungstaktik geprägt. Generalstäbe, die für die Planung verantwortlich sind, und eine strenge Hierarchie, um die präzise Ausführung von Befehlen zu gewährleisten, bilden die Grundpfeiler seiner Theorie. Instinktiv fanden Unternehmen seine Organisationsformen nachahmenswert: Divisionen, Regimenter, Bataillone, Kompanien, Züge und Korporalschaften ziehen alle an einem Strang, um Kriege zu gewinnen. »Divisionen« (divisions), Abteilungen und ganze Betriebe sollten das gleiche tun, um die Wettbewerbsschlachten am Markt zu gewinnen.

Wenn Unternehmen jedoch ihre vertrauten Wettbewerbsschlachtfelder überschreiten und sich auf dem fremden Territorium mit neuen Truppen gegen neue Gegner durchsetzen müssen, ist die alte Strategie vermutlich nicht mehr die beste. Um in der militärischen Analogie zu bleiben, einen Mischkonzern zu managen gleicht eher dem Kommando über die Truppen von Alliierten als der Befehlsgewalt über eine einheitliche Streitmacht. Als Oberkommandierender der Alliierten Streitkräfte mit der Verantwortung für die Invasion Europas gegen Ende des Zweiten Weltkriegs hatte General Eisenhower an zwei Fronten zu kämpfen. Zusätzlich zur Planung der Invasion mußte er Offiziere zur Leitung der verschiedenen alliierten Einheiten aussuchen und sie zu einer schlagkräftigen Organisation verschmelzen – und dabei mußte er sich mit auf Autonomie bedachten Kommandeuren wie Feldmarschall Montgomery und General de Gaulle auseinandersetzen. Einmal fühlte sich Eisenhower dabei so frustriert, daß er entschlossen war zurückzutreten. Es war für ihn schwerer geworden, den Krieg zu managen, als ihn auszufechten.

Unternehmen haben nun bisher nicht das alliierte, sondern das traditionelle militärische Modell kopiert, indem sie eine straffe, *integrierte* Organisation aufgebaut haben. Von der Unternehmensspitze wird dabei eine starke Kontrolle ausgeübt. Mit der Diversifikation in verwandte Bereiche kommt es natürlich zu einer gewissen Dezentralisation, zu einer beschränkten Gewaltenteilung. Doch wesentliche Geschäftsführungs- und Diversifikationsentscheidungen werden weiterhin vom Spitzenmanagement getroffen. Bei dieser Art von Diversifikation braucht die Unternehmensorganisation nicht gänzlich umgekrempelt zu werden. So betätigte sich beispielsweise Du Pont, ein Musterbeispiel für ein dezentralisiertes Unternehmen mit mehreren Geschäftsbereichen, 1921 in fünf verschiedenen Wirtschaftszweigen, die jedoch alle auf eine chemische Ursprungstechnologie zurückgeführt werden konnten und von denen keine weit abseits von den langjährigen Managements- und Betriebserfahrungen des Unternehmens lag.

Die Einteilung eines Unternehmens in Geschäftsbereiche war ein Mittel zur Bewältigung der Diversifikation in verwandte Bereiche. Mit der Ausweitung ihrer Produktpalette reorganisierten die Unternehmen sich durch Bildung von immer mehr Geschäftsbereichen, um den Unterschieden zwischen Produkten und zwischen Märkten Rechnung zu tragen. Wie Chandler sagt, folgte die Struktur der Strategie, indem die Geschäftsbereiche autonomer wurden, die Gesamtorganisation jedoch integriert blieb. Die Diversifikation erfolgte intern, d. h. durch den Aufbau neuer Produktionsanlagen oder durch Übernahmen von Firmen, die auf mit dem Kerngeschäftsbereich des Unternehmens verwandten Gebieten tätig waren. Die Diversifikation verlief konzentrisch innerhalb der Branchengrenzen und nicht alle Grenzen überspringend wie beim Konglomerat. Eine vollständige Umstrukturierung in ganz andere Geschäftszweige fand nicht statt.

Moderne Mischkonzerne brauchen moderne Organisationsstrukturen

Die »traditionellen«, auf Unternehmensgröße und Diversifikation in verwandte Gebiete ausgerichteten Managementstrategien waren der Organisationsform, der Struktur des Unternehmens, immer nur ein wenig voraus. Die Struktur wuchs nach dem Baukastenprinzip. Dagegen fordert die neue Konglomeratsstrategie eine Revolution. Sie läßt die Mischkonzerne anscheinend über Nacht in völlig verschiedene Branchen hineinwachsen, ganz im Gegensatz zu dem, was früher die Regel war. Die neue Strategie ist der alten Unternehmensorganisation weit voraus, so daß bedeutende Umstrukturierungen des Gesamtunternehmens notwendig werden.

Weitere Erschütterungen verursacht die Konglomeratsstrategie durch die Unregelmäßigkeit, mit der die Diversifikation gewöhnlich betrieben wird. Unternehmen werden in der Regel weder Schritt für Schritt noch in einem Schlag zu Konglomeraten. Die Diversifikation erfolgt gewöhnlich in Wellen, manchmal mit langen Intervallen zwischen den Hauptwachstumsphasen. Diese unterbrochenen Diversifikationszyklen nicht nur einzelner Firmen, sondern auch größerer Unternehmensgruppen sind dann in Trendlinien verborgen, die einen stetigen Anstieg der Diversifikationsaktivitäten in der Gesamtwirtschaft anzeigen. Einen solchen Gesamttrend zur Diversifikation in ganz andere Wirtschaftszweige gab es in den USA seit der Mitte der fünfziger Jahre. Dieser spiegelt jedoch den Durchschnittswert von mehreren verschiedenen Wellen von Konglomeratsaktivitäten wider, die zu verschiedenen Zeiten von jeweils anderen Unternehmen ausgelöst wurden. Die aktiv diversifizierenden Unternehmen bestehen aus zu verschiedenen Zeiten unterschiedlichen Firmengruppen und nicht aus einer geeinten Front von Unternehmen, die im Gleichschritt diversifizieren, wie es der flüchtige Blick auf den Gesamttrend suggerieren könnte.

Ältere Mischkonzerne reifen und mäßigen ihre Diversifikationsaktivitäten, während Unternehmen, die erst Konglomerate werden wollen, die Diversifikation in größerem Ausmaß steigern. Dabei wird auf der Suche nach der richtigen strategischen Position experimentiert. Das schließt oft den Wiederverkauf von früher übernommenen Unternehmen ein, ebenso eine neue Ausrichtung der Strategie auf die Bildung von weniger und größeren strategischen Gruppen des Gesamtunternehmens. Damit wird auch die Erreichung organisatorischer Stabilität hinausgezögert. Erst wenn die Fluktuationen aufhören, können permanente Unternehmensstrukturen überhaupt angestrebt werden.

Ein letztes Dilemma der Mischkonzerne ist das Erfordernis, gleichzeitig eine Strategie zur Erhaltung der Wettbewerbsfähigkeit der bestehenden Geschäftszweige und eine Strategie zur Veränderung der Zusammensetzung der Geschäftszweige zu verfolgen. Management gleichzeitig für Stabilität und Wandel erfolgreich zu betreiben ist die größte Herausforderung. Management und Planung befinden sich damit ständig auf zwei Ebenen. Nur wenige Mischkonzerne haben bisher zufriedenstellende Mittel zur Verbindung der notwendigen ausgewogenen Mischung von Flexibilität und Integration in einer konglomeraten Unternehmensstruktur gefunden. Die Manager selbst propagieren die Bildung von Konglomeraten, scheinen aber noch unschlüssig zu sein, wie sie ihre Unternehmen am besten organisieren sollten, um so viel Komplexität zu bewältigen.

Was für organisatorische Veränderungen erfordern die erwähnten Wandlungen in bezug auf die Strategie? Was für Folgerungen ergeben sich aus dem Konglomeratskonzept für den organisatorischen Aufbau von Unternehmen, die nach Diversifizierung auch in andere Branchen streben? Es wird eine Reihe von unterschiedlichen Verfahrensweisen geben, die von der Anzahl und Art der Unternehmen abhängen, die sich umstrukturieren. Für alle angehenden Mischkonzerne gelten jedoch zwei Regeln:

1. Eine lange Anpassungsperiode ist notwendig.
2. Die Vorteile einer sehr weitgehenden Integration aller Unternehmenstätigkeiten müssen *vorübergehend* aufgegeben werden.

Da die Konglomeratsstrategie bis heute auf Experimente angewiesen gewesen ist, konnten nicht mehr Fortschritte bei der Suche nach stabilen organisatorischen Lösungen gemacht werden. Weil jedoch die Mischkonzerne mehr und mehr ihren Platz behaupten, wird sich der Druck zur Reformierung ihrer administrativen Organisation verstärken. Die Frage ist nicht, *ob* die Organisationsstrukturen den Erfordernissen der Konglomerate angepaßt werden können, sondern wie und wann. Es dürften jedoch lange Experimentierphasen und mehr als eine Periode von Veränderungen notwendig sein, um den Übergang auf das jeweils angestrebte Niveau der Diversifikation zu bewältigen. Die Unternehmen beschreiten bei der Diversifizierung ihrer Geschäftsbereiche zu verschiedenen Zeiten verschiedene Wege. Was bei einer Firma funktioniert, kann bei anderen Unternehmen fehlschlagen. Und da die Erreichung des erstrebten Niveaus der Diversifikation gewöhnlich in mehreren Zyklen erfolgt, kann sie für eine einzelne Firma viele Jahre und für die Großunternehmen insgesamt mehrere Jahrzehnte erfordern.

Sicher ist zweitens, daß die Schritte zu den Branchenpositionen, die eine Firma von ihrer Ausgangsbasis aus erreichen will, die Aufgabe alter Verfahrensweisen und die Erlernung neuer Methoden erfordern. So müssen beispielsweise die Vorteile einer integrierten Organisation zeitweilig für die gänzlich davon getrennten Vorteile der Diversifikation in andere Branchen aufgegeben werden. Das bedeutet ein stärkeres Streben nach den Synergien, die aus der Diversifikation zu gewinnen sind, und weniger Nachdruck auf internes Wachstum sowie eine Verlagerung auf andere Organisationsstrukturen, die von der Strategie diktiert werden.

So wird mit Konglomeraten gewöhnlich die Struktur einer Holdinggesellschaft assoziiert, weil viele Mischkonzerne sich anfänglich dafür entscheiden: Beim aggressiven Vorstoß in eine Reihe von anderen Branchen wurde jedes übernommene Unternehmen zunächst einer weitgehenden Selbständigkeit überlassen und war mit der Muttergesellschaft hauptsächlich durch finanzielle Bande für die mittel- und langfristige Investitionsplanung verknüpft. Dieser Organisationsstil war typisch für in den zwanziger und dreißiger Jahren in den USA schließlich fehlgeschlagenen Versuche, große konsolidierte Unternehmensimperien zu schaffen, vor allem für die Energie- und Wasserversorgung. Wie Chandler beobachtete, waren dabei die Unternehmen erfolglos, die nach Fusionen keine organisatorischen Synergien erzielen konnten. Dabei sollte es doch für Unternehmen, die Firmen der gleichen Branche übernehmen, leichter sein, Kosteneinsparungen und Leistungssteigerungen durch den gemeinsamen Betrieb der gleichen Geschäftsbereiche zu erreichen, als für Konglomerate, die aus unterschiedlichen Geschäftsbereichen Synergie gewinnen müssen. Doch auch die heutigen Mischkonzerne geraten unvermeidlich in Schwierigkeiten, wenn sie die Struktur der Holdinggesellschaft beibehalten, in der die Tochtergesellschaften bis auf die eventuelle Nutzung von Investitionsfinanzierungsmitteln weiter völlig selbständig von der Muttergesellschaft operieren – ohne die Kostensenkungen, Produktivitäts- und Absatzsteigerungen zu erwirken, die die Arbeit im engeren Konzernverbund erst sinnvoll werden läßt. Viele der ersten US-Mischkonzerne, wie ITT und City Investing, fanden es schwer, den Übergang vom losen Verbund zum integrierten Unternehmen aus strategischen Gruppen von Geschäftszweigen zu schaffen. Auch heute werden Konglomerate, die ihren Geschäftszweigen kein disziplinierendes Management zur Erzielung organisatorischer Synergien aufzwingen können oder wollen, langfristig nur magere Leistungen erzielen.

Die meisten diversifizierten Unternehmen sind auch längst über diese vorläufige Organisationsform hinausgekommen. Wer Konglomerate weiter mit der Struktur einer Holdinggesellschaft vergangener Zeiten gleichsetzt, ignoriert die Dynamik einer Strategie, in der die Verve der zugehörigen Organisationsstruktur reflektiert werden soll. Zwischen der Organisationsstruktur eines ausgereiften Mischkonzerns und eines Unternehmens, das sich im Anfangsstadium der Diversifikation befindet, besteht ein himmelweiter Unterschied. Um für Konglomerate in dazwischenliegenden Positionen die richtige Organisationsform zu entwickeln, sind eine größtmögliche Flexibilität und ein hohes Maß an individueller Anpassung nötig.

In der *Abbildung 10* werden zwischen den Extremen des Anfängers der Diversifikation (Typ I) und des ausgereiften Konglomerats (Typ IV) zwei Zwischenformen der Konzernorganisation für die Evolution der Diversifikation in verschiedene Branchen dargestellt. Wenden wir uns zunächst den beiden Extremen zu, um danach die beiden Zwischenstufen II und III detailliert zu analysieren und deren Stellenwert korrekt einordnen zu können.

Typ I: Aktiv diversifizierendes Unternehmen

Der Mischkonzern Beatrice repräsentiert das eine Ende des Diversifikationsspektrums. Seit den fünfziger Jahren versucht das Unternehmen durch Käufe und Verkäufe der unterschiedlichsten Firmen herauszufinden, welche Spartenzusammensetzung ein Höchstmaß an Synergie erzeugt. Angefangen hat Beatrice

Abbildung 10

Geeignete Organisationsstrukturen diversifizierter Unternehmen für vier Stadien der Diversifikation

TYP I – Holdinggesellschaft: Keine Integration der Tochtergesellschaften (Beispiel: Beatrice)

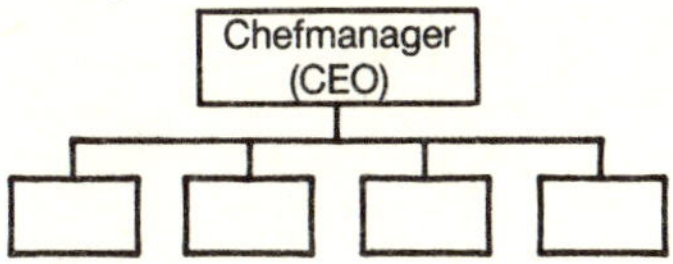

TYP II – Übergangsorganisationsform: Integrierte Kerngeschäftsbereiche und unabhängige Tochtergesellschaften (Beispiel: Coca-Cola)

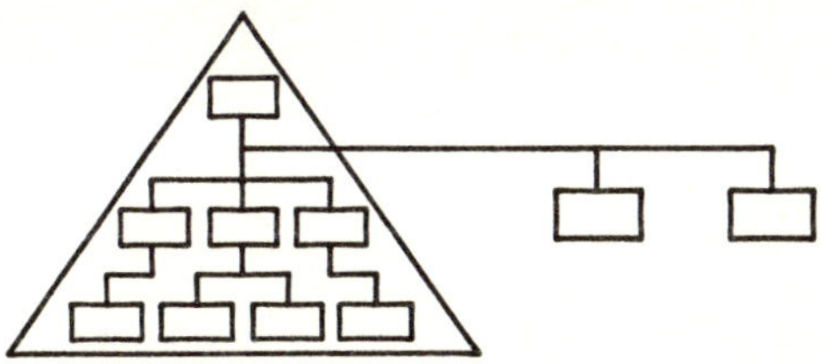

TYP III – Übergangsorganisationsform: Unabhängige Geschäftsbereiche, die aber in sich integriert sind (Beispiel: United Technologies)

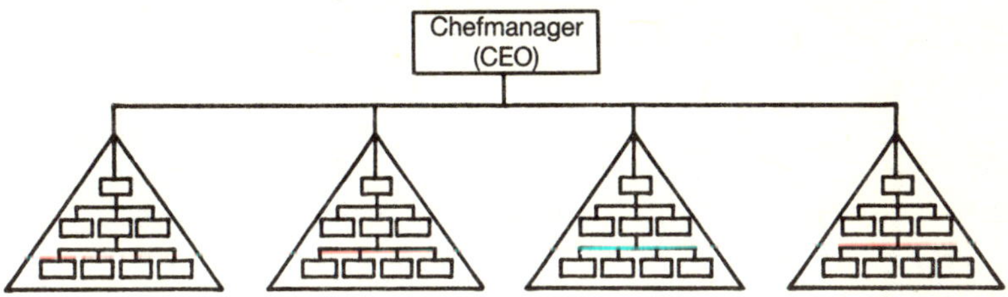

TYP IV – Ausgereifter Mischkonzern, in dem sämtliche Geschäftszweige vollständig integriert sind (Beispiel: General Electric[1]))

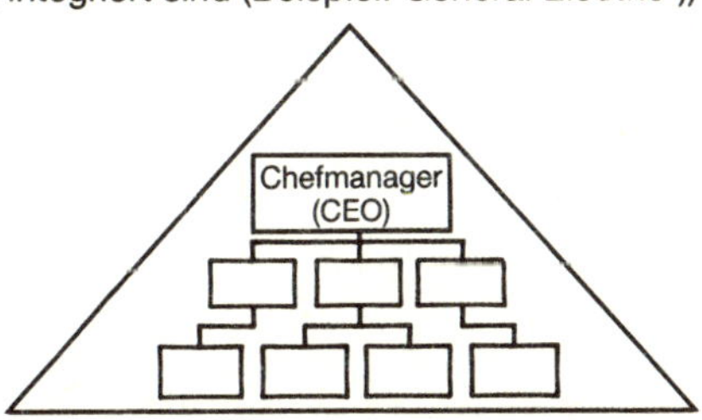

[1]) Abzuwarten bleibt die Integration von Teilen der 1986 übernommenen RCA

1894 als Molkerei im gleichnamigen Ort des US-Bundesstaates Nebraska. Sechs Jahrzehnte später begann das Unternehmen, sich explosionsartig zu einem Konglomerat mit Jahresumsätzen von vielen Milliarden Dollar zu entwickeln. Eine derartig massive Expansion ist nahezu beispiellos in der Geschichte der Konglomerate.

Beatrice kaufte in den fünfziger und sechziger Jahren Hunderte von Unternehmen auf, jedoch ohne zu versuchen, zentralisierte Kontrollen über sie auszuüben. Bis 1979 gehörten 430 selbständig nach Gewinn strebende Unternehmen zu dieser Gruppe, und Beatrice entwickelte keinerlei Organisationsformen, um zu einem einzigen Konzern zu verschmelzen. Mit einem neuen Chefmanager begann sich jedoch die Strategie des Unternehmens zu ändern. Zwar wurden noch immer Unternehmen hinzugekauft, doch gleichzeitig gab es nun ein ausgearbeitetes Programm für Verkäufe von Tochtergesellschaften. Insgesamt 56 Firmen mit einem jährlichen Gesamtumsatz von mehr als einer Milliarde Dollar kamen auf die Verkaufsliste, darunter auch Dannon Yogurt, eine der bekanntesten Markenartikelfirmen von Beatrice. Zu den bedeutenden neuen Übernahmen gehörten auf der anderen Seite Coca-Cola Bottling of Los Angeles und Buckingham, ein Spirituosenimporteur.

Drei Jahre später änderte Beatrice seine Strategie nochmals. Aus einem wuchernden Konglomerat wollte es sich in ein riesiges diversifiziertes Unternehmen verwandeln, das für sein hervorragendes Marketing bekannt sein würde. Dazu waren eine Abmagerung auf 50 bis 70 Tochtergesellschaften und deren Zusammenfassung in sechs Hauptgruppen geplant.

Doch 1984 stieß Beatrice auf Esmark, selbst ein Konglomerat, das Norton Simon erworben hatte, ein diversifiziertes, auf den Gebieten Kosmetika, Lebensmittel und Autovermietung tätiges Unternehmen. Beatrice, ein 9,3-Milliarden-Dollar-Konglomerat, kündigte seine Absicht an, Esmark, ein 4,1-Milliarden-Dollar-Konglomerat, zu übernehmen. Man erhoffte somit, ein facettenreiches, verbraucherorientiertes und durch ein unschlagbares Marketing geprägtes Unternehmen auf den unterschiedlichsten Märkten zu etablieren. Der Chefmanager (CEO) von Beatrice behauptete: »Wir haben nach langer Zeit endlich die optimale Zusammensetzung erreicht.« Viele Kritiker meldeten an der Endgültigkeit ihre Zweifel an. Auf jeden Fall bedeutete diese Elefantenhochzeit die Einleitung einer aufsehenerregenden neuen Runde weiterer Veräußerungen von Tochtergesellschaften, um den hohen Preis der Übernahme bezahlen zu können, wobei an den Tochterunternehmen festgehalten wurde, die sich von ihrer Branche her mühelos in die vergrößerte Familie einpaßten. Zur Rechtfertigung seines Schrittes wies Beatrice darauf hin, daß die landesweite Vertriebs- und Forschungsorganisation von Esmark den weitgehend nur regional operierenden bisherigen Geschäftszweigen des Konzerns großen Auftrieb geben würde. Der Chefmanager von Beatrice meinte, es hätte fünf Jahre und ungezählte zusätzliche Millionen erfordert, eine solche Organisation selbst aufzubauen.

Welche Vorzüge der neuen Strategie von Beatrice sich auch künftig herausstellen mögen, so hat der Konzern doch noch einen weiten Weg vor sich, bevor er daran denken kann, alle erworbenen Komponenten voll zu integrieren. Selbst wenn es zu keinen weiteren bedeutenden Übernahmen mehr kommt, ist die Aufgabe der notwendigen Veräußerungen und der Neuausrichtung der verbleibenden Geschäftszweige enorm. Mit den übernommenen Firmen sind neue Manager unterschiedlicher Unternehmenskulturen und verschiedenster Anschauungen in den Konzern gekommen. Diese Faktoren müssen zu den Managementproblemen hinzugerechnet werden, die Beatrice schon vor 1984 durch seine Unbeständigkeit und Sprunghaftigkeit hatte, so daß eine längere Übergangsphase, während der die volle synergetische Kraft noch nicht zum Tragen kommt, hingenommen werden muß. Gegenwärtig konnte und wollte das Unternehmen nicht versuchen, eine administrative Struktur aufzubauen, die in herkömmlicher Weise integriert ist. Die organisatorischen Fortschritte des Mischkonzerns können nur langsam erzielt werden.

Für ein Unternehmen wie Beatrice ist die Etablierung eines förmlichen administrativen Systems nicht das primär zu lösende Problem. Eine solche Holdinggesellschaft muß auf jeden Fall zunächst einmal strategische Gruppen von Geschäftszweigen bilden und erst dann herausfinden, wie sie am besten zusammenhängend geführt werden können. Letzteres braucht seine Zeit und während dieser Umstrukturierungsphase muß Synergie hauptsächlich aus der Gewinnausschüttung gewonnen werden, die sich daraus ergibt, daß der Konzern in den »richtigen« Geschäftszweigen tätig ist und aus den »falschen« herausgeht, so daß die Investitionsmittel so gewinnbringend wie möglich auf die große Zahl der Alternativen verteilt werden, über die das Konzernmanagement verfügt. In dieser Phase ist die Struktur einer reinen Holdinggesellschaft dem Konzern angemessen. Die Finanz- und Planungskontrollen einer heutigen Holdinggesellschaft sind viel ausgeklügelter als in den zwanziger und dreißiger Jahren. Ihr Erfolg hängt aber immer noch weit mehr von der guten Auswahl von Geschäftszweigen und Managern ab als vom Einfluß des Konzernmanagements auf die laufende Geschäftsführung der Tochtergesellschaften. Für Unternehmer, die noch aktiv diversifizieren oder bedeutende Übernahmetransaktionen erst vor kurzem abgeschlossen haben, so daß sie sich mit der Geschäftsführung der neuen Firmen erst vertraut machen müssen, ist es der einzig richtige erste Schritt, durch die Investitionslenkung die Erzielung finanzieller Synergien anzustreben, wozu die passive Struktur der Holdinggesellschaft mit ihrer Zurückhaltung bei der aktiven laufenden Geschäftsführung der Tochtergesellschaften zunächst am besten geeignet ist. Für Beatrice ist diese Struktur mit ihrer Funktionsweise eine Notwendigkeit, die dem Unternehmen durch die im Schnellverfahren forcierte Bildung eines ausufernden Konglomerats aufgezwungen wurde. Im Stil ähnelte das Verfahren von Beatrice den ebenfalls blitzartigen Entstehungen von Konglomeraten in den fünfziger Jahren.

Typ IV: Ausgereifte Mischkonzerne

Ausgereift ist ein Mischkonzern, der seine neuen Geschäftszweige voll absorbiert hat. Seine Diversifikation in unterschiedliche Branchen kann weitgehend als abgeschlossen gelten, und sein kräftiges Wachstum hängt von der nunmehr gegebenen Mischung von Geschäftszweigen ab. General Electric ist der Inbegriff dieses Unternehmenstyps. Seine Komplexität ist durch die Betätigung auf vielen verschiedenen Gebieten beachtlich, aber sie kann auch kaum noch vergrößert oder verändert werden, weil die Konzernleitung den Nachdruck auf den Betrieb der gegenwärtigen Geschäftszweige legt.

Ein ausgereifter Mischkonzern wie GE ist durchgehend integriert, wobei eine straffe Leitung und Kontrolle der Betriebs- und Geschäftstätigkeit von der Spitze mit einer traditionellen dezentralisierten Struktur aus vielen Geschäftsbereichen kombiniert wird. Auch nach der Festlegung der Organisationsstruktur finden noch Diversifikationen statt, aber schrittweise und hauptsächlich intern, das heißt ohne weitere Firmenübernahmen. Das erlaubt kleine, aufeinander aufbauende Anpassungen. Daher ist die administrative Struktur von GE sorgfältig geschichtet wie eine Stufenpyramide. Abteilungen sind einer Division unterstellt, Divisionen einer Gruppe, Gruppen einem Sektor, und die Sektoren sind direkt dem Konzernvorstand verantwortlich. Jede Schicht des Managements ist mit der nächsthöheren Schicht und damit letztlich mit dem Konzernvorstand verknüpft. Diese Integration stellt sicher, daß jede Betriebseinheit sich als Teil des Gesamtkonzerns empfindet und sich mit ihm identifiziert. Innerhalb dieser integrierten Struktur versucht GE aber, seinen Managern Raum für Eigeninitiativen zu geben. Um die Innovationsbereitschaft zu fördern, ermutigt GE seine Manager, Risiken auf sich zu nehmen, und nimmt es hin, daß dabei auch in gewissem Umfang Fehler gemacht werden. Doch steht außer Frage, wo die letzte Entscheidungsgewalt liegt oder welche Konsequenzen Manager bei zu vielen vermeidbaren Fehlern zu tragen haben.

Mit der Zeit hat GE seine zahlreichen unterschiedlichen Geschäftszweige zu einer zusammenhängenden *Betriebsgesellschaft* verschmolzen. Sie gewinnt die größte Synergie aus einem übergreifenden allgemeinen Management, welches in der Lage ist, alle Einzelbereiche sinnvoll miteinander zu koordinieren. Interne Effizienz und Kontrolle der Geschäftszweige ist daher entscheidend, während ein auf finanzielle Synergie ausgerichteter diversifizierender Konzern die Nachteile weniger straffer Kontrollmöglichkeiten dadurch ausgleicht, daß er seine Mischung von übernommenen Unternehmen verbessert. In einem ausgereiften Mischkonzern des Typs IV der *Abbildung 10* durchdringt eine allgegenwärtige Unternehmenskultur sämtliche Geschäftszweige und schließt sie innerhalb einer traditionellen Pyramidenstruktur ein.

General Electrics Diversifikationsverfahren von innen nach außen ist einzigartig. Es kommt überhaupt heute nur noch selten vor, daß sich ein Unternehmen bei der Verlagerung auf verschiedene Branchen auf interne Diversifikation verläßt. Die große Mehrzahl der Firmen diversifiziert durch Übernahmen. Harold Geneens langjährige Erfahrungen an der Spitze des großen Konzerns ITT mit seinen vielen Unternehmen ließen ihn über die interne Diversifikation urteilen: »In der geschäftlichen Beurteilung für praktisch alle Situationen echter Diversifikationen in unterschiedliche Branchen ist dies nicht praktikabel, nicht wirtschaftlich und wird einfach nicht vorkommen.«*

Selbst Procter & Gamble, ein Unternehmen, das lange aus Überzeugung die interne Diversifikation betrieb, hat diesen Weg verlassen und Fruchtsaft- sowie andere Getränkefirmen und pharmazeutische Unternehmen übernommen. Jede Übernahme einer Firma aus einer neuen Branche tendiert dazu, die Wirksamkeit einer zuvor bestehenden integrierten Organisationsstruktur zu vermindern. Der Weg zum ausgereiften Konglomerat führt über viele solche Übernahmen. Daher mag die Organisationsstruktur von GE zwar ein Ziel sein, das andere diversifizierte Unternehmen schließlich erreichen, sie ist jedoch ein verfrühtes »Modell« für die Zwischenphase der Entwicklung, die für die meisten diversifizierenden Unternehmen typisch ist.

Nun taucht GE überall als Beispiel der Überlegenheit in bezug auf strategisches Management auf, und diese Überlegenheit wird dabei unglücklicherweise auch für seine Organisationsstruktur unterstellt. Die organisatorischen Innovationen von General

* Harold Geneen, *The Strategy of Diversification*, in: *Competitive Strategic Management*, herausgegeben von Robert B. Lamb, Englewood Cliffs, New Jersey, 1984, S. 397.

Electric sind von anderen Konglomeraten in der irrtümlichen Hoffnung kopiert worden, den augenfälligen Erfolg des Unternehmens wiederholen zu können. So folgten Konglomerate auch der von GE 1977 vollzogenen Umwandlung vom »Gruppen«- zum »Sektor«-Management. Aber diese Organisationsform ist kein Patentrezept. Mit den Sektoren wird der traditionellen Mehrschichtenstruktur lediglich eine weitere Schicht hinzugefügt. Es spaltet die Struktur lediglich weiter auf, ohne sie grundsätzlich zu ändern. GE spürte die Notwendigkeit, den Spitzenmanagern einen Teil ihrer Verantwortung zu nehmen, die mit dem Wachstum des Konzerns übergroß geworden war. So wurde zwischen dem Konzernvorstand und den Gruppenmanagern noch eine weitere Hierarchiestufe von Managern eingefügt. Als Mittel zur besseren Verteilung einer ständig wachsenden Arbeitslast war dies eine notwendige Verbesserung und eine Idee, die neue Perspektiven eröffnete. Von diesem Mittel zu erwarten, daß es auch die Probleme eines sich in rapidem Fluß befindlichen Wandels löst, hieße jedoch, zuviel zu verlangen.

Typen II und III: Diversifizierende Unternehmen in Übergangsphasen

Die Mehrzahl der Unternehmen, die Mischkonzerne sind oder werden wollen, fallen zwischen die Extreme von Beatrice und General Electric. Einige der Konzerne, die schon früh mit der Diversifikation in unterschiedliche Branchen experimentieren, wie United Technologies, gehören zum Typ III in *Abbildung 10* und befinden sich damit bereits näher am Stadium des reifen Mischkonzerns; denn sie haben ihre Übernahmeaktivitäten bereits verlangsamt und erwarten Wachstum hauptsächlich von ihren gegenwärtigen Geschäftszweigen. Sie haben das Tempo ihrer Diversifikation aber erst vor relativ kurzer Zeit vermindert. Es steht ihnen jedoch noch eine Anpassungszeit bevor, bis sie sich in voll integrierte Unternehmen verwandelt haben, die im Gegensatz zu den Holdinggesellschaften die Geschäfte aller ihrer Komponenten letztlich selbst managen.

Wer wie Sears und Coca-Cola erst vor relativ kurzer Zeit mit der Diversifikation in andere Branchen begonnen hat, gehört zum Typ II der *Abbildung 10*. Diesen Unternehmen steht noch ein langer Weg der strategischen Umstellung bevor. Sowohl Coca-Cola als auch Sears nehmen in ihrer jeweiligen Kerngeschäftsbranche eine dominierende Stellung ein. Doch Coca-Cola spielt in der Unterhaltungsindustrie, in die es mit der Übernahme von Columbia Industries vorgestoßen ist, eine keineswegs herausragende Rolle. Das gleiche gilt für die Marktposition, die sich Sears mit der Übernahme von Dean Witter und Coldwell Banker auf dem Gebiet der Finanzdienstleistungen geschaffen hat. Beide Unternehmen brauchen ergänzende Übernahmen und vielleicht sogar noch weitere Geschäftszweige, um sich in ausgewogene Mischkonzerne zu verwandeln. Die Diversifikationsbemühungen waren bisher nicht nachhaltig genug, um bei Sears die Abhängigkeit vom Warenhausgeschäft und bei Coca-Cola das Angewiesensein auf den Getränkemarkt wesentlich zu verringern.

Ein stabiles und bedeutendes Kerngeschäft verleiht dem Unternehmen Stabilität und erlaubt eine allmähliche Assimilierung übernommener Firmen und Betriebe, wenn sie nach und nach in kleinen Schritten aufgekauft werden. Doch ein solches Wachstum bewirkt keine spürbare Verringerung der Abhängigkeit vom Kerngeschäft.

Ist die Reife oder gar Überalterung des Hauptgeschäftsbereichs der Grund für die Diversifikation und damit weniger Abhängigkeit vom Kerngeschäft das Ziel, so greift diese Methode nicht. Die meisten Unternehmen entschließen sich daher zu weiter gehender Diversifikation und müssen die dabei entstehenden neuen Unternehmensstrukturen in Kauf nehmen, die Anforderungen an das Management stellen, von denen es nicht selten überfordert wird. Es gibt aber keine einheitlichen Rezepte zur Bewältigung dieser Aufgaben.

Ältere Konglomerate wie FMC und Borg-Warner haben organisatorische Strukturen, wenn sie überhaupt diesen Namen verdienen, schlicht durch den täglichen Kampf um das Überleben entwickelt. Die Strategie führte, die Struktur folgte – sie wurde nicht geplant, sie ergab sich einfach aus den Forderungen der Strategie. Doch Unternehmen, die in dieser Situation keine Anpassungen vollzogen, gerieten in massive Schwierigkeiten. Die Spitzenmanager dieser »alten« Konglomerate verwenden jetzt mehr Zeit auf die Ausstattung der administrativen Maschinerie mit neuen Instrumenten zur Verbesserung des Gesamtmanagements als auf große Konzernstrategie. Am Ende wird es zu einer engen Integration der Konglomeratskomponenten und zu einer noch engeren Verknüpfung zwischen der Konzernspitze und den verschiedenen integrierten Geschäftsbereichen kommen. Der Mischkonzern wird dann wesentlich straffer strukturiert sein als in den früheren Phasen der Diversifikation, wenn er auch nicht unbedingt General Electric organisatorisch gleichen muß.

Diversifikationsneulinge gehen besonders zögernd und sondierend bei ihren organisatorischen Veränderungen vor. Eigentlich haben sie auch keine andere Wahl, denn die Entwicklungen hängen von der Fähigkeit ab, bestimmte Probleme frühzeitig zu erkennen; sie sind nicht wie die Ereignisse im Drehbuch eines Films von vornherein Punkt für Punkt festgelegt und somit nicht vorauskalkulierbar. So erwarb Goodyear 1983 Celeron, einen Hersteller von Erdgasleitungen, um seine Abhängigkeit vom konjunkturabhängigen Reifengeschäft durch ein zusätzliches Standbein in einer Branche zu vermindern, in der die Einnahmenströme zuverlässiger fließen sollten. Wenn sich die Erwartungen erfüllen, können Reifen- und Röhrengeschäfte als selbständige Geschäftszweige geführt werden. Erweist sich das Erdgasleitungsgeschäft aber als weniger stabil als angenommen, muß Goodyear entscheiden, ob der neue Zweig durch integriertes Management des Gesamtkonzerns intensiver gefördert oder als Eingeständnis eines begangenen Fehlers wieder verkauft werden soll.

Viele diversifizierende Unternehmen wurden schon vor diese Entscheidung gestellt, und einige wählten den Rückzug. So wollte Armco aus offensichtlichen Gründen sein Schwerpunktgeschäft weg von der krisengeschüttelten Stahlindustrie in das Versicherungswesen und andere Finanzdienstleistungsbereiche verlagern. Nach einigen Jahren kam das Unternehmen jedoch zu der Einsicht, daß es nicht in der Lage war, die neuen Geschäftszweige zu managen. Der Chefmanager von Armco sagte dazu: »Mein Fachgebiet ist das Metallingenieurwesen, und das gilt für viele unserer Manager. Ein Metallingenieur versteht beispielsweise etwas von Materialien, die in der Luft- und Raumfahrt verwendet werden. Aber Versicherungen und Finanzdienstleistungen? Nein.«*

Armco konnte oder wollte seinen Managementstil nicht seiner Strategie der Diversifikation in andere Branchen anpassen und blieb auch bei der organisatorischen Struktur der Holdinggesellschaft. Die Strategie der Diversifikation schien für Armco durchaus zweckmäßiger zu sein als das Verharren in der Stahlindustrie, doch das Unternehmen konnte seine Strategie nicht in die Praxis umsetzen, weil es mit dem völlig andersartigen Geschäftszweig nicht fertig wurde. Strategie ohne Mittel zu ihrer erfolgreichen Durchsetzung bleibt eben eine nutzlose intellektuelle Übung.

Das Diversifikationsprogramm ist von Armco nie in umfassender Weise angegangen worden. Das Stahlunternehmen machte aber weder Gebrauch von seinen besonderen Fähigkeiten im Metallingenieurwesen, noch verfolgte es ein Programm zur schrittweisen Veränderung der Organisationsstruktur, um die aufgekauften Unternehmen zweckmäßig leiten zu können. Daher kam es nie über die erste Zwischenstufe der Diversifikation hinaus und konnte nur auf finanzielle Synergie aus den Investitionen in eine anscheinend vielversprechende Branche hoffen. Als sich die geschäftlichen Aussichten für die übernommenen Firmen verdüsterten, war Armco nicht darauf vorbereitet, sie selbst zu managen, um vielleicht das Blatt noch irgendwie zu wenden. Vielmehr fühlte Armco eine unüberbrückbare Distanz zu den Organisationsweisen und »Branchenkulturen« des Versicherungswesens und sonstiger Finanzdienstleistungen. Am Ende beschloß das Unternehmen, sich wieder ganz in die konjunkturanfällige und alternde Stahlbranche zurückzuziehen, ob-

* *Wall Street Journal*, 2. Oktober 1984, S. 33.

wohl die Gründe, die es zur Diversifikation bewogen hatten, keinen Deut von ihrer Überzeugungskraft eingebüßt hatten.

Armcos Scheitern verdeutlicht, wie schwer es ist, ohne klar durchdachte strategische und organisatorische Pläne rasch in neue Gebiete vorzustoßen. Die Diversifikation ist dann bestenfalls noch eine reizvolle, aber wagemutige Herausforderung. Je weniger man sich aber auf sie vorbereitet, desto geringer ist die Aussicht auf Erfolg. Wenn der Wandel den Status quo aus den Angeln hebt, ist die Fähigkeit gefordert, sich den veränderten Bedingungen anzupassen. Ein diversifizierendes Unternehmen hat dann den höchsten Gewinn aus *Flexibilität* und *Differenzierung* zu erwarten, der Flexibilität, sich in mehr als eine Richtung zu bewegen, und der Differenzierung zwischen den verschiedenen Teilen des Unternehmens, um auf jedem von den Teilen bedienten Markt wettbewerbsfähig zu sein.

Das Prinzip der Flexibilität

Flexibilität ist die Fähigkeit, innerhalb einer einzigen Organisation zwei verschiedene Arten der Gesamtstrategie zu verfolgen. Diese Qualität wird Unternehmen aufgezwungen, die sowohl neue Firmen und Betriebe übernehmen als auch intern wachsen. Sie unterscheidet sich von einer nur auf den Wettbewerb ausgerichteten Strategie. Auf den kürzesten Nenner gebracht, ist Flexibilität die Fähigkeit des zentralen Managements, die Zügel beim Betrieb der verschiedenen Geschäftszweige locker zu lassen oder zu straffen, je nachdem, ob sich die Diversifikationstätigkeit gerade beschleunigt oder verlangsamt.

Kein Unternehmen kann ununterbrochen Diversifikation auf hohen Touren betreiben. Selbst ein fieberhaft diversifizierendes Konglomerat wie Beatrice muß schließlich einmal eine Pause einlegen, um die erworbenen Firmen und Betriebe soweit wie möglich zu verdauen. Daher kann die Holdinggesellschaft, bei der die Zügel zur Führung der Tochtergesellschaften nicht gestrafft werden können, keine Dauerlösung für die Organisationsprobleme von Mischkonzernen sein. Wenn sich Konglomerate stabilisieren, entweder für relativ lange Zeiträume zwischen den Perioden massiver Diversifikation oder am Ziel als reifer Mischkonzern, können organisatorische Reformen wirksam werden. In ausgedehnten Phasen der Ruhe sollte ein Konglomerat sich organisatorisch so reformieren, daß seine neue Struktur die zuvor verfolgte Diversifikationsstrategie sinnvoller reflektiert und die Konzernleitung besser für etwaige nächste strategische Vorstöße wappnet. Beim reifen Konglomerat spiegelt die Integration der verschiedenen Geschäftszweige eine Umstellung von der Dualität der Diversifikationsstrategie und der Strategie für internes Wachstum auf die letztere und damit auf die Maximierung der Effizienz jedes einzelnen Geschäftszweiges wider.

Reife bedeutet aber nicht den Übergang zu einer statischen Strategie, bei der überhaupt keine Umstrukturierung mehr stattfinden würde. Stabilität ist bei Unternehmen immer ein relativer Zustand. Unternehmen verändern sich bei ihrer Entwicklung dynamisch. Die vollständige Integration aller Geschäftszweige eines Mischkonzerns ist als ein ständiges Ziel anzusehen, das nie vollkommen erreicht werden kann. General Electric kommt dem Ideal am nächsten, indem das Unternehmen zwar äußerst weit diversifiziert ist, doch nach Sektoren, Gruppen, Divisionen und Abteilungen weitgehend integriert ist. Die große Mehrzahl der Mischkonzerne ist noch in den Übergangsphasen, in denen die Unternehmen darauf eingestellt sein müssen, je nach dem nächsten strategischen Zyklus zwischen Stabilität und Wandel zu schwanken. Um die Synergien zu maximieren, müssen beide Arten der Strategie gut gemeistert werden. Dazu ist die geradezu klassisch gewordene Vorstellung aufzugeben, daß Integration stets die beste Alternative ist. Ein in rapider Expansion in unterschiedliche Branchen befindliches Unternehmen kann nicht innerhalb einer vereinheitlichten Struktur straff gelenkt werden.

Spitzenmanager – die Rolle des CEO im Gegensatz zum Aufgabenbereich des COO

Im integrierten Konzern, der nur die eine Strategie des bestmöglichen Managements aller Geschäftszweige zu verfolgen hat, kann alle Autorität einheitlich von oben nach unten ausgeübt werden. Dafür gibt es die konventionelle Organisationsstruktur der Pyramide aus hierarchischen Stufen, in der jede Stufe die Aktivitäten der darunterliegenden Stufe koordiniert. Durch ständige Kommunikation wird die Folgerichtigkeit von Plänen und Gesamtstrategie für sämtliche Geschäftszweige durch alle Konzernschichten hindurch überprüft und gesichert.

Im aktiv diversifizierenden Unternehmen ist dagegen für die Diversifikation und ihre Strategie eine gesonderte Geschäftsführung notwendig. Das muß seinen Niederschlag in der Organisationsstruktur des Unternehmens finden. In der traditionellen US-amerikanischen Unternehmenshierarchie steht unter dem Direktorium (Board of Directors), dem von den Aktionären zur Vertretung ihrer Interessen gewählten Gremium, das im Gegensatz zum deutschen Aufsichtsrat aktiv in die Geschäftsführung eingreift oder eingreifen kann, ein Chefmanager (CEO = Chief Executive Officer) und unter diesem ein Chef der laufenden Geschäfts- und Betriebsabläufe (COO = Chief Operations Officer). Für das Management der Diversifikation muß aber die Unternehmensorganisation Möglichkeiten bieten, wohlüberlegte Diversifikationsschritte zu realisieren, ohne daß die Pläne in der eigenen starren, nur auf die laufenden Betriebe ausgerichteten Hierarchie steckenbleiben.

Zu empfehlen ist daher, den CEO hierarchisch nicht über, sondern neben den COO zu stellen, vielleicht mit einem in CCO (Chief Corporate Officer), also Manager der Konzernangelegenheiten, umzuändernden Titel. Beide fungieren dann weitgehend unabhängig voneinander unter dem Direktorium, das in diversifizierenden Unternehmen eine möglichst aktive Rolle spielen sollte. Die beiden Spitzenmanager wären auch räumlich recht weit voneinander zu trennen, damit der CCO mit seinen Stabsspezialisten und der COO mit den ihm unterstellten Geschäftsbereichsleitern und deren Mitarbeitern sich nicht immer wieder gegeneinander abgrenzen müssen. Für die notwendige Kommunikation können neben den modernen Bürokommunikationsmitteln Verbindungsausschüsse sorgen. Je nachdem, ob Diversifikation oder Management der bestehenden Geschäftszweige für den Gesamterfolg des Mischkonzerns in seinem jeweiligen Entwicklungsstadium wichtiger sind, kann die Position des CCO oder des COO durch eine entsprechende Vergütung und andere Leistungsanreize hervorgehoben werden.

In der deutschen Aktiengesellschaft bietet die Konstruktion des Vorstands die beiden Möglichkeiten, die Diversifikation zum Zuständigkeitsbereich des Vorstandsvorsitzenden zu machen oder ein einzelnes Vorstandsmitglied mit dieser Aufgabe zu betrauen. Letzteres ist vor allem deshalb überlegenswert, weil die Diversifikation den Vorstandsvorsitzenden so beanspruchen könnte, daß er der übrigen Gesamtverantwortung für das Unternehmen kaum noch gerecht werden kann. In den USA ist dafür Donald Kelly von Esmark ein gutes Beispiel. Er war der »Finanzmensch«, der so von den Renditeüberlegungen zur finanziellen Rechtfertigung der vielen Unternehmensübernahmen absorbiert wurde. daß er sich fast nur noch Kontakten mit den Managern anderer Unternehmen, Aktionären, Rechtsanwälten und Bankiers widmen konnte – jenen Partnern, die zum Aufbau eines Konglomerats notwendig sind. Da blieb wenig Zeit zur Beschäftigung mit den laufenden Unternehmensabläufen. Es ist auch unwahrscheinlich, daß ein Spitzenmanager gleichzeitig herausragend in der Bewältigung der Diversifikation und in der laufenden Geschäftsführung sein kann. Ein aktiv diversifizierender Konzern, der die beiden Funktionen nicht trennt, setzt sein Spitzenpersonal nicht optimal ein. Zur Gewinnung der Synergien aus der Diversifikation muß es Flexibilität an der Spitze und Autonomie für den laufenden Betrieb von der Spitze geben. Das erstere kann der Vorstandsvorsitzende gewährleisten, indem er sich die Diversifikation – sowohl Übernahmen wie auch Verkäufe von Unternehmen, Firmenteilen und Betrieben – selbst vorbehält oder sie einem anderen Vorstandsmitglied überträgt; das letztere ist durch weitgehende Belassung der Verantwortung für den laufenden Geschäftsbetrieb bei den Leitern der verschiedenen Konzernkomponenten zu erreichen, die dann für das Management in ihren jeweiligen Branchen die notwendige Bewegungsfreiheit besitzen.

Für die Eingliederung neu aufgekaufter Unternehmen muß

die Konzernorganisation so beschaffen sein, daß sie den Neuzugängen die Selbständigkeit beläßt, die diese benötigen, um den höchstmöglichen Beitrag zum langfristigen Konzernerfolg zu leisten. Das Einschwören auf die allgemeinen Konzernziele erfordert dabei Zeit: Ein aufgekauftes Unternehmen, dessen Mitarbeiter ihre Unternehmenskultur unterdrückt sehen oder sich in anderer Weise »von oben« frustriert fühlen, wird in seinen Leistungen erlahmen.

Das Prinzip der Differenzierung

Zur *Flexibilität* gehört die vertikale Trennung zwischen dem Management, welches für die Diversifikationsaktivitäten verantwortlich ist, und dem Management der laufenden Geschäftstätigkeiten, damit die beiden divergierenden Gesamtstrategien wirksam verfolgt werden können. Zur *Differenzierung* müssen die verschiedenen Geschäftsbereiche, die strategischen Gruppen, organisatorisch voneinander getrennt werden. Jede Gruppe ist so abzugrenzen und auszurichten, daß sie auf ihren Märkten Hervorragendes leistet. Das akzentuiert die Unterschiede zwischen den Gruppen und verringert Übergriffe. Es ist auch ein Mittel zur Erzwingung einer stärkeren Dezentralisierung des laufenden Geschäftsbetriebs.

Im Kern geht es bei der Bildung strategischer Gruppen darum, Betriebe und Geschäftszweige zusammenzufassen, die einander ähnlich sind, und sie von anderen strategischen Gruppen zu unterscheiden. Im Prinzip ist jede Gruppe ein »kleines« Unternehmen und sollte deshalb ihre individuelle Struktur, ihr eigenes Vergütungs- und Anreizsystem und ihren besonderen Stil haben – die Grundkomponenten jeder Organisation. Wenn sie integriert ist, verschmilzt eine Organisation um einen Kern von solchen gemeinsamen Komponenten. In einem Unternehmen aus vielen nach Branchen unterschiedlichen Geschäftszweigen ist die Geschlossenheit innerhalb der Geschäftszweige so wichtig wie die Geschlossenheit oder Solidarität zwischen den Geschäftszweigen oder strategischen Gruppen. Wenn auch einige

Unternehmen einen Teil des Weges zur Erreichung dieses Ziels zurückgelegt haben, sind doch nur wenige den hindernisreichen Weg ganz zu Ende gegangen. Die meisten Unternehmen sind noch dabei, nur zu reagieren und zu experimentieren, statt planmäßig eine Organisationsform zu schaffen, die zu ihren Strategien paßt. In den folgenden Abschnitten werden die drei Komponenten Struktur, Entgelt- und Motivationssystem sowie Managementstil behandelt, wie sie auf strategische Gruppen anwendbar sind.

Struktur

Zur Struktur von IBM gehören unabhängige Geschäftszweige, die für die Zeit, in der ihre Ideen entwickelt und getestet werden, von den üblichen Kontrollen des Konzernmanagements freigestellt sind. Tektronix hat einen mit Risikokapital ausgestatteten Geschäftszweig gebildet, der Projekte von erfinderischen Arbeitnehmern der Firma fördert und finanziert. Wenn daraus erfolgreiche selbständige Unternehmen werden (»spin-offs«), so kann dieser Zweig von Tektronix daran Kapitalbeteiligungen übernehmen. Bei Johnson & Johnson wird Managern nahezu die gesamte Verantwortung für die Verwirklichung ihrer innovativen Ideen von der Entwicklungsphase bis zur Produktionsaufnahme übertragen. Ein anderes Unternehmen gibt seinen Mitarbeitern Gelegenheit, pro Woche einen halben Arbeitstag für Forschungsexperimente auf ihrem Fachgebiet zu verwenden. In jedem dieser Fälle unterstützt die Organisationsstruktur die Strategie. Die Innovation wird gefördert, indem Teile des Unternehmens oder Mitarbeiter von der üblichen Verwaltungsdisziplin und -routine geschützt werden. Mit unterschiedlichen Mitteln wird Risikobereitschaft innerhalb einer im übrigen konventionell organisierten und mehr oder weniger bürokratischen Firma erzeugt.

In einem diversifizierenden Unternehmen ist die Aufgabe differenzierter und doch ähnlich: Für unterschiedliche Geschäftszweige muß eine verbindende Organisationsform gefunden werden, die hilfreich statt hinderlich ist. Bei richtigem Aufbau der

Organisation sind die verschiedenen Tochtergesellschaften oder sonstigen kleinen Konzernkomponenten weitgehend selbständig. Die Muttergesellschaft oder Konzernspitze übt nur ein Minimum von zentraler Lenkung aus – in der Hauptsache koordiniert sie die Planung und nimmt finanzielle Funktionen wahr, während die meisten Entscheidungen von den Spitzenmanagern der verschiedenen Komponenten des Konglomerats getroffen werden. Damit können innerhalb eines großen Konzerns die Vorteile kleiner Einheiten gewonnen werden: Minimierung der Bürokratie, Beweglichkeit und Reaktionsschnelligkeit. Wie wichtig echte Dezentralisierung ist, läßt sich daran erkennen, wie Johnson & Johnson seine Unternehmensgruppen handhabt.

Johnson & Johnson betreibt etwa 170 Firmen. Das macht eine strikte Kontrolle jedes einzelnen Unternehmens unmöglich. Unternehmen sind zu Divisionen zusammengefaßt, von denen jede ihr eigenes Direktorium hat. Anders als beim deutschen Aufsichtsrat können auch Spitzenmanager des Unternehmens dem Direktorium angehören. Zwischen den Chefmanagern der Divisionen und der Konzernspitze ist nur noch eine dünne institutionelle Schicht, auf die allerdings noch zurückzukommen sein wird.

Die Autonomie der einzelnen Tochtergesellschaften hat Johnson & Johnson gute Dienste geleistet. Die Töchter haben viele Erfindungen und neue pharmazeutische Produkte auf den Markt gebracht. Allerdings stehen der Häufigkeit vergangener Erfolge auch einige negative Entwicklungen der jüngsten Vergangenheit gegenüber. Bei seinem Vorstoß in das neue Gebiet der medizinischen Technologien verlor Johnson & Johnson seine führende Stellung am Markt für computergestützte Tomographie (CAT-Scanner, CAT = Computer Aided Tomography) an General Electric, und es sieht so aus, als ob GE diesen Erfolg bei Kernspintomographen wiederholt, mit denen ohne radioaktive Strahlen Querschnittsaufnahmen des Körperinneren gemacht werden können. Nach Meinung des Chefmanagers von GE gerät Johnson & Johnson bei diesen Erzeugnissen deswegen ins Hintertreffen, weil sie außerhalb der Fachgebiete des Pharmakonzerns liegen. »Welche Pharmahersteller waren jemals auf dem Ausrüstungssektor erfolgreich, und welche Ausrüstungshersteller hatten jemals mit Pillen Erfolg?« fragt er.*

Das ist eine erstaunliche Einschätzung von einem Chefmanager, dessen Unternehmen zu den diversifiziertesten der Welt gehört. Eine plausiblere Erklärung als die angeblich überzogene Spannweite der Diversifikation gibt die Art, wie sie gehandhabt wurde. Bei näherer Überprüfung der organisatorischen Struktur von Johnson & Johnson stellt man fest, daß zu der erwähnten »dünnen Schicht« zwischen den Divisionen und der Konzernleitung ein vierzehnköpfiges Exekutivkomitee gehört, das sich praktisch nur aus Marketing-orientierten Mitgliedern zusammensetzt, die bereits mindestens elf Jahre bei Johnson & Johnson waren. Keiner davon verfügte über Erfahrungen auf dem Gebiet der Technologie medizinischer Ausrüstungen. Kein Wunder, daß der Pharmakonzern auf Schwierigkeiten stieß, als er sich auf das neue Gebiet wagte. Während er den Eindruck eines sehr diversifizierten und sehr dezentralisierten Konzerns macht, ist seine Organisation tatsächlich nur darauf ausgerichtet, Innovation auf Gebieten zu ermutigen, die zumindest nahe bei seinen Spezialgebieten liegen.

Die Moral dieser Geschichte von Johnson & Johnson ist, daß die organisatorische Struktur eines Unternehmens für seine künftigen Marschrichtungen und -ziele geeignet sein muß und sich nicht nur auf seinen bisherigen Wegstrecken bewährt hat. Wenn die angestrebten Resultate von Geschäftszweigen abhängen, die wenig gemeinsam haben, so ist es zwecklos, diese Unternehmenskomponenten mit einer Organisation zur Leitung gleichartiger Geschäftszweige zu managen.

Diesen Aspekt des Managements hatte der Konzern Gould im Auge, als er sich 1983 zu vier Schlüsselgruppen umstrukturierte. Jede Gruppe bekam ihren Chefmanager und ihr eigenes Direktorium, in das Mitglieder mit spezifischen Branchenkenntnissen delegiert werden, statt daß überwiegend Repräsentanten der Konzernleitung im Gruppendirektorium de facto nur ehrenhalber fungieren können. Ebenfalls zur Stärkung der selbständigen

* *Business Week*, 5. 5. 1984, S. 32.

Tätigkeit der Konzernkomponenten wurde die Zahl der Stabsstellen in der Konzernverwaltung drastisch reduziert, um die »Aufsicht« von Fachleuten der Zentrale über die Geschäftsstrategie der Konzernfirmen zu reduzieren. Gleichzeitig wurde die Grenze für Investitionsprojekte, die jede der vier Gruppen ohne Genehmigung des Konzernmanagements durchführen darf, von lächerlichen 10000 auf 500000 Dollar erhöht. Das Direktorium der jeweiligen Gruppe darf derartige Vorhaben »auf der Stelle« genehmigen. Die Gruppen erhielten auch mehr Verantwortung für die Planung und wurden von der Hauptverwaltung weitgehend sich selbst überlassen. Der Chefmanager des Konzerns gehörte allen vier Gruppendirektorien an, führt aber in keinem den Vorsitz.

Wenn Goulds Verfahrensweise noch einen Haken hatte, dann den, daß der Umschwung vielleicht zu stark in die Richtung der Autonomie der unterschiedlichen Konzernkomponenten ging. Den Betriebsgruppen Unabhängigkeit gewähren sollte nicht bedeuten, daß sich ein Laisser-faire breitmacht. Der Unterschied zwischen einer reinen Holdinggesellschaft und einem zweckdienlich dezentralisierten Mischkonzern liegt in der Verzahnung von Geschlossenheit und Unabhängigkeit.

Eine Möglichkeit zur Herstellung dieser Verzahnung ist die Bildung eines Überwachungsausschusses aus den Chefmanagern der strategischen Gruppen. Die Gruppen müssen sich als Teile des Konzerns empfinden. Wenn beispielsweise die Mittel für Forschung und Entwicklung teilweise zentral verwaltet werden, so sollten die Entscheidungen über ihre Zuteilung gemeinsam von der Konzernzentrale und den Konzernkomponenten getroffen werden. Eine weitere Möglichkeit zur Verzahnung ist dann auch ein gemeinsamer Ausschuß von Managern der strategischen Gruppen und der Konzernzentrale, dessen Hauptaufgabe es ist, Mittel und Wege zur Integration von Aktivitäten und Bestrebungen der Komponenten des Konzerns zu finden. Schließlich gibt es keine bessere Erfolgssicherung für einen Mischkonzern als den Willen von Zentrale und Komponenten zur Zusammenarbeit. Diese Haltung kann von den Spitzenmanagern des Mischkonzerns gefördert oder beeinträchtigt werden.

Die deutsche Schering AG ist ein Beispiel besonderer organisatorischer Virtuosität. Sie hat keinen Chefmanager, keinen Vorstandsvorsitzenden. Von den sechs Vorstandsmitgliedern ist jeder für ein Spezialgebiet wie Marketing, Finanzwesen oder Technik verantwortlich, und jeder ist für eine Region des weltweiten Geschäftsbereichs von Schering zuständig. Das steht im Gegensatz zu allen Managementverfahrensweisen in den USA. Amerikanische Unternehmensberater vermuteten, daß es unter den sechs Vorstandsmitgliedern einen unerkannten Chefmanager gäbe, haben aber bislang vergeblich versucht, ihn zu identifizieren. Die sechs Führungskräfte nehmen solche Zweifel nicht weiter ernst. Sie wissen, daß das System durch Tradition funktioniert. Die sich eng verbunden fühlenden Vorstandsmitglieder arbeiten seit Jahrzehnten zusammen und haben gegenseitigen Respekt sowie Vertrauen in die Urteilskraft der Partner entwickelt. Bei Schering wurde schon eine lange Zeit so erfolgreich gearbeitet. Die Stabilität erlaubt eine informelle und kollegiale Atmosphäre. Da Entscheidungen durch Konsens die Regel gewesen sind, gilt diese Art der Entscheidungsfindung bei den Managern des Unternehmens weder als ungewöhnlich noch als bemerkenswert.

In relativ vertrauter Umgebung und bei einer auf optimale Entwicklung der laufenden Geschäftstätigkeit ausgerichteten Strategie mag Schering fortfahren, in dieser Weise zu agieren. Das Unternehmen hat jedoch in der Praxis festgestellt, daß sein System in den USA weniger gut funktioniert. Um mit amerikanischen Großkunden ins Geschäft zu kommen, muß rasch reagiert werden, und im Konsensstil kommen Entscheidungen bei wechselhaften Marktbedingungen oft zu spät zustande. Um dem US-Markt gerechter zu werden, hat Schering daher einige organisatorische Modifizierungen sowie verbesserte Kommunikationssysteme zwischen der Hauptverwaltung und seinen US-Geschäftszweigen eingeführt. Die Grundstruktur des Managements wurde jedoch beibehalten. Eine Organisationsstruktur, die fast automatisch funktioniert, ist ein wertvoller Aktivposten. Wenn das Unternehmen nicht seine Strategie drastisch ändert oder durch Druck von außen zu einem Wandel gezwungen wird, bleibt Schering vermutlich ein Beispiel allmählicher Anpassungsentwicklung à la Darwin. Die Organisationsform des Unternehmens ist kein Modell, das viele Firmen nachahmen könnten, doch sie ist durch die Wirksamkeit der Tradition in diesem Fall eine zufriedenstellende Lösung.

Vor den fünfziger Jahren war die Zielstrebigkeit von Schering auch für viele große US-Firmen typisch, wobei der Nachdruck auf dem Aufbau einer nicht nur auf die Märkte draußen, sondern auch nach innen schauenden, integrierten Organisation lag. Mit dem Übergang der Aufmerksamkeit auf Umstrukturierungen zu Konglomeraten wurde die Unabhängigkeit von Geschäftszweigen von der zentralen Leitung ein neues Hauptanliegen von Unternehmen. Bei Firmen wie Schering ist das nicht so. Doch die vielen Unternehmen, die Diversifikation der Beschränkung auf ihre Branche oder verwandte Gebiete vorzogen und die sich damit für Wandel statt für Stabilität entscheiden, können organisatorische Innovationen, vor allem neue Verbindungsarten zwischen Zentrale und einzelnen Geschäftszweigen nicht endlos aufschieben.

Vergütungen und Anreize

Die Vergütungen, die Mitarbeiter eines Unternehmens erhalten, hängen weitgehend von ihrer Produktivität ab. Im Idealfall erreicht das Vergütungssystem die Loyalität der Mitarbeiter, ohne Selbstgefälligkeit bei ihnen hervorzurufen. Neben den laufenden Vergütungen gibt es verschiedene Arten von Leistungsanreizen wie Prämien für betriebliche Verbesserungsvorschläge oder vom Gewinn des Unternehmens abhängige Bonuszahlungen.

In einem Mischkonzern sollte es ein Anreizsystem zur Leistungssteigerung in jedem Geschäftszweig und ein zweites zur Förderung der Zusammenarbeit zwischen den Geschäftszweigen geben. Wenn dafür nicht gesorgt wird, können Klüfte zwischen den individuellen Bemühungen der Geschäftszweige und den Bestrebungen der Gesamtkonzernleitung entstehen. Beispielsweise wurde die Filmgesellschaft United Artists von Transamericana verkauft, weil die Mutter mit den Leistungen der Tochter unzufrieden war. Daran konnte sich nichts ändern, weil die Mitarbeiter von United Artists sich gegenüber den Kollegen von Konkurrenzunternehmen wesentlich schlechter gestellt sahen. Das Management von Transamericana sah nicht ein, daß im schöpferischen Filmgeschäft ein ganz anderes Vergütungs- und Anreizsystem zur Erreichung von Höchstleistungen notwendig ist als in den völlig andersartigen übrigen Geschäftszweigen des Unternehmens.

Andererseits rief der Chefmanager für den laufenden Geschäftsbetrieb von Tektronix gerade deswegen eine Tochtergesellschaft für Risikokapitalvorhaben ins Leben, um ein Vergütungs- und Anreizsystem für Innovationen zu schaffen, das im Stammunternehmen nicht möglich war, weil es an der Fähigkeit oder an der Bereitschaft zur notwendigen Differenzierung fehlte. Er hatte als Angestellter erlebt, wie seine Lieblingsprojekte abgewürgt worden waren, weil sie nicht in die langfristige Strategie des Unternehmens paßten. Als Chef für die laufenden Geschäfte war er nun entschlossen, für innovative Ideen der Mitarbeiter des Unternehmens einen Weg zu bahnen. Die Risikokapitalgesellschaft bot die Möglichkeit, die Mitarbeiter mit Kapital auszustatten und im Erfolgsfall zu belohnen, die nicht die konventionellen Karriereleitern emporsteigen, sondern eigene, innovative Wege gehen wollten. Ausgewählte Manager von Risikovorhaben verfügen jetzt über ihre eigenen Budgets und machen ihre eigenen Fehler. Denjenigen, die mit »ihrem« Risikokapital Erfolg haben, winken Vergütungen, die den Gewinnen vergleichbar sind, die eine selbständige Firma mit einem guten Produkt erzielt.

Die Herstellung maßgeschneiderter Verbindungen unter ein- und demselben Konzernmantel ist das, worum es bei der Differenzierung geht. Bei einer Gruppe gänzlich verschiedener Geschäftszweige in einem Mischkonzern muß jeder Zweig auch seiner jeweiligen individuellen Rolle entsprechend unterschiedlich behandelt werden, dennoch spielt jeder Geschäftszweig auch eine Konzernrolle, und in vielen Konzernen besteht die Tendenz, eine der beiden Rollen zu Lasten der anderen überzubetonen.

Ein Weg zur Verhinderung solcher Falscheinstellungen ist die Koordination der verschiedenen Komponenten der Differenzierung in gemeinsamen Ausschüssen des Konzernmanagements und der Tochtergesellschaft oder der strategischen Gruppe. Zur Identifizierung von Problemen und zur Erarbeitung von Lösungen tragen dann beide Seiten bei. So könnte das Vergütungs- und Anreizsystem zentrales Thema eines solchen Ausschusses oder Unterausschusses sein. Es kommt dabei nicht darauf an, detaillierte Vorschriften auszuarbeiten, die starr zu befolgen wären, sondern allgemeine Richtlinien, die den Konzernkomponenten bei der Entwicklung ihrer eigenen Lösungen helfen. Einmal in die richtige Richtung gelenkt, werden die Tochtergesellschaften und/oder strategischen Gruppen bemüht bleiben, Strukturen, Vergütungs- und Anreizsysteme und einen Managementstil zu entwickeln, der den eigenen und den Konzernerfordernissen gerecht wird.

Managementstil

Die emotionale Ausstrahlung einer Organisation kann ebenso wesentlich für ihren Erfolg sein wie ihre rein rationalen Komponenten. Fälle, in denen Unternehmenskultur und Managementstil unvereinbar mit einer beabsichtigten Strategie der Diversifikation in unterschiedliche Branchen waren, sind in anderen Abschnitten dieses Buches bereits erwähnt worden.

Da die »Philosophie« – die Grundüberzeugung vom positiven Zweck des Unternehmens oder »das, wofür die Firma steht« – und der Managementstil wichtig, vielleicht entscheidend für den Erfolg einer Firma sind, erhebt sich die Frage, ob diese Bestandteile gesunden Managements von Konglomeraten genutzt werden können, in denen doch so viele unterschiedliche Geister zusammentreffen. Auf konventionelle Weisen können Mischkonzerne damit jedenfalls keinen Erfolg haben.

Nach Peters und Waterman sind in Unternehmen, die zu »Spitzenleistungen« fähig sind, zwei Faktoren für das richtige Management-Ethos maßgeblich: a) das konsequente Festhalten an einer bestimmten Philosophie über einen langen Zeitraum hinweg und b) eine Philosophie, die das Unternehmen fest um ein gemeinsames Thema zusammenhält. Keines der beiden Konzepte ist leicht auf moderne Konglomerate zu übertragen. Da sie aus unterschiedlichen Geschäftszweigen zusammengefügt werden, ist es unwahrscheinlich, daß sich durch alle ein gemeinsamer Faden hindurchzieht, wie unter Punkt b) vorausgesetzt. Was beispielsweise für Stahl gut ist, kann für Finanzdienstleistungen völlig ungeeignet sein. So fand National Steel bei seinem Engagement in der Finanzdienstleistungsbranche eine fremde Welt vor, in der sich der Stahlproduzent nicht zurechtfand. Die Stahlhersteller bedienen industrielle Kunden und müssen dazu Nachdruck auf effiziente Produktion und Logistik legen. Im Geldgeschäft muß man dagegen gut mit Privatkunden umgehen können, der Schwerpunkt liegt auf der Effizienz der verschiedenen finanziellen Dienstleistungen. Zu den damit verbundenen Anforderungen gehören nicht nur ganz andere Fachkenntnisse. Die Anforderungen sind vielmehr durch die zudem noch häufigem Wandel unterworfene Vielfalt der Kunden und ihrer Bedürfnisse viel zu komplex, als daß sie unter so einfachen Philosophien wie perfekter Kundendienst oder höchste Dienstleistungsqualität zu subsumieren wären, die, wie im bereits zitierten Buch von Peters und Waterman beschrieben, ständiger Leistungsantrieb von so gut geführten Firmen wie Hewlett-Packard, Boeing oder IBM sind.

Selbst wenn das Problem der unterschiedlichen Geschäftszweige gemeistert wird, würde das andere, unter Punkt a) genannte Prinzip der Unternehmen mit »Spitzenleistungen« für Konglomerate nicht nutzbar sein. In relativ kurzen Zeitspannen zusammengefügt, verändern die Mischkonzerne ihre Organisationsform häufig und radikal. Die Divisionen oder strategischen Gruppen sind nicht von gleicher Permanenz wie in einer Firma, die auf einem einzigen Spezialgebiet oder zumindest auf verwandten Gebieten tätig ist. Aktiv diversifizierenden Unternehmen steht also nicht die notwendige Zeitspanne für die Bildung einer (Unternehmens-)Kultur durch »Osmose« zur Verfügung. Die für aktiv diversifizierende Konglomerate typischen wiederholten Umstrukturierungen würden es verhindern, daß eine gemeinsame oder gemeinsam zu entwickelnde Unternehmenskultur alle Komponenten des Konzerns in der typischen Weise durchgehend von oben, von den Spitzenmanagern, bis ganz unten, zu den einfachen Arbeitnehmern, »über einen langen Zeitraum hinweg« verbindet.

Zusammengefaßt bleibt festzustellen, daß Mischkonzerne nicht auf konventionelle Weise organisatorische Synergie aus einer gemeinsamen Unternehmenskultur oder funktionale Synergie aus einem einheitlichen Managementstil gewinnen können. Dafür gibt es andere Vorteile der Unternehmensform des Mischkonzerns, aus denen Synergien zu gewinnen sind, wie nicht zuletzt die fortgesetzte Wettbewerbsfähigkeit von Konglomeraten beweist.

Obwohl Konglomerate nicht auf die gleiche Art Hochleistungen erzielen können wie nicht diversifizierte, integrierte Unternehmen, sind sie doch in der Lage, das Management von übernommenen Firmen zu verbessern, so vielfältig auch deren Unternehmenskulturen und Managementstile sein mögen. Der Schlüssel dazu liegt im richtigen Ausbalancieren von Unabhängigkeit und gegenseitiger Abhängigkeit.

An der Spitze jeder strategischen Gruppe steht ein Chefmanager, dessen Rolle der des Spitzenmanagers eines unabhängigen Großunternehmens vergleichbar ist. Zu jeder Gruppe gehört eine »Gruppenkultur«, die mit ihrer spezifischen Mischung von Märkten, Produkten und Technologien identifiziert wird. Der Trick ist nun der, diese Gruppenkulturen als Basis zur Gewinnung von Synergie für den Mischkonzern zu benutzen. Gulf & Western hat sich beispielsweise nach aktiver Diversifikation auf drei strategische Gruppen heruntergetrimmt. Eine davon sind Finanzdienstleistungen. Um auf diesem expandierenden und sich immer mehr verzweigenden Gebiet erfolgreich zu konkurrieren, verläßt sich Gulf & Western auf die Führungsrolle seiner Tochtergesellschaft Associates. So kaufte diese 1979 die Fidelity National Bank in Concord, Kalifornien. Mit Hilfe dieser Bank konnten das Kreditkartengeschäft und andere Finanzdienstleistungen ausgeweitet werden. Eine weitere, kleinere Sparte des Finanzdienstleistungsgeschäfts sind Versicherungen. Alle diese

Bereiche unterstehen einem einzigen Chefmanager. Neben der ständigen Stärkung jeder Sparte gehört es zu seinen Aufgaben, sie alle nicht zuletzt durch die Entwicklung und Pflege einer Gruppenkultur zusammenzuschweißen. Um auf dem Gebiet der Finanzdienstleistungen, in dem ein scharfer Wettbewerbswind weht, konkurrenzfähig zu sein, kann die Gewinnung von Synergie durch die Entwicklung einer Gruppenkultur ebenso entscheidend für den langfristigen Erfolg sein wie die Erreichung höchster Effizienz in jeder Sparte.

Im Gegensatz dazu ist American Express zwar ein Unternehmen, das seine Geschäfte mit großer Effizienz betreibt und damit bei den Verbrauchern auch hohe Anerkennung genießt, jedoch Schwierigkeiten bei der Eingruppierung und Rationalisierung von einigen zur Ergänzung seiner Tätigkeiten aufgekauften Firmen hatte. American Express konnte mit seiner etablierten Unternehmenskultur, von der schon der Name ein Teil ist, nicht reibungslos die Neuerwerbungen absorbieren, weil es den Anforderungen nicht genug Aufmerksamkeit schenkte, die von der Struktur erfüllt werden müssen, damit eine Strategie Erfolg haben kann.

Es ist nicht leicht für ein Unternehmen, die mit seiner Geschichte verbundene Identität, die Corporate Identity, aufzugeben. Das kann aber vorübergehend notwendig sein, um ein erfolgreich diversifizierendes Unternehmen zu werden. Die Identifizierung mit Markenartikeln ist ein Mittel, um statt einer nicht mehr möglichen einheitlichen Gesamtidentität, Identität und Goodwill für strategische Gruppen und/oder kleinere Komponenten eines Konzerns herzustellen. Für die sehr unterschiedlichen Produkte von General Electric ist es logisch, den Namen des Unternehmens zu tragen, weil der Konzern integriert ist. Dagegen war es unangebracht, daß Beatrice in einer großangelegten Werbekampagne versuchte, Samsonite-Koffer, Culligan-Wasser-Produkte, Stiffel-Lampen und LaChoy-Lebensmittel für die Verbraucher als Beatrice-Produkte abzustempeln – das verminderte nur die eigene Bedeutung jedes Erzeugnisses als Markenartikel, ohne ein einheitliches Image dieser verschiedenartigen Produkte in den Augen der Verbraucher zu erzeugen. Beatrice ist einfach zu mannigfaltig und wenig statisch für ein konkretes, beständiges Image. Ein solches Image anzustreben ist verfrüht für einen Konzern, der noch Jahre des Wandels oder auch nur der Konsolidierung vor sich hat. Wie bei den anderen Organisationskomponenten müssen Ausmaß und zeitliche Einteilung der Veränderungen im Image dem erzielten Fortschritt auf dem Weg zur Reife des Mischkonzerns angepaßt sein. Anpassungen vorzeitig erzwingen zu wollen kann ebenso riskant sein, wie sie überhaupt nicht vorzunehmen. Natürlich ist es leichter, theoretisch die richtige Balance zwischen den angestrebten Reformzielen und ihrer angemessenen Verwirklichung herzustellen, als sie in der Praxis zu erzielen. Bis jetzt sind aber nicht nur die praktischen, sondern auch die theoretischen Versuche in dieser Richtung selten und unvollständig geblieben.

Einige Gründe für Veränderungen in Strategie und Organisation

Unsicherheit ist eine unvermeidliche Konsequenz des Wandels. Der Weg zu einer höheren Entwicklungsstufe kann Jahrzehnte erfordern und viele zermürbende Zwischensituationen einschließen. Da die Strukturveränderungen der Strategie folgen und die Strategie oft impulsiv eingeschlagen oder verändert wird, kann die perfekte Organisation nicht vollständig im voraus entworfen werden. Die Entwürfe sind fast nie endgültig, und je dynamischer ein Unternehmen ist, desto stärker wirkt das auf seine Struktur ein. Es muß Spielraum für die Verkraftung unerwarteter Strategieveränderungen in der Organisationsstruktur geben. Auch die Gründe für Veränderungen müssen richtig eingeschätzt werden.

Ein neuer Chefmanager

Einer der häufigsten Gründe für die Adaption einer neuen Strategie ist ein neuer Chefmanager (CEO). Gar mancher Chefmanager gibt nur sehr ungern zu, Fehler gemacht zu haben, und ist noch weniger bereit, Kardinalfehler zu korrigieren. Neue Chefmanager dagegen zögern oft nicht, bedeutende Veränderungen in der Strategie ihrer Vorgänger rigide vorzunehmen, selbst wenn diese nicht unbedingt falsch war. Beispiele belegen das deutlich.

So stellte William F. Kieschnick bei der Übernahme des Chefmanagerpostens von ARCO klar, daß er von den in der Vergangenheit eingeleiteten Diversifikationsversuchen der Erdölgesellschaft nicht viel hielt. Innerhalb weniger Jahre plante er alle übernommenen Metall- und Mineralunternehmen sowie die erworbenen Raffinerien und Vertriebsgesellschaften für Erdölprodukte östlich des Mississippi wieder zu verkaufen. Wenige große Erdölgesellschaften sind bei ihren Diversifikationsbemühungen außerhalb des Energiebereichs besonders schlau und konsequent vorgegangen, doch keine hat sich so nachdrücklich wieder davon abgekehrt wie ARCO. Robert O. Anderson, der Vorgänger von Kieschnick und oft als brillanter und einfallsreicher Denker beschrieben, hatte einen ganz anderen Managementstil. Der Kontrast macht sich nach seinem Abgang in Form einer neuen Strategie bemerkbar, die auf ein Abspecken des Konzerns zu einem weiter mehr auf das Ölgeschäft konzentrierten Unternehmen abzielt.

Eine veränderte wirtschaftliche Umwelt

Entscheidungen werden entweder freiwillig getroffen oder erzwungen. Als General Motors sich dazu entschloß, seine Strategie von Grund auf zu ändern, reagierte das Unternehmen auf das expansive Eindringen der Japaner in den Markt, das es nicht länger ignorieren konnte. Ohne ausländische Konkurrenz hätte GM seine Organisation wohl kaum so gründlich und schnell reformiert. Der Automobilhersteller hätte auch weniger Grund gehabt, Wachstum außerhalb seiner Branche zu suchen, wie es mit der Übernahme des Elektronikunternehmens EDS geschah. In diesem Fall wurden also die Entscheidungen des Managements weitgehend von einer sich rapide verändernden Umwelt der US-Automobilindustrie beeinflußt.

Technologischer Wandel

Manche Firmen, deren Produkte oder Dienstleistungen durch den technischen Fortschritt veralten, sind weder durch einen neuen Chefmanager noch durch grundlegende Änderungen ihrer Strategie zu retten. So stehen die US-Hersteller von Werkzeugmaschinen gegenwärtig an einem Scheideweg. Kleinere Firmen wie Acme-Cleveland haben große Schwierigkeiten, den Anschluß an den neuen Stand der Technik zu finden, aber auch Großunternehmen wie Cincinnati Milacron haben keinen leichten Stand. Die automatisierten Fabriken der Zukunft bieten einen der besten Märkte für Werkzeugmaschinen, aber nur beim Einsatz ganz neuer Technologien und mit hohen Umstellungskosten. Außerdem vermischt sich die Werkzeugmaschinentechnik mit anderen neuen Techniken wie computergestütztem Entwerfen und Robotertechnik. Auf diesen Gebieten stoßen die traditionellen US-Werkzeugmaschinenhersteller nicht nur auf ausländische Konkurrenten, sondern auch auf mächtige inländische Wettbewerber wie General Electric, Westinghouse und IBM. Bei ihrer gegenwärtigen Transformation könnte fast die gesamte Werkzeugmaschinenbranche von Unternehmen aus anderen Industrien absorbiert werden und dabei ganz neue Dimensionen annehmen.

Unter statischen Bedingungen könnten Organisationsstrukturen perfektioniert werden. Doch der Wandel ist die Regel, und je stärker er ist, desto größer ist die Wirkung seiner Resultate auf die Organisationsstrukturen. Mit Flexibilität und Differenzierung erhalten Strukturen mehr Spielraum, um Strategieveränderungen zu folgen. Solange Konglomerate ihre Strategie immer wieder drastisch ändern, ist keine stabile Organisationsstruktur möglich. Doch wenn der Wandel nachläßt und die Unternehmen Stabilität suchen, gewinnt der Aufbau der stabilen Struktur Vorrang.

2

Besondere Fähigkeiten ausbauen

Unternehmen, die sich nur in einer Branche betätigen, entwikkeln branchenspezifische Fähigkeiten: Die Spezialisierung ist das Geheimnis ihres Erfolgs. Konglomerate dagegen sind von einer Vielfalt von Geschäftszweigen und -möglichkeiten abhängig. Hervorragende Leistungen auf einem Gebiet können daher nicht ausreichen, statt Spezialisierung ist breitgefächerte Kompetenz der Schlüssel zum Erfolg.

Ob in bestimmten Situationen engbegrenzte Spezialisierung oder breitgefächerte Kompetenz angemessen sind, ist noch nie ernsthaft untersucht worden. Die Spezialisierung hat alle Aufmerksamkeit auf sich gezogen, weil sie das am häufigsten benutzte Mittel zum Erfolg war. Eine Firma, die jährlich eine Million Paar Schuhe herstellt, kann dies mit geringeren Kosten je Paar bewerkstelligen als ein Konkurrent, der es nur auf 100000 Paar bringt. Zur Erzielung dieses Größeneffekts sind die geringstmöglichen Kosten eines Geschäftsbetriebs auf möglichst große Produktionsstückzahlen zu verteilen. So wie Adam Smith es in seinem klassischen Beispiel der Nadelfabrik in seinem Buch *Der Wohlstand der Nationen* beschrieb: Die Herstellung der Nadeln wurde in eine Reihe von einfachen Routineaufgaben zerlegt. Die Spezialisierung der Arbeiter auf ihre jeweiligen Herstellungsschritte machte die Massenproduktion besonders effizient – die variablen, von der Produktionsmenge abhängigen Kosten je Stück sanken, und die fixen, vom Produktionsvolumen unabhängigen Kosten gingen erst recht je Stück zurück, denn sie wurden mit zunehmender Produktion auf eine immer größere Stückzahl verteilt. Diese Auffassung von der Spezialisierung zur Erzielung des Größeneffekts bei der Produktion formulierte

Adam Smith schon in der Mitte des achtzehnten Jahrhunderts. Die Frage ist nun, ob moderne Unternehmen auch heute noch wie die alten Schuhmacher bei ihren Leisten bleiben sollten.

Den Wettbewerb lebendig erhalten

Zur Beantwortung der letzten Frage muß man sich fragen, warum Unternehmen ihre Organisationsstruktur bilden. Sind feste Bindungen an ein Kerngeschäft ein notwendiger Teil des Organisationszwecks? Sind Unternehmensorganisationen an bestimmte Spezialitäten gebunden, ohne Rücksicht auf Veränderungen in den Bedingungen, denen eine Branche ausgesetzt ist? Keine dieser Annahmen ist jemals als Grund für Organisationsstrukturen von Unternehmen angegeben worden.

Ein Unternehmen wird im allgemeinen dazu organisiert, die Erträge des investierten Kapitals zu maximieren. Da das ein fundamentaler Grund für Bildung und Existenz jeder Unternehmensorganisation ist, verringert alles, was die Erreichung dieses Ziels verhindert, die wirtschaftliche Zweckerfüllung des Unternehmens. Kapital muß frei in Märkte eingebracht und auch wieder aus ihnen zurückgezogen werden können, damit alle Konkurrenten stets mit neuen Wettbewerbern rechnen müssen – auch mit solchen aus anderen Branchen, die durch den Aufkauf eines bestehenden Unternehmens in den Markt eintreten. Das hält auch bei führenden Unternehmen das ständige Bemühen um Steigerung der Effizienz in Gang.

Wenn die in einer Branche tätigen Firmen dagegen Schutz vor neuen Konkurrenten genießen, brauchen sie nur so gut zu arbeiten, wie es der interne Wettbewerb erfordert, der sich in der Branche herausgebildet hat. Würden die US-Automobilhersteller ihre massiven Umbau- und Neuausrüstungsprogramme zur Kostensenkung sowie zur Produktivitäts- und Qualitätssteigerung unternommen haben, wenn die japanischen Kfz-Hersteller nicht so tief in ihren Markt eingedrungen wären? Wären Ferngespräche innerhalb der USA unproblematischer und billiger geworden, wenn der Staat nicht durch die »Deregulierung« endlich der Konkurrenz privater Firmen den nötigen Spielraum verschafft hätte? Hat nicht der trotz des hohen Marktanteils von IBM sehr lebhafte Wettbewerb auf dem Computermarkt zu größerer Effizienz und dabei zu besseren Produkten und immer niedrigeren Kosten geführt?

Wie wir gesehen haben, besteht in Industriezweigen die Neigung zur Konzentration, bei der schließlich einige wenige große Produzenten den größten Teil des Geschäfts auf sich vereinigen. Wenn es so weit gekommen ist, wird es sehr schwer, diese »Ordnung« zu durchbrechen. Werden dann verbliebene kleine Wettbewerber den Marktführern noch nennenswerte Marktanteile wieder abjagen können? Der Vorteil der Massenproduktion, den die Großfirmen genießen, spricht dagegen. Wird dann ernsthafte Konkurrenz durch die Errichtung völlig neuer Betriebe entstehen? Selbst Theoretiker halten diese Alternative für zu riskant.

Die beste verbleibende Alternative, um Unternehmen ehrlich konkurrieren und damit Märkte effizient funktionieren zu lassen, ist die Offenhaltung der Märkte für den Eintritt von außenstehenden potentiellen Konkurrenten – für ausländische Konkurrenten wie auch für Inlandsunternehmen anderer Branchen, die Diversifikation wagen. Wenn Unternehmen herausragende Fähigkeiten besitzen, die sie zu ihrem Vorteil auch in anderen Branchen anwenden können, so bedrohen sie damit in diesen Branchen schon etablierte Firmen, die nicht mit maximaler Effizienz arbeiten. Die anhaltende Suche vieler Unternehmensleitungen nach Verschmelzung ihrer besonderen Leistungsfähigkeiten mit unangezapften Synergien bewirkt die gegenwärtige Neuformierung der US-Industriestruktur. Der wesentliche Unterschied, auf den die heutige Managerschicht in den USA im Gegensatz zu früheren Generationen trifft, ist der, daß es keinen Schutz vor Konkurrenten aus dem Ausland oder aus anderen Branchen gibt.

Die Befürwortung der industriellen Umstrukturierung beruht darauf, daß Manager ihre Erfahrungen dazu verwenden, Zutritt zu neuen Märkten zu erhalten, und daß sie in der Lage sind, einen strategischen Plan auszuführen. Das scheint zwar im Prinzip klar zu sein, hat sich aber in der Praxis als außerordentlich schwer durchführbar erwiesen. Die Verbindung zwischen besonderen Fähigkeiten und Synergie ist logisch, doch in der Geschichte der Unternehmen wimmelt es von Fehlschlägen. Ob Erfolg oder Fehlschlag, ein Fall nach dem anderen bestätigt, wie nötig es ist, als Teil einer Strategie der Diversifikation sorgsam spezielle Fähigkeiten – eine besondere Kompetenz zu pflegen.

Talent für Zufallsentdeckungen ist noch keine Strategie

Besondere Fähigkeiten sind immer wichtige Mittel zum Erfolg gewesen, doch in den letzten anderthalb Jahrzehnten unseres Jahrhunderts mußten die Unternehmen durch die häufigeren offensiven und defensiven Aufeinandertreffen immer raffiniertere und genauer auf die sich rapide wandelnden Konkurrenzsituationen zugeschnittene Stärken entwickeln. Die Verlagerung finanzstarker Firmen von dem einen auf den anderen Markt bringt neue Pressionen und Unsicherheiten auf die Schlachtfelder des Wettbewerbs. Verwundbare oder weniger effiziente Unternehmen werden dem andersartigen Konkurrenzdruck ausgesetzt und müssen sich entweder neue Wettbewerbsvorteile verschaffen oder unterliegen. Es ist verfehlt, ohne Strategie angriffslustig Diversifikation zu betreiben oder sich ohne Strategie gegen neue Konkurrenten zu verteidigen.

Frühere Erfolge bei der Diversifikation lassen auch nicht auf künftiges Gelingen schließen. Ein reibungslos erfolgter Eintritt in eine Branche garantiert nicht, daß die spezifischen Fähigkeiten des erfolgreichen Unternehmens sich bei Vorstößen in weitere Branchen, in denen andere Wettbewerbsverhältnisse herrschen, als ebenso wirksam erweisen. Beispielsweise versuchte Philip Morris nach seinem Erfolg mit Miller Beer auf dem Biermarkt, sein Rezept mit dem Kauf von Seven-Up nunmehr auf dem Markt für nichtalkoholische Erfrischungsgetränke anzuwenden. Sechs Jahre nach der Übernahme war Seven-Up jedoch bestenfalls noch immer hart an der Grenze zwischen Gewinnen und Verlusten – die Strategie wartet also noch auf ihre Rechtfertigung.

Was ging schief? Zunächst einmal verschaffte das meisterliche Können von Philip Morris auf den Gebieten Marketing und Werbung dem Unternehmen nicht die gleichen Wettbewerbsvorteile auf dem Markt für Erfrischungsgetränke wie auf dem Biermarkt. Der Erfrischungsgetränkemarkt der USA wird von Coca-Cola und Pepsi-Cola beherrscht, die in der Kunst des Gewinnens der Verbrauchergunst ebenso bewandert sind wie Philip Morris. Hat nun Philip Morris Ineffizienzen in der Branche erkannt, die von den beiden Cola-Herstellern übersehen worden waren? Das Gegenteil scheint der Fall zu sein: Philip Morris hat einen wunden Punkt nicht genügend berücksichtigt.

Der Schlüssel zur Gewinnung nennenswerter Anteile am US-Erfrischungsgetränkemarkt ist das Eindringen in den dominierenden Cola-Teilmarkt, auf den fast zwei Drittel des Gesamtabsatzes von Erfrischungsgetränken in den USA entfallen. Das muß Philip Morris auch vorgehabt haben, sonst ließen sich der hohe Preis, den das Unternehmen für Seven-Up gezahlt hat, und die späteren Investitionen in die übernommene Firma nicht rechtfertigen. Die meisten Abfüller der Seven-Up Limonade verkaufen aber auch Coca- oder Pepsi-Cola und sind vertraglich daran gehindert, noch ein zweites Cola-Getränk zu vertreiben. Sie dürfen also nicht die Cola-Marke von Philip Morris, Like, in ihre Produktpalette einführen. Der Aufbau eines anderen Netzes von Abfüllern wäre jedoch kostspielig und riskant. Neue Abfüllwerke unter Leitung von Philip Morris würden ohne weiteres mehr als je 25 Millionen Dollar kosten, während existierende Vertriebsnetze allenfalls zu horrenden Preisen zu kaufen wären, die sich nicht einmal mit den Gewinnen von Jahrzehnten zurückverdienen ließen, sofern der Konzern überhaupt Verkäufer geeigneter Betriebe finden könnte.

Zwar hat Philip Morris die finanziellen Mittel, um sich tiefer in diesen Markt einzukaufen, riskiert dabei aber eine ständig sinkende Rendite seiner Investitionen. Und während das Unternehmen seine offensive Strategie noch entwickelt, ist Coca-Cola dabei, sein eigenes Netz von Abfüllern zu konsolidieren und zu stärken. So hat der Marktführer große Vertriebsgruppen gebildet, wobei Absatzkonzessionsgebiete vergrößert wurden, so daß die verringerte Zahl von nunmehr größeren Abfüllern in den Genuß des Größeneffekts kommen – ihre Kosten je Flasche sinken durch die vermehrten Abfüllmengen.

Es war ein schwerwiegender Fehler in der Strategie von Philip Morris, die Schlüsselrolle der Vertriebssysteme zu übersehen. Das Unternehmen hat seinen Fehler inzwischen eingesehen und Seven-Up wieder verkauft. Die Diversifikation geht aber weiter – für 5,63 Milliarden Dollar erwarb Philip Morris die General Foods Corp. Bei der Übernahme von Seven-Up konnte das Unternehmen eben keine überlegenen Fähigkeiten ins Spiel bringen und hat die Schlüsselfaktoren für einen Erfolg auf den Erfrischungsgetränkemarkt nicht ausreichend verstanden, sonst wäre Seven-Up nicht gekauft oder ein Konzept zur Lösung des Abfüllerproblems entwickelt worden. Im Gegensatz dazu überraschte Philip Morris mit seiner Invasion des Biermarktes die Konkurrenz im Schlaf. Das Unternehmen erzielte einen großen Durchbruch, ehe Anheuser-Busch und andere Brauereien sich zur Gegenwehr aufrafften. Diese günstige Situation entstand im Erfrischungsgetränkemarkt nicht. Der scheint im Gegenteil zu einem Schlachtfeld der Giganten zu werden, nachdem außer Philip Morris auch noch Procter & Gamble mit der Übernahme von Crush International und R. J. Reynolds mit dem Aufkauf von Canada Dry sowie von Sunkist in den Markt eingetreten sind.

Die Strategien von Reynolds und Procter & Gamble unterscheiden sich aber in bedeutender Weise von dem Vorgehen von Philip Morris. Die beiden von Reynolds übernommenen Firmen haben hohe Anteile an den Teilmärkten für Orangengetränke und für die zum Mixen von Longdrinks verwendeten nichtalkoholischen Getränke, und beide haben ein leistungsstarkes Vertriebsnetz. Procter & Gamble muß noch eine Strategie für die Massenproduktion von Cola-Getränken entwickeln und hat ähnliche Vertriebsprobleme wie Philip Morris, geht dabei aber besonders vorsichtig vor. Das Unternehmen läßt sich Zeit zum Studium der Herstellungs- und Vertriebsstrategien des Erfrischungsgetränkegeschäfts. Es will zunächst einmal eine kleine Abfüllfirma kaufen, um den Vertrieb zu erlernen. Im Gegensatz zu Philip Morris hält Procter & Gamble sein Risiko gering und sucht dabei nach dem richtigen Weg zur Gewinnung von Wettbewerbsvorteilen. Selbst wenn die Bemühungen am Ende zu keinem Durchbruch führen, so begrenzt doch diese »Grundlagenforschung« die möglichen Verluste und überläßt das Endergebnis weniger dem Zufall.

Die eigenen Stärken gewissenhaft prüfen

Diversifikation sollte nur von einer Position der Stärke aus unternommen werden. Hätten sich die Unternehmen immer konsequent an diese einfache Regel gehalten, so wären viele der aufs Geratewohl vorgenommenen Firmenübernahmen in der Frühzeit der Konglomerate unterblieben. Während sich die ersten Mischkonzerne nur auf finanzielle Synergien verließen, bestimmen jetzt zunehmend die Unternehmen den Trend, die den übernommenen Firmen mehr zu bieten haben als Geld.

Bei einigen Unternehmen liegen die Stärken, die sie auf aufgekaufte Firmen übertragen können, auf der Hand. Procter & Gamble, Philip Morris, Reynolds, Chesebrough-Pond's und General Foods sind beispielsweise bekannt für ihr dynamisches und durchdachtes Marketing. Das ist ihr Gütezeichen. White Consolidated ist bei Übernahmen als erstes geradezu fanatisch um Kostensenkungen in den erworbenen Firmen bemüht. Richardson-Vicks – ein Unternehmen, das in jeden Geschäftszweig außerhalb seiner ursprünglichen Produkte durch Firmenaufkäufe eintrat – hatte als wichtiges Kriterium für die Auswahl von Übernahmekandidaten die Erschließung oder verstärkte Nutzung von bestehenden Vertriebsnetzen im Auge. Der Hersteller des Haarpflegemittels Pantene wurde beispielsweise aufgekauft, weil das Erzeugnis gut in Warenhäusern und bei Friseuren eingeführt war – zwei neue Vertriebskanäle, die Richardson-Vicks auch für andere Konzernprodukte nutzen konnte. Das schmerzlindernde Mittel Percogesic wird nur in Drugstores, den US-Drogeriemärkten mit Apothekenabteilungen, verkauft, der Aufkauf des Produzenten half Richardson-Vicks bei dem Bemühen, diesen Vertriebsweg verstärkt zu nutzen. Die Brauerei G. Heileman Brewing erwarb Vertriebsrechte für ein zunehmend populäres

Mischgetränk aus Schaumwein und Fruchtsaft – in der Absicht, durch Nutzung ihres Netzes von 2400 Großhändlern für das neue Erzeugnis die Konkurrenten auf diesem jungen, rapide wachsenden Markt zu überflügeln.

In jedem dieser Fälle basiert die Diversifikation auf dem richtigen Gespür für einen möglichen strategischen Vorteil. Synergie kann gewonnen werden, weil die übernehmende Firma herausragende Fähigkeiten besitzt oder sich diese aneignet. Sie bringen nur Gewinne ein, wenn sie auch gut angewendet werden, doch ohne diese Basis zum Start wäre die Aufgabe unendlich viel schwieriger.

Die eigenen Schwächen eingestehen

Neben der zwingenden Forderung, auf die eigenen Stärken aufzubauen, besteht die Notwendigkeit, sich nicht auf Gebieten zu versuchen, auf denen die Konkurrenten die Stärke auf ihrer Seite haben. Die Chancen für einen langfristigen Erfolg verringern sich drastisch, wenn eine Firma in ein übernommenes Geschäft keine Wettbewerbsvorteile verschaffenden Fähigkeiten einbringen kann. Manchmal ist es dann am besten, den Fehler einzugestehen und den Rückzug anzutreten.

Im Fall Armco beispielsweise hat das Eingeständnis, daß ein Stahlunternehmen mit einem Management aus Metallurgen wohl kaum auf dem Gebiet der Finanzdienstleistungen Erfolg haben kann, vermutlich größeres Unheil verhindert als die Verluste, die mit der Aufgabe dieses übernommenen Geschäftszweiges verbunden waren. Da Armco einfach nicht in der Lage war, die einverleibten Versicherungsgesellschaften zu managen, wich das Unternehmen schließlich dem Ansturm von immer mehr Wettbewerbern auf dem Gebiet der Finanzdienstleistungen aus. Eine Reihe weiterer Unternehmen entschloß sich ebenfalls zum Wiederverkauf übernommener Finanzfirmen, als der Wettbewerb sich mehr aufheizte, darunter Crown Central Petroleum, das Bus-Fernverkehrsunternehmen Greyhound und Parker Pen. Da sie keine ihrer Stärken auf die Finanzdienstleistungen anwenden konnten, vermieden sie den Zusammenstoß mit zahlreichen intensiv und innovativ um Wettbewerbsvorteile ringenden Finanzriesen, der für sie vermutlich sehr kostspielig geendet hätte.

Eine Schwäche eingestehen muß nicht heißen, sich geschlagen zu geben. Parker Pen sah beispielsweise ein, kaum eine Chance zum Überleben auf dem Gebiet der Finanzdienstleistungen zu haben, und fand einen Weg zum Rückzug. Das Unternehmen blieb jedoch bei der Strategie der Diversifikation, indem es Manpower aufkaufte, das weltgrößte Unternehmen für Zeitarbeitvermittlung. Diese Übernahme bewährte sich sehr gut. Die Gewinne von Manpower halfen Parker Pen über eine Serie von verlustreichen Jahren in seinem Schreibwaren-Kerngeschäft hinweg und boten auch einen finanziellen Rückhalt während der Modernisierung dieses Kerngeschäftsbereichs. Mit Manpower hatte Parker Pen einen Marktführer mit ausgezeichnetem Management erworben, der selbständig erfolgreich operieren konnte, während Parker Pen das neue Geschäft erst erlernen mußte. Solche Erfolge sind aber Glücksfälle. Es bleibt äußerst gefährlich, sich ohne Betriebskenntnisse in fremde Branchen vorzuwagen. Akzeptabel ist das Eingehen eines solchen Risikos nur, wenn die Aussichten im eigenen Kerngeschäft sehr trübe sind. Doch gerade wenn das Diversifikationsrisiko kleiner ist als das Verharren im gegenwärtigen Geschäftszweig, zögern viele Unternehmen, das kleinere Risiko zu wagen.

Armcos entmutigende Erfahrung mit der Diversifikation in Finanzdienstleistungen hat den Elan des Unternehmens anscheinend so gedämpft, daß es sich auf sein altes Stahlgeschäft zurückgezogen hat. Mit dem Gelöbnis, nunmehr ein besserer Stahlproduzent zu werden, leugnet es praktisch die an sich weiter gültigen Gründe, die es zur Diversifikation bewogen hatten. Ganz anders verhielt sich ein Konkurrent, National Intergroup (früher National Steel). Er wagte sich zwar ebenfalls in die Finanzdienstleistungen vor, indem er eine Aktienmehrheit von 81,4 Prozent an der First Nationwide Financial Corp. erwarb, einer der zehn größten Sparkassen der USA, die auch eine Teilzahlungsbank besaß und weitere Geschäftsaktivitäten verfolgte. Die Mehrheitsübernahme bei der First Nationwide war aber nur ein Schritt in einer aggressiven Diversifikationsstrategie, mit der National Intergroup aus der Stahlindustrie aussteigen wollte.

Zunächst halbierte das Unternehmen die Stahlproduktionskapazität seiner nunmehrigen Tochtergesellschaft National Steel, indem es 1983 deren großes Werk Weirton an etwa 8000 seiner Arbeitnehmer verkaufen ließ. Im Februar 1984 hatte National Intergroup einen Vertrag zum Verkauf des verbliebenen Stahlbereichs an U.S. Steel unter Dach und Fach, die Realisierung scheiterte jedoch am Veto der US-Kartellbehörden. Dafür gelang es dem Unternehmen, dem japanischen Stahlproduzenten Nippon Kokan K.K. eine fünfzigprozentige Beteiligung am Stahlbereich von National Steel zu verkaufen. Danach wollte National Intergroup mit Bergen Brunswig, dem zweitgrößten US-Handelsunternehmen für Arzneimittel und Krankenhausbedarf, zu Bergen National fusionieren. Dabei hätten die Aktionäre von Bergen Brunswig die Stimmenmehrheit an dem neuen Unternehmen erhalten. Das Management von National Intergroup wollte also den innovativen Schritt wagen, die Kontrolle über den Konzern einem anderen Management zu überlassen. Die Aktionäre beider Unternehmen hatten der Fusion bereits zugestimmt. Doch dann wurde bekannt, daß National Intergroup im ersten Quartal von 1985 ganz unerwartete Verluste von bis zu 20 Millionen Dollar einstecken mußte. Damit nicht genug, revidierte das Unternehmen seinen Jahresgewinn von ursprünglich gemeldeten 52,6 Millionen Dollar für 1984 um 74 Prozent auf 13,7 Millionen Dollar herab, weil seine Tochtergesellschaft National Aluminium Corp. bei einem spekulativen Geschäft einen Verlust in dieser Höhe erlitten und noch nicht in der Gewinn-und-Verlust-Rechnung berücksichtigt hatte. Der Chairman von Bergen Brunswig, Emil P. Martini jr., annullierte daraufhin den Fusionsvertrag.

»Howard M. Love, Chairman von National Intergroup Inc., muß sich wie eine Braut vorgekommen sein, die vor dem Altar stehengelassen wurde«, schrieb die Wirtschaftszeitschrift Business Week.* Doch National Intergroup ließ keineswegs locker.

* *Business Week*, 29. 4. 1985.

Handelsaktivitäten sollten zum Schwerpunkt der Tätigkeit des Unternehmens werden, deshalb war die Fusion mit Bergen Brunswig angestrebt worden. Also verkaufte National Intergroup im August 1985 für 400 Millionen Dollar seine Mehrheit an der First Nationwide, die zwar sehr gute Gewinne erzielte, diese aber nach den US-Bestimmungen für das Sparkassengeschäft größtenteils in das eigene Unternehmen zurückpumpen mußte.

Nach diesem Verkauf hatte National Intergroup offene Barmittel von 615 Millionen Dollar, weit mehr als der Kurswert der 20,3 Millionen Aktien des Unternehmens zum damaligen Kurs von 28 Dollar je Aktie. Für 172 Millionen Dollar, die zum Teil mit drei Millionen neuen Aktien von National Intergroup bezahlt wurden, kaufte der Konzern im gleichen Monat die Permian Corp., die Rohöl von Mini-Erdölförderern in den USA aufkauft und an Raffinerien weiterverkauft.

Damit hatte das Unternehmen endlich ein erstes Bein im Handel. Und während der Fusionsversuch mit dem zweitgrößten US-Handelsunternehmen für Pharmazeutika mißlungen war, gelang es National Intergroup im Februar 1986, den drittgrößten Arzneimittelgroßhändler des Landes aufzukaufen. Für etwa 350 Millionen Dollar – die Umwandlung von 100 Millionen Dollar Schuldverschreibungen der übernommenen Firma in Aktien mitgerechnet – wurde die FoxMeyer Corp. erworben, in deren Expansion nun massiv investiert werden soll. Die noch fünfzigprozentige Beteiligung an der Tochtergesellschaft National Steel soll 1989 verkauft werden, sagt Chairman Love. Damit wäre dann der Ausstieg aus der Stahlindustrie komplett. Zu einem früheren Zeitpunkt würde vertragsgemäß das Einverständnis des japanischen Partners Nippon Kokan K.K. zu einem solchen Verkauf notwendig sein.

Den im zweiten Anlauf geglückten Einstieg in den Arzneimittel-Großhandel kommentierte Love mit den Worten: »Das ist eine Branche, in die wir glauben etwas einbringen zu können.«* Erst die Zukunft wird zeigen, ob National Intergroup durch die

* *Wall Street Journal*, 10. 2. 1986.

Übernahme außer finanziellen auch funktionale und organisatorische Synergien gewinnt. Wenn das Unternehmen Erfolg hat, ist eine beispiellose Transformation eines zuvor in einer alternden Branche tätigen Unternehmens gelungen. Die Strategie von National Intergroup ist einzigartig, aber die prekäre Lage des Unternehmens in der Stahlindustrie ließ auch extreme Maßnahmen angebracht erscheinen. Zugegeben, die eingegangenen Risiken waren und sind hoch, doch es wäre mindestens ebenso riskant, ein großer Stahlproduzent zu bleiben oder den Konkurrenten Armco nachgeahmt zu haben.

Indem Armco seine Diversifikationsstrategie auf halbem Wege aufgab, überließ es sein Glück wieder den Erfolgschancen der Stahlindustrie. Wenn das funktioniert, dann nicht aus voraussehbaren Gründen, denn in der Stahlindustrie der USA zeigen praktisch alle Ampeln Rotlicht. Einigen wenigen Unternehmen mit besonderen technologischen Stärken oder Kleinstwerken für Spezialbedarf geht es gut, aber das sind nicht die Gebiete, auf denen Armcos Stärke lag. Das Unternehmen wich den Teufeln aus, die es fürchtete, und flüchtete wieder in die Risiken, die es kannte. Selbst wenn Armco auf diesem Weg nicht scheitert, so bleibt doch die Tatsache, daß die ursprüngliche strategische Planung des Unternehmens mit einer Niederlage endete. Das zeigt, wie gering die Fortschritte sind, die strategische Planung erfahren hat, seit der Begriff in den fünfziger Jahren in Mode gekommen ist.

Eigene Schwächen zu erkennen und einzugestehen gehört zu den schwierigsten Aufgaben oder Bestandsaufnahmen, die zur Entwicklung einer Strategie notwendig sind. Die meisten Unternehmen konzentrieren sich auf ihre eigenen Stärken und die Schwächen der Konkurrenten. Doch nur wenn man auch die eigenen Verwundbarkeiten in das Kalkül einbezieht, kann man eine optimale Strategie entwickeln. Eine korrekt durchgeführte Analyse dieser Art kann in Vorteile des Unternehmens umgemünzt werden. Als Richardson-Merrell seinen Geschäftszweig für Arzneimittel, die ohne Tierversuche entwickelt worden sind, an Dow Chemical verkaufte, arbeitete dieser Zweig noch mit Gewinn, so daß ein guter Preis dafür erzielt werden konnte.

Beide Unternehmen gewannen bei der Transaktion. Richardson-Merrell, indem es beträchtliche Mittel, die bisher für Forschung und Entwicklung ausgegeben werden mußten, zur Förderung seines verbleibenden Geschäfts mit Produkten zur Gesundheitspflege verwenden konnte, und Dow Chemical, indem es einen neuen Geschäftszweig gewann und damit seine Abhängigkeit vom Absatz von Grundchemikalien verringerte.

G. D. Searle & Co. ist eines der Unternehmen, für die der Selbstverkauf zum richtigen strategischen Ziel wurde. Die Familie Searle, die über ein Drittel der Aktien des Pharmaunternehmens besaß, wollte ihre Kapitalanlagen breiter streuen, und die Geschäftsführung der Firma verlief alles andere als reibungslos. Searle hatte auch bis auf den Süßstoff Aspartame längere Zeit kein neues Produkt mehr auf den Markt gebracht. Ein erster Verkaufsversuch scheiterte, doch schließlich ließ sich Searle unter die Fittiche von Monsanto nehmen.

Wenn das Management selbst den Verkauf eines nicht mehr die besten Leistungen erbringenden Unternehmens einleitet, so wird dies im allgemeinen beifällig aufgenommen. Wenn durch eine von außen initiierte Übernahme ähnliche Resultate erzielt – die Effizienz gesteigert und die Erträge für die Aktionäre erhöht werden, so ist die Reaktion der Öffentlichkeit oft negativ. Kann man aber noch von objektiver Analyse sprechen, wenn das eine gebilligt und das andere verworfen wird – wenn beides die gleichen wünschenswerten Resultate bringt?

Die richtige Auswahl der Märkte ist entscheidend

Die Leistung eines Mischkonzerns hängt sowohl von der richtigen Auswahl der Geschäftszweige ab, in denen sich das Management betätigt, als auch vom guten Management eines jeden einzelnen Geschäftszweiges. In manchen Fällen kann die Wahl der Betätigungsgebiete und die damit verbundene Plazierung das Unternehmen auf den Märkten noch wichtiger sein als die Erreichung höchster betrieblicher Effizienz. Für Unternehmen, deren Märkte in einer drastischen Wandlung begriffen sind, ist die

Frage der eigenen Plazierung besonders entscheidend. Besonders verwundbar sind Firmen, die Segmente von Märkten bedienen, die sich gerade mit anderen und teils neuen Segmenten zu größeren Märkten umformen. Diese Firmen stehen an den Wendepunkten und müssen entscheiden, in welche Richtung sie marschieren wollen. In solchen Situationen werden Wettbewerbsarenen nach strategischen Konzepten neu geschaffen und nicht mehr von den traditionellen Branchengrenzen eingeschlossen. Die Erträge, die mit Investitionen erzielt werden können, lenken den Umstrukturierungsprozeß und nicht mehr die Branchenklassifizierung.

Drei gute Beispiele derartiger strategischer Märkte für eine Vielzahl von Produkten und Dienstleistungen sind Büroautomatisierung, Fabrikautomatisierung und Finanzdienstleistungen. In jedem dieser Märkte bringen neue Konkurrenten alte Branchen aus dem Gleichgewicht. Riesige Firmen, die früher in voneinander getrennten Gewerbezweigen operierten, kommen sich auf den neuen Märkten in die Quere, beispielsweise Hersteller von elektronischen Erzeugnissen und Produzenten von Büroausrüstungen, Elektrounternehmen, Werkzeugmaschinenhersteller und Lieferanten von anderen Industrieausrüstungen oder Banken, Wertpapiermakler und Versicherungen, um nur zwei Bereiche zu nennen. Sie werden Konkurrenten, weil ihre früheren alten Spezialitäten durch technische und kaufmännische Innovationen zur Überschneidung gebracht werden und dabei die ausgedehnteren Märkte für ganze Arsenale neuer, kombinierter und gewandelter Produkte und Dienstleistungen bilden.

Selbst Großunternehmen werden beim Erwerb eines Grundstocks an Know-how für die neuen Tätigkeitsgebiete nicht ohne Firmenübernahmen auskommen. Mit der Beschleunigung des technischen Fortschritts verkürzen sich auch die Zeiträume, in denen sich noch Wettbewerbsvorteile erringen lassen. Der Neuaufbau von Betrieben auf der grünen Wiese dauert dazu zu lange und ist oft mangels Know-hows auch nicht praktikabel. Die finanziellen Anforderungen der Umstrukturierung beschränken auch die Zahl der Anbieter von der notwendigen Größe, die in die neuen Wettbewerbsarenen erfolgreich eintreten können.

Wie bei der Entwicklung jeder neuen Branche setzt ein Ausleseprozeß auch auf den neuen Märkten ein. Es gab beispielsweise früher mehr als 700 Brauereien in den USA, jetzt sind es nur noch weniger als 50. Noch vor kurzem gab es über 14000 Geschäftsbanken in den Vereinigten Staaten, nahezu mit Sicherheit wird diese Zahl bis zum Ende unseres Jahrzehnts erheblich schrumpfen.

Während dieser Zeiten industriellen Wandels finden auch beträchtliche Umbildungen von Unternehmen statt. Alte Geschäftszweige, die nicht mehr zur neuen Strategie passen, werden abgestoßen. Neue Wettbewerbspositionen werden gesucht und bestehende gestärkt. Firmenübernahmen können zusätzliche Marktanteile und neue Managementtalente einbringen, Vertriebsnetze ausweiten und kostengünstige Produktionskapazitäten eingliedern. Das sind jedenfalls die Aussichten, wenn der Staat den Markt effizient funktionieren läßt.

Ohne Zukäufe von Unternehmen aus mit dem Kerngeschäft nicht verwandten Branchen läßt sich die erwünschte Umverteilung der eingesetzten Aktiva jedenfalls kaum erreichen, und ohne diese Umverteilung wird den Konsumenten der Nutzen der Effizienzsteigerungen vorenthalten, die dieses Ein- und Umsteigen über die alten Branchengrenzen hinweg ermöglichen.

Es handelt sich also um die alte Suche nach mehr Wirtschaftlichkeit, nur das Szenarium hat sich geändert. Mehr Wirtschaftlichkeit durch den Größeneffekt ist in den meisten Branchen erreicht worden, an die Erzielung größerer Effizienz durch breitgefächerte Kompetenz denkt man in den neuen branchenübergreifenden Wirtschaftssektoren erst seit jüngster Zeit.

Die Entwicklung der neuen Märkte ist der exotische Randbereich der gegenwärtigen industriellen Renaissance in den USA. Gleichzeitig verbessern auch Unternehmen, die auf der Evolutionsleiter noch nicht so hoch oben sind wie die Mischkonzerne, ihre Wettbewerbspositionen. Der Druck, mehr Wirtschaftlichkeit durch effektive Umgruppierungen von Unternehmen zu suchen, ist in den traditionellen Unternehmen ebenso groß und wirkt sich als Vergrößerung von Unternehmen und ihrer Produktpaletten aus. Nehmen wir die US-Haushaltsgeräteindustrie.

Nach dem Zweiten Weltkrieg setzte sie sich aus über dreihundert Herstellern zusammen. Viele von ihnen waren klein und mehr oder weniger auf ein Produkt spezialisiert, das auch nur innerhalb einer bestimmten Region vertrieben wurde. Heute gibt es noch weniger als zwanzig Haushaltsgerätehersteller, und den größten Teil dieses Marktes teilen sich sechs von ihnen: General Electric, Whirlpool, White Consolidated, Raytheon, Magic Chef und Maytag.

Die größten Hersteller liefern jetzt dem genannten Trend entsprechend eine volle Palette von Haushaltsgeräten. Dieser Trend ist schon von Alfred Chandler für die Entwicklung von Großunternehmen in den zwanziger und dreißiger Jahren beschrieben worden. Damals wurde die Diversifikation in neue Produktbereiche intern erreicht durch Errichtung neuer Betriebe. Heute wird sie durch Übernahmen von Firmen betrieben, von denen viele von Mischkonzernen wieder verkauft werden, die ihre Tätigkeitsbereiche umstrukturieren. So erwarb beispielsweise Magic Chef den Kühlschrankproduzenten Admiral von Rockwell International und den Hersteller von Waschmaschinen und Wäschetrocknern Norge von Borg-Warner. Zuvor hatte Raytheon die Kühlschrankhersteller Amana und Caloric aufgekauft und erweiterte 1979 durch die Übernahme der Tochtergesellschaften Speed Queen und Modern Maid von McGraw Edison seine Produktpalette um Wasch- und Geschirrspülmaschinen. Die folgende *Tabelle 5* führt einen Teil der Firmen auf, die in diese Neugruppierung von Stärken und Schwächen einbezogen waren.

Unternehmen, die feststellen mußten, daß ihnen besondere Fähigkeiten fehlten, die zum erfolgreichen Betrieb einer übernommenen Firma notwendig waren, hatten kein Interesse daran, an dem aufgekauften Unternehmen festzuhalten. In einer perfekten Welt wären die richtigen Partner gleich beim ersten Mal zusammengekommen. Doch wenn die Geschichte eines lehrt, dann ist es die mangelnde Unfehlbarkeit einer ersten Strategie. Strategie ist ein fortwährender Prozeß, und manche Unternehmen sind dabei weiter als andere. Jede Firma wird immer wieder mit neuen Herausforderungen konfrontiert, die noch-

Tabelle 5
Wer kaufte wen in der US-Haushaltsgeräteindustrie?

White Consolidated
Übernahmen:
Hupp, 1967
Franklin, 1967
Kelvinator, 1968
Westinghouse, 1975
Philco, 1977
Frigidaire, 1979

Rockwell
Übernahme:
Admiral, 1974
Verkauf:
Admiral, 1979

A. B. Electrolux
Übernahme:
Tappan, 1979

Whirlpool
Übernahme:
Kitchen Aid, 1985

Magic Chef
Übernahmen:
Norge, 1979
Admiral, 1979

Raytheon
Übernahmen:
Amana, 1965
Caloric, 1967
Speed Queen, 1979
Modern Maid, 1979

Carrier
Übernahme:
Jenn-Air, 1979
Verkauf:
Jenn-Air, 1982

Maytag
Übernahmen:
Hardwick Stove, 1981
Jenn-Air, 1982

mals eine Strategieänderung erfordern könnten. Die Fülle noch nicht realisierter Pläne von Unternehmen zur Erreichung einer erwünschten Zusammensetzung ihrer Geschäftszweige und die sich immer wieder herausstellende Korrekturbedürftigkeit dieser Pläne und Wünsche garantieren den Fortbestand des weitverbreiteten Dranges zu Fusionen. Bei der jetzt gefundenen Flexibilität, in Märkte einzutreten und sie auch wieder zu verlassen, müssen Unternehmen, die den Fortbestand bisheriger Bedingungen für den Erfolg beim Wettbewerb in einem Markt erwarten, diese Auffassung gründlich überprüfen. Sie müssen neue Techniken entwickeln, damit sie nicht nur die höchste Effizienz der laufenden Geschäftsbetriebe unter konventionellen Bedingungen erreichen, sondern auch die Frühwarnsignale sich anbahnenden Wandels auf ihren Märkten richtig erkennen.

Die Hauptaussage des Buches *Auf der Suche nach Spitzenleistungen* ist, daß diejenigen Unternehmen auf ihren jeweiligen Tätigkeitsgebieten herausragende Leistungen erbringen, die sich durch die getreuliche Praktizierung einiger einfacher Regeln für das Management Wettbewerbsvorteile verschaffen. So nützlich diese Botschaft für Manager ist, die Entscheidungen von Tag zu Tag zu fällen haben – sie hilft aber nicht, die Probleme zu lösen, die bei der Lösung der industriellen Umstrukturierung auftauchen. Mit diesen Problemen ist aber heute ein großer Teil der Unternehmen in den Marktwirtschaften der Industrieländer konfrontiert.

Unternehmen, die sich an die Aussagen von *Auf der Suche nach Spitzenleistungen* halten, können bis zu dem Tag, an dem sie Konkurs anmelden, »hervorragend« geleitet werden. Wie schon erwähnt, wurde Mesta Machine den Kriterien des Buches für ein hervorragendes Unternehmen gerecht, dennoch ging es 1983 in Konkurs. Unter einem neuen Namen, Mestek, nahm das Unternehmen nach Abschluß seines Konkursverfahrens die Tätigkeit wieder auf. Es hatte noch einige Aktiva übrig, die es verkaufte, und mit dem Erlös formierte es sich neu – als Holdinggesellschaft mit drei Geschäftszweigen: Chester Engineers, ein Beratungsunternehmen, in dem alte Managementtalente eingesetzt wurden, MCC, eine Firma für Computerdienstleistungen, und Mesta Engineering Company, ein Gemeinschaftsunternehmen mit der Pennsylvania Engineering Company, an der sich die Beteiligung von Mestek auf 49 Prozent belief.

Mestek ist ein viel kleineres Unternehmen als in seinem früheren Leben als Mesta Machine, in dem es beispielsweise während des Zweiten Weltkrieges 16-Zoll-Geschütze an die US-Marine lieferte. Es hat sich auch von seinen Nachkriegsbetätigungen – Herstellung von Stahlwerks-, Schiffs- und verschiedenen Industrieausrüstungen – entfernt. In vorsichtiger Gangart hat es sich aus kapitalintensiven Geschäftszweigen heraus in andere Gebiete diversifiziert, auf denen es aus technischem Know-how Kapital schlagen will.

Noch mag Mestek auf unsicheren Füßen stehen, doch das ist eine Reflexion der noch höheren Risiken, denen die Betätigungen des in Konkurs gegangenen Unternehmens ausgesetzt waren. Wenn Mesta mehr auf die Veränderungen geachtet hätte, die sich in den Branchen der Abnehmer seiner Produkte vollzogen, statt sich immer tiefer in die alternden Märkte einzugraben, so wäre mit rechtzeitiger Diversifikation der Konkurs wohl zu vermeiden gewesen.

Ein ähnliches Szenarium, in dem die alten Geschäftspraktiken zusehends überholt werden, bieten die Geschäftsbanken, Sparkassen, Versicherungsgesellschaften, Wertpapiermakler, Investmentbanken und Kreditkartengesellschaften. In jedem dieser Finanzmarktsegmente werden die darin tätigen Unternehmen von einer Zusammenführung sich ergänzender Marktsegmente bedroht – die neuen gemeinsamen Märkte werden von Finanzkonglomeraten bedient, die damit Wettbewerbsvorteile gegenüber den nur eine der genannten Finanzdienstleistungen anbietenden Unternehmen gewinnen. Bei der Entwicklung ihrer Gegenstrategien können diese Unternehmen nicht einfach in der alten Weise mit ihrer Geschäftsweise fortfahren, selbst wenn ihr Management nach den bisherigen Kriterien hervorragend ist. Hervorragendes konventionelles Management in einem sich umstrukturierenden Markt ist nur eine beschönigende Bezeichnung für Kurzsichtigkeit.

Grundlegende Wandlungen der Art und Weise, in der Unternehmen zusammengesetzt und rationalisiert werden, tauchen in einer Branche nach der anderen als vorherrschendes strategisches Element auf. Dennoch wird dieser Aspekt des Wandels in dem Buch von Peters und Waterman kaum berührt. Statt dessen wird erwartet, daß Unternehmen Hochleistungen erbringen, indem sie sich in bestimmten Marktsegmenten niederkauern und Routineaufgaben gut erledigen. Diese Vogel-Strauß-Einstellung ähnelt überraschend stark den in den zwanziger Jahren verbreiteten klassischen volkswirtschaftlichen Theorien, daß sich statische Branchenstrukturen herausbilden.

Diese Annahmen haben sich als falsch erwiesen, aber die alten Rezepte werden weiter empfohlen. Vor die Alternative der Weiterverfolgung einer vertrauten Strategie oder der Umstellung auf eine risiko-, aber auch chancenreiche neue Strategie gestellt, ziehen es viele Unternehmen offensichtlich vor, die Entwicklung abzuwarten und sich vom Lauf der Ereignisse eine Strategie aufzwingen zu lassen. In unseren doch vermutlich aufgeklärten achtziger Jahren gehören zur strategischen Planung aber die Voraussicht künftiger Entwicklungen und darauf beruhende Pläne zur Schaffung von Wettbewerbsvorteilen. Das ist das Kennzeichen der neuen Weisheit. Tatsächlich betet aber ein großer Teil der Fachliteratur noch alte Theorien und überholte Rezepte nach. Die Möglichkeit, die Leistungen durch Diversifikation in die richtigen Branchen zu steigern, wird erst selten anerkannt, obwohl sie die wichtigste Einzelursache für den gegenwärtigen industriellen Wandlungsprozeß ist. Sie ist auch das Mittel, das Unternehmen zur Verfügung steht, um Wettbewerbsvorteile in den sich neu bildenden Strukturen der Wirtschaft zu finden.

Wie industrielle Stabilität zu messen ist

Wenn alte Strukturen abzubröckeln beginnen, ist es wichtig, früh genug die Zeichen der Zeit zu erkennen. Die Analyse der Faktoren, die den Wahrscheinlichkeitsgrad des Eintritts neuer Wettbewerber in eine Branche bestimmten, ging von der Unveränderlichkeit der Branchen aus. Selbst die jüngste Revision dieser Branchenanalyse von Professor Michael Porter von der Harvard-Universität verläßt sich noch weitgehend auf die Standardmethodik der Lehre vom Funktionieren der Wirtschaftszweige.* Nach der ursprünglichen Formulierung dieser Theorie war der Eintritt in eine Branche nur durch Schaffung neuer Produktions- oder Dienstleistungskapazitäten möglich – Unternehmen mußten sich neue Betriebe aufbauen, um in einen Wirtschaftszweig hereinzukommen. In Porters Revision wurde ein Markteintritt durch Übernahmen bestehender Firmen oder Betriebe möglich, doch dies wird noch als Ausnahme behandelt.

* Michael E. Porter, *Competitive Strategy*, New York 1980.

In der folgenden *Abbildung 11* bestimmen die fünf Faktoren in Porters Modell der Branchenstrukturen die durchschnittliche Rentabilität des investierten Kapitals in jedem Wirtschaftszweig und damit auch, wie attraktiv es für neue Firmen ist, in den Markt einzutreten. Je höher die Rendite, desto entscheidender wird für die Wahrscheinlichkeit der Entstehung neuer Konkurrenz, wie hoch die Barrieren für die Gründung neuer Unternehmen oder Betriebe am Markt sind. Solche Barrieren können beispielsweise die Notwendigkeit sehr großer Betriebe für eine kostengünstige Produktion, Kostenvorteile bestehender Unternehmen, die von Neulingen nicht zu erlangen sind, eingefahrene Vertriebsnetze, gegen die schwer anzukommen ist, oder hohes Ansehen der Erzeugnisse oder Dienstleistungen der etablierten Anbieter bei den Konsumenten sein. Bis auf das Zugeständnis, daß eine Übernahme, die zum Aufbau einer Marktposition erfolgt, »wahrscheinlich als Markteintritt betrachtet werden sollte, obwohl damit keine gänzlich neue Betriebseinheit geschaffen wird«, bleibt das Modell nahe bei der klassischen Ansicht, die besagt: Je mehr Barrieren die Unternehmen zum Markteintritt neuer Konkurrenten aufbauen können, desto unwahrscheinlicher ist es, daß Neulinge in den Markt vorstoßen werden.

Abbildung 11
Traditionelle Analyse des Wettbewerbsausmaßes in einer Branche

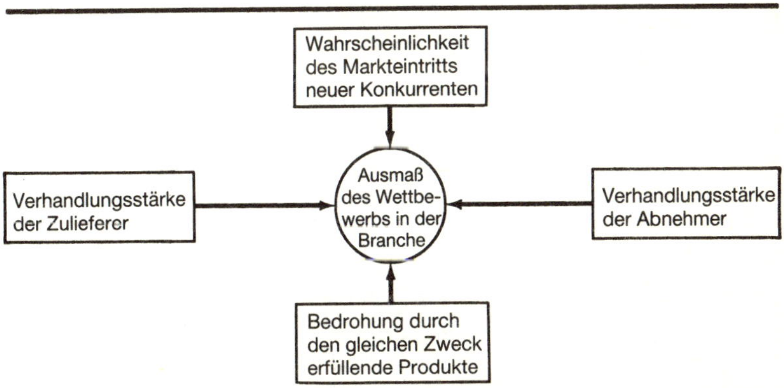

Doch wenn der Markteintritt durch Firmen- oder Betriebsübernahmen nicht nur möglich, sondern häufig wird, bricht diese klassische Theorie von den Barrieren für neue Konkurrenten vollständig zusammen. Denn die Barrieren, die der Errichtung neuer Betriebe entgegenstehen, verlocken ja um so mehr zur Übernahme existierender Unternehmen. Je höher die Barrieren sind, desto attraktiver wird die Übernahme bestehender Firmen, von denen man sich eine gute Rendite versprechen kann. Und wenn Übernahmen als gleichberechtigte und potente Alternativen zum Aufbau neuer Kapazitäten angesehen werden, kann der Faktor »drohender Markteintritt« sehr leicht die übrigen vier Faktoren des Modells von Porter überschatten. Zur Illustration betrachten wir, wie das Modell bei zwei tatsächlichen Branchensituationen abschneidet.

Nehmen wir die Mietwagenbranche. Aus der Perspektive des Modells gibt es bedeutende Barrieren für den Aufbau weiterer landesweit tätiger Gesellschaften, die mit Avis, Budget, Hertz und National Car Rental ernsthaft konkurrieren könnten. Die begehrten Flughafenstandorte sind besetzt, die vier haben mit ihrem landesweiten Netz einen kostensenkenden Größeneffekt erzielt, der von Neulingen schwerlich zu erreichen und allenfalls durch Fusionen bestehender Unternehmen noch zu steigern wäre. Um so attraktiver ist aber jede dieser vier Gesellschaften für Aufkäufer. Die Wettbewerbsanalyse des Porter-Modells warnt die Konkurrenten voreinander, sagt jedoch nichts darüber, ob es zu Übernahmen durch Firmen aus anderen Branchen kommen könnte oder sollte.

In der Spielfilmindustrie, unserem zweiten Beispiel, sind etliche bedeutende Hersteller aus unterschiedlichen Gründen von großen diversifizierten Unternehmen aufgekauft worden, wie Columbia Industries von Coca-Cola. Und 1984 war die Walt Disney Co. das Ziel von mehreren Übernahmeversuchen. Interpretiert man Porters Modell so, wie es gemeint war, so sollte Disney keine neuen Konkurrenten zu fürchten haben, denn das Unternehmen besitzt neben seinem besonderen Know-how für die Filmproduktion Einnahmequellen aus seiner Filmbibliothek und vor allem aus seinen drei »Disney-Land«-Vergnügungsparks, von denen Europa bald bei Paris den vierten bekommt. Diese nicht einfach reproduzierbaren Aktiva sind Barrieren für Neulinge, aber sie verlocken auch zu Übernahmeversuchen. Wenn Disney gut geführt wird und die Kurse seiner Aktien den wahren Wert des Unternehmens reflektieren, so wäre dies auch für einen Markteintritt durch Aufkauf eine Abschreckung, im umgekehrten Fall wird die Versuchung dagegen groß. Die sogenannten Barrieren lassen eine ganz andere Art von Wettbewerb entstehen, als das Modell voraussah.

Die Analyse, die dem Diagramm von Porter zugrunde liegt, gilt für statische Verhältnisse, in denen Unternehmen auf einem vertrauten Schlachtfeld mit vertrauten Herausforderern konkurrieren. Sie läßt die Ineffizienzen außer acht, die in Unternehmen und Märkten vorkommen und Übernahmeangebote hervorrufen. Aktiva, die nicht effizient genutzt werden, sind auch für branchenfremde Firmen eine Einladung, sie zur besseren Nutzung aufzukaufen.

Diese oft übersehenen Aspekte müssen zusammen mit Porters

Abbildung 12
Fünf Indikatoren für eine bevorstehende Branchenumstrukturierung

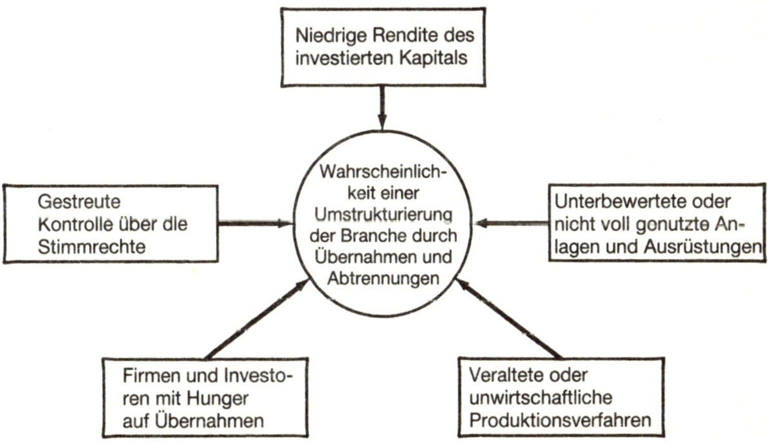

analytischem Modell berücksichtigt werden. Kombiniert können die beiden Ansichten nicht nur ein Bild von den wahrscheinlichen internen Veränderungen einer Branche vermitteln, sondern auch von den Aussichten eines radikalen Wandels, der ihr von außen aufgezwungen wird. In *Abbildung 12* wird ein Fünf-Faktoren-Modell zur Beurteilung des Potentials für eine solche Branchenumstrukturierung vorgeschlagen. Wir wenden uns nun jedem einzelnen dieser fünf Faktoren zu.

- Veraltete oder unwirtschaftliche Produktionsverfahren
- Unterbewertete Aktiva
- Breite Streuung der Aktionärsstimmrechte
- Niedrige Rendite des investierten Kapitals
- Übernahmehunger

Veraltete oder unwirtschaftliche Produktionsverfahren

Wenn Unternehmen hinter den für ihre Produkte oder Dienstleistungen relevanten Stand der Technik zurückfallen, fordern sie den Markteintritt neuer Konkurrenten geradezu heraus. Die Werkzeugmaschinenbranche wird beispielsweise gegenwärtig durch das Auftauchen neuer Konkurrenten umstrukturiert. Sie führen die Lasertechnik und computergestützte flexible Herstellungssysteme ein, die ein Know-how voraussetzen, das die traditionellen Produzenten nicht haben. Neue ausländische, vor allem japanische Konkurrenten und Verkäufe von Betrieben zur Herstellung von Werkzeugmaschinen, die von Konglomeraten wie Allied Corporation und Textron wieder abgestoßen, »divestiert« werden, bringen den Status quo ebenfalls durcheinander. Die Saat für die Umstrukturierung der Branche wurde vor vielen Jahren gestreut, als die Investitionen unterblieben, die zum Schritthalten mit dem Stand der Technik erforderlich gewesen wären.

US-amerikanische Industrieunternehmen haben ihren einstigen Vorsprung an technischem Know-how bei zahllosen Produkten und Herstellungsverfahren verloren. Die Automobilindustrie mußte das »Just-in-Time-System« von den Japanern übernehmen, vor allem zur Reduzierung der Lagerbestände, ebenso die »Qualitätszirkel« von Arbeitnehmern zur Steigerung der Arbeitsproduktivität und statistische Qualitätskontrollmethoden. Um in einem Rennen um die Marktführerschaft zu gewinnen, hat General Motors mit mindestens fünf japanischen Partnern in Gemeinschaftsunternehmen kooperiert, deren Spezialbereiche von der Herstellung von Robotern bis zur Produktion von Lastkraftwagen und Pkw der kleineren Mittelklasse reichten. In einem Markt nach dem anderen fordern neue Konkurrenten die alten Branchenführer heraus. Die historisch gewachsene Marktführerschaft hat in vielen Unternehmen zur Selbstzufriedenheit und zu einer Unternehmenskultur geführt, die sich dem Wandel verschließt. Doch auf Weltmärkten, auf denen alte Methoden zusehends durch neue bedroht werden, verlieren Unternehmen ihre Marktpositionen, wenn sie nicht ständig die Fortschritte von Konkurrenten beobachten und in ihre eigene Modernisierung investieren.

Unterbewertete Aktiva

Gemäß Standard & Poor's Corporation, dem US-Unternehmen, das objektive Bewertungskriterien für Investoren zur Verfügung stellt, lagen die Kurse von nahezu dreißig Prozent aller an der New Yorker Börse notierten Industrieaktien im Juli 1984 unter ihrem nachweislichen Buchwert. Als T. Boone Pickens von Mesa Petroleum sein Angebot für die Übernahme von Gulf Oil machte, wurden die Gulf-Aktien zu dreißig Prozent ihres Buchwerts gehandelt. Die Durchschnittspreise, zu denen große Ölgesellschaften zu dieser Zeit übernommen oder fusioniert wurden, lagen bei etwa zwei Dritteln des Wertes ihrer Aktiva. Eine Ironie ist, daß große Konglomerate ebenfalls als Ziele von Übernahmen betrachtet wurden, um ihre einzelnen Komponenten entweder samt und sonders oder teilweise im Zuge von Umstrukturierungen des Konglomerats wieder mit Gewinn zu verkaufen.

Breite Streuung der Aktionärsstimmrechte

Übernahmen spielen bei der industriellen Umstrukturierung eine zentrale Rolle, und ein entscheidender Bestandteil jeder Übernahme ist die Gewinnung der Stimmenmehrheit in der Aktionärsversammlung, sonst mißlingt der Übernahmeversuch. Bei breit gestreutem Aktienbesitz sind auch riesige Unternehmen der Gefahr ausgesetzt, aufgekauft zu werden. So wurde beispielsweise Textron Inc. 1984 Objekt eines Übernahmeversuchs durch die viel kleinere Chicago Pacific Corporation. Der Versuch konnte vor allem deshalb für das Unternehmen zur Gefahr werden, weil die Leitung von Textron weniger als ein Prozent der 36 Millionen Aktien des Mischkonzerns kontrollierte.

Die Verteidigung gegen Übernahmeversuche wird durch die Konzentration von Aktienbesitz bei institutionellen Anlegern wie Investmentfonds kompliziert, die teilweise gesetzlich verpflichtet sind, Angebote zu einem attraktiven Preis zu akzeptieren. Über die Hälfte der Aktien börsennotierter Unternehmen können sich aber unter der Kontrolle von Pensions- und Investmentfondsmanagern befinden. Es gibt, so ein Kapitalanlagen-Guru, keine gegenüber ihrem Unternehmen loyalen Aktionäre mehr. In Verbindung mit der geringen Zahl von Aktien, über die das Management eines Unternehmens normalerweise selbst verfügt, bedeutet dies eine Übernahmeanfälligkeit vieler Firmen, die ein entscheidender Faktor bei der Beurteilung der Frage ist, wie radikal oder schnell eine Branche vermutlich umstrukturiert wird.

Niedrige Rendite des investierten Kapitals

Eine häufig vorkommende Einladung zu Übernahmeversuchen ist das Versagen von Firmen bei der Erzielung der möglichen Rendite des investierten Kapitals. Wenn diese Nichtausnutzung des Kapitals sich eine geraume Zeit fortsetzt, werden Unternehmen, die sich besseres Management oder eine Umstrukturierung der Firmentätigkeit zur Realisierung ihres Leistungspotentials zutrauen, zur Übernahme angelockt. Gründe für die zu geringen

Gewinne können der schon erwähnte Faktor »veraltete oder unwirtschaftliche Produktionsverfahren« sein, aber auch Einsatz von Mitarbeitern und Kapital auf den falschen Gebieten oder schlechtes Management auf den an sich richtigen Aktionsfeldern. Die Meßzahl »niedrige Rendite des investierten Kapitals« sagt noch nichts darüber, wo die Hebel zur Steigerung der Gewinne anzusetzen sind, sie ist aber oft schon der Auslöser für fundamentale Strukturveränderungen in der Branche.

Übernahmehunger

Der fünfte und letzte Faktor, der unter dem Namen Übernahmehunger zusammengefaßt werden kann, reflektiert die Unberechenbarkeiten, die zu jedem bedeutenden Wandel gehören. Selbst wenn bei einem Unternehmen das Gegenteil der anderen vier Faktoren zutrifft, können übernahmehungrige Firmen für Überraschungen sorgen: Beispielsweise können Großunternehmen in ausgereiften Branchen bereit sein, kurzfristig ihre Ertragskraft zu mindern, um in neue Wachstumsmärkte vorzustoßen. Mit anderen Worten, sie zahlen vielleicht einen weit über dem Kurswert an der Börse liegenden Preis für ein Wachstumsunternehmen, dessen Aktien schon hoch über dem Buchwert und zu einem Vielfachen der (guten) Jahresgewinne gehandelt wurden. Sie umgehen einfach jede rationale Analyse der aus der Übernahme zu erwartenden Gewinne. Eine Branche, in der sich irrationaler Übernahmehunger breitzumachen scheint, ist die Arzneimittelindustrie. Unternehmen wie Du Pont, Monsanto und Dow Chemical sind dem Vernehmen nach auf der Suche nach Herstellern von Pharmazeutika, um ihre bescheidene interne Expansion auf diesem Markt weiter auszuweiten. Und nach historischem Muster dürften japanische Unternehmen, die bislang durch Lizenzvereinbarungen mit US-Arzneimittelfirmen verbunden sind, schließlich durch Übernahme einiger der lizenzgebenden amerikanischen Firmen direkt in den US-Pharmamarkt vordringen, koste es, was es wolle.

Lange Zeit verließen sich die Arzneimittelhersteller darauf, daß die Schwierigkeit, ihre hochspezialisierten Produkte nachzuahmen, genügend Schutz vor der Entstehung neuer Konkurrenzbetriebe bieten würde. Gerade diese Barriere gegen den Markteintritt durch Errichtung neuer Betriebe macht aber die Übernahme einer bestehenden Firma zur einzig möglichen Strategie, um in diesen lukrativen Wachstumsmarkt einzusteigen. Der Druck zum Vorstoß in den Pharmamarkt durch Unternehmensaufkäufe steigt – bei sinkenden Aktienkursen der Arzneimittelfirmen noch stärker als bei steigenden. Er wird auch durch die anscheinend sinkende Effektivität der Forschungsarbeit gefördert: Schrumpfende Beiträge verbesserter oder neuer Medikamente zum Gewinn werden von mancher übernahmehungrigen Firma als Ineffizienz ausgelegt, obwohl es für den Rückgang auch andere Gründe geben kann. Jedenfalls spricht viel für weitere Übernahmen und eine sich daraus ergebende bedeutende Umstrukturierung der Branche.

Nur eine flexible Strategie kann die beste sein

Die Botschaft der *Abbildung 12* ist eine Warnung: *Setzen Sie keine Stabilität in Ihrer Branche voraus*. Fragen Sie sich stets, ob es gute Gründe für den Einstieg in Ihren Markt oder das Verlassen Ihrer Branche gibt. Das herkömmliche Modell Porters zur Strukturanalyse in *Abbildung 11* berücksichtigt nur einen Teil der Realität, es greift nicht, wenn sich für die betroffene Branche bedeutende Ereignisse in anderen Wirtschaftsbereichen abspielen.

Porters Modell berücksichtigt auch nicht, daß ein Hauptmittel zur Errichtung von Eintrittsbarrieren die Zementierung von Kapital in riesigen Anlagen ist, die den Größeneffekt kostengünstiger Produktion bieten und nicht von neuen Konkurrenten reproduziert werden können, die sich ihre Marktanteile erst erobern müssen. Damit verbarrikadieren sich die Großanlagenbesitzer aber auch den Weg zum Ausstieg aus ihrer Branche. Große integrierte Stahlwerke sind treffende Beispiele dafür, wie man sich mit hohen Barrieren gegen den Marktzutritt weiterer Konkurrenten auch ebenso hohe Mauern gegen einen später etwa gewünschten Abgang aus der Branche aufbauen kann. In einem stagnierenden Wirtschaftszweig können die in der Vergangenheit mühsam errichteten Markteintrittsbarrieren die Erbauer als Alpträume bei ihrem Bestreben verfolgen, ihre Branche zu verlassen.

Die unerwünschten Folgen jeder Art von Barrieren gegen Marktzugang oder Marktaustritt sind der Eckstein der schon erwähnten Theorie der umkämpfbaren Märkte. Sie argumentiert in unmißverständlicher Weise gerade gegen diejenigen Barrieren, die eine Branche nach dem Modell in *Abbildung 11* angeblich so attraktiv machen:

> »Die wichtigste Schlußfolgerung der neuen Analyse ist, daß es von überragender Bedeutung ist, die Eintrittsbarrieren zu reduzieren. Mit Sicherheit sind alle künstlichen Barrieren in Frage zu stellen, vor allem die durch Regierungsinterventionen entstandenen. Firmen müssen frei sein, in eine Branche einzutreten, und dies zu jedem Zeitpunkt und an jedem Ort, den sie für richtig halten, ohne Vorankündigung gegenüber Aufsichtsbeamten oder sonst jemand. Sonst kann der unverzügliche Einstieg in einen Markt nicht stattfinden, der ein Mißverhalten einer im Markt tätigen Firma ausnutzt und der ein Schlüsselelement für die Umkämpfbarkeit ist.*

Zusammenfassend ist zu sagen, daß die gegenwärtige Situation neue Methoden der Marktanalyse erfordert. Viele traditionelle Branchen sind veraltet, und dementsprechend verlieren die herkömmlichen Modelle zur Analyse der Wirtschaftszweige vielfach an Gültigkeit. Was Manager brauchen, sind Maßstäbe für die Wirksamkeit der Einbeziehung von neuen Geschäftszweigen ins Unternehmen und für die Identifizierung von Ineffizienzen.

Die *Abbildungen 6 und 7* auf den Seiten 106 und 109 erfüllen im allgemeinen diese Forderungen. Sie lenken den Blick auf die drei Arten von Synergien, die man zum Aufbau eines Unternehmens oder Konzerns aus verschieden Geschäftszweigen im Auge haben muß. Die Verbindung dieser Einsicht mit den Strukturanalysen der *Abbildungen 11 und 12* (Seiten 187 und 189) und sich dabei ergebende Berührungspunkte zur Beurteilung der

* *Contestable Markets*, Whorton, S. 29–30.

Konkurrenzfähigkeit von Unternehmen innerhalb und außerhalb einer Branche ermöglichen eine vollständigere Erkenntnis der eigenen Wettbewerbschancen als die einseitige Betrachtung einer Branche in ihrer konventionellen Abgrenzung.

Der Weg zu einer neuen Branchenordnung

Der Ausbau herausragender Fähigkeiten, auf denen sich eine Diversifikationsstrategie aufbauen läßt, hilft dabei, die Diversifikation im Konglomeratsstil rationeller durchzuführen als in ihren Sturm- und Drangzeiten. So haben sich in der Nachkriegszeit professionell geleitete Unternehmen an der Diversifikationsbewegung beteiligt, die auf diesem Weg systematisch und in zunehmendem Umfang Wettbewerbsvorteile zu erlangen suchten. Immer noch verlaufen Übernahmen natürlich nicht stets so wie geplant, und es ist nicht schwer, Beispiele für ausgesprochen ungeschickte Handhabungen der Diversifikation zu finden. Doch zwei Tatsachen verdienen eine besondere Herausstellung, weil sie bisher kaum erkannt, geschweige denn anerkannt worden sind.

Erstens findet bereits eine massive Umstrukturierung der US-Wirtschaft statt, die sich in der Erosion der alten Branchenstrukturen niederschlägt. Zweitens sind die zur Diversifikation gewählten Taktiken im Laufe der Konglomeratsbewegung gereift. Was über die Kritik der Diversifikation in unterschiedliche Branchen immer verschwiegen wurde, sind die vielen Fälle lobenswerter Kombinationen verschiedener Geschäftszweige zu einem Mischkonzern, die den Wettbewerb gestärkt haben. Das wäre ohne den Trend zum Konglomerat nicht möglich gewesen. Einige Fallbeispiele illustrieren das.

Die Diversifikation von RCA ließ anfänglich keine Zielrichtung erkennen. Die Muttergesellschaft kaufte ein Sammelsurium verschiedenster Firmen auf, so wie es auch für andere Debütanten der Konglomeratsbewegung nicht untypisch war. Nach einer Reihe von Wechseln im Spitzenmanagement entschloß sich RCA Anfang der achtziger Jahre zu einer neuen und verständlicheren Strategie. Der Konzern blieb in seinen Tätigkeitsbereichen weit gefächert – in die Bereiche Rundfunk, Kommunikationswesen allgemein und Elektronik, er trennte sich aber auch von einer Reihe früher erworbener Unternehmen, die er niemals effektiv managen konnte. Bei diesen unglücklichen Übernahmen gelangten die Firmen in stärkere Hände, die es verstanden, das Unternehmen kompetent zu leiten, wie beispielsweise in den folgenden Fällen:

- Banquet Foods, ein bedeutender Geflügelverarbeiter und Lieferant von Tiefkühlkost, wurde an ConAgra verkauft, ein diversifiziertes Lebensmittelunternehmen, das bereits einen starken Geschäftszweig im Bereich der Geflügelverarbeitung besaß.
- CIT Financial ging an die große Geschäftsbank Manufacturers Hanover.
- Gibson, ein Hersteller von Glückwunschkarten, wurde vom Management dieser Firma übernommen.
- Das Mietwagenunternehmen Hertz und der Teppichhersteller Coronet Industries gehören noch zu RCA, dürften jedoch ebenfalls verkauft werden, wenn die Zeit reif und der Preis richtig sind.

Die Divestitionen machten RCA zu einem »schlankeren« und erfolgreicheren Konzern. Jedes der verkauften Unternehmen war bei den neuen Besitzern besser aufgehoben. Käufer *und* Verkäufer erzielten somit mehr Wirtschaftlichkeit. RCA konzentriert sich jetzt auf die Gebiete, auf denen es über Fähigkeiten und Erfahrungen verfügt, und ist von einer enormen grundsätzlichen Managementbürde befreit. Die neuen Besitzer bauten stärkere und wettbewerbsfähigere Geschäftszweige auf. So profitierten die Unternehmen, ihre Aktionäre und die Gesamtwirtschaft von den Veränderungen – und schließlich noch General Electric, als es RCA 1986 übernahm.

Auch Coca-Cola ist ein Großunternehmen, das sich im Wandel befindet. Obwohl nicht so diversifiziert wie RCA, hat Coca-Cola doch eine Reihe von Firmen übernommen, die unter den früheren Besitzern nie ihr volles Potential erreicht hatten. Inzwischen hat der Konzern seine strategische Gangart gewechselt.

Mit dem Erwerb von Columbia Industries hat er gleich eine ganze Serie neuer Geschäftszweige erworben, die er weiterentwickeln kann. Damit wurde die Motivation zum Festhalten an weniger vielversprechenden Geschäftszweigen um so schwächer. Deshalb kam es bei einer Umstellung der strategischen Gruppen des Unternehmens zu folgenden Veränderungen:

- Das Weingeschäft wurde an Seagram's verkauft. Der neue Besitzer hatte schon zuvor erheblich in diesen Bereich investiert und wollte ihn noch ausweiten.
- Ronco Enterprises, eine Tochtergesellschaft zur Herstellung von Teigwaren, ging an Borden.
- Gleichzeitig kündigte der Konzern an, daß er in das Tiefkühlgeschäft einsteigen und dazu noch geeignete Firmen übernehmen wolle.

Diesen Bewegungen liegt die Strategie zugrunde, mit den Stärken des Unternehmens eine Hebelwirkung zur Eroberung neuer Märkte zu erzielen und sich aus den Bereichen zurückzuziehen, in denen diese Stärken nicht voll angewandt werden können. Der Weinhandel ist beispielsweise ein Geschäft, das keine Möglichkeiten bietet, sich gemäß den Grundsätzen von Coca-Cola durch eigene Markenartikel und ein besonderes Vertriebs-Know-how oder die eingefahrenen Absatzwege auszuzeichnen, um dadurch Wettbewerbsvorteile zu erhalten. Bestimmte Lebensmittelbereiche passen dagegen augenscheinlich in die grundlegende Strategie des Konzerns.

Die Evolution strategischer Gruppen

Coca-Cola ist nur eine Spitze von vielen Eisbergen. Der Austausch von Geschäftszweigen umfaßt aus einer Reihe von Gründen ein breites Spektrum. Zunächst einmal sorgt die begrenzte Zahl von Firmen, die zum Aufkauf zur Verfügung stehen, dafür, daß Unternehmen ihre Diversifikationsziele oft erst auf Umwegen erreichen, also nur in mehreren Schritten. In der Praxis muß die Diversifikationsstrategie den sich bietenden Gelegenheiten angepaßt werden. Da der Trend zur Diversifikation in unterschiedliche Branchen in den USA bereits mehr als drei Jahrzehnte anhält, werden Korrekturen nach den jeweiligen Übernahmen immer üblicher. Besonders bei den Großunternehmen ist es *eine* Sache, die ideale Übernahme zu planen, und eine ganz *andere*, sie auf dem Markt für Unternehmen zu realisieren.

So definierte sich beispielsweise Esmark nach dem Verkauf seiner Frischfleisch- und Energiegeschäftsbereiche als Unternehmen für Lebensmittel, Chemieprodukte und »Erzeugnisse für persönlichen Bedarf«. Im Rahmen seiner fortgesetzten Diversifikationsstrategie versuchte der Konzern erfolglos, Stockley Van Camp aufzukaufen, und übernahm eine Minderheitsbeteiligung an Purex. Doch am Ende kaufte Esmark Norton Simon, selbst ein in viele Bereiche diversifizierter Konzern.

Bei der Bewertung der zahlreichen Geschäftszweige von Norton Simon mußte Esmark nun entscheiden, welche Komponenten zu behalten und welche zu verkaufen waren. Nach ersten Untersuchungen schienen vor allem Hunt Wesson und eine weitere Tochtergesellschaft von Norton Simon, die Dosen für Hunt Wesson herstellt, zu Esmark zu passen. Dagegen waren das Autovermietungsunternehmen Avis und Somerset, ein Importeur alkoholischer Getränke, am weitesten von jeder der drei strategischen Gruppen von Esmark entfernt, so daß der Konzern keine besonderen Fähigkeiten zu ihrer Führung besaß. Max Factor, die verbleibende größere Komponente von Norton Simon, lag zwischen diesen Extremen, wobei gewisse Möglichkeiten zur Gewinnung von Synergie durch Verbund mit der Esmark-Tochter International Playtex zu bestehen schienen. Allerdings gab es bei Max Factor beträchtliche Management-Probleme. Insgesamt war es nicht das, was Esmark für die nächste Übernahme im Sinne gehabt hatte, und auf keinen Fall ein Ergebnis, das man hätte voraussagen oder vorab in einem strategischen Plan zusammenfassen können. Esmark selbst wurde dann von Beatrice verschlungen, was neue Runden von Divestitionen und strategischen Umgruppierungen notwendig machte.

Die genauen Konturen strategischer Gruppen bleiben oft unklar, bis eine spezifische Übernahme erfolgt ist. Außerdem werden sie oft mehrmals revidiert, wie es bei Konglomeraten wie Allied Corporation, RCA, Litton Industries, American Can,

AMF und vielen anderen geschah, die sich in mehreren Phasen von Übernahmen und Divestitionen diversifizierten. Dieser evolutionäre Prozeß kann Jahrzehnte erfordern, in denen früher übernommene Unternehmen wieder verkauft werden und neue strategische Konzepte neue strategische Gruppen erstrebenswert erscheinen lassen. In vielen solchen Fällen verbessern die sich anschließenden Korrekturen die strukturelle Gliederung der Geschäftszweige bei Käufern und Verkäufern. Um nur drei Beispiele zu nennen: Die Backwarenfirma Entenmann's Bakery war früher eine Tochtergesellschaft der Warner-Lambert Company, eines hauptsächlich Pharmazeutika herstellenden Konglomerats, bis sie an General Foods verkauft wurde, und natürlich war sie bei diesem Lebensmittelkonzern besser aufgehoben. Das gilt auch für den Fall eines weiteren Backwarenunternehmens, Continental Baking, das der Fernmeldekonzern ITT an Ralson Purina Co. verkaufte, den größten Haustier-Futtermittelproduzenten der Welt, der sich bemühte – wie im großen Stil 1986 mit dem allerdings gescheiterten Versuch der Übernahme des Lebensmittelkonzerns Anderson, Clayton & Co. für 750 Millionen Dollar –, auch in den Bereich der menschlichen Ernährung einzusteigen. Transamerica Corp., ein sich nunmehr auf Finanzdienstleistungen konzentrierendes Konglomerat, verkaufte seinen Geschäftsbereich für Arbeitnehmer-Umsiedlungen an PHH Group Inc., ein Unternehmen, das die Fahrzeugbestände anderer Firmen verwaltet und den von Transamerica übernommenen Geschäftsbereich mit seiner Tochtergesellschaft Homequity, Inc. fusionierte, die ebenfalls das Geschäft der Umsiedlung betreibt. Dazu gehört vor allem die Übernahme der Häuser, die von versetzten Firmenangestellten aufgegeben werden müssen. Mit der Transaktion zwischen Transamerica und PHH wurden also natürliche Partner vereint und der Wettbewerb auf dem noch ausbaufähigen US-Markt für Arbeitnehmer-Umsiedlungen gestärkt.

Der Puls der neuen industriellen Revolution muß erst noch gemessen – oder überhaupt erst entdeckt werden. Von den vielen Büchern, die über eine »industrielle Renaissance« geschrieben worden sind, erwähnt kaum eines die positive Rolle der

Mischkonzerne. Die meisten rufen nach staatlicher Intervention zur Wiederbelebung der Industrie oder nach staatlichen Anreizen, die Unternehmen dazu bringen sollen, das »Richtige« zu tun. Keines kommentiert die wichtigste marktwirtschaftliche Alternative positiv, die bereits wirksam ist: die Freiheit, in einen Markt einzutreten und ihn zu verlassen. Dazu bedarf es keiner drakonischen Politik oder Bürokratie. Die einfache Freisetzung der Marktkräfte genügt: Die Unternehmen müssen frei sein, nach legalem Gewinn zu streben, auf welche Märkte auch immer sie das führt. Das Gewinnstreben ist potenter und effektiver als alle Versuche, durch Reglementierung die Probleme der Wirtschaft zu lösen.

3

Die Kunst, die richtigen strategischen Manager auszusuchen*

Howard Johnson war ein Pionier auf dem Gebiet der Schnellimbißrestaurants, doch jetzt wird diese Branche von McDonald angeführt. Montgomery Ward und Sears waren große Einzelhandelsketten, die nach dem Zweiten Weltkrieg die gleichen Wachstumsmöglichkeiten hatten, doch nur Sears verwandelte seine Chancen in Kapital. Ähnlich war es bei K mart und W. T. Grant – K mart entwickelte eine großangelegte neue Strategie und hatte damit Erfolg, während W. T. Grant sich durch ein mageres Jahr nach dem anderen kämpfte, bis zum bitteren Ende im Konkurs.

Erfolg oder Fehlschlag hängen oft von den Einschätzungen des Managements über seine Chancen am Markt ab. In den drei genannten Beispielen wichen diese Auffassungen zwischen den Wettbewerbern weit voneinander ab. Die unterschiedlichen Ergebnisse, die sie erzielten, sind nicht durch Veränderungen der wirtschaftlichen Umwelt zu erklären, denn die Konkurrentenpaare waren in ihrer Branche mit den gleichen Bedingungen, Risiken und Chancen konfrontiert. Erfolge und Mißerfolge waren die Ergebnisse wesentlicher strategischer Entscheidungen. Für diese Entscheidungen waren weitgehend die Chefmanager der Unternehmen verantwortlich.

Viele einzelne Entscheidungen, die in der Vergangenheit getroffen wurden, lassen erkennen, daß manche Unternehmensleitungen ein tieferes Einsichtsvermögen haben als andere. Eine gute Strategie hängt von guten Managern ab. Ohne daß ein Ma-

* Teile dieses Kapitels sind dem Artikel des Autors von *Choosing the Right Manager to Fit the Strategy*, in: *Journal of Business Strategy*, Herbst 1982, S. 58–69, entnommen.

nager die Notwendigkeit für eine Änderung in der Strategie begreift, kommt es zu keiner Änderung, und durch seine falsche Einschätzung der Situation und der Möglichkeiten wird eine falsche Strategie gewählt. Für ein Unternehmen, das seine Tätigkeit in andere nicht verwandte Branchen diversifiziert, ist die richtige Auswahl der Spitzenmannschaft von besonders ausschlaggebender Bedeutung, und die wichtigste Aufgabe dabei ist natürlich die Auswahl des Chefmanagers.

Er oder sie ist das Hauptaktivum jedes Unternehmens. Der Chefmanager bestimmt die strategischen Gesamtziele und muß seine Mitarbeiter überzeugend führen, um die Ziele zu erreichen. Wenn er die richtige Gesamtstrategie gewählt hat, kann er damit auch Fehler ausgleichen, die er auf strategisch weniger maßgeblichen Ebenen begeht. Der Chefmanager hat in seiner Position ganz oben an der Spitze mit jenem Höchstmaß an Unsicherheit zu tun, das sich aus sämtlichen strategischen Alternativen der Komponenten des Unternehmens mit ihren möglichen Folgen addiert. Aus dieser Sicht werden von dem Mann oder der Frau an der Spitze breitgefächerte und weniger spezialisierte sowie intuitive mehr noch als analytische Fähigkeiten gefordert.

Ein Manager muß sich an die Strategie anpassen können

Der Wert guter Unternehmensführung ist durchaus nicht ohne Beachtung geblieben, er ist sogar das heiße Thema bei der Erörterung strategischen Managements. Das Grundproblem der Auswahl verschiedener Typen von Managern für unterschiedliche Aufgaben ist Gegenstand von geradezu mikroskopischen Untersuchungen gewesen. Die zahllosen Vorschläge unterscheiden sich jedoch nur in Einzelheiten, ihr Grundgehalt ähnelt immer noch den Thesen, die bereits früher von Denkern wie dem Soziologen Max Weber, dem Nationalökonomen Joseph Schumpeter, dem Managementtheoretiker James MacGregor Burns und dem Psychologen und Psychiater Carl Gustav Jung gemacht worden sind. Jung war der Auffassung, daß jeder Mensch zu einer von vier Grundkategorien gehört: Denker, Fühler, Sensor oder »Intuitor«. Der Denker ist objektiv, er wächst und gedeiht auf dem Boden der Tatsachen, der Fühler reagiert mehr auf Emotionen als auf kalte Logik, der Sensor handelt intuitiv und oft reflexiv und der Intuitor neigt dazu, sich von Visionen leiten zu lassen.

Andere Psychologen der Freudschen Schule wie Abraham Zaleznik von der Harvard-Universität sind zu einer einfacheren Unterscheidung zwischen den zwei Grundtypen des schöpferisch führenden und des analytischen Managers gekommen. Verschiedene Autoren haben auch eine bunte Vielfalt von Untertypen beschrieben. Allen diesen Klassifizierungen ist die Annahme gemeinsam, daß die psychologischen Kapazitäten von Managern unterschiedlich sind. Die richtige psychologische Erkenntnis der Stärken und Schwächen hilft dabei, den idealen Manager an den geeigneten Platz zu stellen – so lautet eine Schlußfolgerung des gesunden Menschenverstands. Es ist aber ungeheuer schwierig, die Psyche eines Menschen richtig auszuloten. Die Wahl des Mannes, der das Kommando übernehmen soll, beruht oft auf einer Mischung persönlicher Eindrücke und Reaktionen sowie auf den überschaubaren Tatsachen aus persönlichem Hintergrund und beruflichem Werdegang der Kandidaten.

Andrew W. Mellon beispielsweise brachten seine Erfahrungen dazu, Ingenieuren zu mißtrauen. In keinem seiner zahlreichen Unternehmen setzte er jemals einen Ingenieur an die Spitze, denn »sie beschäftigen sich mit speziellen Fakten und mit Problemen, für die es immer spezielle Lösungen gibt . . . Im Geschäftsleben ist aber das menschliche Element sehr wichtig. Man weiß nie, was Menschen machen werden. Daher sind Ingenieure für den Umgang mit geschäftlichen Problemen wenig geeignet.«*

Peter Drucker hat einmal geäußert: »Weder Wirtschaftsprüfer noch Rechtsanwälte verstehen viel von Wirtschaft, sie haben auch gewöhnlich keine Menschenkenntnis und kein Verständnis

* Zitat aus dem Buch von Burton Hersch, *The Mellon Family*, New York 1978, in: *The Wall Street Journal*, 29. August 1980.

für Strategie.«* Druckers Geringschätzung von professionellen Spezialisten beruht auf seiner Einschätzung ihrer spezialisierten Ausbildung und der engen Eingrenzung ihrer beruflichen Tätigkeit. Derartige persönliche Beobachtungen verallgemeinern natürlich zu stark. Es bleibt jedoch der gültige Hinweis, daß detaillierte Beschreibungen von Managertypen die subjektiven Erwägungen bei der Auswahl eines Managers unberücksichtigt lassen. Der Grundgedanke ist, daß kein Feldwebel angeheuert werden darf, wenn die Arbeit eines Generals zu tun ist, und daß man sicher sein muß, ob und wann ein General gebraucht wird.

Der Konglomeratsunternehmer

Die Konglomeratsunternehmer sind die Gegenstücke der professionellen Bürokraten. Sie sind schöpferisch tätig, statt nur zu managen – sie machen kühne neue Schachzüge statt vorsichtige Fortschritte. Sie besitzen eine strategische Vorstellungskraft und starten bei Null oder laden Unternehmen mit neuer Energie auf, die sich daran gewöhnt hatten, nur eingefahrene Geleise des Managements zu befahren. Wo die Trägheit sich lange Zeit breitmachen konnte, brauchen sie eine geradezu heroische Führungskraft und große Hartnäckigkeit.

In der ersten Welle der Konglomeratsbildungen während der fünfziger und sechziger Jahre tauchte ein ganz neuer Managertyp auf, der des Konglomeratschefs, der in charakteristischer Weise eine Ein-Mann-Show aufzog. Er war selbstbewußt genug, um die Tradition zu ignorieren, und baute praktisch aus dem Stand sein in unterschiedliche Branchen ausuferndes Unternehmen auf. Charles Bluhdorn, Harold Geneen, William A. Buzick jr., George Strichman, James J. Ling, und wie sie alle hießen, waren die Kapitäne von Unternehmen eines neuen Typs, und als starke Persönlichkeiten forderten sie heftige Reaktionen heraus. Überwiegend stießen sie auf Mißtrauen, wenn nicht sogar Feindseligkeit. Ihre Amtsführung provozierte die Kritiker zu dem Vorwurf, man habe es mit einer neuen Generation von »Räuber-

* *Conversation with Peter F. Drucker*, in: *Organizational Dynamics*, Frühjahr 1974, S. 49.

baronen« zu tun, eine Bezeichnung, die früher den Rockefellers, Vanderbilts, Astors, Carnegies und ihresgleichen vorbehalten war. Mit der Zeit dürfte sich das Urteil über die frühen Konglomeratsmanager aber ebenso mildern wie die erste Verdammung der Rockefellers und anderer Industriegründer des neunzehnten Jahrhunderts. Es ist allerdings noch zu früh, um beurteilen zu können, welchen bleibenden Eindruck die Bahnbrecher der Konglomeratsbewegung in der Wirtschaftsgeschichte hinterlassen werden.

Diesen Alleinunternehmern der Nachkriegszeit folgte in den siebziger und achtziger Jahren ein disziplinierter Typ von Erneuerern. Mit dem Andauern der Strategie einer Diversifikation in unterschiedliche Branchen sprang sie auch zunehmend auf traditionsreiche, konservativ geführte Unternehmen über, in denen es keinen flammenden, diktatorischen Führungsstil gab. Sie handelten sich mit ihrer Diversifikation auch nicht das negative Presseecho und Image ihrer Vorgänger ein, denn ihr Vorgehen zur Ausweitung der Tätigkeit ihrer Unternehmen war disziplinierter und daher annehmbarer. Es erschien plausibel, sich von eindeutig ausgereiften und konjunkturanfälligen Branchen weg zu diversifizieren, aber empörend, ein Imperium aus dem Nichts aufzubauen. Die plausiblere Diversifikation geht auf eine neue Art von Unternehmer zurück – er kann im Rahmen einer etablierten Tradition arbeiten, statt sie über Bord zu werfen. Dabei gegen viele Management-Routinen anzugehen, die sich in konservativen Firmen in Jahrzehnten entwickelt haben, bringt Herausforderung eigener Art mit sich. Dazu ist ein Managertyp notwendig, der auf kollegiale Art überzeugend führt.

Roberto Goizueta von Coca-Cola ist beispielsweise ein solcher Unternehmertyp, der nicht in den Ruf eines »Räuberbarons« kommen kann, sondern als bescheiden und sogar scheu beschrieben wird. Es erregte seinerzeit Erstaunen, daß er zum Nachfolger seines Vorgängers J. Paul Austin auserkoren wurde, der als reserviert und sogar autokratisch galt. Einmal an der Spitze, machte sich Goizueta aber in kühner Weise daran, das Image von Coca-Cola als eines mächtigen, aber trägen Konkurrenten umzukrempeln. In einer Reihe von für das bisherige Verhalten des Unternehmens ganz und gar nicht charakteristischen Schritten übernahm Coca-Cola Firmen und verkaufte auch einige wieder – es regenerierte sich vollkommen. Goizueta flößte auch den Managern des Getränke-Kerngeschäfts eine aggressive neue Unternehmensphilosophie ein. Er entsprach zwar nicht dem Bild eines »Räuberbaron«-Unternehmers, aber die Effektivität seines unternehmerischen Stils steht außer Frage.

Ein ähnlicher Wandel im Lebensrhythmus spielt sich bei Sears ab, einem Unternehmen, das schon lange als König des Einzelhandels anerkannt wird und nun mehrere neue Märkte für künftiges Wachstum abgesteckt hat. Edward R. Telling, der Mann an der Spitze, gab sich wie Goizueta einer gewaltigen Aufgabe in einem Stil hin, der sich deutlich vom Modell der Konglomeratsunternehmer der sechziger Jahre unterschied. Einer seiner ersten strategischen Schritte war beispielsweise, ein »Büro des Chairman« aus vier Personen zu bilden, in dem er seine Verantwortlichkeiten mit den anderen teilte und Machtbefugnisse delegierte. Eine solche Teilung der Macht paßte in die Unternehmenskultur von Sears, stand jedoch ganz im Gegensatz zur Ein-Mann-Show der ersten Konglomeratsmanager. Trotz des ganz anderen Stils brachte es Sears aber fertig, recht schnell in eine Reihe verschiedener Branchen vorzustoßen. Die Methoden dazu waren jedoch systematisch durchdacht, während die ungestümen Konglomerate der früheren Nachkriegsperiode sich einem fast zwanghaften Drang zum Aufkauf von Firmen hingegeben hatten.

Die ersten Konglomeratsmanager waren Finanzjongleure, die mit dem Ziel der Gewinnmaximierung Firmen über Firmen aus einem weiten und oft chaotisch anmutenden Kreis von Branchen zusammenkauften. Die späteren Manager der Diversifikation an der Spitze traditionsreicher Unternehmen wie Coca-Cola und Sears sind dagegen als »strategische Diversifizierer« zu bezeichnen, die von einem soliden Kerngeschäft aus vorsichtig in fremde Branchen vorstießen und sich dabei auf strategische Techniken und Analysemethoden statt auf raschen Instinkt und dominierenden Führungsstil verließen. Einige Chefmanager vom Typ des Finanzjongleurs sind noch im Amt, so Edward L. Hennessy bei der Allied Corporation, Dr. Henry E. Singleton bei Teledyne und Dr. Armand Hammer bei Occidental Petroleum, doch sie sind jetzt gegenüber den strategischen Diversifizierern in der Minderheit, denn der Gedanke der Diversifikation in unterschiedliche Branchen breitet sich jetzt zunehmend auch unter konservativ geführten Unternehmen aus, bei denen nicht der engagierte, idealistische Unternehmer gefragt ist, sondern der Chefmanager, der seine Führungsmannschaft davon überzeugen kann, daß strategisch geplante Diversifikation die beste Alternative ist.

Der Übergangsmanager

Die Ablösung eines unternehmerischen Konglomeratsmanagers, vor allem wenn er einen diktatorischen Führungsstil hatte, ist zweifellos ein entscheidender und gefährlicher Einschnitt im langfristigen Diversifikationsprogramm eines Mischkonzerns. Die neue Anhäufung von Firmen muß einer grundlegenden Rationalisierung unterworfen werden, so daß die Fähigkeiten eines professionellen Managers einen höheren Stellenwert erlangen als die des innovativen Unternehmers. Die Übergangsphase der Rationalisierung bis zur Endphase der Integration zum ausgereiften Mischkonzern kann eine lange Zeit erfordern, in der mehrere Chefmanager nacheinander das Steuer übernehmen, bis das Unternehmen einen passenden neuen Managementstil gefunden hat. Der Übergang wird dann kompliziert, wenn der alte unternehmerische Chef noch in irgendeiner Funktion im Konzern tätig ist und beim neuen Chefmanager argwöhnisch die Unterschiede zu seiner eigenen Art der Unternehmensleitung beobachtet.

Consolidated Foods ist ein perfektes Beispiel dieses Nachfolgersyndroms. Nathan Cummings baute das Unternehmen zum fünftgrößten Lebensmittelverarbeiter der USA auf. Er wurde 1970 von William A. Buzick jr. abgelöst, doch Cummings blieb in der Chefetage sitzen. Obwohl Buzick das Diversifikationsprogramm von Cummings in zusätzliche Branchen wie Möbel- und Bekleidungsindustrie fortsetzte, erzwang Cummings 1974 den

Rücktritt seines Nachfolgers. Ein Teil der offiziellen Begründung war, daß die Dividende zum ersten Mal seit neunzehn Jahren nicht mehr erhöht worden war, doch eine einfachere Erklärung war das Zögern von Cummings, die Zügel aus der Hand zu geben.

Der Nachfolger von Buzick, John A. Bryan, saß unangefochtener im Sessel des Chefmanagers. Obwohl er viele der kleinen Firmen außerhalb des Lebensmittelbereichs, die Cummings dem Konzern einverleibt hatte, wieder verkaufte, erregte er nicht wie sein Vorgänger den Zorn von Cummings. Doch Bryan erwarb auch eine Reihe von Firmen in- und außerhalb der Lebensmittelbranche. So setzt sich die Diversifikation von Consolidated Foods weiter fort, wenn auch in einer von beiden Übergangsmanagern bedeutend modifizierten und umstrukturierten Form.

Der Übergang vom unternehmerischen zum professionellen Management kommt mit dem Ableben oder der Amtsabgabe der Konglomeratsgründer auf immer mehr Unternehmen zu. Wie gut oder schlecht ein Konzern diese Phase meistert, in der harte Prüfungen zu bestehen sind, entscheidet über seine Zukunft und sogar, ob er überlebt. In manchen Fällen erfordert die wahllose Sammlung von Geschäftsbetrieben, die ein rein finanziell orientierter Unternehmer angelegt hat, drastische chirurgische Eingriffe. Wenn wesentliche Anpassungen notwendig sind, kann es sein, daß der erste Übergangsmanager mit ganzen Runden von Aufräumungsarbeiten beschäftigt bleibt, ehe er sich den traditionellen Pflichten professionellen Managements richtig widmen kann.

Nach dem Tode von Charles Bluhdorn, der 1983 während eines Flugs einen Herzanfall erlitt, nahm Martin Davis die Geschicke von Gulf & Western in die Hand. Obwohl er sich selbst als professionellen Manager beschrieb, erforderte das nach Bluhdorns Tod von ihm übernommene Kommando mehr Härte als professionelles Können. Er wehrte die Übernahmeversuche von zwei notorischen Übernahmekünstlern ab, die Minderheitsanteile an Gulf & Western besaßen, brachte den Präsidenten des Konzerns – der danach zurücktrat – um den Titel des Chefmanagers und reorganisierte sein eigenes Management-Team. Bluhdorns geliebtes Portefeuille von Beteiligungen an anderen Unternehmen wurde nun ebenso veräußert wie eine große Zahl von Firmen, die er ganz aufgekauft hatte. Während Bluhdorn sich bei den Beteiligungen und Übernahmen auf seinen Instinkt und eine Logik verließ, die nur ihm verständlich war, suchte Davis die Diversifikation in einleuchtendere Bahnen zu lenken. Der Konzern ist zwar noch immer in vielen Branchen tätig und setzt seine Diversifikation sogar noch fort, doch er kauft keine Firmen mehr in Großhandelsmengen, er läßt sich nicht mehr von einem Instinkt à la Bluhdorn leiten.

Eine ganze Anzahl von Konglomeraten hat jetzt einen ersten oder auch einen zweiten Übergangsmanager gehabt – mit unterschiedlichen Resultaten. Bei Gulf & Western und Consolidated Foods sind beträchtliche Fortschritte bei der Rationalisierung der Konzernstruktur gemacht worden – und dies bei weiterer Diversifikation. Pioniere der Diversifikation, wie es ITT und LTV waren, machten weit schwierigere Übergangsphasen durch. Fraglich ist allerdings, ob LTV sein seit Juli 1986 laufendes Vergleichsverfahren überhaupt übersteht. Als immer noch zweitgrößter US-Stahlproduzent hat es LTV besonders schwer. Andere Konglomerate müssen ihre Übergangsphase zu einem sinnvollen Branchenmix erst noch beginnen.

Die Eigenschaften und Fähigkeiten, die ein Übergangsmanager haben muß, lassen sich nicht so scharf eingrenzen wie die des Konglomeratsunternehmers oder die des Chefs eines integrierten Mischkonzerns. Die Entwicklungsphase, in der sich der Konzern befindet, das Tempo seiner Entwicklung, der Einfluß, den der Konglomeratsunternehmer ausgeübt hat, die Hürden, die der Konzern bei der Diversifikation noch zu überwinden hat – alle diese Faktoren sind zu berücksichtigen, wenn für die Übergangsphase der Manager mit den richtigen Eigenschaften zur Leitung des Konzerns gefunden werden soll. Gewöhnlich erreicht der Übergangsmanager nicht die Führungsqualität seines Vorgängers, und genießt auch nicht dessen unangefochtene Autorität. Dabei ist seine Aufgabe oft noch schwieriger: Wenn das Unternehmen sich anschickt, seine vielen Geschäftszweige zu einer einheitlichen Organisation zu verschmelzen, braucht er viel

Geschick im Umgang mit seinen Mitarbeitern und große Überzeugungskraft. Gleichzeitig ist seine Führungsstärke erforderlich, damit das Unternehmen unbeirrt die langfristigen Konzernziele ansteuert.

Der Manager des laufenden Geschäftsbetriebs

Nur sehr wenige Mischkonzerne haben eine relative Stabilität in dem Sinne gewonnen, daß sie bereits so diversifiziert sind, wie es ihrer Zielvorstellung entspricht, und so gut organisiert sind, daß sie die gewonnene Vielfalt effizient managen können. Unter den wenigen, denen dies gelingt, ist General Electric vielleicht das herausragendste Beispiel. GE ist geradezu extrem diversifiziert und wird dabei straff gelenkt. Zwar diversifiziert das Unternehmen seine Aktivitäten noch weiter, doch die meisten Neuerwerbungen ergänzen bestehende Geschäftszweige.

Die Übernahme eines großen Rückversicherungsunternehmens 1984 hat beispielsweise kaum eine Veränderung in der Managementstruktur von GE ausgelöst, obwohl es sich um einen Brocken von über einer Milliarde Dollar handelte. Da der Konzern bereits bedeutende Geschäftszweige zur Leasingfinanzierung für Investitions- und Konsumgüter, zur Immobilienfinanzierung und auch andere Finanzdienstleistungen betrieb, war die Managementstruktur zur Absorbierung des Rückversicherers bereits vorhanden. Ein Vorteil, den ein ausgereiftes Konglomerat hat, ist die Fähigkeit, auch große Neuerwerbungen in die existierende Struktur des Managements eingliedern zu können. Auch bei der Übernahme von RCA für 6,2 Milliarden Dollar 1986 – der zweitgrößten bisherigen Übernahme außerhalb des Erdölsektors überhaupt – blieben im wesentlichen nur die Unterhaltungsbereiche – vor allem die Fernsehgesellschaft NBC – wie im Konglomeratstyp II der *Abbildung 10* (Seite 137) unabhängige »Flügelanhänger« der im übrigen integrierten Konzernstruktur.

General Electric entstand 1892 aus einer Fusion von drei großen Elektrounternehmen. Der Eisenbahn-Finanzierungskönig Henry Villard brachte diese Fusion zustande und begann zwei

Jahre später als Chef des neuen Unternehmens die Verhandlungen für eine zweite Elefantenhochzeit mit dem größten US-Glühbirnenproduzenten Thomson-Houston. Charles Coffin, der Boß von Thomson-Houston, wurde mit Hilfe von J. P. Morgan, dessen Investmentbank diese nächste Fusion finanzierte und Villard zum Rücktritt bewog, Chef des neuen Konzerns. Er widmete sich sofort der Aufgabe, die Unternehmensgruppe in ein zentral geleitetes Unternehmen umzustrukturieren.

Durch Aufgabe der von anderen unternehmerisch denkenden Firmen geübten Praxis, ihre Tochtergesellschaften nur locker an der Leine zu führen, entwickelte GE eine überlegene Organisationsstruktur, mit der es die in ein weites Branchenspektrum hinausgreifenden Glieder des Konzerns auf die Vision an der Spitze einschwören konnte. Ein zweiter Hauptvorteil von GE war die Möglichkeit der Nutzung eigener Managertalente und anderer im Unternehmen verfügbarer Stärken zur Diversifizierung in verwandte und auch nicht verwandte Branchen. Ausgehend von Stromerzeugungs- und -leitungsausrüstungen sowie Elektromotoren – den ursprünglichen Elektromaschinenerzeugnissen des Unternehmens –, weitete GE seine Produktion auf Turbinen, Elektrogeräte sowie Steuer- und Regeleinrichtungen für Industriebetriebe aus, später auf Elektroisoliermaterial, danach auf chemische und metallurgische Erzeugnisse und schließlich auf Elektronik, Flugzeugmotoren, Atomenergie und Finanzdienstleistungen. Indem das Unternehmen mit seinen Produkten und Dienstleistungen auch seine Organisationsstruktur ständig weiterentwickelte und verfeinerte, wurde es ein außerordentlich diversifizierter und dabei jedoch integrierter Konzern. Durch Anpassung seiner Struktur an die Strategie bewahrte sich GE eine zentrale Identität, die den meisten Mischkonzernen fehlt.

Im Einklang mit dieser vereinheitlichten Unternehmensstruktur wird GE jetzt von einem starken »Manager des laufenden Geschäftsbetriebs« geleitet, von Jack Welch. Bei dem erreichten gewaltigen Ausmaß der Diversifikation konzentriert sich Welch darauf, aus jedem Geschäftszweig noch bessere Leistungen herauszupressen. Außerdem reduzierte er die Gemeinkosten, indem er das zentrale Konzernpersonal verringerte, vor allem die

Zahl der Stabsspezialisten für Planung. Welch erzwang die Rechenschaftspflicht und damit den Nachweis der erwirtschafteten Gewinne in allen hierarchischen Schichten des Konzerns bis hinab zu den einzelnen Betrieben – mit dem Ziel, in jedem Geschäftszweig die Nummer eins oder zwei der Branche zu bleiben oder zu werden.

Das Vorgehen von Welch kann von den Chefmanagern anderer Mischkonzerne nicht einfach nachgeahmt werden. Erstens regieren nur wenige wie er über Konglomerate mit einer großen Zahl unterschiedlichster Geschäftszweige, so daß sie mit der Verteilung der Investitionsmittel eine breite Risikostreuung erreichen können. Und zweitens sind Unternehmenskultur und Organisationsstruktur von GE Riesenvorteile für die Durchsetzung eines einheitlichen strategischen Programms im gesamten Konzern. Mit beiden Vorteilen ist GE den meisten Konglomeraten um eine Generation oder mehr voraus. Seine Organisationsstruktur ist vielleicht immer noch nicht endgültig, zumal es sich bei der weiteren Diversifikation eher davon leiten läßt, wohin die Geschäftszweige den Konzern führen, als von vorgefaßten Planungen. Doch in unserer unvollkommenen Welt ist GE vollkommener als die meisten Mischkonzerne.

Die Auswahl eines Chefmanagers (CEO) – zwei Beispiele

Die Persönlichkeit eines Managers muß zu den Strategien des Geschäftsbereichs passen, den er führen soll. Und der wichtigste Manager, den sich ein Unternehmen auszusuchen hat, ist natürlich der Chefmanager. Der Mann an der Spitze bringt und hält die Antriebskräfte in Bewegung. Ohne einen überzeugenden Chef an der Spitze werden auch mit noch so richtigen strategischen Plänen die notwendigen Veränderungen zu langsam, wenn überhaupt, durchgesetzt. Dagegen kann ein mächtiger Mann an der Spitze so manche Schwächen im System der strategischen Planung wieder wettmachen. »Der Planer, nicht der Plan ist entscheidend« ist eine Weisheit, die Planer selbst gern zitieren. Und der Chefplaner jeder Organisation ist ihr Spitzenmanager. Das erste der beiden folgenden Beispiele illustriert die Übereinstimmung einer neuen Strategie mit einem adäquaten Strategen, das zweite ein Abweichen von der ursprünglichen Strategie, das die Frage aufwirft, ob die beiden Manager an der Spitze dieses zweiten Konzerns zur Führung auf dem neu eingeschlagenen Weg noch geeignet sind.

Im ersten Fall geht es um eine Strategie zur Wiederbelebung des Warenhauskonzerns K mart und den zu ihrer Durchsetzung ausgewählten Chefmanager. Nach fast zwei Jahrzehnten spektakulären Wachstums hatten sich die Fortschritte bei K mart deutlich verlangsamt, und konkurrierende Discount-Warenhausketten wie Wal-Mart und Caldor expandierten rascher und rentabler. Das Management von K mart erkannte die Notwendigkeit eines Kurswechsels. Eine neue Strategie wurde entwickelt, die darauf abzielte, mit einem breiteren und qualitativ verbesserten Warenangebot mehr Kunden auch der mittleren und höheren Einkommensgruppen zu gewinnen. Gleichzeitig konzentrierten sich die Manager darauf, die Kosten zu senken und die Effizienz zu steigern. Der damalige Chairman und Chefmanager des Unternehmens, Robert E. Dewar, der seine Karriere als Rechtsanwalt begann, kam zu einem seltenen Eingeständnis, indem er von sich aus den Schluß zog, er sei nicht der richtige Mann, um das Unternehmen in dieser neuen Entwicklungsphase zu leiten. »Mir schien, daß wir an dem Punkt angelangt waren, an dem es sehr wichtig war, sich ganz auf das Warenhaus zu konzentrieren«, sagte er. Statt eines Mannes, der vor allem an den Stabsaufgaben wie Personal- und Rechnungswesen orientiert war, mußte jetzt ein Chef an die Spitze, der intim mit dem eigentlichen Warenhausbetrieb vertraut war.

Weder der Präsident noch der Vizechairman wurden zum Nachfolger von Dewar gemacht – dem Vernehmen nach, weil der Präsident, ein Vertriebsspezialist, sich gegen eine Veränderung des in der Vergangenheit so erfolgreichen Konzepts ausgesprochen hatte und weil der Vizechairman, ein Immobilien- und Finanzexperte, noch mehr Diversifikation und Wandel befürwortete, als die schließlich gewählte Strategie sie ins Auge faßte.

Was auch immer die genauen Gründe gewesen sein mögen, die Wahl fiel auf einen anderen leitenden Angestellten aus dem eigenen Hause. Der neue Chefmanager, Bernard M. Fauber, war mit jedem Aspekt der Warenhausbetriebe vertraut, denn er hatte 1941 im Alter von achtzehn Jahren als Lagerhausbursche in einer Filiale der damals noch als S. S. Kresge Co. firmierenden Warenhauskette angefangen und seitdem ununterbrochen für Kresge und K mart gearbeitet. Da das Unternehmen die Beförderung aus den eigenen Reihen pflegt und weiterhin primär eine Discount-Warenhauskette bleiben will, scheint die Entscheidung, Bernard M. Fauber zum Chefmanager zu machen, Strategie und Managementstil sinnvoll zu verbinden.

Beim zweiten Fall geht es um die Du Pont Corporation. Das Unternehmen setzte 1981 einen Chefmanager und einen Chef des laufenden Geschäftsbetriebs ein. Ihre Werdegänge waren sich erstaunlich ähnlich. Beide waren Chemiker und hatten eine lange Berufslaufbahn bei Du Pont hinter sich. Sie waren Kollegen in der Kunststoffabteilung und gehörten später dem Geschäftsführungsausschuß des Unternehmens an. Der Chefmanager hat jedoch besondere Erfahrungen auf den Gebieten Forschung, Herstellung und allgemeines Management, der Chef des laufenden Geschäftsbetriebs hat seine Stärken im Vertrieb, in der Preispolitik und im Aufbau neuer Betriebe bis zur Produktionsaufnahme. Daher können sie sich nach ihrer eigenen Einschätzung gegenseitig vorzüglich ergänzen. Von beiden wurde erwartet, daß sie das Unternehmen seiner Strategie gemäß auf recht vertrauten Wegen zu weiterem Wachstum führen sollten. Durch Diversifikation in verwandte Gebiete – Aufnahme von vor allem technologischen Erzeugnissen in das Produktionsprogramm. Dabei sollte das Unternehmen im wesentlichen ein dominierender Hersteller chemischer Erzeugnisse bleiben.

Doch schon Mitte 1981 ergab sich die Möglichkeit, die achtgrößte US-Erdölgesellschaft Conoco zu kaufen. Dies schien eine günstige Gelegenheit zu sein. Conocos Management stimmte einer mit Du Pont ausgehandelten Übernahmevereinbarung zu, um nicht von dem Getränkekonzern Seagram aufgekauft zu werden. Die Fusion schuf eine riesige diversifizierte Organisation.

Die Frage ist nun, ob das für andere Aufgaben berufene Duo an der Spitze in der Lage ist, mit den organisatorischen Problemen und den Chancen fertig zu werden, die eine derartige Diversifikation mit sich bringt. Die Fusion war nicht das Ergebnis planmäßiger Strategie. Du Pont war daher nicht sorgfältig darauf vorbereitet. Außerdem waren die beiden Spitzenmanager eigentlich für die nun aufgegebene Strategie ausgewählt worden – für die fortgesetzte Forcierung des Chemiegeschäfts bei zurückhaltender Diversifikation nur in verwandte Bereiche.

Wird das Management von Du Pont nun ebensogut eine diversifizierte und komplexe Organisation aus zwei Unternehmen in verschiedenen Branchen leiten können? Nach der Grundvoraussetzung, daß Manager passend zur Unternehmensstrategie ausgewählt werden sollten, und nach den Erfahrungen der Vergangenheit mit ähnlichen Kombinationen kann das neue Gebilde so lange nur als Holdinggesellschaft betrieben werden, bis ein Wechsel in der Führung von Du Pont die Ausarbeitung klarer Richtlinien für die Diversifikation sowie eine Entscheidung ermöglicht, welche Rolle Conoco im Konzern spielen soll.

Wenn es auch keine Garantie für den Erfolg einer geeigneten Verbindung von Strategie und Strategen gibt – auch die besten Manager können das Opfer überraschender Katastrophen und unvorhersehbarer äußerer Einflüsse werden –, so haben doch die Strategie und der Chefmanager zusammenzupassen. In diesem Fall bestehen bei weitem größere Erfolgsaussichten, als wenn die Wahl dem Zufall überlassen bleibt. In unseren beiden Fällen stehen daher die Chancen für das strukturierte Vorgehen von K mart gut. Die Wahl des Mannes an der Spitze war und blieb im Einklang mit der weiter verfolgten Strategie, ein dominierender Einzelhandelskonzern zu bleiben, während bei Du Pont die Übernahme von Conoco sowohl der ursprünglichen langfristigen strategischen Absicht widersprach, sich auf das Chemiegeschäft zu beschränken, als auch dem in der Wahl der beiden Spitzenmanager reflektierten Ziel, einen stetigen Managementstil beizubehalten.

Manager auf das Spitzenamt vorbereiten

Kann ein Manager darauf vorbereitet werden, die Leitung einer Firma zu übernehmen, die mit der Diversifikation neue Wege beschreiten will? Gibt es dafür noch ungenügend praktizierte Ausbildungsmethoden? Die Rotation von Managern zur aufeinanderfolgenden Ausübung verschiedener Funktionen innerhalb eines Unternehmens ist durchaus üblich, doch das vermittelt nur Kenntnisse und Erfahrungen für den laufenden Betrieb bestehender Geschäftszweige und nicht für die Leitung eines neu entstehenden oder sich verändernden Unternehmenstyps. In einer sich kontinuierlich entwickelnden Firma muß die Rotation keine strategischen Wellen schlagen, in einem sich stark diversifizierenden Unternehmen ist aber ständig der Wandel zu meistern, und dazu ist die in der Vergangenheit in der Ausgangsbranche gewonnene Routine eine unzureichende Vorbereitung.

Eine Innovation, die sich in solchen Fällen bewähren sollte, ist die Auswahl des Chefmanagers geraume Zeit vor dem Termin der Amtsübernahme, damit er oder sie genug Zeit hat, eine Strategie für das Unternehmen zu entwickeln. Mit dem Amtsantritt beanspruchen die Tagesgeschäfte gewöhnlich die verfügbare Zeit. Es ist also sinnvoll, die so überragend wichtige Wahl des Chefmanagers so früh zu treffen, daß der oder die Erwählte genug Zeit haben, die beste Strategie zu entwickeln.

Dieses planmäßige Vorgehen haben zwei Unternehmen praktiziert, die danach brillante Leistungen erzielt haben. Wie alle Rezepte für die Zukunft bietet das Verfahren dennoch keine Garantie für den Erfolg in jedem Fall. Doch die Erfolgsgeschichten von Harry Cunningham bei K mart (damals S. S. Kresge Co.) und von Donald Kelly bei Esmark sind schlagkräftiges Beweismaterial für die Nützlichkeit der Ernennung von Chefmanagern lange vor ihrem Amtsantritt.

Dabei war die Durchführung des Beschlusses im Fall Cunningham keineswegs ein Meisterstück einer Planverwirklichung. Überliefert ist, daß der alte Chefmanager den neuen nicht gern in seiner Nähe sah. Cunningham selbst schlug Geschäftsreisen als Alternative zu seiner Betätigung in der Zentrale vor. »Ich hatte noch kein Mandat«, sagte er, »ich sollte mich einfach irgendwoanders betätigen.« So traf er auf einer Reise Eugene Ferkauf, der gerade eine Filiale von E. J. Korvette auf Long Island vor den Toren New Yorks eröffnet hatte; dies war damals ein anerkanntes Modell für Discountwarenhäuser. Cunningham verbrachte einen ganzen Tag in der Filiale und sprach mit Lieferanten, Kunden und Verkäufern – mit jedem, der ihm Rede und Antwort stand. Zurück zur Unternehmenszentrale kam er mit dem Grundkonzept des Discounters: ein Warenhaus in Vorortgegend mit großer Parkplatzfläche, in dem die Waren durch gezielte Werbung und geringe Gewinnspannen rasch umgesetzt werden, wobei die Auslage in offenen Regalen und Selbstbedienung die Kosten niedrig halten. Das Schlüsselelement für Cunningham war, »daß jeder Artikel sich bewegen mußte, nach dem Motto: Umsatz, Umsatz, Umsatz.«

Überzeugt, daß »Discounting«, das Anbieten zum niedrigstmöglichen Preis, der aussichtsreichste Weg zum Erfolg war, ging Cunningham zunächst nur mit sich selbst zu Rate. Auch nach seinem Amtsantritt leitete er nicht sofort deutliche Schritte in die von ihm als richtig erkannte Richtung ein. Er verfügte nun zwar über die notwendige Autorität, war aber überzeugt, daß »man flach aufs Gesicht fällt«, wenn man nicht erst einmal seine Mitarbeiter auf die anzustrebenden Ziele einschwört. So überzeugte er zunächst die ihm unterstehenden Manager davon, daß sie eine wichtige Rolle bei dem neuen Vorhaben zu spielen hatten. Cunninghams Enthusiasmus und sein Charisma waren bei dieser Überzeugungsarbeit sehr hilfreich.

Am Ende schaffte es Cunningham, die bis dahin eher noch auf Mißtrauen gestoßene neue Discountstrategie auf innovative Weise zum Erfolg zu führen. Er senkte die Preise drastisch, bestand darauf, daß auch für wenig Geld gute Waren geliefert wurden und legte großen Nachdruck auf den Kundendienst sowie auf Sauberkeit und Ordnung in den Filialen. Größe und Warensortiment jeder Zweigniederlassung wurden standardisiert, doch über diese Vorgaben hinaus erhielten die Filialleiter Spielraum zur selbständigen Führung ihrer Geschäfte.

Cunninghams Führungsstil hätte ihn vermutlich auch ohne das

K-mart-Konzept zu einem erfolgreichen Chefmanager gemacht. Doch ohne die Zeit zum Nachdenken und zur Entwicklung einer Vorstellung von dem, was er als Chefmanager machen wollte, wäre er nicht so gut vorbereitet und nicht so innovativ gewesen. Ein Grund für den guten Ablauf dieses Stücks Unternehmensgeschichte war, daß der Hauptdarsteller seine Rolle lernen konnte, bevor er auftreten mußte. Nachdem er klare Vorstellungen von dem entwickelt hatte, was er tun wollte, konnte er sich auf die ebenso wichtige Verwirklichung dieser Ideen konzentrieren und andere dazu bewegen, ihm bei der Durchsetzung seiner Vision zu helfen.

Donald Kelly hat einen ähnlichen Zeitraum wie Cunningham mit der Vorbereitung auf die Leitung seines allerdings ganz andersartigen Konzerns verbracht. Kelly war und ist in erster Linie ein Finanzmensch. Er ist der klassische Typ des zum Konglomeratsunternehmer gewordenen Finanzchefs, der dann mit Investitionsgeldern jonglieren konnte. Seine Beförderung zum Chefmanager war vermutlich letztendlich wie bei Cunningham durch angeborenes geniales Managementtalent vorprogrammiert. Doch wie bei Cunningham war es für ihn zweifellos eine wertvolle Hilfe, daß er die Gelegenheit hatte, das Unternehmen, dessen Leitung er später übernehmen sollte, intensiv zu studieren.

Mitte der sechziger Jahre waren Konglomerate lebhaft damit beschäftigt, Firmen aller Art aufzukaufen. Einer der Chefmanager, der fest entschlossen war, seine Firma nicht aufkaufen zu lassen, war der Chairman von Swift, einem Fleischabpacker alten Stils. Er ließ den damaligen Finanzchef von Swift, Kelly, eine erschöpfende Untersuchung der Situation des Unternehmens und der ihm offenstehenden Alternativen ausarbeiten. Wie Kelly sagte, war es eine größte Sorgfalt erfordernde Aufgabe, die ihn »neun Monate lang sieben Tage pro Woche und sechsunddreißig Stunden pro Tag« in Anspruch nahm.

Offensichtlich lernte er, was er wissen mußte. Auf der Grundlage seiner Analyse wandelte sich Swift in Esmark um, eine Holdinggesellschaft, zu der Swift als Tochtergesellschaft im Bereich der Fleischabpackung gehörte. Kelly wurde 1973 Chef des laufenden Geschäftsbetriebs und 1977 Chefmanager von Esmark.

Als Chefmanager prägte er die Geschichte des Unternehmens noch einmal neu. Es gelang ihm, das Konglomerat umzustrukturieren, weg vom Erdöl- und Chemiebereich und von großen Teilen des ursprünglichen Fleischgeschäfts und hin zu Konsumgütern wie den Erzeugnissen von International Playtex. Dann arrangierte er die Übernahme des stark diversifizierten Konsumgüterkonglomerats Norton Simon.

Zwar wurde Esmark 1984 von Beatrice aufgekauft, und Kelly mußte seinen Hut nehmen. Doch schon 1986 brachte er die Wall-Street-Investmentfirma Kohlberg, Kravis, Roberts & Co. dazu, in einem sogenannten Leveraged Buy-out den Aufkauf von Beatrice durch die eigens zu diesem Zweck gegründete BFJ Holdings Corp. zu organisieren und ihn, Kelly, zum Chefmanager von Beatrice zu machen. Die Übernahme kostete 6,3 Milliarden Dollar, »nur« 100 Millionen Dollar mehr als die Übernahmen von RCA durch General Electric. Ein Leveraged Buy-out wird mit Krediten finanziert, so daß Beatrice zum Zeitpunkt der Übernahme im April 1986 mit Schulden von 7,2 Milliarden Dollar unter die Fittiche von Kelly kam. Davon sollten vereinbarungsgemäß bis Mitte 1987 mindestens 1,45 Milliarden Dollar durch den Verkauf von Konzernteilen zurückgezahlt werden. Doch Kelly konnte den Schuldenberg schon 1986 etwa halbieren, da es ihm gelang, Komponenten des Konglomerats zu sehr günstigen Preisen zu verkaufen. Das Unternehmen behält Tochtergesellschaften im Lebensmittelbereich, deren Markenartikel über gemeinsame Vertriebswege abgesetzt werden können – ein ausgezeichneter Weg zur Erzielung von Synergie.

Kellys Aktivitäten für Esmark und Beatrice hatten wenig Ähnlichkeit mit dem, was Cunningham für Kresge tat. Doch in einer Hinsicht waren beide Chefmanager gleich: Beide konnten ihre Tätigkeit mit einem gelungenen Start beginnen und kontinuierlich fortsetzen, weil sie vorher Gelegenheit hatten, sich über ihre Ziele und die Wege zu ihrer Erreichung klarzuwerden. Eine derartige Vorbereitung auf die künftigen Aufgaben bringt vielleicht nicht in allen Fällen hervorragende Resultate, sie gibt neuen Chefmanagern jedoch deutliche Vorteile gegenüber nicht eingearbeiteten Unternehmensleitern, die darauf angewiesen sind, sich durchzulavieren, statt nach langfristigen Plänen zu handeln. Wie sagte noch Lyman Hamilton, ein früherer Chefmanager von ITT: »Jeder Chefmanager sagt, daß er langfristig plant. Aber jeder Chefmanager lügt.«

Zwei Faktoren, die bei der Wahl des richtigen Chefmanagers zu berücksichtigen sind

Wer entscheidet?

Welche Art von Person bei der Auswahl eines neuen Chefmanagers zum Zuge kommt, wird offensichtlich davon beeinflußt, wer darüber zu befinden hat. Wenn die Stellung des noch amtierenden Chefs besonders stark ist, kann die Entscheidung bei ihm liegen. Dann besteht die Gefahr, daß die Ernennung nicht aus den richtigen strategischen Gründen erfolgt oder auf persönlichen Fehleinschätzungen beruht. Die Liste von Chefmanagern mit besonders großer Willens- und Durchsetzungskraft, die sich Nachfolger von nur kurzer Amtszeit bestellten, ist lang – so starke Persönlichkeiten wie Cummings (Consolidated Foods), Geneen (ITT), Paley (Fernsehgesellschaft CBS) und Trautman (Busfernverkehrsunternehmen Greyhound) sind typische Beispiele. Das Problem entsteht teilweise daraus, daß ein dominierender Chefmanager seine Macht ausspielt und ein mehr oder weniger gefügiges Managementteam sowie ein nachgiebiges Direktorium seiner Entscheidung über den Nachfolger nicht widersprechen wollen. Ein mit besonders starkem Willen gesegneter oder unternehmerisch denkender Chefmanager ist aber gewöhnlich auch gar nicht in der Lage, einen Nachfolger nach objektiven Kriterien auszuwählen. Er neigt dazu, nach den Eigenschaften zu suchen, die er bei sich selbst für besonders wichtig hält. Doch besonders unternehmerische Fähigkeiten sind im allgemeinen nicht das, was der Nachfolger braucht. Denn Unternehmen und ihre Bedingungen ändern sich, die strategischen Anforderungen sind somit einem ständigen Wandel unterlegen – der neue Chefmanager wird daher vermutlich ganz andere Qualifikationen haben müssen, als der Vorgänger sie nach seinem eigenen Spiegelbild sucht.

Auch wenn das Direktorium die Auswahl trifft, wird die Entscheidung oft von zufälligen Faktoren beeinflußt. Das Direktorium hat nur selten ausgedehnte Kontakte mit den Kandidaten. Zudem können in diesem Gremium Fraktionen unterschiedliche Meinungen über die Bewerber entwickeln, und da die Fraktionen nicht selten durch unterschiedliche persönliche Interessen und Sympathien entstehen, besteht die Gefahr, daß die verschiedenartigen Präferenzen wenig mit den Qualifikationen der Kandidaten zu tun haben. Starke, gut informierte und engagiert arbeitende Direktorien sind allerdings die objektivsten und besten Instanzen für die Einstellung eines neuen Chefmanagers. In zu vielen Direktorien sind die meisten Mitglieder aber nicht wegen ihrer Kompetenz, sondern aus ganz anderen Gründen berufen worden. Die Lektüre der Mitgliederlisten von Direktorien großer US-Unternehmen vermittelt den Eindruck von Inzucht-Beziehungen zwischen den Mitgliedern und ihren Interessen als Rechtsanwälten, Unternehmens- und Finanzberatern. Ähnlich gibt es auch allzuoft Kumpaneien zwischen den Spitzenmanagern und vermeintlich unabhängigen Direktoren eines Unternehmens. In solchen Fällen werden formal festgelegte Prinzipien der Managerauswahl durch die praktischen Unzulänglichkeiten des Systems außer Kraft gesetzt.

Detaillierte Einsicht in diesen Sachverhalt ermöglicht Lee Iacoccas Darstellung seiner Erfahrungen nach der Übernahme des Chefpostens bei Chrysler. Zwar waren die früheren Bosse von Chrysler einstige Experten im Rechnungswesen, doch deren Fachkenntnisse waren offensichtlich nie auf das Unternehmen angewendet worden. »Finanzielle Kontrollen«, so Iacocca, »gab es kaum. Ich konnte überhaupt nichts herauskriegen. Das war wahrscheinlich der härteste Schlag, der mich in meiner beruflichen Laufbahn je getroffen hat.« Ähnlich katastrophale Zustände fand er auf Gebieten wie Lagerhaltungskontrolle, Beziehungen zu den Händlern und Qualitätskontrolle vor. Er fragte sich, wo das Direktorium war, während all das vor sich ging. Er war nicht so unhöflich, die anzuklagen, die ihn gerade berufen hatten, aber ein- oder zweimal fragte er doch so höflich wie möglich: »Wie konnte es dem Management gelingen, für seine Pläne die Zustimmung so angesehener Geschäftsleute zu erhalten? Sind Sie denn nicht entsprechend informiert worden?«*

Was sind die Kriterien?

Die persönliche Integrität derjenigen, die einen neuen Chefmanager auszuwählen haben, vorausgesetzt, ist zu fragen, ob die richtigen Kriterien für die Auswahl angelegt werden? Das kommt darauf an. Viele Unternehmen verlassen sich zur Entdeckung der Tüchtigen auf interne Identifizierungsprogramme und psychologische Tests. Die rasch zunehmende Zahl der Industriepsychologen reflektiert die zunehmende Anwendung solcher Tests. Tatsächlich können psychologische Beurteilungen sehr nützlich sein. Sie verhindern eine falsche Auswahl, wenn der äußere Charme einer Person unter dem Druck und den Gegenkontrollen einer viereinhalbstündigen psychologischen Prüfung zusammenbricht. Etliche Unternehmen haben aus solchen Tests große Datenbanken entwickelt, die entscheidende Verbindungen zwischen den Eigenschaften eines Managers und Managementfunktionen zeigen. Sie ergeben Richtlinien für wichtige Zeichen, nach denen man bei der Selektion eines neuen Managers Ausschau halten muß.

Der Gedanke, objektiv zu prüfen, welche Eignungen in einem Menschen vorhanden sind, ist nicht gerade neu. Pionier seiner Anwendung war AT&T in den dreißiger Jahren. Nach eigenen Angaben verfügt AT&T auch über eine Fülle von Daten, mit denen sich Mitarbeiter ausfindig machen lassen, die zu einer steilen Karriere fähig sind. Auch andere Großunternehmen haben ihre Tests, die darauf zugeschnitten sind, ihre Hoffnungsträger richtig zu beurteilen. Diese Prüfungen sind allerdings hauptsächlich auf Manager der unteren und mittleren Führungsebenen anwendbar. Je höher ein Manager auf seiner Karriereleiter empor-

* Lee Iacocca und William Novak, *Iacocca – Eine amerikanische Karriere*, ECON Verlag, Düsseldorf, Wien, New York 1986[10], S. 199 f.

steigt, desto mehr verlagern sich die Gewichte bei den Entscheidungsfaktoren für den weiteren Aufstieg im Unternehmen auf persönliche Beurteilungen und die Bewertung des beruflichen und sonstigen Hintergrunds der Führungskraft.

Die bisherigen beruflichen Erfahrungen und Leistungen nehmen bei der Beurteilung der Qualifikationen eines Bewerbers für eine Spitzenstellung den höchsten Rang ein, ganz gleich, ob der Bewerber aus den eigenen Reihen oder von außerhalb des Unternehmens kommt. Das ist angemessen, wenn die neue Tätigkeit weitgehend der bisherigen entspricht. Wenn sich das Unternehmen in einer evolutionären Phase seiner Entwicklung befindet, so kann beispielsweise der Typ des Managers für den Chefposten geeignet sein, der als »Manager des laufenden Geschäftsbetriebs« charakterisiert worden ist. Wenn sich das Unternehmen aber im Wandel befindet, so ist es riskant, sich bei der Auswahl eines neuen Chefmanagers, die gerade dann von besonders entscheidender Bedeutung ist, auf die konventionellen Praktiken zu verlassen.

Die Planung für den Wandel, auf den sich ein Unternehmen bei der Diversifikation einläßt, erfordert ein schöpferisches und strategisches Erfassen. In der Fachsprache der Organisationsexperten ist ein »organischer« Führungsstil notwendig. Der Chefmanager sollte also ein Generalist sein, der in großen Zusammenhängen denken kann. Wer zunächst in begrenzten Bereichen und später auf höherer Ebene immer nur den laufenden Geschäftsbetrieb zu leiten hatte und nie in beratenden oder planenden Stabsfunktionen tätig war, ist dazu ausgebildet, Probleme gezielt anzupacken. Weit verbreitet ist aber die Tendenz, die energischsten dieser typischen Manager des laufenden Geschäftsbetriebs bei Beförderungen mit höheren und höchsten Stabsfunktionen zu »belohnen«. Wird ein erfolgreicher Manager des täglichen Geschäfts zum Chefmanager eines Diversifikation betreibenden Unternehmens, so haben wir gewöhnlich den Versuch der Quadratur des Kreises: Der noch so gewissenhaft unternommene Versuch des Rollenwechsels vom energischen zum strategischen Denken, zum Denken in großen Zusammenhängen und alternativen Möglichkeiten ist in der Regel zum Scheitern verurteilt.

Ein Weg zur Vermeidung von Fehlern bei der Einschätzung von Kandidaten für den Chefposten ist die Aufschlüsselung der Führungsposition in ihre Hauptaufgabenbereiche wie Kontakte nach außen, interne Kommunikation, Entscheidungsfindung, Imagepflege für das Unternehmen. Passen Charakter, Persönlichkeit und Hintergrund des Kandidaten zu jedem seiner Aufgabenbereiche? Erstaunlicherweise wird eine solche Untersuchung der Pflichten des Chefmanagers mit genauen Definitionen der Aufgaben selten als Richtlinie für die Einschätzung der Eignung von Anwärtern auf das Amt des Chefmanagers benutzt. Außerdem sollte die für die nächsten drei bis fünf Jahre vorgesehene Marschrichtung des Unternehmens eine wichtige Orientierungshilfe beim Auswahlverfahren sein. Diese beiden Dimensionen der Stellung eines Chefmanagers sind wichtiger als alle anderen, werden aber oft nicht einmal als zweitrangige Kriterien bei der endgültigen Entscheidung berücksichtigt.

Das Aufeinandertreffeen von unterschiedlichen Persönlichkeiten und Unternehmenskulturen

Es gibt keine probaten Gegenmaßnahmen gegen die Unvereinbarkeit von Spitzenmanagern oder fusionierten Unternehmen. Als Joseph Freeman 1983 Chefmanager von AM International wurde, übernahm er ein Unternehmen, das gerade ein Vergleichsverfahren hinter sich hatte. Nach neun Verlustquartalen hintereinander brachte Joe Freeman die Firma wieder in die Gewinnzone. Er verringerte die Kosten, arrangierte Kredite zu günstigeren Bedingungen und bemühte sich intensiv um Umsatzsteigerungen. Offenbar hat er jedoch nicht genug Zeit darauf verwendet, das Direktorium bei guter Stimmung zu halten. Es warf ihn nach siebzehn Monaten trotz der von ihm erreichten Wende hinaus. Eine Bekanntgabe von Gründen unterblieb, doch allgemein wurde spekuliert, daß Freeman besser mit Zahlen als mit Personen umgehen konnte. Einigen internen Quellen zufolge wurde überdies jemand gesucht, der ein umfangreicheres Know-how im Marketing und größere strategische Fähigkeiten besaß.

Ebenfalls nach siebzehn Monaten Amtszeit wurde Reuben Gutoff, ein langfristiger Stratege, der für General Electric tätig gewesen war, aus seiner Stellung als Präsident von Standard Brands entlassen. Auch hier gab der Führungsstil letztlich den Ausschlag. Gutoff wurde von einem Veteranen abgelöst, der schon dreißig Jahre für das Unternehmen tätig gewesen war und es zurück zu der traditionellen Konzentration auf den laufenden Geschäftsbetrieb führte. Statt auf strategische Ziele legte er den Nachdruck wieder auf die Erledigung der von Tag zu Tag anfallenden Geschäfte und Einzelheiten.

Bei der Fusion von unterschiedlichen Unternehmen sind gespannte persönliche Beziehungen an der Spitze nichts Ungewöhnliches. Gegensätzliche Persönlichkeiten können aufeinanderprallen, oder ein Manager dominiert einen anderen, oder eines der beiden Unternehmen trägt den größten Teil zum Gewinn bei, oder eine unternehmerisch aktiv geführte Firma ist von einem konservativ geleiteten Unternehmen aufgekauft worden. Bei der Hochzeit kontrastreicher Firmenpaare sind solche Leiden ganz alltäglich.

Die Liste der Gescheiterten wird mit der Intensivierung der Fusionsbewegung im Konglomeratsstil immer länger. Ein interessantes Beispiel ist der Aufkauf des erfolgreichen Wertpapierunternehmens Salomon Brothers durch die im internationalen Rohstoffhandel tätige Phibro Corp. 1981. Das neue Unternehmen Phibro-Salomon Inc. wurde zunächst als Holdinggesellschaft aus den beiden selbstbewußten und unabhängigen Komponenten organisiert. Vor der Fusion hatte Salomon Brothers unter einem ungünstigen Verlauf des Wertpapiergeschäfts gelitten, während Phibro aus inflationären Preisbewegungen in den Rohstoffmärkten, vor allem am Erdölmarkt, hohe Gewinne erzielte. Nach der Fusion kehrten sich die Verhältnisse um. Salomon erhielt Auftrieb durch ein expandierendes Wertpapiergeschäft, so daß sich unter den Managern der nunmehrigen Tochtergesellschaft zunehmend Unruhe darüber ausbreitete, das inzwischen erlahmte Rohstoffgeschäft von Phibro in der Holdinggesellschaft mittragen zu müssen. Die Schwankungen bei den geschäftlichen Erfolgen machten wegen des persönlichen Führungsstils des Chefmanagers von Salomon einen Kampf um die Vorherrschaft unumgänglich. Der leidenschaftlich auf Wettbewerb eingestellte, kämpferische Chefmanager von Salomon, John H. Gutfreund, gewann schließlich die Schlacht um die Führung der Holdinggesellschaft. Die Gründe für die ursprüngliche Zusammenführung von Salomon und Phibro als gleichberechtigte Partner verloren in seinen Augen zusehends an Gewicht. Zwar könnte Salomon von den überseeischen Verbindungen der Phibro Corp. profitieren, doch Gutfreund sieht keine Möglichkeit, »wie wir (Salomon) ihnen helfen können«. So war es nur konsequent, daß Phibro-Salomon Inc. am 28. Oktober 1985 eine Umstrukturierung des Unternehmens bekanntgab, »die auf nichts weniger als die Auflösung der historischen Grundlage von Phibro, Philipp Bros, hinausläuft«.* Inzwischen (1986) ist Phibro-Salomon in Salomon Inc. umbenannt worden, und es folgte eine Reihe von Schritten, mit denen das Unternehmen Abstand vom Rohstoffhandel gewinnt.

Wenn sich ein Unternehmen durch Firmenübernahmen auf Gebiete vorwagt, von denen es nichts versteht oder lernen will, so fordert es Schwierigkeiten heraus. Viele Erdölgesellschaften stießen bei ihrer Diversifikation zunächst probeweise in verschiedenste Branchen vor. Wenn sie es heute noch einmal zu entscheiden hätten, so würde Mobil die Übernahme von Marcor, Standard Oil of California die Minderheitsbeteiligung von American Metal Climax, Standard Oil of Indiana den Aufkauf von Cyprus Mines und ARCO sowie Exxon die Übernahmen von Anaconda beziehungsweise Reliance Electric vermutlich nicht wiederholen. Nach dem ersten Aufflackern des Interesses an Diversifikation in fremde Branchen ziehen es die Erdölgesellschaften heute vor, möglichst nahe bei ihrer vertrauten Umgebung zu bleiben. Frühere Enttäuschungen bei der Diversifikation sind nicht unbedingt auf grundsätzliche Fehler in den Strategien zurückzuführen, sondern auf den eingefleischten und nicht anpas-

* *Business Week*, 11. 11. 1985. Einen interessanten Eindruck von John H. Gutfreund vermittelt Paul Ferris in seinem Buch *Das Milliardenkartell*, ECON Verlag, Düsseldorf, Wien, New York 1986, S. 131–134.

sungsfähigen Stil des Ölmagnaten, der eine langfristige Koexistenz mit den von ganz anderen Unternehmenskulturen geprägten übernommenen Geschäftszweigen unwahrscheinlich machte. Unter diesen Umständen diente jeder Konjunkturrückgang in der Branche der übernommenen Firma als Entschuldigung für die Aufgabe einer Diversifikationsstrategie, die ohnehin nur halbherzig verfolgt worden war.

Chefmanager, die ihren Platz nicht räumen wollen

In den meisten Organisationen müssen die Mitarbeiter bei der Erreichung eines bestimmten Alters ihren Platz räumen, doch in Unternehmen kann es sein, daß der Chefmanager von dieser Regelung ausgenommen ist. Besonders die dominierenden Chefmanager bleiben gern im Amt, wenn sie nicht zum Abgang gezwungen werden. Sie setzen ihre eigenen Regeln und Zeitpläne fest, und manche schwören, so lange auf ihrem Posten zu bleiben, bis sie ihre Ziele erreicht haben. Eine lange und dominierende Amtsführung eines Chefmanagers droht aber fähige designierte oder potentielle Nachfolger zu ersticken oder zu frustrieren und das Mittelmanagement auszudünnen, weil manche gute leitende Angestellte unter diesen Umständen die Firma wechseln.

Das bringt ein Unternehmen in mehrere Schwierigkeiten. Erstens, wenn der Chef stirbt oder endlich geht, kann die Vakanz von einem nicht systematisch auf sein Amt vorbereiteten Nachfolger bewältigt werden? Zweitens, die Strategie des unternehmerisch dominierenden Vorgängers war in diesen Fällen in der Regel seine ganz persönliche. Welche Strategie soll nun der neue Chef verfolgen? Dafür fehlen ihm Richtlinien, und die »unternehmerische« Persönlichkeit des Vorgängers hat er vermutlich auch nicht. Drittens gibt es noch die Chefmanager, die ihr Amt abgeben, aber in anderer Funktion die Zügel in der Hand behalten. Sie stören den Übergang zu einer neuen Hierarchie sowie die Durchführung überfälliger Reformen oder die Revision überholter Strategien und Handlungsweisen. In *Tabelle 6* sind

Tabelle 6
Chefmanager vom Typ des Konglomeratsunternehmers, die 1984 noch im Amt waren

Unternehmen	Chefmanager
Allegheny International	Robert J. Buckley
Allied Corporation	Edward L. Hennessy
City Investing	George F. Scharffenberger
Colt Industries	George Strichman
Figgle International	H. E. Figgle jr.
Fuqua Industries	J. B. Fuqua
W. R. Grace	Peter Grace
Kidde	Fred R. Sullivan
Northwest Industries	Ben W. Heineman
Occidental Petroleum	Dr. Armand Hammer
Ogden	Ralph E. Ablon
Teledyne	Dr. Henry E. Singleton
United Technologies	Harry Gray

einige prominente Chefmanager vom Konglomeratsunternehmertyp aufgeführt, die 1984 noch immer im Amt waren. Ohne einen Abgang dieser Chefmanager wird die Entwicklung zu einem professionellen Management aufgeschoben. Und der Nachfolger könnte eine verknöcherte oder ausgemergelte Managementstruktur vorfinden.

Eine Variante dieses Nachfolgeproblems findet man bei den Unternehmen im Familienbesitz, in denen die Eigentümer die Zügel in den Händen behalten, obwohl ihnen die notwendige Ausbildung im Management fehlt. In den meisten Großunternehmen ist das Management schon vor längerer Zeit von Familieneigentümern auf professionelle Manager übergegangen. Unternehmen wie Norton und Stone Container haben in der jüngeren Vergangenheit den reibungslosen Übergang auf nicht zur Familie gehörende Chefmanager vollzogen. Auch bei Hallmark wurde der Wechsel eingeleitet. Der geschäftsführende Vizepräsident, Irv Hockaday, ist das erste Mitglied des Spitzenmanagements, das weder zur Gründerfamilie Hall gehört, noch vor seiner Ernennung viele Jahre im Unternehmen gearbeitet hatte. Hockaday hat die Entscheidungsbefugnis für Firmenübernahmen und führt dieses ehrwürdige Familienunternehmen zielstrebig in neue Branchen wie Spezialverlage, Rundfunk, Pastellstiftherstellung, Versicherungswesen und Computer-Software.

Ein professioneller Manager an der Spitze eines Unternehmens ist noch keine Garantie für die Entwicklung einer überlegenen Strategie, doch er ist eine unvermeidliche Stufe in der Entwicklung eines Konzerns. Von Eigentümern geleitete Unternehmen, die sich auf diesen Schritt vorbereiten, bewältigen den Übergang am besten. Unterbleibt die Vorbereitung, so wird das Unternehmen einer Periode von Anpassungen auf Biegen und Brechen ausgesetzt, wenn es sich mit einem zur Selbstverteidigung schlecht gewappneten Managementteam zu Wettbewerbsschlachten gegen konkurrierende Firmen am Markt rüsten muß.

III

Anforderungen an den Aufbau eines Mischkonzerns

I

Für den Wandel planen

Strategie erzeugt Struktur. Während der Weiterentwicklung eines Unternehmens, die in der Strategie begründet liegt, paßt das Management die organisatorische Struktur den neuen Gegebenheiten an.

Zur Strategie gehören auch Pläne. Sogar Großunternehmen, die in einer einzigen Branche tätig sind und seit langem eine bewährte Strategie verfolgen, betreiben gewöhnlich eine routinemäßige Planung. Sie haben es relativ einfach. Dagegen kompliziert sich die Planungsarbeit mit der Diversifikation in unterschiedliche Branchen eklatant.

Konglomerate müssen die Bögen der Anforderungen an ihre Planung weiter spannen als jede andere Unternehmensform zuvor. Bei ihnen werden die schon immer schwierigen Entscheidungen über die Verteilung der knappen Investitionsmittel durch die Risiken und Chancen der Diversifikation noch weitaus komplizierter. Diversifizierende Unternehmen können übernommene Firmen und Betriebe auch wieder verkaufen und tun dies auch häufig. Wiederverkäufe sind in der Konglomeratsstrategie so üblich geworden wie Fusionen und Übernahmen. Die Strategieänderungen der Konglomerate stellen extrem hohe Anforderungen an die Planungsarbeit.

Die Notwendigkeit einer Planung zur Durchsetzung der Strategie ist einleuchtend. Ebenso klar ist, wenn es auch selten ausdrücklich hervorgehoben wird, daß für gänzlich verschiedene Strategien auch unterschiedliche Planungssysteme erforderlich sind. Das Problem bei der Diversifizierung in andersartige Branchen ist, wie man von einer auf ein integriertes Unternehmen abgestimmten Planung auf eine Planung übergeht, die auf die lockere administrative Struktur des aus diversen Teilen bestehenden Konglomerats zugeschnitten ist.

Das für ein einzelnes Gebiet richtige Planungssystem kann sicher nicht von Unternehmen kopiert werden, die in den verschiedensten Bereichen tätig sind. Beispielsweise können Consolidated Foods kaum die gleichen Planungsgrundsätze von Nutzen sein, die bei der J. M. Smucker zu zufriedenstellenden Resultaten führen, obwohl beide Unternehmen in der Lebensmittelbranche tätig sind. Während Consolidated Foods aktive Phasen der Diversifikation mit Käufen und Verkäufen von Unternehmen hinter sich hat, gab sich die J. M. Smucker Co. mit der Festigung ihrer Position als Marktführer in ihrer relativ kleinen Nische des US-Lebensmittelmarkts mit seinem Jahresumsatz von vielen Milliarden Dollar zufrieden. Das fehlende Glied in der Fachliteratur über Unternehmensplanung ist der Unterschied zwischen der Planung für einen Konzern wie Consolidated Foods und der Planung für Unternehmen wie Smucker.

Um eine militärische Analogie zu gebrauchen: Unternehmen, die in unterschiedliche Branchen vorstoßen, brauchen sowohl kühne strategische Initiativen, sie sind aber auch auf eine systematische Taktik angewiesen, mit der die Feinde geschwächt werden können. Die Konglomerate müssen also ein neues Arsenal von taktischen und strategischen Waffen entwickeln, mit denen sie sich in die richtigen Märkte einschleusen, die optimale Mischung von Geschäftszweigen erzielen und ihre finanziellen und sonstigen Mittel bestmöglich einsetzen. Die Erreichung strategisch wichtiger Positionen in verschiedenen Märkten erfordert eine andere Planung als die traditionelle zur Gewinnung von Marktanteilen in der vertrauten Branche und zur Steigerung der Gewinnmargen. Sie verlagert den Nachdruck auf die vom Chefmanager zu beaufsichtigende Planung für den Gesamtkonzern, die getrennt von der Planung der laufenden Produktions- und Geschäftsabläufe für die Konzernkomponenten zu erfolgen hat. Wie in einer Schlacht lenkt der Oberbefehlshaber die Gesamtstrategie, während die Kommandeure an der Front ihre eigene Taktik zu entwickeln haben. Beide Bereiche sind wesentlich – und keiner kann den anderen ersetzen.

Die gegenwärtigen Probleme bei der Planung

Wie man Pläne zum Ausstechen der Konkurrenten entwirft, war für Unternehmen schon immer eine Frage von höchster Priorität. Seit der Mitte der fünfziger Jahre haben neu entwickelte Instrumente der Planungstechnik und eine neue Spezies von Stabsexperten zur Formalisierung und Raffinesse der Unternehmensplanung beigetragen. Nimmt man noch die Tausende von Unternehmensberatern hinzu, so hat man ein ganzes Heer von Experten, die sich dem widmen, was heute »strategische Planung« genannt wird. Doch ihre Arbeit löst offensichtlich bei vielen Unternehmen Zweifel aus. Booz, Allen & Hamilton befragten die Firmen, die an einer Konferenz der Zeitschrift *Business Week* über Unternehmensplanung teilnahmen, und stellten fest, daß »80 Prozent der 145 teilnehmenden Firmen angaben, sie seien mit den armseligen Resultaten ihrer strategischen Planung unzufrieden«.*

Planung wird zwar aus Überzeugung weiter betrieben, doch werden die daran geknüpften Erwartungen nüchterner. Spitzenmanager, die sich zunächst begeistert und fast ohne Vorbehalt auf sie stürzten, sind jetzt nicht mehr so naiv. Diese Ernüchterung war unvermeidlich. Erstens wurde die Idee mit enorm überzogenen Versprechungen angeboten. Förmliche Planungssysteme gewannen so von Anfang an eine große Stoßkraft und walzten jegliche Kritik nieder, daß sie den Versprechungen nicht gerecht werden könnten.

Zweitens wollten die Unternehmen an den Wert der Planung glauben – so wie sie anfänglich die Einführung der Computer in den Bürobetrieb euphorisch begrüßten. Computer, so dachte man, würden die Manager davon entbinden, unrealistische Entscheidungen zu fällen. Ihre ungeheuren Speicher- und Berechnungskapazitäten versperren allerdings den Blick in anderer Beziehung. Schließlich lernten Manager aber, wie sie Computer benutzen konnten, um ausgewogene Entscheidungen zu treffen.

* John D. C. Roach, *From Strategic Planning to Strategic Performance; Closing the Achievement Gap*, in: *Outlook*, Frühjahr 1981, S. 19.

Ganz ähnlich blähten formale Pläne zunächst die an sie geknüpften Erwartungen auf. Mit besserer Planung, so wurde angenommen, müßten die Gewinne einfach steigen. In den siebziger und frühen achtziger Jahren wurde dieser Zusammenhang zwischen Planung und Gewinnen jedoch zweifelhaft, als Konjunkturschwankungen die Annahmen in Frage stellten, die die Grundlage der Planung bildeten. Gute Pläne sind hilfreich, aber keine Allheilmittel. Viele Unternehmen schnitten mit Planung nicht besser ab als zuvor ohne sie. Planung bringt echte Vorteile – sie ist beispielsweise ein Mittel zur besseren Kommunikation zwischen den Entscheidungsträgern eines Konzerns und zur Koordinierung ihrer Aktivitäten – aber sie ist kein Ersatz für gesunde Geschäftspraktiken und Urteilsvermögen.

Ein Problem war die Unklarheit des Konzepts. Nehmen wir an, ein neu eingestellter Planer sollte ein neues Planungssystem einführen. Welche Richtlinien sollte er oder sie dabei befolgen? Neue Planer tendierten dazu, existierende Systeme zu imitieren, und die meisten ausgereiften Systeme, die geschaffen wurden, entpuppten sich als nicht viel mehr als Verzierungen des traditionellen Budgetierungsprozesses. Langfristige Planung kam in den fünfziger Jahren in Mode. Grundsätzlich bedeutete sie, daß Unternehmen eine längerfristigere und umfassendere Einschätzung künftiger Trends vornahmen. Die langfristige Planung wurde als »absolutes« System gepriesen, das Firmen in die Lage versetzte, sich systematisch auf die langfristige Zukunft vorzubereiten.

Schließlich wurde eine Routine für die Langfristplanung standardisiert. Dabei setzte sich aber die Tendenz durch, einen auf ein Jahr beschränkten Planungszyklus zum Modell für die Planer zu machen, wie er in *Abbildung 13* dargestellt wird, wobei es Modifikationen zur Anpassung an besondere Fälle geben konnte.

Mehr und mehr Unternehmen wurden langfristige Planer oder behaupteten, sie hätten langfristige Planungssysteme. Eine Flut von Artikeln über Pläne, Strategie und strategisches Planen drohte eine Überinformierung zu bewirken. Praktiker, Akademiker und Unternehmensberater bemühten sich um diese modische, aber keineswegs neue Dimension des Managements.

Trotz der technischen Verbesserungen und der Aufmerksam-

Abbildung 13
Typischer Jahreszyklus der Unternehmensplanung

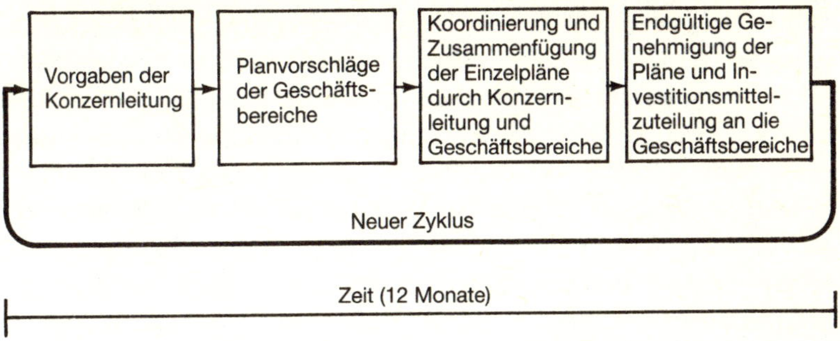

keit, mit der die langfristige Planung überschüttet wurde, blieb der Blickwinkel bemerkenswert eng. Läßt man alle schmückenden Ausführungen beiseite, so war das einzige in der Fachliteratur beschriebene formale Instrument für die langfristige Planung auch schon im konventionellen Planungszyklus enthalten. Der Zyklus bezog sich auf zwölf Kalendermonate, wenn es auch hieß, er sei auf die Belange der langfristigen Planung abgestimmt. Am Ende jedes Planjahrs waren die Budgets der verschiedenen Komponenten und Abteilungen des Unternehmens für den nächsten Zyklus zu genehmigen. De facto war es ein System zur kurzfristigen Verteilung der Investitions- und Betriebsmittel und wurde von Budgets und Plänen für den laufenden Geschäftsbetrieb gespeist. Es war auf die Deckung des Bedarfs der Unternehmensabteilungen oder Tochtergesellschaften ausgerichtet, der sich aus ihrem fortlaufenden Betrieb ergab. Damit war und ist das System denkbar ungeeignet für Umstrukturierungen und Strategien des Gesamtkonzerns.

Während also für die Planung des laufenden Geschäftsbetriebs gesorgt war, wurde kaum jemals erwogen, die Planung für den Wandel zu strukturieren – *dauerhaft* organisatorisch und mit unternehmensphilosophischem Rüstzeug in den Firmen zu verankern. Es gibt eine Reihe von Verfahren, mit denen von Fall zu Fall ein Wandel eingeplant wird. Einige Unternehmen bilden Arbeitsausschüsse, die sich mit auftretenden Problemen oder gerade ins Auge gefaßten Zielen beschäftigen. Andere Firmen bilden Projektgruppen, die spezielle Vorschläge zur Umstrukturierung zu untersuchen haben. Wieder andere verlassen sich auf externe Ratgeber wie Investmentbanken, Unternehmensberater und sonstige Außenstehende, oder sie konsultieren Mitglieder des eigenen Direktoriums. Der Chefplaner des Konzerns ist somit oft Vorsitzender einer Reihe von Ausschüssen, die sich mit der Lösung dringlicher Probleme beschäftigen. Übernahmen und Wiederverkäufe werden in den meisten Großunternehmen gründlich untersucht, und man hat festgestellt, daß die Methode von Fall zu Fall anders ist. Es gibt keine ausdrückliche und langfristige Strategie des Wandels.

Aber es existiert eine Fachsprache für angeblich langfristiges Planen. Aus »langfristiger Planung« wurde dabei »strategische Planung«. Das ließ sie gegenüber früheren Planungsmodellen wichtiger erscheinen, doch sie wurde nie genau definiert. Das Wort »strategisch« tauchte wie ein unerläßliches Eigenschaftswort zu jedem Aspekt jedweden Plans auf, und noch dazu in Verbindung mit vielen Themen, die nichts mit Planung zu tun haben. So konnte ein Planer nie zugeben, daß es *nicht*strategische Planungsweisen gibt. Die würden dann ja unwichtigen Zielen dienen. Entgegen seinem weit verbreiteten Mißbrauch wird in den folgenden Erörterungen nur ein äußerst sparsamer Gebrauch von dem Begriff *»strategische* Planung« gemacht, um die beiden Schlüsselelemente herauszustellen, die der gesamten Unternehmensplanung – strategischer und nicht strategischer – ihren besonderen Charakter geben:

1. Wo wird geplant?
2. Was für eine Art von Planung ist notwendig?

Wo wird geplant? Der Unterschied zwischen Konzernplanung und Planung in den verschiedenen Geschäftszweigen

Planung kann an der Konzernspitze oder aber in den einzelnen Geschäftszweige oder Tochtergesellschaften erfolgen, je nachdem, ob das Unternehmen durch Diversifikation oder intern, durch Entwicklung der bestehenden Geschäftszweige, wachsen will. Die eine oder die andere Strategie entscheidet darüber, wo der Konzern den Schwerpunkt legt. Wenn eine erfolgreiche Strategie des internen Wachstums verfolgt werden soll, wie im Fall von J. M. Smucker, so bleibt die Planung Sache der Geschäftszweige. Sie sind selbst dafür verantwortlich, Gewinne zu erzielen, und sollten deshalb die dafür erforderlichen Strategien und Pläne eigenverantwortlich entwickeln. In solchen Fällen bleibt die Beteiligung der Konzernleitung an der Planung begrenzt. Die Konzernspitze koordiniert und prüft vielleicht die verschiedenen Pläne der Bereiche und Tochtergesellschaften, aber Formulierung und Realisierung bleiben denen überlassen, die sich in den Märkten und Wettbewerbsverhältnissen auskennen und auch dafür verantwortlich sind, die gewünschten Ergebnisse zu erzielen.

Wenn der gesamte Konzern umstrukturiert wird, reicht die dezentralisierte Planung aber nicht mehr aus. Den Managern der verschiedenen Bereiche fehlen die Gesamtübersicht und die Objektivität, die notwendig sind, um Veränderungen für den gesamten Konzern planen zu können. Nur an der Spitze können die Entscheidungen gefällt werden, deren Auswirkungen quer durch den Gesamtkonzern gehen. Je nach Situation kann es Gründe dafür geben, die Effizienz bestimmter Geschäftszweige zu steigern oder aber durch Veränderungen in der Zusammensetzung der Geschäftszweige zu einer höheren Konzerneffizienz zu kommen. Mesta Machine konnte aber noch so effizient arbeiten – das Unternehmen kam nicht gegen die sinkende Nachfrage für seine Produkte an. Schrumpfende Märkte bieten Unternehmen auch dann nur trübe Zukunftsaussichten, wenn sie mit modernster Technik und größter Wirtschaftlichkeit betrieben werden. Umgekehrt sind auch rapid wachsende Märkte kein Heilmittel für unfähiges Management. Unabhängig von der Gesamtstrategie eines Konzerns bleibt es also notwendig, aus jedem einzelnen Betrieb und Geschäftszweig die maximale Leistung herauszuholen.

In manchen Fällen kann es bei einer erfolgreichen langfristigen Strategie bleiben. Smucker, McDonald's oder K mart legen jedes Jahr hervorragende Bilanzen vor und bleiben stets bei ihrem Kerngeschäft. Doch mehr und mehr Unternehmen finden Gründe für eine Diversifizierung ihrer Geschäftstätigkeit und müssen als Konsequenz ihre Planung umstellen. Konglomerate sind extreme Beispiele für die Abwendung von der Abhängigkeit von einer einzigen Branche. Mehr noch: Breitgefächerte Diversifikation befreit ein Unternehmen auch aus der Abhängigkeit von der Summe seiner Teile: Betriebe und Geschäftszweige, die keine oder zu geringe Gewinne erzielen, können verkauft und dafür andere Firmen erworben werden, um die Gesamtleistung des Konzerns zu steigern.

Die Planung sollte bei den Leitern der Geschäftszweige bleiben, solange nur in diese laufenden Betriebe investiert wird. Wenn ein Unternehmen aber seine Tätigkeit aktiv diversifiziert, muß die Konzernleitung den Primat der Planung für sich beanspruchen und dazu ihr eigenes Planungsinstrumentarium entwikkeln. Je mehr ein Unternehmen bestrebt ist, sein Profil zu verändern, desto untauglicher wird eine formale in den Geschäftszweigen verankerte Planung.

Da die Tendenz zur Diversifikation in unterschiedliche Branchen erst in jüngerer Zeit angestiegen ist, haben es aber viele Unternehmen versäumt, ihr Planungssystem dem Unterschied anzupassen, der zwischen der Planung des laufenden Geschäftsbetriebs und der Planung besteht, die von diesen Unternehmenszweigen wegführen soll. In den meisten Firmen wurde die gesamte Planung von den professionellen Planern der Hauptverwaltung beaufsichtigt. Sie traten ihre Stellung gewöhnlich mit wenigen konkreten Vorstellungen an. Je passiver der Chefmanager sich verhielt, desto mehr versuchten sie, bei der Entwicklung der Pläne für die verschiedenen Geschäftszweige eine aktive

Rolle zu spielen. Diesen Einmischungen wurde jedoch später entgegengewirkt: Chefmanager, die von den Ergebnissen dieser strategischen Planung enttäuscht waren, verkleinerten die zentralen Planungsabteilungen und verankerten die Verantwortung für die Planung stärker bei den einzelnen Geschäftszweigen, ohne aber zu berücksichtigen, ob die Strategie des Gesamtunternehmens eigentlich dazu geeignet war, die Initiative den Geschäftszweigen zu überantworten.

Das Herumexperimentieren bei der Suche nach einer zur Strategie passenden Planungsweise ist seit je ein grundlegendes Problem der sogenannten strategischen Planung gewesen, die erst als ein mächtiger neuer Motor zur Steigerung der Gewinne und dann als verfehlter Versuch angesehen wurde. Die Planer wurden schließlich von den enttäuschten Managern zu Sündenböcken gemacht. In Unternehmen ist es ja Tradition, die Mannschaft und nicht den Trainer zu feuern.

General Motors ist ein eindrucksvolles Beispiel für falsche Handhabung der strategischen Gesamtplanung eines Unternehmens. Obwohl der Chefmanager, Chairman Roger B. Smith, 1971 selbst die strategische Planung an der Spitze von GM einführte, gab er sie schließlich auf, nachdem mehrere Versuche, sie zum Funktionieren zu bringen, fehlgeschlagen waren. Jetzt ist die Planung dezentralisiert, und die Geschäftsbereichsleiter sind verantwortlich für die Planung innerhalb ihrer eigenen Geschäftsbereiche. So hätte es natürlich immer sein müssen, denn GM bemühte sich damals, ein effizienterer Automobilhersteller zu werden. Bei dieser Strategie konnte eine Schar von Planern an der Unternehmensspitze, die den Geschäftsbereichen vorschrieb, wie sie ihre Tätigkeit zu planen hatten, nur die Initiative der Geschäftsbereichsmanager ersticken und ihre Flexibilität einengen. Die Leitung des Gesamtunternehmens kontrollierte auch nach der Abschaffung der zentralen Planung noch die Finanzen, sie konnte also entscheiden, welche Einzelpläne in welchem Umfang finanziert wurden. Damit behielt der Chefmanager eine praktisch unbeschränkte Macht, und doch konnten die Geschäftsbereichsleiter ihre eigenen Strategien und Pläne entwerfen.

Die Planungsabteilung an der Spitze eines Konzerns sollte die Planer der verschiedenen Geschäftszweige unterstützen und ihre Pläne zu einem Gesamtbild der künftigen Stoßrichtung des Konzerns zusammenfügen. Sie können aber nicht verantwortlich für die Ausarbeitung detaillierter Pläne sein, wenn sie zu deren Verwirklichung nicht berechtigt sind. In *Abbildung 14* wird zwischen den Ebenen der Unternehmensplanung unterschieden, die strikt auseinandergehalten werden müssen. Jede Ebene hat ihre eigenen, in der Abbildung angegebenen Aufgaben.

Wenn ein Unternehmen seine Struktur verändert – durch Firmenübernahmen, Verkäufe von Unternehmensteilen oder bedeutende Reorganisationsmaßnahmen –, so müssen an der Konzernspitze die »primären Planungsaktivitäten« vorhanden sein, die in *Abbildung 14* aufgezeigt werden, denn es muß dabei ganz andere Funktionen erfüllen als bei der »koordinierenden Planung«, mit der andere Planer an der Konzernspitze die Pläne der einzelnen Geschäftszweige überprüfen, sie zu einem Gesamtplan zusammenfügen. Da GM jetzt aber zu einer bedeutenden Umstrukturierung einschließlich des Erwerbs von Firmen außerhalb der Kfz-Branche entschlossen ist, kann es sich der Konzern nicht mehr leisten, sich weiter nur auf die Planungsdirektiven seiner Bereichsleiter zu verlassen.

Der Aufstand gegen die strategische Planung ging teilweise auf die Verwirrung über die Rolle zurück, die von den auf der zentralen Konzernebene tätigen Planern zu spielen war. Auf einer Ebene ist die Konzernplanung in den jährlichen Planungszyklus eingebunden. Sie beginnt den Planungsprozeß dann gewöhnlich mit der Vorgabe von Richtlinien und Annahmen, die in die Pläne der verschiedenen Geschäftszweige aufzunehmen sind, beispielsweise Standardvoraussagen über die wirtschaftliche Entwicklung oder andere das gesamte Unternehmen betreffende Fragen wie den Energieverbrauch oder die Lohn- und Preissteigerungen. Danach werden detaillierte Betriebspläne für das Planjahr aufgestellt. Die zentralen Konzernplaner und die Planer der einzelnen Geschäftszweige bügeln etwa auftretende Interpretationsunterschiede aus, und der endgültige Plan wird der Konzernleitung zur Überprüfung vorgelegt. Auf der Grund-

Abbildung 14
Planungshierarchie auf Konzern- und Geschäftsebene

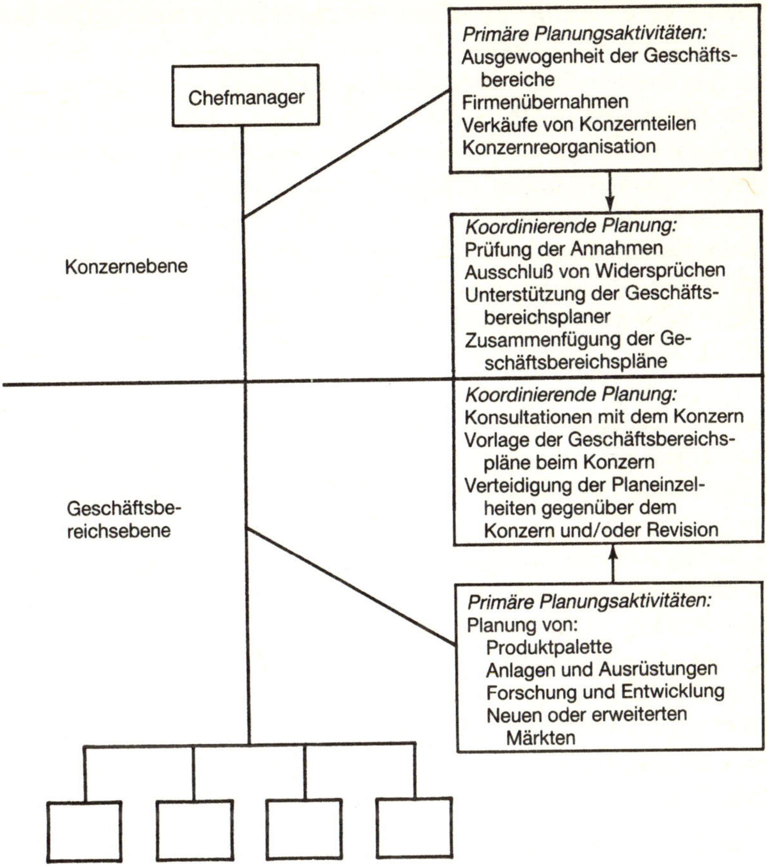

lage dieses Dokuments werden die Betriebs- und Investitionsmittel intern zugeteilt.

Ein einmaliges koordinierendes Eingreifen der Konzernzentrale innerhalb des jährlichen Plans ist das Minimum, das permanent zur Planung fast jedes Großunternehmens gehört. Die Planer der Hauptverwaltung helfen bei der Einzelbereichsplanung und gewährleisten damit einen reibungslosen Ablauf des Betriebssystems. Sie haben jedoch keine Vollmachten, mit denen sie sich über die Anweisungen der Planer der Geschäftszweige hinwegsetzen könnten. In dieser oder in jeder Situation, in der die Zukunft eines Unternehmens von laufenden Unternehmenstätigkeiten bestimmt wird, sitzen die Manager der einzelnen Geschäftsbereiche am längeren Hebel; wenn es zu einer Konfrontation mit ihnen käme, so würden die zentralen Planer gewöhnlich den kürzeren ziehen. Chefmanager opfern lieber Mitarbeiter in beratenden Funktionen als Manager, die direkt für die Gewinne verantwortlich sind. Diese Regel für die relativen Machtverhältnisse ist vielleicht der Grund für die weitverbreitete Auffassung, daß Planung strikt in den Verantwortungsbereich der Geschäftsbereichsmanager gehört.

Die Umstrukturierung eines Konzerns zu planen liegt jedoch auf einer ganz anderen Ebene. Weder die Verantwortung dafür noch die Resultate sind mit den Betriebsplänen verknüpft. Einzelbereichsplaner und der jährliche Planungszyklus sind daher für die Planung von Umstrukturierungen denkbar ungeeignet. Direkte Planung, ein eigenes Planungsinstrumentarium für den Wandel ist erforderlich. Für aktiv diversifizierende Unternehmen ist dieses Instrumentarium für die »primären Planungsaktivitäten« von der Konzernspitze aus noch wesentlicher.

Zusammenfassend ist festzustellen, daß eine Koordinierung der Planung aller einzelnen Geschäftsbereiche die Grundvoraussetzung einer guten Planung in diversifizierten Unternehmen ist, eine Notwendigkeit für den Umgang mit der Komplexität von Größe und Vielfalt. Die Funktion der Planungskoordinierung sollte schließlich so allgemein akzeptiert sein wie die Funktionen von Produktion, Marketing und Finanzen. Für aktiv diversifizierende Unternehmen spielen aber die andersartigen primären Planungsaktivitäten an der Spitze des Unternehmens eine ebenso wichtige Rolle. Nur die Hauptverwaltung hat die Übersicht und die Autorität, um Veränderungen des Gesamtunternehmens zu planen. Die Formulierung der Strategie für den Wandel, die Entwicklung spezifischer Pläne dafür und ihre Verwirklichung sind Sache der Konzernleitung.

Je nach den Umständen kann es sich für ein Unternehmen als notwendig erweisen, die Planung auf der Konzernebene oder auf der Geschäftsbereichsebene zu stärken. Vor allem muß aber der Unterschied zwischen beiden erst einmal klar erkannt werden. Bis jetzt sind mir aber keine ernsthaften Anstrengungen bekannt geworden, die sich darum bemühten, auf der Konzernebene eine gesonderte Planungsweise für diversifizierende Unternehmen zu entwickeln. Solange dies nicht geschieht, werden Unternehmen weiter versuchen, ihre Planungsaktivitäten in ein System zu pressen, das für eine vergangene Zeit und eine einfacherere Strategie entwickelt worden war.

Was für eine Planung ist notwendig? Der Unterschied zwischen kreativer Planung und Routineplanung

Zusätzlich zu der Frage, auf welcher organisatorischen Ebene die Planung zu erfolgen hat, muß entschieden werden, ob eine neue kreative oder routinemäßige Planung erforderlich ist. Die Planung muß immer neu entwickelt werden, wenn sich bedeutende Veränderungen der Strategie und der Investitionen abzeichnen. Das kann in einem einzelnen Geschäftszweig eines Mischkonzerns der Fall sein, der seine Wettbewerbsposition und Strategie in dem von ihm bedienten Markt grundlegend überdenkt. Den Wettbewerb mit neuen Konkurrenten auf einem neuen Markt aufzunehmen erfordert ebenfalls kreative Planung, ebenso die Vorbereitung einer erstmaligen Betätigung im Ausland, sei es durch Exporte oder durch Investitionen.

Routineplanung reicht vollkommen aus, wenn ein Unternehmen eine gleichbleibende Strategie verfolgt. McDonald's betont beispielsweise einige wenige Schlüsselelemente wie Sauberkeit, Dienst am Kunden, Verwendung von Qualitätsnahrungsmitteln und Beständigkeit. Das Unternehmen hielt sich an diese Grundsätze und hat damit seine Konkurrenten hinter sich gelassen. Die ständige Wiederholung einer erfolgreichen Verfahrensweise bezeichnen Peters und Waterman in ihrem Buch *Auf der Suche nach Spitzenleistungen* als eines der Geheimnisse herausragender Erfolge. In einem günstigen wirtschaftlichen Umfeld können die Anforderungen an die Planung tatsächlich recht gering sein. McDonald's folgt ständig den gleichen Leitgedanken, so daß sich die Unternehmenspläne zu wiederholen pflegen. Einmal internalisiert, wird eine Routineplanung einen Manager nicht zu kühnen Abenteuern anregen. Das bedeutet nicht, daß diese Pläne unnötig oder unwichtig sind. Es legt jedoch nahe, daß sie nicht den entscheidenden Beitrag zur Erzielung der Gewinne leisten. Die Höhe der Gewinne hängt vielmehr in diesen Fällen von der Sorgfalt ab, die allen Einzelheiten der Betriebsabläufe gewidmet wird.

Für Unternehmen, die ihre Organisationsstruktur oder die Zusammensetzung ihrer Betätigungsgebiete ändern wollen, wird jedoch die zweite, kreative Art der Planung notwendig, wenn kein Mißerfolg eintreten soll. Großfirmen, die sich beispielsweise aus der Konzentration auf den Lebensmittelbereich lösen wollen, wie Pillsbury, General Mills und Consolidated Foods, müssen Planung in einer umfassenderen Weise betreiben als McDonald's. Für aktive Konglomerate ist die kreative Planung unerläßlich. In diversifizierten Unternehmen kann die Planung sowohl auf der Konzern- als auch auf der Geschäftsbereichsebene entweder routinemäßig oder kreativ sein. Die Matrix der *Abbildung 15* kombiniert die Elemente der zwei organisatorischen Planungsebenen und der beiden Planungstypen »kreativ oder routinemäßig«, um zu zeigen, wie sich beide Elemente gegenseitig beeinflussen. Zur Illustration dienen vier je nach ihrer Planung in Quadranten der Matrix eingetragene Unternehmen, wobei es nur um die primären Planungsaktivitäten geht.

General Electric ist beispielsweise ein dynamisches, aber von seinen gegenwärtigen Einzelunternehmen angetriebenes Unternehmen. Da die Strategie von GE darauf ausgerichtet ist, in jedem seiner laufenden Geschäftsbetriebe Höchstleistungen zu erzielen, müssen die einzelnen Geschäftszweige auch die Bürde der Planung tragen. Sie muß wegen der inneren Dynamik der unter starkem Wettbewerbs- und Entwicklungsdruck stehenden

Abbildung 15
Matrix der Planungsstile
(Nach Organisationsebene und Kreativitätsgrad der Planung)

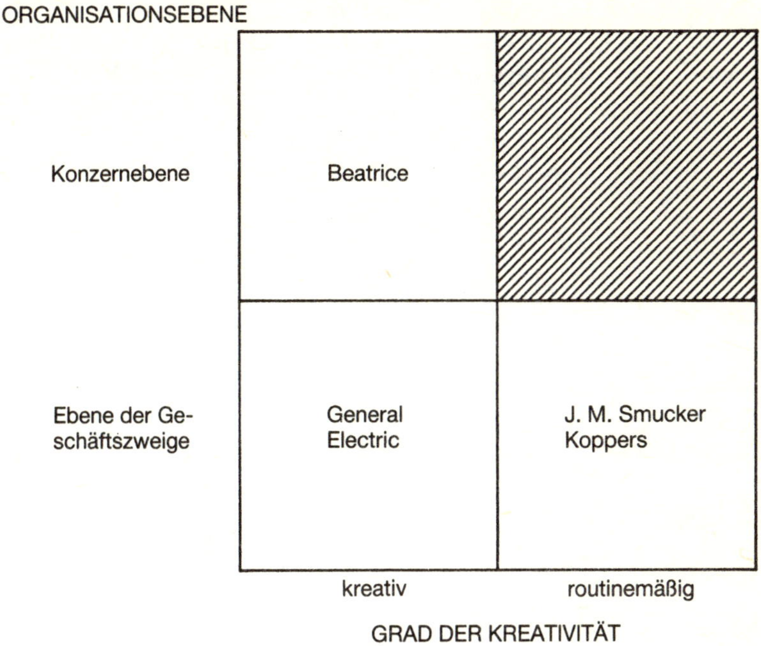

Geschäftszweige kreativ sein. Mehrere dieser Konzernkomponenten sind mit der Entwicklung einer ganzen Serie von Ausrüstungen und Dienstleistungen für die vollautomatisierte Fabrik der Zukunft beschäftigt. Andere sind in aktiver Entwicklung, um auf weiteren Gebieten der Hochtechnologie führend zu bleiben oder es zu werden. Schließlich gibt es auch noch Firmenübernahmen und Verkäufe von Konzernteilen als Teil einer Strategie zur Verbesserung der Wettbewerbspositionen bestehender Geschäftszweige. Allerdings würden einige Geschäftszweige von General Electric, wenn sie selbständige Unternehmen wären, in den unteren rechten Quadranten der *Abbildung 15*

gehören – beispielsweise können die Betriebe zur Herstellung von Glühbirnen und kleinen Haushaltsgeräten kaum noch mit einem nennenswerten Wachstum ihrer Märkte rechnen, so daß sie keine besonders innovativen Strategien brauchen. Sie kommen mit einer Routineplanung aus.

In einem stark diversifizierten Unternehmen wie GE ist eben nicht jeder Geschäftszweig in seiner Tätigkeit in gleichem Ausmaß innovativ – die weniger innovativen Bereiche kommen mit weniger kreativer Planung aus, doch das hohe Ausmaß an innovativer Betätigung vieler wichtiger Geschäftszweige von GE plaziert den Gesamtkonzern in den linken unteren Quadranten der Matrix in *Abbildung 15*.

Natürlich wird sich der Chefplaner für das Haushaltsgerätegeschäft von GE dagegen wehren, daß seine Arbeit als Routine bezeichnet wird. »Mit Produktinnovationen, neuen oder verbesserten Haushaltsgeräten wollen wir größere Marktanteile erringen und damit Umsatzwachstum erzielen – das erfordert kreative Planung«, könnte er beispielsweise sagen. Jede nicht ganz präzise eingegrenzte Definition kann bei der Anwendung auf konkrete Beispiele Anlaß zu Einwänden geben. In unserem Fall sind die Reaktionen ähnlich wie die von Firmenleitern, die sich entweder als »Führer« oder »Manager« einstufen sollen (wobei das Wort Führer in den USA nicht negativ belastet ist). Wenn Professor Abraham Zaleznik von der Harvard-Universität die Teilnehmer an seinen Seminaren für Spitzenkräfte auffordert, sich als Führer oder Manager einzustufen, so sehen sich die Befragten fast ausnahmslos als Führer oder zumindest als Kombination »Führer« *und* »Manager«. Wenige können sich bei dem Vergleich für das weniger dynamische Image des Managers erwärmen, denn Eigenschaften wie »intensiv arbeitend«, »methodisch« und »fair«, die Professor Zaleznik als Orientierungshilfen zur Charakterisierung des Managertyps verwendet, muten gegenüber einigen zur Kennzeichnung des Führernaturells gewählten Begriffen wie »visionär«, »spontan« und »energisch« doch eher provinziell an. So klingt auch »routinemäßig« weniger attraktiv als »kreativ«, wenn von Planung die Rede ist. Dabei wird übersehen, daß auch Routineplanung den Planern viel Können abverlangt.

Trotz aller semantischer Schwierigkeiten bleibt die Unterscheidung zwischen den beiden Planungsarten sinnvoll. Sie führt zumindest zu der in der Fachliteratur oft fehlenden Feststellung, daß Unternehmenspläne nicht für alle Firmen die gleichen vorgedruckten Formulare sein können, in die jedes Unternehmen nur Jahr für Jahr seine spezifischen Zahlen einzutragen braucht. Unternehmen mit unterschiedlichen Strategien brauchen unterschiedliche Pläne. Kreativ- und Routinepläne charakterisieren das Spektrum zwischen Wandel und Stabilität, repräsentiert von rapide diversifizierenden Konglomeraten am einen Ende und gleichbleibenden, nur in einer Branche tätigen Unternehmen am anderen.

Beatrices Position ist an einem extremen Ende des Spektrums anzusetzen. Der Mischkonzern ist nicht nur außerordentlich diversifiziert, sondern sein künftiger Erfolg hängt, anders als bei GE, noch von wesentlichen Umstrukturierungen der Unternehmensgruppe ab. Auch die neue Phase der Verkäufe verschiedener Geschäftszweige erfordert wie die vorangegangene Diversifikation in die verschiedensten Branchen die strikte Lenkung durch die Konzernspitze und ein kreatives Vorgehen bei der Reorganisation der verbleibenden Konzernteile zu einer neuen Familie von Geschäftszweigen. Die Situation läßt Beatrice im oberen linken Quadranten der Matrix von *Abbildung 15* erscheinen – die Planung muß auf Konzernebene erfolgen und schöpferisch sein.

Auch Koppers ist ein stark diversifiziertes Unternehmen. Im Gegensatz zu GE und Beatrice meidet Koppers aber Tätigkeitsgebiete, die spezielle technische oder kaufmännische Innovationen erfordern würden. Das Unternehmen blieb stets in großen, ausgereiften Märkten verankert und tendiert zu einem konservativen Managementstil. In einem solchen statischen Zustand spielt kreative Planung eine relativ geringe Rolle, denn Koppers Erfolg beim Überrunden seiner Konkurrenten bleibt davon unberührt. Statt dessen ist es die Aufgabe der Manager der verschiedenen Geschäftszweige, ihre jeweiligen Konkurrenten am Markt auszustechen. Bevor Koppers nicht neue dynamische Strategien für bedeutende Geschäftszweige oder das Gesamtunternehmen ankündigt, sollten geringfügige periodische Anpassungen der Planung ausreichen. Das läßt eine routinemäßige Planung angemessener erscheinen als eine kreative und weist die Zuständigkeit für die Planung den Leitungen der Geschäftszweige zu. Laufende Feinabstimmung des gegenwärtigen Systems wird Koppers auf seinem jetzigen Kurs halten, bis sich die Strategie ändert und nach mehr Innovation in der Planung ruft.

Auch die Position von J. M. Smucker im unteren rechten Quadranten der Matrix von *Abbildung 15* reflektiert einen nur begrenzten Planungsbedarf, der auf eine im Prinzip gleichbleibende Strategie zur Dominierung des Marmeladen- und Konservensegments des Lebensmittelmarkts zurückgeht. J. M. Smukker ist bei der Verfolgung des Ziels, sich diese Marktnische zu sichern, sehr erfolgreich gewesen. Es liegt somit bei den Managern der verschiedenen Produktabteilungen, die Strategie zu verwirklichen. Während der langen Zeit, in der sich J. M. Smukker auf dem Marmeladen- und Konservenmarkt ständig mit starken Wettbewerbern konfrontiert sah, war die Planung mehr routinemäßig als kreativ, wobei der notwendige Apparat für die rein formale Planung relativ einfach und von eher mechanischer Funktionsweise ist. Wie bei Koppers hängen bei J. M. Smucker Entscheidungen mehr von Grundsätzen und der Gewichtung von Einzelheiten ab als von Risiken und einfallsreichen neuen Strategien.

Der obere rechte Quadrant der Matrix muß zwangsläufig leer bleiben. Theoretisch würde ein Unternehmen in diesem Quadranten routinemäßige Planung auf der Konzernebene betreiben. Das wäre aber ein Widerspruch. Diversifizierte Unternehmen, die routinemäßig planen, verfolgen nur eine Strategie zur Optimierung des laufenden Betriebs der Geschäftszweige, deren Verwirklichung in den Geschäftszweigen geplant werden muß – abgesehen von der koordinierenden Planung auf Konzernebene, die in der Matrix unberücksichtigt bleibt. Für die primären Planungsaktivitäten gibt es demnach nur drei Möglichkeiten: kreative Planung entweder auf Konzernebene oder auf der Ebene der Geschäftszweige und routinemäßige Planung auf der Ebene der Geschäftszweige.

Da es seit mehreren Jahrzehnten einen Trend zur Diversifikation der Unternehmenstätigkeit in unterschiedliche Branchen gibt, wäre zu erwarten gewesen, daß eine wachsende Zahl von Unternehmen in den oberen linken Quadranten der Matrix gewandert wäre. Tatsächlich ist kreative Planung auf Konzernebene jedoch minimal und die Planung auf der Ebene der Geschäftszweige weitaus dominierend geblieben. In Theorie und Praxis blieb es bei der Anschauung von der Wettbewerbsstrategie *innerhalb bestehender Branchenstrukturen.*

Diese Konzentration auf die Planung auf der Ebene der Geschäftszweige ist von dem einflußreichen Buch von Michael Porter, *Competitive Strategy,** noch verstärkt worden. Obwohl es wissenschaftlicher abgefaßt ist als die meisten populären Wirtschaftsbücher, wurde es von den Praktikern begeistert begrüßt. Der Erfolg des Werkes – und das nimmt ihm nichts von seiner hohen Qualität – geht vermutlich zu einem großen Teil darauf zurück, daß die Unternehmen sich durch Porters Ausführungen in dem bestärkt fühlten, was sie hören wollten. Das Buch fordert die Verfeinerung und Verbesserung der vertrauten Wettbewerbsstrategie. Die Planer auf der Ebene der Geschäftszweige brauchten nach dieser Maxime nur nach einer weiteren Sublimierung der traditionellen Planungsmethoden zu streben.

Für die Techniken der Strategieentwicklung und Planung in einem in einer Branche tätigen Unternehmen oder Unternehmensteil ist aus Porters Einsichten sicher viel zu gewinnen, doch verleitet das Buch auch zu dem Schluß, daß die Geschäftszweigebene die einzige ist, für die es sich zu planen lohnt. Es besteht die Tendenz, die »Wissenschaft« der Planung auf dieser Ebene über den weniger wissenschaftlichen, aber häufig noch entscheidenderen Aspekt eines Wandels des gesamten Konzerns zu erheben. In einer Umfrage von Booz-Allen & Hamilton bei 3000 Spitzenmanagern, von denen 86 Prozent mit ihrer gegenwärtigen Unternehmensplanung unzufrieden waren, »ist die weitverbreitete Verwendung von ›verfeinerten‹ Planungstechniken oft als

* *Wettbewerbsstrategie.* A.d.Ü.

ein Hauptfaktor angeführt worden, der zu einem Verfall der innovativen Tätigkeit geführt hat«.*

Schöpferische Planung auf Konzernebene – das fehlende Glied in der Kette

In den fünfziger und sechziger Jahren, als sich die Diversifikationsstrategie in nicht verwandte Branchen mehr und mehr ausbreitete und geradezu nach einer von den Konzernleitungen ausgehenden kreativen Planung schrie, fielen die tatsächlichen Planungsaufgaben professionellen Planungstechnikern des Stabspersonals zu. Statt dynamischer Führung gaben sich die diversifizierenden Unternehmen reiner Analyse hin – ein Trend, der noch heute andauert. Ein einsichtsvoller Kommentar des Gründers von Apple Computer, Stephen P. Jobs, gibt eine präzise Übersicht über die Planungsprobleme großer Firmen, die natürlich noch mehr Gewicht erhalten, wenn es sich um große, in vielen Branchen tätige Unternehmen handelt:

> »Schauen wir einmal zehn Jahre zurück. Polaroid und Xerox wären dann auf jeder Liste der zehn am besten geleiteten Unternehmen gewesen. Warum haben sie in der Zwischenzeit einen falschen Weg eingeschlagen? Wenn Unternehmen derart wachsen, vergrößert sich die Ebene des mittleren Managements enorm . . . Diese Führungskräfte verstehen aber nichts vom Gesamtgeschäft und stören die Kommunikation. Für sie ist ihre Tätigkeit nur ein Job. Das Unternehmen hat am Ende eine Menge mittelmäßiger Leute, die eine dicke störende Betonschicht bilden. Wir versuchen, sie bei Apple so flach wie möglich zu halten.«**

In Japan verfügten die Unternehmen über keine großen Planungsstäbe oder ausgeklügelten Planungsverfahren. Die informelle Planungsweise war für die Position japanischer Firmen bei

* John D. C. Roach, *From Strategic Planning to Strategic Performance: Closing the Achievement Gap, in: Outlook,* Frühjahr 1981, S. 24.
** *Business Week*, 26. 11. 1984, S. 156.

vielen Konfrontationen mit US-Konkurrenten von Vorteil. Der Mangel an spezialisiertem Stabspersonal zwang den Chefmanager, sich stärker auf die Gesamtstrategie des Unternehmens zu konzentrieren und die Chancen flexibel statt nach starrer Mustervorgabe zu beurteilen. Die Chefmanager japanischer Unternehmen waren gezwungen, die kreative Seite der Planung zu schärfen, die mehr auf ihrem unternehmerischen Gespür beruhte als auf der Expertise ihres Stabspersonals. Der Direktor der japanischen Niederlassung der Unternehmensberatungsfirma McKinsey & Company – ein Japaner – drückte es so aus:

> »*Einsicht* ist der Schlüssel zu diesem Prozeß. Weil er kreativ und zum Teil intuitiv ist und oft den Status quo aus den Angeln hebt, mögen die resultierenden Pläne vom Standpunkt der Analytiker aus vielleicht nicht einmal stichhaltig sein. Es ist aber das kreative Element in diesen Plänen, das zusammen mit der treibenden Kraft und dem Willen des Gehirns, das sie geschaffen hat, diesen Strategien ihre außerordentliche Wirksamkeit im Konkurrenzkampf gibt.«*

Interessanterweise glaubt der gleiche Fachmann jetzt, daß dieser informelle Stil der von der Unternehmensspitze verfolgten Strategie von einer disziplinierteren Konzernplanung abgelöst werden muß. Die persönlichen Initiativen der Vergangenheit werden den komplexen Anforderungen der Zukunft nicht gerecht. Doch die Konzentration auf die oberste Konzernebene wird erhalten bleiben. Während sich bedeutende US-Unternehmen darum bemühen, die strategische Planung auf noch tiefer gelegene hierarchische Stufen zu verlegen, »bewegt sich eine Reihe von japanischen Unternehmen in die entgegengesetzte Richtung . . . Japanische Firmen lernen, daß eine Überbetonung der Planung auf der Ebene der Geschäftszweige gefährlich sein kann.«**

Werden die Planungen amerikanischer Unternehmen von denen ihrer japanischen Konkurrenten wieder übertrumpft werden? Wenn die Lektionen der Vergangenheit von den US-Un-

* Kenichi Ohmae, *The Mind of the Strategist,* New York 1982, S. 2.
** *Business Week,* 1. Oktober 1984, S. 71.

ternehmen nicht besser assimiliert werden, besteht diese Gefahr. Was in vielen US-Unternehmen strategische Planung genannt wird, ist nicht viel mehr als eine Reaktion auf Krisen. In ihrer Enttäuschung über die von den Konzernplanungsstäben orchestrierte strategische Planung haben die Konzernleitungen die gesamte Verantwortung für die Planung auf die Manager der Geschäftszweige übertragen. Damit wird die Rolle der Konzernleitung bei der Planung eingeschränkt, statt daß ihr eine zentrale Bedeutung eingeräumt wird.

Spitzenmanager von diversifizierenden Unternehmen, die sich bei der Planung entweder auf Stabspersonal in der Konzernleitung oder auf Planer der Geschäftszweige verlassen, verstoßen gegen ihre Pflichten als Chefstrategen ihrer Konzerne. Sie verlassen sich auf Verfahrensweisen, die keinen Raum für schöpferische Initiativen und unternehmerische Weitsicht bieten. Die Planer der Geschäftszweige haben keine Autorität, die sie in höheren Konzernetagen ausüben könnten, und ihre Sicht wird durch die realen und vermeintlichen Interessen ihres Verantwortungsbereichs eingeengt. Daraus ergibt sich die Zwangsläufigkeit einer eigenen Konzernplanung unter direkter Führung des Chefmanagers, wie sie in *Abbildung 16* schematisch dargestellt wird. Die Konzernplanung hat die Funktion der Lenkung und Koordinierung der Planung auf der darunterliegenden Ebene der Geschäftszweige, sie geht also über Koordinierung und Unterstützungsleistungen hinaus, auf die sie beschränkt bleibt, wenn den Geschäftszweigen die volle Verantwortung für ihre Planungen überlassen wird. Drei Regeln sollten beim Aufbau des Systems für die »primären« Konzernplanungsaktivitäten beachtet werden: Die Zahl der Mitarbeiter muß klein bleiben, und das System ist flexibel zu gestalten und nicht auf ewigen Bestand auszurichten.

Was für ein Spitzenplaner wird gebraucht?

Fachleute bestehen darauf, daß der Chefplaner eines Unternehmens immer auch der Chefmanager ist. Das hat insofern seine Berechtigung, als er die letzte Entscheidungsbefugnis hat. In

Abbildung 16
Auseinanderhalten der Planungsstäbe von Konzernleitung und Geschäftszweigen

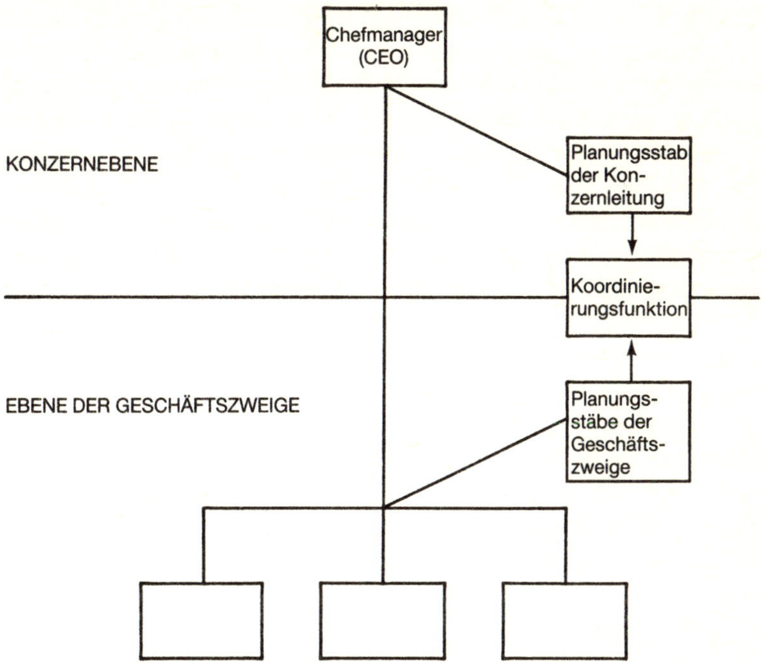

Wirklichkeit übernehmen die Leiter der Hauptgeschäftszweige vieler großer und diversifizierter Unternehmen aber Verantwortungen und Entscheidungsbefugnisse, die denen des Konzernchefs ähnlich sind. Die Leiter der Sektoren von General Electric konsolidieren und rationalisieren beispielsweise die Pläne der untergeordneten drei Schichten: der Gruppen, der Divisionen und der Abteilungen. In anderen Unternehmen spielen die Chefmanager strategischer Gruppen von Geschäftszweigen eine ähnliche Rolle wie die Sektorenleiter von GE. Bei Bristol Myers wurden drei Präsidenten zur Leitung der drei wesentlichen Betriebsgruppen des Konzerns, der Divisionen, ernannt, und wie der Chefmanager des Konzerns sagt, fungiert jeder Präsident als Chef des laufenden Geschäftsbetriebs »mit voller Verantwortung zur strategischen, betrieblichen und organisatorischen Führung«.

Das zeigt, daß durch die wachsende Größe und zunehmende Komplexität in amerikanischen Unternehmen wichtige Planungsentscheidungen auf die niedrigeren Ebenen in der Konzernorganisation verlagert werden. Gemessen am Jahresumsatz von fast 30 Milliarden Dollar, den General Electric 1984 erzielte, ist jeder der fünf Sektor-Chefmanager von GE für die Leitung eines Geschäftsbetriebs mit einem Umsatz von durchschnittlich sechs Milliarden Dollar verantwortlich. Jeder Sektor ist wiederum in Gruppen unterteilt, und jeder Gruppenmanager ist verantwortlich für Geschäftsbetriebe, die dem Konzern jährlich Umsätze von Hunderten von Millionen Dollar einbringen. Die Sektor-Chefmanager von GE leiten also Betriebsimperien, die als selbständige Unternehmen in der oberen Hälfte der von der Zeitschrift *Fortune* jährlich veröffentlichten Liste der 500 größten Industrieunternehmen rangieren würden. Die Gruppenmanager sind für Geschäftsvolumen verantwortlich, die sie mit Leichtigkeit in die *Fortune*-Liste der 1000 größten Unternehmen brächten.

Neue Strategen für neue Strategien

Bis zur Mitte dieses Jahrhunderts waren die meisten Unternehmen nur innerhalb einer bestimmten Branche tätig, so daß die Perspektiven aus der Sicht von Konzernspitze und Geschäftszweig meist identisch waren. Chefmanager waren auch gewöhnlich in ihrem Geschäftszweig ausgebildet und erfahren, so daß sie selbst als ihre besten Strategen wirken konnten. Die Strategien erforderten oft kreatives Denken, wenn auch nicht im gleichen Sinne wie heute die Umstrukturierung oder Neupositionierung eines Unternehmens in den verschiedensten Branchen. Ein Unternehmen durch die Wachstumsschmerzen zu führen, die in der ersten Hälfte dieses Jahrhunderts bei der Expansion zum

Großunternehmen und der Diversifikation in verwandte Bereiche zu überwinden waren, stellte höchste Anforderungen an die Kreativität des Chefmanagers. Dessen schöpferische Fähigkeiten und Geschick bestimmten darüber, welche Unternehmen schließlich gediehen und welche stagnierten oder scheiterten.

Damals wie heute bedeutete schöpferisch denken anders denken. Henry Ford war ein kreativer Denker. Er verabscheute den Formalismus des Managements. Statt sich an die allgemeine Praxis zu halten und Zulieferfirmen aufzukaufen, wie es andere Automobilhersteller getan hatten, ging er einen Schritt weiter und stellte Kfz-Ersatzteile selbst her. Er verschaffte dem riesigen Werk River Rouge in Dearborn bei Detroit auch eigene Kohle- und Eisenerzreserven und baute in der Nähe ein Stahlwerk. Seine große Vision war der Aufbau einer von der Rohstoffgewinnung bis zur Herstellung des Endprodukts vollständig geschlossenen und integrierten Kette von Betrieben. Die Überwachung der Ausführung von Detailaufgaben, einschließlich der Erledigung der laufenden Erfordernisse innerhalb Betriebs- und Geschäftsleitung, überließ Ford oft anderen.

Er ließ ziemlich deutlich erkennen, daß er für das »organisatorische Genie« in der Gestalt des Chefs von General Motors, Alfred Sloan, nur Verachtung empfand. Sein instinktiver Führungsstil stand in krassem Gegensatz zur Vorliebe Sloans für durchorganisiertes Management. Wo Ford sich vom Instinkt leiten ließ, machte Sloan seine Entscheidungen von der Analyse abhängig. Wo Ford unter Ausnutzung von Wettbewerbsvorteilen mit kühnen Vorstößen große Durchbrüche erzielte, entwickelte Sloan systematisch die Unternehmensstrukturen und Strategien, die es GM ermöglichten, an der Hochphase der Automobilindustrie mit ihren zweistelligen Milliardenumsätzen zu partizipieren. Am Ende waren Sloans organisatorisches Geschick und seine langfristigen Strategien von dauerhafterer Wirkung als die unternehmerischen Erfolge von Ford. In der Geschichte der Großunternehmen hat sich immer erwiesen, daß die organisatorischen Anforderungen von Größe und Komplexität schließlich die Fortschritte bremsen, die durch persönliche Genialität zu erzielen sind.

Ford war ein brillanter Schöpfer und ein Baumeister seiner Epoche. Sloan sah zur gleichen Zeit bereits die Anforderungen der Zukunft voraus und richtete sein Unternehmen darauf ein. Keiner der beiden Chefmanager konnte von formvollendeter Planung profitieren, wie wir sie heute kennen. Damals war Unternehmensplanung noch in ihrem Embryonalzustand, deshalb hingen die Unternehmensstrategien noch mehr als heute von den persönlichen Qualitäten der Spitzenmanager ab. Beide, Sloan und Ford, waren schöpferische Denker, wenn sie sich auch in ihrem Stil drastisch unterschieden.

Hätten Ford und Sloan in der zweiten Hälfte unseres Jahrhunderts Mischkonzerne geleitet, so wäre Ford typisch für die unternehmerisch denkenden Manager gewesen, die den Aufbau der ersten Konglomerate erdacht und gesteuert haben, während Sloan mehr den Unternehmensleitern geähnelt hätte, die in unserem Jahrzehnt wie die Chefmanager von Coca-Cola oder Sears Diversifikation auf der Grundlage systematischer Planung für den von ihnen vorausgesehenen Wandel betreiben. Ford hätte von den neuen Möglichkeiten systematischer Planung kaum Gebrauch gemacht. Sloan mit seinem Bestehen auf organisatorischer Logik wäre bei der Planung von Konzernumstrukturierungen kalkulierender und analytischer vorgegangen. Es ließen sich interessante Spekulationen darüber anstellen, wie die organisatorischen Strukturen ausgesehen hätten, die Sloan aufgebaut haben würde, um verschiedene Anforderungen der Diversifikation zu meistern.

Die Unternehmensgeschichte lehrt, wie wichtig die Organisationsstruktur für die Diversifikation ist. Mit der Zeit müssen die Konglomerate lernen, zu managen, was sie an Firmen übernommen haben. Mischkonzerne wie LTV, ITT, Wittaker, U.S. Industries, Colt Industries, Greyhound, Fuqua Industries und Brunswick experimentieren ständig, um die organisatorischen Lösungen zu optimieren. Der geniale Geist von Alfred Sloan hätte ihnen sicherlich zu angemessenen Einsichten verholfen. Da eine solche Reinkarnation aber nicht möglich ist, sollten die Konglomerate zumindest den Nachdruck auf eine disziplinierte, aber kreative Organisation verlegen. Ausufernde Unternehmensimperien müssen in ihren Konzernen effektive Organisationsprinzipien entwickeln, um auf Dauer Synergien zu erzielen. Das erfordert eine Konzentration auf die Ebene der Konzernspitze, die sich in schöpferischer Weise der Rationalisierung und Umstrukturierung aller übernommenen Firmen zu einer einheitlichen Organisation widmen muß.

Die Planung von Firmenübernahmen

Ein wichtiger Verantwortungsbereich der Konzernleitung diversifizierender Unternehmen ist die Planung, wie in unterschiedlichen Branchen tätige Tochtergesellschaften oder Geschäftszweige zusammenpassen werden. Da Firmenübernahmen die nahezu einzige Möglichkeit darstellen, Geschäftszweige zu vermehren, ist die Kunst der Planung solcher Übernahmen eine der wichtigsten ersten Strategien, die gemeistert werden müssen. Die Umstrukturierung der einverleibten Firmen zu erfolgreich arbeitenden Geschäftszweigen des Konzerns ist ein wesentlicher zweiter Schritt. Beide Phasen erfordern zur Realisierung unterschiedliche Talente. Zur Planung, welche Unternehmen aufzukaufen sind, gehört beispielsweise mehr Kreativität, als gewöhnlich angenommen wird. Früher war es üblich, Kriterien für eine Übernahme festzulegen – eine Vorstellung über die Art der Firma zu entwerfen, die dann am Unternehmensmarkt gesucht wurde. Diese Verfahrensweise ist durch die Wandlungen dieses Markts in den USA mittlerweile realitätsfremd geworden. Da mehr und mehr Firmen ihre Tätigkeit in verschiedene Branchen diversifiziert haben, gibt es immer weniger Unternehmen zu kaufen, die nicht diversifiziert sind und somit nur genau das bieten, was man gerne haben möchte. Deshalb werden immer mehr zur Diversifikation entschlossene Unternehmen gezwungen, mit den Produktions- und Dienstleistungsbetrieben, die sie unbedingt haben wollen, notgedrungen noch andere mitzuerwerben.

Trotz der geringen Erfolgsaussichten bleibt die Suche nach den idealen Übernahmen weiter das Verfahren, das viele Unternehmen praktizieren. Mit großer Sorgfalt werden Kriterien festgelegt, denen das gesuchte Unternehmen genügen soll, dann wird eine Liste von Kandidatenfirmen aufgestellt und darunter der Kandidat gesucht, der den vorab festgelegten Wunschvorstellungen am besten entspricht. Dieses Verfahren eignet sich zur Anwendung einer streng gegliederten Analyse einschließlich ausgeklügelter finanzieller Bewertungen und Auswahltechniken zur Bestimmung potentieller Übernahmekandidaten. Die dabei zugrundeliegende Annahme, daß die sorgfältige Identifizierung zu übernehmender Firmen ein wesentliches Element erfolgreicher Diversifikation darstellt, ist ja auch vernünftig.

Dennoch ist der Prozeß der Identifizierung, so wie man ihn sich gegenwärtig vorstellt, immer wieder von den Realitäten am Markt frustriert worden: Was das diversifizierende Unternehmen sich wünscht, ist nicht zu haben, und die aufkaufbaren Firmen und Betriebe passen nicht zu den Diversifikationsplänen. Da diese »Marktunvollkommenheiten« mit zunehmender Diversifizierung der Unternehmen immer größer werden, müssen die Diversifikationsstrategien diesen Realitäten angepaßt werden. Die Richtlinien für die Übernahmen müssen flexibler und damit die Einstellungen zu den sich bietenden Gelegenheiten zu Firmenaufkäufen pragmatischer werden.

Eine Reihe von Unternehmen hat bereits nach diesen Prinzipien gehandelt. ConAgra, ein diversifiziertes Lebensmittelunternehmen, kaufte eine Reihe von Firmen auf, die nicht zu dem ursprünglichen Konzept paßten, Positionen auf den Märkten für Lebensmittelrohprodukte wie Geflügel aufzubauen. RCA bot innerhalb eines Divestitionsprogramms Banquet Foods am Unternehmensmarkt zum Verkauf an, und ConAgra griff zu – die Übernahme ist ein Erfolg geworden. Bei Peavey, einem Getreidemühlenunternehmen und Mehlfabrikanten, schlug ConAgra zu, als die Firma in einer Periode schrumpfender Gewinne der Branche zu einem Spottpreis zu haben war. Schließlich wurde Armour Food von der Greyhound Corporation (Kerngeschäft: Autobusfernverkehr) aufgekauft – unter der Bedingung, die Lohn- und Gehaltstarife zu reduzieren. Alle drei Übernahmen erforderten Flexibilität und keine akkurat ausgearbeiteten Konzeptionen über die Unternehmen, die es zu erwerben gelte. Die erworbenen Firmen paßten nicht einmal in die sehr allgemein gehaltene Vorstellung, die ConAgra von der Art von Firmen entworfen hatte, an denen ein Interesse bestehe. Doch das Unternehmen hat gelernt, so der Chefmanager von ConAgra, »die Expansion in einer pragmatischen, opportunistischen Weise zu betreiben: Jedes der auf dem Nahrungsmittelgebiet tätigen Unternehmen mit bedeutenden Marktanteilen, gutem Management und geringen Produktionskosten ist ein mögliches Objekt einer Übernahme«.

Aus diesem Beispiel läßt sich nicht schließen, daß es sich in keinem Fall lohnt, einen genauen Plan zu entwickeln. Es zeigt nur, daß es notwendig ist, für die Diversifikation den Nachdruck von der Suche nach bestimmten Firmen, die anspruchsvollsten Kriterien genügen, auf die Entwicklung von Richtlinien zu verlagern, die mehr Spielraum für die Nutzung der ausgeprägten Fähigkeiten des Unternehmens bieten. Statt Resultate vorauszusagen, sollten die Planer mögliche künftige Betätigungsgebiete definieren, die mit den Zielen und Fähigkeiten des Unternehmens vereinbar sind, und flexibel gegenüber sich bietenden Gelegenheiten zu Firmenübernahmen bleiben, die dem Bedarf des Unternehmens dienen könnten. Vielleicht hat Peter Drucker das gemeint, als er zu verstehen gab, daß Unternehmen planen müßten, weil sie nicht zu präzisen Voraussagen fähig seien.

Die Planung der Integration übernommener Firmen und Betriebe in den Konzernverbund eignet sich dagegen schon eher zu schematisierten Routineverfahren. In dieser Phase werden die Betriebe und Geschäftszweige durchrationalisiert und strategische Gruppen gebildet. Diese Art von Aktivitäten profitiert von traditionellem Planungsrüstzeug wie der Portefeuille-Matrix der Boston Consulting Group, der »Erfahrungskurve« und der Analyse der »Einwirkungen von Marktstrategien auf die Gewinne« (PIMS = Profit Impact of Market Strategies). Ist ein Unternehmen erst einmal übernommen worden, können die Planer gründliche Bewertungen vornehmen, wobei die Analyse auf der Geschäftszweigsebene die Strategie zur Erzielung der maximalen Synergie bestimmt. Nachdem ConAgra Banquet Foods erworben hatte, wurde das übernommene Unternehmen rasch umgekrempelt, indem ein Rezept befolgt wurde, das aus Kostensenkungen, Qualitätsverbesserungen und Einführung neuer Produkte bestand. Ein ähnliches Vorgehen von ConAgra zeichnete sich nach der späteren Übernahme von Armour Food ab.

Geschwindigkeit und Zeitpunkt von Übernahmen kontrollieren

John R. Beckett führte Transamerica in so manche neue Branche. Als Chefmanager von Transamerica regierte er über ein Unternehmen, das in Versicherungswesen, verarbeitendem Gewerbe, Filmverleih, Autovermietung und Lufttransport engagiert war. Dennoch wurde selbst Beckett von Übernahmeprogrammen alarmiert, die Unternehmen auf Unternehmen und Schulden über Schulden anhäuften. Die Diversifikation in unterschiedliche Branchen bringt Risiken mit sich. Auf diese Art schneller zu wachsen, als die jeweils vorangegangenen Firmenübernahmen zu verdauen waren, ist besonders riskant. In einer Bewertung der Situation 1967 erklärte Beckett:

> »Es gibt eine ganze Reihe von Unterschieden zwischen unsinnigem Pyramidenbau und einem gut geleiteten Diversifikationsprogramm. Erstens kann man in einem Jahr nur eine begrenzte Zahl von Unternehmen aufkaufen, denn man muß eine Menge Informationen haben, um intelligente Entscheidungen treffen zu können. Man muß die Alternativen studieren, die es zum Eintritt in diesen Sektor der Wirtschaft gibt . . . Zweitens: Wenn man nach der Übernahme nicht in der Lage ist, das Unternehmen ebenso gut oder besser zu leiten, als es vorher geleitet wurde, gewinnt man nichts dabei. Gewöhnlich dauert es zwei oder drei Jahre, bis man die Firma in die eigene Art der Lenkung sowie der Handlungs- und Planungsweisen integriert hat. Bis dahin ist es ein weiter Weg, und es ist nicht sicher, welche Hindernisse unerwartet auftreten.«*

Becketts Rat ist heute so gut wie damals. Diversifikation im Konglomeratsstil muß in einem Schrittempo erfolgen, das sich

* *Forbes*, 15. September 1967, S. 312.

aufrechterhalten läßt. Wie *Abbildung 7* auf Seite 109 zeigt, kann die maximale Synergie aus der Diversifikation in unterschiedliche Branchen nur erzielt werden, wenn die verschiedenen Geschäftszweige und der Gesamtkonzern so reorganisiert werden, daß ein reibungsloses, effizientes Management möglich wird. Was immer die Effizienz des Managements stört, wirkt sich auf die Synergieentwicklung negativ aus. Wenn ein Unternehmen seine Betätigungsgebiete noch aktiv diversifiziert, geht das auf Kosten der Effizienz des Managements, da Strukturen, die im Wandel begriffen sind, nicht straff geleitet werden können. Eine Sequenz von Firmenkäufen und -verkäufen beansprucht die Konzernleitung gewöhnlich so stark, daß sie nicht die gleiche Kraft auf das Management und die Stimulierung des laufenden Geschäftsbetriebs aufwendet. Das ist eine einfache Frage der Prioritäten. Hinzu kommt, daß die Begabungen von Managern unterschiedlich sind. Spitzenmanager, die ein besonders ausgeprägtes Talent für die Diversifikationstätigkeit besitzen, sind selten ebenso hervorragend bei der Führung des laufenden Geschäftsbetriebs.

Wie wir sahen, ist es typisch für Mischkonzerne, daß sie eine Reihe von Diversifikationsphasen durchlaufen, bis sie das erstrebte Niveau der Diversifizierung erreicht haben. Mit wenigen Ausnahmen wie General Electric und Minnesota Mining and Manufacturing haben die US-Konglomerate ihre Tätigkeit noch nicht lange genug diversifiziert, um dieses Niveau erreicht und auch ihre verschiedenen Geschäftszweige integriert zu haben. Die große Mehrheit wird also entweder ihre Geschäftszweige noch ausweiten oder damit beschäftigt sein, eine Organisationsstruktur aufzubauen, mit der sie ihre vielfältigen Geschäftszweige in den Griff bekommt. Bis die erstrebte Vielfalt erreicht und mit der Organisationsstruktur ins Gleichgewicht gebracht worden ist, wird die Rentabilität des Mischkonzerns beeinträchtigt, und weitere zur Diversifikation für notwendig erachtete Schritte haben unerwünschte Nebenwirkungen – ein Dilemma, das ein delikates Abwägen zur Vermeidung zu schneller Schritte einerseits und eines Stillstands andererseits erfordert.

Textron ist ein gutes Beispiel für die unerwarteten Situationen, in die ein Konglomerat geraten kann, bevor es ein ausgereifter Mischkonzern wird. Textron begann, von seinen Konkurrenten kaum beachtet, als das kleine Textilunternehmen American Woolen. Royal Little, der Gründer von Textron, verlagerte die Tätigkeit des Unternehmens auf andere Branchen, weil er für Textilien langfristig keine Wachstumschancen mehr sah. Zu seiner Unterstützung für das Management des Diversifikationsprogramms heuerte er Rupert Thompson an. Textron drang in Märkte für die unterschiedlichsten Erzeugnisse ein, darunter Hubschrauber, Uhrarmbänder, Rasenmäher, Hefter und Kettensägen, um nur wenige zu nennen. Wie Royal Little freimütig zugab, war das Unternehmen ein Konglomerat, das nur danach strebte, durch Produktdiversifikation eine höhere Rendite des investierten Kapitals zu erzielen.

Das hektische Tempo der Diversifikationsrunden von Textron in den ersten zwei Jahrzehnten ist jedoch in den zehn Jahren bis 1984 einer deutlich langsameren Gangart gewichen. Das Unternehmen verlagerte seinen Energieaufwand mehr nach innen, auf eine Verbesserung des Managements seines weiten Spektrums von Geschäftszweigen. Dieser natürliche Wechsel der Gangart – eine Übergangsphase, in der es sich darum bemühte, eine Konzeption für die Verwaltung der Vielfalt zu entwickeln – wurde 1984 durch einen großen Sprung in eine noch weit umfangreichere Diversifikationsrunde abrupt beendet. Textron übernahm Avco, ein anderes Konglomerat, wenn auch nicht ganz so diversifiziert wie Textron.

Textron begründete die Übernahme mit dem Zugewinn neuer Geschäftszweige wie Versicherungswesen und der guten gegenseitigen Ergänzung der Geschäftszweige von Textron und Avco auf dem Gebiet der Raumfahrt. Tatsächlich scheint die Fusion aber vor allem als Maßnahme gegen weitere unerwünschte Übernahmeversuche vollzogen worden zu sein, die Textron befürchtete, nachdem es kurz zuvor einen solchen Versuch abgewehrt hatte, der von einer viel kleineren Firma unternommen worden war. Avco war nicht nur ein komplexes Konglomerat, sondern auch hoch verschuldet, so daß es eine geeignete Giftpille gegen weitere hungrige Wölfe zu sein schien.

Die Übernahme von Avco war jedenfalls etwas, was weder Außenseiter noch Textron hätten voraussagen können. Derartige Überraschungen gehören aber zur normalen Geschichte von Mischkonzernen. Detaillierte kopierbare Pläne für den Erfolg bei der Diversifikation kann es nicht geben. Nur wenige Unternehmen entwerfen exakte Konturen ihres Diversifikationsprogramms. Erfolgreich sind diejenigen, die am schnellsten günstige Gelegenheiten nutzen und sich dem Wandel anpassen. Textron mag aus der Übernahme einige finanzielle und funktionale Synergien gewinnen, muß dafür aber zunächst organisatorische Dissynergien in Kauf nehmen – und damit einen großen Zeitverlust beim Aufbau einer einheitlichen Organisation. Der Konzern hat einen Umweg auf dem Marsch zum ausgereiften Mischkonzern eingeschlagen, der die Hauptaufmerksamkeit des Spitzenmanagements von Verbesserungen im Management der Geschäftszweige auf eine notwendige Reorganisation des Konzerns verlagert. Avcos Geschäftszweige müssen zusammen mit denen von Textron neu gruppiert werden, und zur Leitung der neuen Geschäftszweige ist ein entsprechend umstrukturiertes Management zu installieren. Erst danach kann Textron seine vor 1984 begonnenen Bemühungen wiederaufnehmen, alle seine Geschäftszweige zu einer effizient funktionierenden einheitlichen Organisation zu integrieren.

Unternehmen, die durch ihre erfolgreiche Betätigung auf mehreren miteinander verwandten Gebieten bereits gelernt haben, etliche Geschäftszweige gleichzeitig zu leiten – Beispiele wären Procter & Gamble, Anheuser-Busch oder Citicorp –, sind am besten dazu in der Lage, ein selektives Programm zur Diversifikation in unterschiedliche Branchen zu verwirklichen und unter Kontrolle zu behalten. Sie haben bereits große Kerngeschäftsbereiche, die dem Diversifikationsprogramm Rückhalt bieten. Sie haben gewöhnlich starke, auch mehrere Geschäftszweige zusammenhaltende Unternehmenskulturen, die zur Assimilierung auch größerer Unternehmen innerhalb eines maßvollen und systematischen Diversifikationsprogramms beitragen können. Unternehmen wie Coke, Sears und American Express haben begonnen, auf dieser Basis ihre Strategien zur Diversifikation in Gruppen von unterschiedlichen Geschäftszweigen zu verfolgen. Sie haben außer den soliden Kerngeschäftszweigen und der starken Unternehmenskultur noch bedeutende herausragende Fähigkeiten, besonders kaufmännische, aus denen sich funktionale Synergien bei der Übernahme von Firmen gewinnen lassen. Unternehmen, die diese Vorteile nicht haben, müssen gigantische organisatorische Hürden auf dem Weg zum Erfolg überwinden.

Zusammenfassend läßt sich sagen: Für eine Reihe von Firmenübernahmen gibt es keinen Weg, der geradeaus geht. Die weitverbreitete Auffassung, ein Diversifikationsverfahren führe von der Zielmanifestation über die Marktanalyse potentieller übernahmefähiger Unternehmen zur synergieerzeugenden Integration der neuen Firmen, geht an der Wirklichkeit vorbei. Zur Realität des Wirtschaftslebens gehören Unsicherheiten, die ein solches Verfahren illusorisch machen.

Schwierigkeiten entstehen auch, wenn die Konzernspitze die Planung der gerade übernommenen Unternehmen souverän in die Hand nimmt, statt sie nur zu unterstützen. Eine gute Regel, die man befolgen sollte, ist: Im Zweifelsfall überlasse man der Geschäftszweigsebene die Planung für ihre Geschäftszweigsebene. In einigen wenigen Fällen, wenn es sich um den Einstieg in eine ganz neue Sparte handelt, mag dies nicht sofort möglich sein. Doch sowie es praktikabel wird, weise man den für die Erzielung von Gewinnen eigenverantwortlichen Geschäftszweigen die Verantwortung für die Planung in ihrem Bereich zu. Denn nur wenn die einzelnen Einheiten im Unternehmen, von denen die Erwirtschaftung von Gewinnen verlangt wird, auch für ihre eigene Planung verantwortlich sind, wird die Ausschöpfung funktionaler Synergien möglich.

Mit der Zeit, wenn die Unternehmen ein Gefühl für die Strategie zu Firmenübernahmen entwickeln, dürfte sich die Einsicht durchsetzen, daß ein erfolgreicher Plan für Übernahmen ein zweigeteilter Prozeß ist, der einen gezielten Einsatz von Begabungen erfordert. In der Formulierungsphase braucht man eine weit ausgreifende Gesamtperspektive der Konzernspitze, wobei das Schwergewicht auf der Festlegung von Maßstäben im Einklang mit besonderen Fähigkeiten des Unternehmens liegen muß. Notwendig ist auch die Entwicklung und Formulierung einer Vorstellung davon, welche Art von Konzern am Ende entstehen soll. Das verleiht dem Konzept der Unternehmensmission eine größere Bedeutung, als sie ihm gewöhnlich zuerkannt wird.

Zwar wird die Postulierung einer Mission gewöhnlich als wertvoll angesehen, aber nur in einer kurzen Vorphase, vor dem Übergang zur Detaillierung der förmlichen Planung. Die Diskrepanz zwischen Planung und Realisierung ist stets groß und symptomatisch für eine Überfrachtung der Planung mit Konzepten, deren Schwergewicht auf der Planung auf Geschäftszweigsebene liegt. Bis zur Mitte der fünfziger Jahre, als Unternehmenswachstum noch auf Reinvestition von Gewinnen innerhalb der gleichen Branche und auf interner Diversifikation beruhte, war diese Ausrichtung der Planung auch gerechtfertigt. Bei der Diversifikation in unterschiedliche Branchen, bei der Konglomeratsstrategie, ist die weitgehende Beschränkung der Planung auf die Ebene der Geschäftszweige aber unzulänglich. Die Planung von Übernahmen und die ausschließende Rationalisierung der übernommenen Firmen sind gleich wichtig, werfen aber unterschiedliche Probleme auf. Am erfolgreichsten werden die Unternehmen sein, die den weniger ausgefeilten Prozeß der Formulierung ihrer Diversifikationsmission strikt von der anspruchsvolleren Aufgabe der Verwirklichung trennen.

2

Sein Geschäft kennen

Die Roboterindustrie ist eine blühende Branche. Bis 1990 soll ihr Jahresumsatz in den Vereinigten Staaten den Voraussagen nach auf zwei Milliarden Dollar steigen. Also müßte es doch eine Bravourleistung sein, den größten Roboterhersteller aufzukaufen. Die Erfahrung, die Westinghouse dabei machte, war jedoch ganz anders. Der Konzern kaufte 1983 Unimation, den größten Roboterhersteller der USA. Doch 1984 stellten sich die größten Kunden von Unimation, die Automobilhersteller, auf andere Roboterarten um. Das, was einst die Übernahme rechtfertigte, war nun nicht mehr gültig. Kunden wie Chrysler erwogen sogar, die »Unimaten«, die sie schon verwendeten, durch andere Roboter zu ersetzen.

Was war schiefgegangen? Fast alles. Zunächst einmal waren die Erzeugnisse von Unimation praktisch bereits veraltet, als Westinghouse die Firma übernahm. Ihre hydraulischen Systeme waren nur mangelhaft und ließen Öl auslaufen, was bei Montage und Lackierung von Kraftfahrzeugen Schwierigkeiten verursachte. Außerdem waren zur Wartung Hydrauliker und Elektroniker notwendig, während elektromotorische Antriebe exakter arbeiten und von einer einzigen Wartungskraft instand gehalten werden können. Da Elektroausrüstungen das eigentliche Fachgebiet von Westinghouse waren und sind, war nicht zu vermuten gewesen, daß dies der Stolperstein würde. In einer Untersuchung heißt es, daß es eine Katastrophe war, die vermeidbar gewesen wäre, doch »es wurde kaum begriffen, in was man sich da hineinbegab«.

Im nachhinein sieht natürlich jedermann klarer. Es geht hier nicht darum, Westinghouse besonders zu tadeln. Bei einem

Übernahmepreis von 107 Millionen Dollar war der Fehler finanziell nicht so gravierend. Die Erfahrung, die Westinghouse machte, ist aber symptomatisch für ein weitverbreitetes Problem. In ihrem stürmischen Drang zur Diversifikation haben die Unternehmen weitaus größeren Nachdruck auf die finanziellen und juristischen Aspekte von Übernahmen gelegt als auf das Verständnis des Tätigkeitsgebiets der zu übernehmenden Firmen. Das ist unter jedweden Bedingungen ein dubioses Verfahren, bei der Diversifikation in fremde Branchen ist es aber besonders riskant.

Der Erfolg einer Firmenübernahme hängt von zwei getrennten Elementen ab. Wie bereits erörtert wurde, sollte das aufkaufende Unternehmen über besondere Fähigkeiten verfügen. Entscheidend ist aber, ob diese Fähigkeiten zu der übernommenen Firma passen. Um das vorher abschätzen zu können, ist es notwendig, den Geschäftsbetrieb zu verstehen, der aufgekauft werden soll. Dennoch wird dieses Verständnis selten vor einer Übernahme vollständig entwickelt, wenn die Erarbeitung eines solchen Wissens überhaupt zum Prozeß der Übernahme gehört.

Jedes Unternehmen hat bestimmte »Schlüssel«, die für seinen Erfolg entscheidend sind. Es ist nicht immer leicht, sie zu identifizieren. Erstaunlich ist aber, wie wenige Unternehmen es wenigstens versuchen. Selbst Insider können naive Vorstellungen von dem haben, was ihr Geschäft in Gang hält. Man frage Manager, was die Schlüsselfaktoren für ihren Bereich sind, und man bekommt so allgemeine Antworten wie Gewinnmargen, Marktanteile oder Rendite des investierten Kapitals. Diese Faktoren sind für jede erfolgreiche Strategie wesentlich, sie genügen aber nicht zur Differenzierung eines Geschäftsbetriebs vom anderen. Unterscheidende Schlüsselelemente waren auch in der Vergangenheit entscheidend für den Erfolg. Neue Methoden der Tiefkühlung und Konservierung von Fleisch erschlossen Swift, Armour und Cudahy den Weg, auf dem sie zu landesweit operierenden Fleischabpackern werden konnten. Zusätzlich zur Überwindung der Vorurteile von Verbrauchern gegen den Verzehr des Fleisches von Tieren, die Tage oder Wochen zuvor geschlachtet worden waren, mußten sie ein Netz von Tiefkühleinrichtungen zur Lagerung und zum Eisenbahntransport entwickeln, doch die Tiefkühlung selbst war der Schlüssel, ohne den alle anderen Erwägungen sinnlos gewesen wären.

General Electric mußte schon früh ein für seine Produktion von Kraftwerksausrüstungen typisches Dilemma lösen. Im Gegensatz zu Herstellern anderer in großen Mengen produzierbarer Erzeugnisse konnte GE nicht in den Genuß des Größeneffekts bei der Produktion kommen, ohne Aufbau und Ausweitung des Markts dafür in besonderer Weise zu unterstützen. GE engagierte sich stark bei der Finanzierung von Elektrizitätsunternehmen und half damit beim Aufbau eines Netzes von Kraftwerken und deren Zusatzeinrichtungen, an die es dann seine Elektroausrüstungen verkaufen konnte.

Die heutigen Schlüssel zum Erfolg unterscheiden sich von denen der Vergangenheit. Mit der Reifung ihrer Branchen paßten die Unternehmen ihre Größe und Produktpalette an die jeweils erreichbare Wirtschaftlichkeit an. Wenn das vertikale Integration erforderte – wie bei den Fleischabpackern, wo sie hinunter bis zu den Schlachtbetrieben und hinauf bis zu Lagerung und Transport reichte –, so ist sie längst vollzogen worden und daher jetzt kein Schlüsselfaktor mehr für künftigen Erfolg. Wichtig ist nunmehr festzustellen, wie bedeutende Branchen und Unternehmen durch Zeit, Umstände und Wettbewerb ausgeformt worden sind.

Was sind heute die Schlüssel? In einigen Fällen liegt die Antwort auf der Hand. Branchen mit hohen fixen Kosten und Spezialausrüstungen wie Schiffbau, Stahlproduktion und Herstellung von Erdölbohrplattformen profitieren weiterhin vom Größeneffekt. Ohne einen hohen Auslastungsgrad ihrer kostspieligen Anlagen und Ausrüstungen erreichen die Firmen dieser Branchen nicht die Wirtschaftlichkeit, für die sie angelegt sind. Einmal identifizierte Schlüsselfaktoren scheinen offensichtlich immer wiedererkennbar zu sein, doch in Wirklichkeit ist es außerordentlich schwierig, ein oder zwei Schlüssel aus einem komplexen Spektrum von einander beeinflussenden Faktoren herauszufinden. Alle Einzelheiten jeder Phase des Betriebs von Übernahmekandidaten zu kennen ist weder möglich noch notwendig, gewöhnlich müssen nur ein oder zwei entscheidende Aspekte identifiziert werden. Die Suche nach ihnen mit Entschlossenheit durchzuführen und ihren Wert zu erkennen sind grundsätzliche Aufgaben, die bewältigt werden können und deren Lösung zu einer erfolgreichen Übernahmestrategie beiträgt.

Analytische Verfahren zur Identifizierung der Erfolgsschlüssel

Es gibt zwei Wege, um herauszufinden, wie eine Branche funktioniert. Der eine ist ein relativ detailliertes Verständnis der Branche selbst, der andere ist eine Untersuchung der Wettbewerber in der fraglichen Industrie. Beim zweiten Weg wird versucht, erfolgreiche und erfolglose Strategien zu identifizieren und die ersteren nachzuahmen. Die Strategien der Konkurrenten werden analysiert, um ihre Leistungen im Wettbewerb zu übertreffen. Das Verfahren hat jedoch Mängel. Es konzentriert sich auf die Feststellung dessen, was die Konkurrenten tun, ohne daß dabei immer klar wird, warum sie es tun oder ob es auch das Beste ist, was man tun kann. Außerdem bleiben dabei oft Wandlungen verborgen, die gerade im Gange sein könnten. Durch die Konzentration auf die Gegenwart können künftige Akzentverschiebungen verschleiert oder übersehen werden.

Die Konkurrenz zu überlisten ist schlauer und oft erfolgreicher, als sie durch Kraftakte übertrumpfen zu wollen. Durch systematische Analyse eines Unternehmens und Aufdeckung seiner Schlüsselbeziehungen läßt sich eine Strategie maßschneidern. Wenn untersucht und festgestellt wird, warum die Strategie von Konkurrenten funktioniert, können ihre Schritte vorausgesehen werden, bevor man selbst zu dann vielleicht zu späten Anpassungen gezwungen wird. Keine einzelne Methode ist immer anwendbar, Unternehmens- oder Branchenanalysen sind vielmehr mühevolle Unterfangen. Von Fall zu Fall können eines oder mehrere der nachfolgend beschriebenen Verfahren angemessen sein.

Wertschöpfung

Die Struktur eines Unternehmens oder einer Branche kann durch die Wertschöpfung auf jeder Stufe der Produktion charakterisiert werden. Diese Differenz zwischen Verkaufspreis und Materialkosten wird in *Abbildung 17* zur Analyse eines hypothetischen Herstellers von Spezialpapier dargestellt – als Prozentsatz vom Endverkaufspreis des Spezialpapiers im Einzelhandel. Wo die Differenz – die Wertschöpfung – gering ist, sind auch die möglichen Gewinne gering, selbst bei überdurchschnittlicher Effizienz des Unternehmens. Aus der Abbildung ist zu ersehen, daß die Konversion der Zwischenprodukte zum Enderzeugnis die höchste Wertschöpfung (im wesentlichen Gewinne, Abschreibungen, Arbeitsentgelte und eventuelle Zinszahlungen für Fremdkapital) erbringt. Sofern die Gewinne nicht durch besonders scharfen Wettbewerb niedrig gehalten werden, bietet die hohe Wertschöpfung eine Rechtfertigung für den Marktzutritt

Abbildung 17
Wertschöpfungsetappen für ein hypothetisches Spezialpapierunternehmen

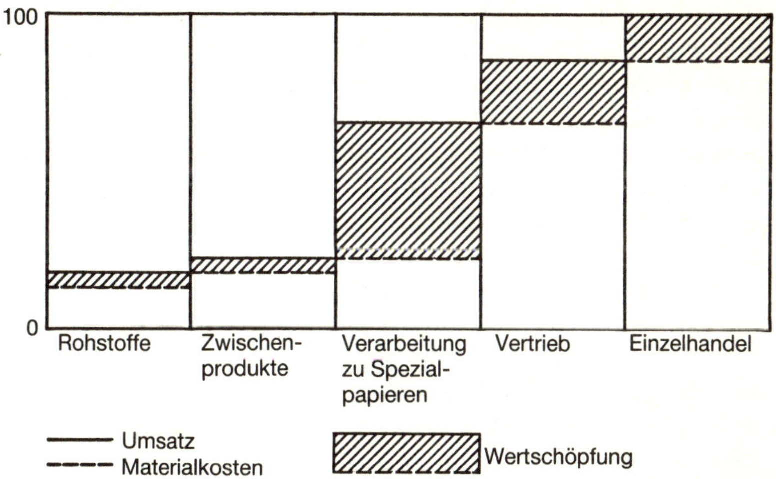

eines Unternehmens, das über besonderes Know-how in dieser Konversionstechnologie verfügt.

Damit würden besondere Fähigkeiten und gutes Gewinnpotential miteinander verschmolzen, und das ist alles, was ein Unternehmen sich wünschen kann. Konzerne wie Emerson Electric und White Consolidated, die für ihre sehr strikte Kostenkontrolle und effizienten Betrieb bekannt sind, könnten mit der Wertschöpfungsanalyse Übernahmekandidaten identifizieren, auf die sie ihre besonderen Fähigkeiten übertragen können – Firmen, die ihre Kosten nicht so gut im Griff haben und/oder veraltete Produktionstechniken anwenden.

Funktionale Aktivitäten

Zusätzlich zur Wertschöpfung können funktionale Aktivitäten auf jeder Produktions- und Vertriebsstufe Schlüssel für den Absatz eines Produkts sein. Welche dieser Aktivitäten von der Rohstoffbeschaffung bis zum Vertrieb der Enderzeugnisse sind entscheidend? Bei der Übernahme von Seven-Up durch Philip Morris stellte sich beispielsweise heraus, daß ein gut organisiertes Abfüllnetz eine Schlüsselrolle für Neulinge im Geschäft mit Erfrischungsgetränken spielt. In ähnlicher Weise ist der Vertrieb eine Schlüsselaktivität für die Brauereien. Mit seinem riesigen Netz von Biergroßhändlern kann G. Heileman nicht nur seine zahlreichen verschiedenen, für jede Region spezifischen Markenbiere effizient vermarkten, sondern seine Stärke im Großhandel auch dazu verwenden, zusätzliche Produkte über dieses Netz abzusetzen, wie sich besonders bei der Einführung des populär gewordenen neuen Weinerzeugnisses »California Cooler« zeigte.

Die folgende *Tabelle 7* führt einige Schlüsselfunktionen und Branchen auf, für die sie entscheidend sind. Beispielsweise sind für den Abbau von schweren und gleichzeitig billigen Rohstoffen wie Aggregate für den Straßenbau oder Ton für die Ziegelherstellung die Transportkosten ein wesentlicher einschränkender Faktor, da sie mit zunehmender Länge der Transportwege einen immer höheren Teil des Endpreises ausmachen. Die Absatzmärkte dürfen daher nicht sehr weit von den Abbaustätten sein. Weder hochentwickelte Technologien noch ein besonders ausgeklügeltes Management sind erforderlich. Doch reichliche Rohstoffvorkommen in der Nähe bieten Baustoffunternehmen einen Wettbewerbsvorteil.

Tabelle 7
Schlüsselfunktionen und Branchen, für die sie wesentlich sind

Schlüsselfunktion	Ausgewählte Branchen
Rohstoffvorräte	Gewinnung hochwertiger Mineralien (Uran, Molybdän)
Transportkosten	Gewinnung billiger Mineralien (Aggregat, Ton, Salz)
Integrierte Produktion (Größeneffekt)	Werften, Stahl-, Autoindustrie
Vertriebsnetz	Brauereien, Erfrischungsgetränkeproduktion
Marketing	Luftfahrtgesellschaften
Werbung	Luxusartikel wie Parfüm; in der Beschaffenheit unterschiedslose Produkte
Service	Leasing von Computern, Kopierern, Videogeräten u. a.

Die in *Tabelle 7* genannten Schlüsselfunktionen und Branchenbeispiele repräsentieren Beziehungen, die sich zu bestimmten Zeiten für bedeutende Branchen als wichtig erwiesen haben. Überlegener Stratege ist jedoch derjenige, der aus jeweils völlig neuer Perspektive heraus feststellt, wie die besonderen Fähigkeiten des eigenen Unternehmens am besten zu den Strukturen bestimmter Industrien passen oder, was noch wichtiger ist, ob die konventionellen Weisheiten über Schlüsselfunktionen für diese Branchen noch gültig sind. In einem Fall stellte ein Unternehmer bei der Analyse der Düngemittelindustrie fest, daß die Betriebe zur Ausnutzung des Größeneffekts in der Nähe der Rohstoffvorkommen produzierten und Kunden in einem weiten Umkreis bedienten. Warum, so fragte er sich, sollte die Produktion nicht lieber in der Nähe bedeutender Abnehmer erfolgen, wobei schnellere Belieferung und besserer Service etwas höhere Kosten kompensieren würden? Aus dieser Einsicht heraus kaufte er Düngemittelwerke da auf, wo sie durch geringe Nachfrage nach Düngemitteln billig zu haben waren, und verpflanzte die Anlagen in Gebiete mit größerer Nachfrage nach diesem Produkt.

Der Größeneffekt, von allen verbreiteten Auffassungen über Effizienz von Unternehmen am tiefsten verwurzelt, wird auch in anderen Branchen neu überdacht. Ministahlwerke und private Gaswerke widersprechen der Vorstellung, daß groß immer besser ist. Durch den Bau kleinster industrieller und medizinischer Gasanlagen am Standort der Verwender oder durch die Vermeidung der mangelnden Anpassungsfähigkeit großer integrierter Stahlwerke kann dem Bedarf der Kunden oft besser gedient werden. Letzten Endes sollten die Kundenanforderungen für die Wirtschaftlichkeit der Lieferunternehmen entscheidend sein. Dieser Grundsatz ist von vielen Unternehmen aus den Augen verloren worden, die ständig nach Kostensenkungen durch Betriebsvergrößerungen streben und damit die Flexibilität ihrer Betriebsabläufe verringern.

Bedürfnisse und Qualität – von Kunden subjektiv empfunden

Manchmal sind Schlüsselaspekte nicht physischer, sondern emotionaler Natur. Kunden bevorzugen Produkte oder Unternehmen oft, weil sie eine Reputation, ein positives »Image« erworben haben. Aspirintabletten sind beispielsweise in ihrer Wirkung wissenschaftlich nicht unterscheidbar, ganz gleich, von welcher Firma sie produziert werden, doch Bayer übertrumpft bei diesem Produkt mit seinen Absatzmengen in den USA alle Konkurrenten. Wenn Amerikaner ein Schokoladen-, ein Schnellimbiß-, ein Erfrischungsgetränke- und ein Computerunternehmen nennen sollen, so fallen ihnen gewöhnlich Hershey, McDonald's, Coca-Cola und IBM ein. Gegen solche Reputationen kann man nicht mit einer Strategie niedrigerer Kosten und Preise ankommen. Viele Unternehmen haben es geschafft, einen Glauben an die grundsätzliche Höherwertigkeit ihrer Erzeugnisse in zahlreichen Verbrauchern zu verankern, und Verkaufserfolge machen aus dem Glauben handfeste Realitäten.

Eine Strategie, die solchen Realitäten begegnen will, muß langfristig angelegt sein. Sony hat seine Reputation für Qualitätserzeugnisse nicht über Nacht gewonnen, auch Honda und Toyota haben ihre Einbrüche auf den Weltmärkten nicht auf Anhieb erzielt. Einmal gewonnen, ist ein positives Image ein mächtiges Verkaufsinstrument. Wichtiger für die Entwicklung neuer Strategien ist aber die Frage, wie diese Waffe auch zur Diversifikation wirkungsvoll genutzt werden kann. Erst seit kurzem haben Coca-Cola und Sears, in bescheidenerem Umfang auch Hershey, die Reputation, die ihr Stammgeschäft bei den Verbrauchern genießt, auch offensiv für ihre Strategie der Diversifikation verwendet. Meinung und Vertrauen der Verbraucher werden von anderen Unternehmen noch längst nicht im möglichen Umfang für ihre Diversifikationsstrategien genutzt. Bei anhaltendem Trend zur Diversifikation in unterschiedliche Branchen ist es jedoch nur eine Frage der Zeit, daß auch das Markenartikelbewußtsein zunehmend als strategische Waffe eingesetzt wird.

Manche Branchen oder Unternehmen sind schwerer zu analysieren als andere. Es gibt keinen einfachen Weg zur Entdeckung der Schlüsselelemente des Erfolgs einer speziellen Branche, sondern nur den mühevollen Prozeß des Erforschens, Entdeckens, Verwerfens und Auswählens. Wie die Erfahrung von Philip Morris mit Seven-Up zeigt, kann der Erfolg auf einem Gebiet nicht einfach mit den gleichen Methoden auch auf einem anderen Gebiet erzielt werden. Jeder Wirtschaftszweig ist einzigartig und verdient eine objektive Analyse, bevor ein Unternehmen Mittel in ihn investiert.

Praktische Verfahren zur Identifizierung der Erfolgsschlüssel

Eine einfache, aber wirksame Alternative zur rein analytischen Verfahrensweise ist es, Insidern und anderen Kennern Fragen zu stellen. Es gibt wenige Unternehmensgeheimnisse, die so tief vergraben sind, daß man sie nicht ausgraben könnte. Wenn es richtig praktiziert wird, hat dieses Verfahren auch den beträchtlichen Vorteil, daß es die Beteiligung der Spitzenmanager erzwingt. Einen geeigneten Vergleich bieten sogenannte Risikokapitalisten, die ihr eigenes Geld in neue Hochtechnologiefirmen zu investieren wagen. Entsprechend intensiv sind ihre Untersuchungen dieser Firmen. Sie versuchen die Spitzenmanager so genau wie möglich kennenzulernen. Sie unterhalten sich mit Zulieferern, Kunden, Exarbeitnehmern, Sekretärinnen – mit jedem, der ihnen Einblick in die Unternehmensstruktur gewähren kann.

Niemand vermag ein Unternehmen bis in die letzten Winkel zu analysieren – man kann es nur durch langjährige Erfahrung in allen Einzelheiten kennenlernen. Sonst wäre das Management der Diversifikation in nicht verwandte Branchen nicht eine so große Herausforderung. Der Zweck der Erforschung ist es nicht, ein Experte für alle Betriebsabläufe zu werden, sondern die Risiken zu erkennen. So läßt sich beispielsweise fast immer jemand finden, der die »verborgenen Probleme« eines Unternehmens kennt und über sie zu sprechen bereit ist, wenn die Untersuchungen nur intensiv genug vorgenommen werden. Eine gute und doch oft nicht angezapfte Quelle für solche Informationen sind die Betriebsleiter.

In vielen Unternehmen wälzen die Spitzenmanager aber die Aufgabe der Untersuchung von Übernahmekandidaten auf andere ab. Es besteht eine Tendenz, sich auf den Rat von außenstehenden Experten zu verlassen. Wenn diese aber bei ihrer Arbeit nicht strikt beaufsichtigt werden, neigen sie dazu, die Erfahrungen und Standpunkte der Klientenunternehmen durch ihre eigenen zu ersetzen. Wenn ihnen bestimmte Bedingungen gestellt werden, sind Unternehmensberater gewöhnlich ihre Honorare wert. Sie können aber vom Management auch dazu benutzt werden, die Verantwortung für Entscheidungen abzuwälzen oder einen fragwürdigen Ausweg zu wählen, wenn sich später Diskrepanzen herausstellen. Das Zögern von Spitzenmanagern, sich persönlich mit den betrieblichen Einzelheiten von Firmenübernahmen zu befassen, hat hinterher schon so manche Kopfschmerzen bereitet.

Zur Vorbereitung der Übernahme von Reliance Electric engagierte Exxon die beiden führenden Unternehmensberatungen Booz, Allen & Hamilton und Arthur D. Little sowie das renommierte Bankhaus Morgan Stanley. Dennoch hat keiner der beratenden Experten den Hauptgrund für die Übernahme von Reliance Electric kritisch genug überprüft – die Annahme, die Firma werde eine noch als Branchengeheimnis geltende Vorrichtung zur Leistungssteigerung der meisten Elektromotoren zu außerordentlich niedrigen Kosten in Massen produzieren können, bewahrheitete sich nicht. Berichten zufolge haben weder Exxon noch die Berater die Behauptung in Frage gestellt, die Vorrichtung werde zu »um schließlich bis zu 90 Prozent niedrigeren Kosten« massenproduziert werden können. Bei einer detaillierten Untersuchung des Produktionsvorschlags nach der Übernahme erwiesen sich die Kostenvoranschläge aber als völlig unrealistisch.

Exxons Erfahrung ist keine Ausnahme. Es ist typisch für diversifizierende Unternehmen, daß sie sich bei Übernahmevorhaben oftmals von Renditen und sonstigen finanziellen Aspekten blenden lassen. Nur selten wenden sie viel Zeit dafür auf, genau zu untersuchen, was sie eigentlich aufkaufen. Der hochrangige Vizepräsident von Exxon, der die Verhandlungen über den Kauf von Reliance Electric zu führen hatte, »bereitete sich darauf vor, indem er ›zwischen zwei Fernsehsendungen‹ einen Text über Elektrotechnik las«.

Ganz anders als die meisten Großunternehmen gehen die Risikokapitalisten vor, wenn sie ihr eigenes Geld in Unternehmen anlegen. Sie sehen sich zu größtmöglicher Vorsicht gezwungen und kümmern sich daher auch um jede Einzelheit. Exxon hätte vor der Übernahme von Reliance Electric entweder selbst Experten mit der gründlichen Überprüfung der bei der Produktion der Motorenvorrichtung zu erwartenden Kosten betrauen oder darauf bestehen sollen, daß die Unternehmensberater eine solche Untersuchung vornehmen. Gegenüber den Beratern hätte man sich auch vertraglich gegen eine derartige Panne absichern können, denn sie waren ja beauftragt, die Durchführbarkeit des Projekts zu bewerten.

Bei der Entwicklung neuer Produkte werden auch oft Analysen aus zu großer Distanz gemacht. Nach Meinung der Matsushita Electric Industrial Company verlassen sich US-Unternehmen zu sehr auf außenstehende Beobachter. Sie lassen andere ihre Marktuntersuchungen und Verbraucherbefragungen durchführen. Bei Matsushita besuchen Angestellte des Unternehmens regelmäßig Besitzer von Elektrogeschäften und gehen auch von Haus zu Haus, um direkt bei Endverbrauchern zu erfahren, welche Probleme sie mit Matsushita-Erzeugnissen haben.

Großunternehmen können viel gewinnen, wenn sie bei Firmenübernahmen die unternehmerische Verfahrensweise der Risikokapitalisten anwenden. Wie bei der Arbeit eines guten Detektivs kommen dabei die Beweise Stück für Stück zusammen. Es ist keine besonders aufregende Arbeit, aber sie ist notwendig. Erste Schritte in die richtige Richtung tun die Manager dabei, wenn sie ihre Büros verlassen, um sich an den entscheidenden Stellen selbst kundig zu machen. Doch aus meiner Arbeit für verschiedene bedeutende Unternehmen, die ich bei Übernahmeprojekten beriet, erinnere ich mich an keinen einzigen Fall, bei dem die wirklich wichtigen Beurteilungen auf Kenntnis des Geschäfts oder Verwendung direkter Quellen beruhten. Die Hauptwerkzeuge für die Analysen waren stets der Taschenrechner und ein Team von externen Fachleuten, wobei die Anzahl der Experten von der Größe und Bedeutung der Firmenübernahme abhing.

Die wirklich erfolgreichen Unternehmen gehen bei Übernahmen intelligenter vor. Sie machen Gebrauch von allen Mitteln, die ihnen zur Verfügung stehen. Dazu gehören ein wirksamerer Einsatz der eigenen Mitarbeiter und größere Aufmerksamkeit auch für nicht ins Auge fallende Einzelheiten des wirtschaftlichen Umfelds, in dem sich das aufzukaufende Unternehmen betätigt. So selbstverständlich dieser Rat auch klingt, die Erfahrung lehrt, daß er in den meisten Unternehmen auf taube Ohren stößt. Um das an einem weiteren Beispiel zu illustrieren: Die Abteilung für Videoprodukte eines der größten US-Unternehmens hat eine als neu bezeichnete Marketing-Technik eingeführt: Die Ingenieure für Produktentwicklung und -gestaltung wurden angewiesen, Kontakte zu Kunden zu unterhalten, damit sie bei ihrer Arbeit »Technologie und Verbraucherwünsche zusammenbringen«. Es muß für einen japanischen Konkurrenten wie Matsushita beruhigend gewesen sein, daß die elementarste aller Voraussetzungen, die beim Marketing zu erfüllen sind, von dem US-Konzern gerade erst entdeckt worden war. Matsushita hat das schon immer als Teil seiner grundsätzlichen Unternehmenspolitik praktiziert und ist deshalb stärker darauf festgelegt als Unternehmen, die mit diesem »neuen« Marketing-Verfahren erst zu experimentieren beginnen.

Verläßt sich ein Unternehmen bei seinen Untersuchungen zur Vorbereitung der Diversifikation hauptsächlich auf die Sekundärforschung, das heißt auf allgemein zugängliche Quellen, so hat das den Hauptnachteil, daß die entscheidenden Informationen mit großer Wahrscheinlichkeit unentdeckt bleiben. Die Resultate der Untersuchungen zeigen dann, was in den Augen von Unternehmensberatern zu beachten und wichtig ist, aber auch noch so viele Daten können keinen Mangel an persönlicher Strategie des Managements ausgleichen. Nur wenn ein Spitzenmanager die Situation persönlich kennt, kann er ein Gefühl dafür haben, was für Möglichkeiten sie bietet. Das gilt vor allem für Gebiete, die sich in rapidem Wandel befinden, und dazu gehören in den USA die Branchen, die sich rapide wandeln oder aus staatlicher Regulierung entlassen werden.

In den sechziger Jahren befand sich das Leasing von Computern durch Käufer an Dritte in den Kinderschuhen. Computer-Leasingfirmen schossen wie Pilze aus dem Boden, doch keine verdiente sich besondere Lorbeeren, und es blieb umstritten, ob es sich auf Dauer rentieren würde, Computer zu kaufen und durch Leasingverträge Kunden zur Nutzung zu überlassen. Ob das der Fall ist, sollte ich als Berater für ein Unternehmen herausfinden und führte dazu zunächst einmal intensive Gespräche mit Managern und Mitarbeitern von Leasingunternehmen, um die Bedingungen ihrer Unternehmen kennenzulernen. Dabei kamen zahlreiche Tatsachen sowie in der Branche kursierende Gerüchte ans Licht, deren Bedeutung ich nun bei meiner Beurteilung berücksichtigen konnte.

Drei Schlüssel ergaben sich aus meinen Untersuchungen. Der erste war die Geschäftspolitik von IBM einschließlich des Tempos, mit dem das Unternehmen neue Produkte im Markt einführte. Diese Geschäftspolitik legte die wirtschaftlichen Bedingungen fest, unter denen die Computer-Leasing-Firmen arbeiten konnten, so daß davon auch die beiden anderen Schlüssel abhingen: Die Gewinne, die jeder Leasing-Vertrag gemäß steuerlicher Abschreibungs- und sonstiger Buchführungspraxis abwerfen konnte, ergaben sich aus zwei Schätzungen: erstens der geschätzten Zahl von Jahren, die der Computer wirtschaftlich verwendbar sein würde, und zweitens aus dem danach verbleibenden Rest- oder Ausschlachtungswert des Geräts. Mit vorsichtigen oder großzügigen Annahmen über Nutzzeit und Restwert der Computer konnten die Leasingunternehmen ihre zur Versteuerung anzumeldenden Gewinne variieren. Für besonders rührige Firmen war es jedoch vermutlich besonders wichtig, daß ihnen nach Abschluß der erwünschten Zahl von Leasingverträgen Einnahmenströme zuflossen, für die es keine unmittelbare neue Verwendung mehr im Leasingunternehmen selbst gab. Leasingunternehmen waren also »Kühe«, die wie in *Abbildung 5* auf Seite 90 zur Finanzierung anderer Unternehmen »gemolken« werden konnten.

Diese Lektion aus der »Matrix für das Portefeuille-Management« der Boston Consulting Group lernte eines der größten unabhängigen Computer-Leasing-Unternehmen, Leasco, und verwendete seine Einkünfte aus dem Leasinggeschäft zum Einstieg in eine ganze Reihe von anderen Branchen. Saul Steinberg, Chefmanager von Leasco, machte aus bescheidenen Anfängen eine diversifizierte Unternehmensgruppe. Schließlich wurde Reliance Group Holdings erworben, eines der fünfzig größten diversifizierten US-Unternehmen für Finanzdienstleistungen.

Saul Steinbergs Methoden mögen unkonventionell oder sogar anrüchig sein, doch er kannte das Leasinggeschäft und wußte, wie man es dazu benutzen konnte, eine viel größere und diversifizierte Unternehmensgruppe aufzubauen. Nur kurze Zeit stand das Fenster zu diesem lukrativen Geschäft weit offen. Wer sich darin auskannte und die damit verbundenen Risiken relativ früh eingegangen war, überlebte auch, als immer mehr neue Konkurrenten schließlich härter um Kundschaft kämpfen und Konditionen zugestehen mußten, bei denen die Gewinne schrumpften.

Die Moral von der Geschichte ist, daß es nicht genügt, die Schlüssel zum Erfolg zu erkennen. Man muß entschlossen sein und oft sehr früh handeln, um ansehnliche Gewinne zu erzielen. Eine wichtige zusätzliche Lektion war, daß die überhöhten veröffentlichten Gewinne der Computer-Leasing-Unternehmen der Hauptgrund dafür waren, daß viele von ihnen aufgekauft wurden. Erst nach den Übernahmen stellten die Käufer fest, daß diese Gewinne kurzlebig waren. Die Aufkäufer waren vom Glanz der Gewinn-und-Verlust-Rechnungen in der expansiven Anfangsphase der Branche angezogen worden, ohne sich die Mühe zu machen, die Grundlagen zu verstehen, auf denen das Geschäft beruhte.

Häufige Fehler, die zu vermeiden sind

Firmenübernahmen mit verlustreichem Ausgang bringen Konglomerate oft ins Gerede. Eine Analyse dieser Fehlleistungen lohnt sich jedoch, weil sie verdeutlicht, was nicht funktioniert. Das ist leichter aufzuzeigen als das, was den Erfolg ausmacht. Damit bei der Diversifikation wenigstens die schlimmsten Reinfälle vermieden werden, sollten sich Unternehmen stets einige Fehler vor Augen halten, die leicht wiederholt werden können. Drei der schlimmsten Fehlkalkulationen werden in den folgenden Abschnitten behandelt.

Zahlenakrobatik

Bei den Analysen zur Vorbereitung von Firmenübernahmen wird viel zu häufig Projektionen der künftigen Einkommensströme, die von der aufzukaufenden Firma erwartet werden, ausschlaggebende Bedeutung zugemessen. Das war vor allem in den fünfziger und sechziger Jahren so, als Jagd nach Firmen fast ohne Rücksicht darauf vor sich ging, was sie produzierten oder wie sie betrieben wurden. Ein typisches Beispiel: Zu einer Zeit, in der das Kurs/Gewinn-Verhältnis (Aktienkurs geteilt durch Jahresgewinn des Unternehmens) von Emery Air Freight bei stolzen 50 bis 60 lag, sagte der Präsident des ausufernden Konglomerats U.S. Industries dem Chefmanager von Emery: »John, ich muß etwas tun, damit mein Kurs/Gewinn-Verhältnis in die Höhe geht, um mehr Kapital an der Börse aufnehmen und mehr Unternehmen kaufen zu können. Ändern wir doch unsere Firmennamen in Emery-U.S. Industries um, damit ich mir etwas von eurem Zauber borgen kann, um die Börse zu blenden.«

Die schlimmsten Exzesse dieser Art sind vorbei, doch die Neigung zu »finanziell gerechtfertigten« Firmenübernahmen ist noch immer vorhanden. Nur die Schlüsselbegriffe haben sich geändert. Statt des Kurs/Gewinn-Verhältnisses ist nunmehr der »Discounted Cash Flow« (DCF: abgezinste Gewinne plus verdiente Abschreibungen) der Orientierungsmaßstab. Das DCF-Konzept, ein beliebtes Patentrezept für Finanzberechnungen, funktioniert dabei etwa so: Es wird der Cash-flow geschätzt, der dem Unternehmen aus der erwogenen Firmenübernahme in einem bestimmten Zeitraum, etwa in den nächsten fünf oder zehn Jahren, zufließen würde. Der gegenwärtige Wert dieses Betrags wird errechnet, indem er um einen Prozentsatz abgezinst wird, der einen Abschlag für die mit der Investition verbundenen Risiken plus entgehende Erträge für alternative Kapitalanlagen (»opportunity cost«) darstellt. Aus diesem diskontierten Cashflow errechnet sich der Höchstpreis, den das Unternehmen für die Übernahme zahlen würde: der Preis, zu dem der DCF gleich dem Mindestertrag ist, den die Firma mit ihrer Investition erzielen will. Stellt sich der potentielle Käufer beispielsweise 15 Prozent jährlich als Mindestertrag vor, so wird die Übernahme für ihn um so verlockender, je mehr der DCF die 15 Prozent pro Jahr vom Kaufpreis überschreitet. Es gibt einige einfallsreiche Varianten oder Ergänzungen des DCF-Konzepts, beispielsweise die Aufnahme von durch Verpfändung von Anlagen der aufzukaufenden Firma besonders zinsgünstigen Krediten zur Finanzierung der Übernahme weiterer Unternehmen, doch der DCF bleibt der Kern der Finanzanalyse. Finanzielle Projektionen sind natürlich wichtig, aber sie verzerren die Bewertungen von Übernahmemöglichkeiten, wenn sie andere Überlegungen verdrängen. Wenn ein Unternehmen eine Firma kauft, ohne sie vorher sorgfältig zu untersuchen, und dann nicht versucht, sie zu integrieren, so vervielfacht es die Möglichkeiten, auf schwerwiegende Probleme zu stoßen. Diese Art der Übernahme aus der Distanz funktioniert, solange die günstigen finanziellen Projektionen zutreffen, die zu der Kaufentscheidung führten. Da die Annahmen, auf denen die Projektionen beruhen, sich aber oft als zumindest teilweise falsch erweisen, sind sie selten ein Rezept für langfristigen Erfolg.

Bei Exxons Übernahme von Reliance beispielsweise war ein wesentlicher Teil der vorausgehenden Beurteilung finanzieller Natur, wobei Morgan Stanley berechnet hatte, daß Exxon aus der Übernahme eine jährliche Ertragssteigerung um 1 Prozent zufließen würde. Der gegenwärtige Wert dieser Ertragssteigerung (DCF) wurde etwas vage auf 610 Millionen Dollar beziffert, was etwa mit dem Aufpreis übereinstimmte, den Exxon zu zahlen anbot. Eine entscheidende Komponente der Bewertung, die angebliche Kostensenkung durch Massenproduktion, »wurde nicht näher untersucht«. Am Ende erwies sich der von Exxon gezahlte Aufpreis von 600 Millionen Dollar als kostspieliger Fehler. Exxons Erfahrung ist typisch für ähnliche Überraschungen, die Unternehmen erleben, wenn sie bei Übernahmen mehr Zeit für die Entwicklung des Zahlenwerks aufwenden als auf die Untersuchung der Annahmen, auf denen die Daten beruhen.

Überstürztes oder emotionales Engagement

Selbst wenn eine Übernahmetransaktion auf den ersten Blick besonders reizvoll erscheint, sollte ein Unternehmen nicht auf eine sorgfältig kalkulierte Bewertung von Vor- und Nachteilen verzichten.

Das alte Sprichwort »Investiere überstürzt, dann hast du viel Zeit für die Reue« erweist sich allzuoft als wahr. Bei Novizen der Diversifikation sind erste törichte Fehler geradezu üblich. Selbst in Übernahmen erfahrene Unternehmen lassen sich hin und wieder von voreiligen Analysen und ihrer Übereinstimmung mit den eigenen Wünschen und Vorstellungen dazu verführen, überhöhte Preise für Firmenübernahmen zu zahlen – Aufpreise über die Kurs- und Buchwerte von Übernahmekandidaten, die sich im nachhinein als ungerechtfertigt erweisen. Zugegeben, Untersuchungen vor einer Übernahme bringen nicht immer alles an den Tag, was absichtlich unter den Teppich gekehrt wurde. Es ist aber eine Ironie, daß erfahrene Manager von großen Unternehmen, Experten ihrer Fachgebiete, versiert, sogar raffiniert im Management ihrer Geschäftsbereiche, immer wieder Opfer der am leichtesten vermeidbaren Fehler werden, wenn sie andere Firmen aufkaufen.

Erst nachdem Kodak ein führendes Unternehmen für elektronische Redaktionssysteme, Atex, übernommen hatte, entdeckte der Konzern, daß Finanzen und Management bei dem in seinen technischen Leistungen bis zur Übernahme glänzenden Unternehmen in schlechter Verfassung waren. Auf den ersten Blick schien die Übernahme ideale Partner zusammenzubringen, brachte sie Kodak doch den verbreiterten Zugang zu einem Markt, auf dem der Photokonzern bereits Chemikalien, Filmmaterial und anderen Druckereibedarf verkaufte. Doch statt dessen wurde die Übernahme ein peinlicher Reinfall. Manager in Schlüsselpositionen verließen das ohnehin schon schwache Führungsteam von Atex. Neue, vom Markt geforderte Produkte wurden nicht schnell genug entwickelt, während die angebotene Produktpalette veraltete. Und die Finanzen mußten dringend auf eine gesündere Basis gestellt werden. Atex ist in den Jahresberichten von Kodak in den Jahren nach der Übernahme (1981) nicht mehr erwähnt worden – ein Zeichen dafür, wie enttäuscht der Photokonzern über seine Investition ist. Kodak muß sich Atex intensiver als in den ersten achtziger Jahren widmen, um das Blatt bei dieser Tochter zum Guten zu wenden. Die Zeit dafür eilt – ein Experte sagt: »Wenn sie es jetzt nicht schaffen, bleibt nichts mehr übrig.«

Das volle Ausmaß der Probleme von Atex konnte nur von Insidern erkannt werden. Gründliche Voruntersuchungen hätten Kodak aber zeigen können, daß echte Probleme vorhanden waren. Es ist schon bemerkenswert, daß Unternehmen, die ihr angestammtes Geschäft mit größter Sorgfalt betreiben und dabei möglichst jedes Risiko umgehen, mit der Großzügigkeit des Kavaliers, der keine Fragen stellt, in neue Branchen eintreten. Wie ist die Nachlässigkeit von Firmen zu erklären, die in fremde Wirtschaftszweige investieren, ohne sie ernsthaft zu studieren und ohne besondere Fähigkeiten für die Betätigung in diesem Neuland mitzubringen? Die Ölgesellschaft Ashland Oil verkaufte beispielsweise den größten Teil ihrer Erdölkonzessionen, schnitt sich damit von dem Wirtschaftszweig ab, den sie am besten kannte, und verwendete den Erlös zum Kauf unterschiedlichster Unternehmen aus Branchen, von denen sie nichts verstand. Das Spektrum reichte von Versicherungsgesellschaften bis zu Herstellern von Umweltschutzausrüstungen. Von diesen Extremen einmal abgesehen, bemerkte ein früherer Berater des Unternehmens, daß es Ashlands augenscheinliche Strategie sei, »in einer Serie von wenig attraktiven Geschäftszweigen tätig zu bleiben«.

Keine spezifischen Fähigkeiten

Spezifische Fähigkeiten sind ein Schlüssel zur erfolgreichen Diversifikation in unterschiedliche Branchen. Das beschränkt Firmen nicht auf ihr Kerngeschäft oder verwandte Bereiche. Es bedeutet aber, daß Fähigkeiten vorhanden sein müssen, sei es im Marketing, im Vertrieb, in der Produktionstechnik oder in was auch immer – Fähigkeiten, deren Anwendungsmöglichkeit die

Übernahme einer Firma sinnvoll macht. Dieser Grundsatz sollte eigentlich selbstverständlich sein, doch unerklärlicherweise wird gegen ihn immer wieder verstoßen. Ashland Oil hatte nicht den geringsten Grund zu der Annahme, daß es Versicherungen oder Betriebe zur Herstellung von Umweltschutzausrüstungen besser managen könnte als die bisher in diesen Branchen tätigen Firmen oder daß dies Unternehmen sein würden, die man sich selbst überlassen konnte.

Mattel ist ein weiteres Unternehmen, das Diversifikation wie einen Spaziergang in einen Irrgarten unternahm. Es kaufte und verkaufte einen Zirkus und investierte in Unternehmen für Haustierbedarf, Spielfilmherstellung und Kinderbücher. Es legte sich auch eine Eisrevue zu. Was für Fähigkeiten wollte es zum Management eines solchen Sammelsuriums von Firmen oder auch nur einer davon beitragen? Eine mögliche Erklärung ist allenfalls, daß Mattel sich mit der Diversifikation von seinen ureigenen Problemen ablenkte. Mattel Electronics, ein »Stern« gemäß Portefeuille-Management-Matrix der Boston Consulting Group, war zu einem »lahmen Hund« geworden. Über 40 Produkte waren 1982 bei Mattel Electronics im Entwicklungsstadium, doch nur zwei davon wurden rechtzeitig marktreif. Die Mängel im Management, die bei diesem wichtigen Konzernmitglied zutage traten, erweckten nicht gerade Vertrauen in die Fähigkeit von Mattel, eine sehr diversifizierte Gruppe von Unternehmen zu leiten.

Selbst so gut geleitete Unternehmen wie Sears lassen bei der Diversifikation gelegentlich Federn. Sears World Trade wurde ursprünglich als Unternehmen für Finanz- und Unternehmensberatungsdienste für Handelsvertretungen und -firmen in aller Welt konzipiert. Dieses ehrgeizige Unterfangen gelang aber nicht besonders gut. Deshalb wurde es zu einem Unternehmen umgewandelt, das, aufbauend auf den praktischen Erfahrungen von Sears, die Auslandsvertretungen und -kontakte des Konzerns dazu benutzt, dem eigenen US-Filialnetz und anderen Einzelhandelsunternehmen zu dienen.

Goethe hat einmal sinngemäß gesagt: »Alle intelligenten Gedanken sind schon gedacht worden. Man muß nur versuchen, sie noch einmal zu denken.« Die Erkenntnis, daß besondere Fähigkeiten für die Betätigung in einer Branche eingesetzt werden müssen, ist schon in einem Kapitel zuvor aufgetaucht. Wie so viele nützliche strategische Regeln muß sie nur von den zahlreichen Unternehmen wiederentdeckt werden, die sie bei der Diversifikation vergessen haben. Völlig neue Gedanken sind für die Unternehmensstrategie längst nicht so wichtig wie das Verständnis bereits vorhandener Erkenntnisse und deren Umsetzung in die Praxis.

Sein eigenes *Geschäft beherrschen*

Natürlich sollte man soviel wie möglich über eine Branche wissen, in die man »einsteigen« will. Genauso wichtig ist es aber, über die eigene Branche informiert zu sein, wenn Außenseiter in sie eintreten. Man stelle sich beispielsweise das Dilemma der etablierten Unternehmen in der sich rapide verändernden Branche der Finanzdienstleistungen vor. Sie müssen nicht nur neue Wettbewerber abwehren, sondern auch ihre eigenen alten Strategien neu bewerten. Wo werden da die Schlachten um Wettbewerbsvorteile gewonnen oder verloren? Wenn richtig erkannt wird, wo die Hebelwirkungen anzusetzen sind, so bleibt noch die Frage, welche spezifischen Fähigkeiten jeder Konkurrent einsetzen kann, um den maximalen Wettbewerbsdruck auszuüben.

Bei der ersten Frage nach dem geeigneten Ort zum Ansetzen der Hebel bietet sich der Vertrieb an. Bei Leistungen für Massen von Kunden ist es das wichtigste, die potentiellen Kunden zu erreichen. Beim Kampf um Kundschaft kommen große Unternehmen aus verschiedenen Richtungen und gehen von unterschiedlichen spezifischen Fähigkeiten aus. In *Tabelle 8* werden fünf der großen U.S.-Finanzdienstleister mit ihrem Kerngeschäft aufgeführt, in dem sie ihre spezifischen Ausgangskenntnisse haben.

Von den fünf Unternehmen haben Sears und American Express am aktivsten diversifiziert, während die Equitable Life Insurance mit der Diversifikation erst begonnen hat. Anfänger oder Fortgeschrittene – ihre gute Nachricht ist, daß jede Über-

Tabelle 8
Fünf Hauptteilnehmer am dynamischen US-Finanzdienstleistungsgeschäft

Unternehmen	Kerngeschäft	Bedeutende aufgekaufte Finanzdienstleistungsunternehmen
American Express	Kreditkarten	Wertpapiermakler für Privatkunden Internationale Bank
Citicorp	Geschäftsbank	keine
Equitable	Lebensversicherung	Wertpapiermakler für Kapitalanlageninstitute
Merrill Lynch	Wertpapiermakler	keine
Sears	Einzelhandel und Versicherungen	Wertpapiermakler Immobilienmakler

nahme Marktanteile bringt. Dazu gehört aber auch die schlechte Nachricht, daß die Integrierung von fremden Firmen unterschiedlicher Unternehmenskulturen Schwierigkeiten bereitet. American Express und Sears sind diesen Schwierigkeiten bereits begegnet. Merrill Lynch wird dagegen von seiner festgefügten Wertpapier-Maklerorganisation an Ort und Stelle so stark einzementiert, daß kaum Bewegungsfreiheit für Diversifikation besteht. Die Tausende von Maklern des Unternehmens sind eine große Stärke, aber auch eine starke Barriere gegen Innovationen in der Geschäftstätigkeit. Mit Rabatten werbende und operierende Makler erobern sich immer größere Anteile am Wertpapiermarkt, und Merrill Lynch ist nicht in der Lage gewesen, von seinen alten Geschäftspraktiken abzuweichen, ohne die neuen Konkurrenten gegen sich aufzubringen. Ähnlich wie sich die US-Automobilherstellung beim Rückgang des Absatzes großer Pkw davon abhalten ließ, aggressiv gegen die Konkurrenten vorzugehen, die mit Kleinwagen »von unten« in den Markt eindrangen, zögert Merrill Lynch, entschlossen den neuen Konkurrenten entgegenzutreten, die dem etablierten Wertpapiermakler Großkunden abspenstig machen. Und wie bei den Autoproduzenten ist der Verlust von Marktanteilen bei Merrill Lynch inzwischen so weit gediehen, daß entschiedenes Handeln erzwungen wird – ein Handeln, das zu einem früheren Zeitpunkt wirkungsvoller gewesen wäre.

Die fünf Unternehmen in *Tabelle 8* können alle mit den Pfunden hoher Anerkennung durch Stammkunden wuchern, und das ist ein besonders wertvolles Kapital, wenn man Finanzdienstleistungen an den Mann bringen will. Das eine oder andere Unternehmen dieser Auswahlgruppe mag mehr spezielle Kenntnisse für seine Leistungen als seine Konkurrenten aufzuweisen haben, doch Expertise, die in Massen vermarktet wird, ist nicht gar so schwer zu erwerben oder nachzuahmen. Die Schlußfolgerung, daß der Vertrieb, die Bewerkstelligung des Verkaufs der Leistung an den Kunden, das Ausschlaggebende ist, läßt sich kaum umgehen. Das mag Walter Wriston, den ehemaligen Chefmanager der Citibank, jetzt Citicorp, vor mehr als einem Jahrzehnt zu der Voraussage bewogen haben, daß sein künftiger Hauptkonkurrent nicht eine andere Bank, sondern der Handels- und Versicherungskonzern Sears sein werde.

Der Versuch, in die Zukunft der Finanzdienstleistungen zu blicken, ist aus der Distanz des Außenseiters eine unlösbare Aufgabe. Auf jeden Fall gibt es jedoch im Inneren der Branche mehr Fragen als Antworten. Die Fragen zwingen aber zu Entscheidungen. Die Qualität der Schritte, die von den Finanzdienstleistern in der Beantwortung solcher Fragen unternommen wurden und bald werden, tragen zu den Endresultaten bei. Welche Unternehmen schließlich das Richtige an den Kunden bringen, hängt zu einem großen Teil davon ab, wie gut sie sich darauf vorbereitet haben. Wer hat am besten erforscht, was die Schlüssel zu den Wünschen der Kunden sind? Jedenfalls nicht die Unternehmen, die mit noch so scharfer analytischer Sicht, nur auf Zahlen fixiert, versuchen, aus dieser Distanz von anderen Fakten zu den neuen Ufern vorzustoßen.

3
Der Weg, der noch vor uns liegt

Bis zum Erscheinen dieses Buches im Herbst 1987 im deutschsprachigen Raum Mitteleuropas werden manche der geschilderten Fusionsfälle ihren Fortgang genommen haben. Der Übersetzer der amerikanischen Ausgabe konnte nur einige der faszinierendsten Beispiele vom Stand der Dinge im Mai 1985 – als mein Manuskript abgeliefert werden mußte – auf den Verlauf bis zum Frühjahr 1987 fortschreiben, und ich trug einige weitere Ergänzungen bei. Wenn dennoch einige der Beispiele von gestern die Geschehnisse und Handlungen von morgen nicht mehr illustrieren können, so unterstreicht das nur eine der Hauptlektionen aus diesem Buch. Der Wandel ist unaufhaltsam.

Die grundsätzlichen Motivierungen, die Unternehmensleitungen in Marktwirtschaften bewegen, bleiben jedoch intakt. In der gesamten geschichtlichen Entwicklung von Großunternehmen strebten deren Manager stets nach Wachstum und Kontrolle über ihre Absatzmärkte. Dieser druckvolle Antrieb war Teil jedes Schritts nach vorn, auf dem Weg von der kleinen zur großen Firma, von dem in einer Branche tätigen Unternehmen zum auf verwandten Gebieten engagierten Konzern und von diesem zum in verschiedensten Branchen operierenden Mischkonzern.

Wenn wir die Motivierungen als bleibend akzeptieren, so kann uns das die Berechtigung der gegenwärtigen Untenehmensstrategie zur Diversifikation in unterschiedlichste Branchen erkennen lassen – und neue Perspektiven für die Zukunft von Großunternehmen. So stellen beispielsweise die acht unter den folgenden Zwischenüberschriften beschriebenen Trends Alternativen zu den Meinungen derjenigen dar, die unser Unternehmensgeschehen kommentieren, statt praktisch in ihm tätig zu sein. Die

Beschreibung dieser Trends verwendet die Motive und Handlungen dieser Unternehmen in der Vergangenheit als Mittel zur Voraussage, was demnächst geschehen wird. Zu einem großen Teil sind diese Trends Fortführungen der Beweise für die Wandlungen, die in den vorangegangenen Kapiteln beschrieben wurden. Sie enthalten keine Überraschungen oder kühnen Voraussagen. Hauptzweck der Darlegungen ist die Stimulierung weiterer Gedanken über die Ausweitung der Unternehmenstätigkeit in unterschiedliche Branchen, nicht der Beweis dafür, daß diese Diversifikation gut oder schlecht ist.

Trend Nr. 1: Die Diversifikation setzt sich in den USA fort

In den USA ist der Trend zur Diversifikation der Unternehmenstätigkeit weiter voll im Gange, weil die Motivierungen dazu weiter wirksam sind. Um diesen Trend zu stoppen oder umzukehren, müßte man die Motivierungen der Unternehmensleitungen ändern oder die Diversifikation gesetzlich unterbinden. Beides erscheint zur Zeit höchst unwahrscheinlich.

Durchführung und Management der Diversifikation in unterschiedliche Branchen benötigen aber – bei aller Akzeptanz durch Großunternehmen – zur Verfeinerung noch eine lange Zeit. Es wird also mit gewissen Schwankungen in der Entwicklung zu rechnen sein. Einige Unternehmen machen erfolglose Schritte zur Diversifikation wieder rückgängig, andere denken erst über ihre ersten bedeutenden Firmenaufkäufe nach. So wird es noch etliche Fälle rückläufiger Diversifikation geben, doch insgesamt ist ein Trend zu mehr Diversifikation nachweisbar.

Selbst General Motors hat Hughes Aircraft gekauft, und auch andere Firmen, die sich bisher ganz auf ihre Branche konzentriert hatten, wie Polaroid und Eastman Kodak, haben die Risiken dieser Beschränkung erkannt und beginnen sich aus der völligen Abhängigkeit von ihrem Kerngeschäft zu lösen. Einmal in Bewegung, können diese riesigen Unternehmen die optimalen Vorteile der Diversifikation nicht mit einigen wenigen Firmenübernahmen erlangen. Bei der Größe ihres Kerngeschäfts brauchen sie mehrere Gruppen von Unternehmen, um eine ausgewogene Gruppe von Geschäftszweigen zu bilden. Haben Coca-Cola und Sears ihre Diversifikation bereits abgeschlossen? Dann würden sie mit ihren neuen Geschäftszweigen weit unter der Wettbewerbsstärke bleiben, die sie erreichen können.

Die Firmenaufkäufe, die noch von den Unternehmen zu erwarten sind, die gerade erst mit der Diversifikation begonnen haben oder erst dabei sind, sich dazu zu entschließen, werden dafür sorgen, daß die Konglomeratsbewegung sich weiter kraftvoll fortsetzen wird. Damit steht sehr vielen Unternehmen noch ein langer Weg bevor, bis diese noch ungewohnte Strategie von der gesamten Wirtschaft assimiliert und gemeistert worden ist.

Trend Nr. 2: Auch weltweit wird die Diversifikation zunehmen

Die Diversifikation in unterschiedliche Branchen ist ein marktwirtschaftliches und nicht nur ein nationales Phänomen. Die gleichen Pressionen, die auf US-Manager einwirken, beeinflussen auch die Manager ausländischer Unternehmen. Diese Kräfte können ebensowenig auf ein Land eingeengt werden, wie das Wachstum in den USA auf bestimmte Branchen beschränkt bleiben konnte.

Es ist einfach eine Tatsache, daß sich nach einer gewissen Zeit das Wachstum in bedeutenden Märkten für Unternehmen, die weiter expandieren wollen, zu sehr abschwächt. Hohe und sogar wachsende Gewinne aus der Betätigung auf gesättigten und daher stagnierenden Weltmärkten treiben die Unternehmen entweder zur horizontalen Integration, zur Fusion mit Konkurrenten, oder zur Expansion außerhalb ihres Kerngeschäfts. Beide Entwicklungen werden sich wahrscheinlich künftig deutlich verstärken, vor allem in ausgereiften Branchen.

So wurden beispielsweise in der US-Erdölindustrie die unüberwindlich erscheinenden gesetzlichen Barrieren gegen horizontale Integration stillschweigend niedriger gehalten, als Texaco Getty übernahm und Standard Oil of California Gulf Oil aufkaufte. Doch selbst horizontale Integration dieses Ausmaßes kann den Drang zum Wachstum nur vorübergehend befriedigen. Doch Fusionen zwischen ausländischen Erdölgesellschaften sind logische nächste Schritte – eine ähnliche Entwicklung wie die horizontale Integrationsbewegung in den verschiedensten Branchen in den USA zur Zeit der vorigen Jahrhundertwende.

Nestlés Übernahme der Carnation Company 1984 ist ein Beispiel für diesen Trend in der Lebensmittelindustrie. Ähnliche horizontale Integrationsbewegungen sind in so bedeutenden Branchen wie Automobil-, Chemie- und Stahlindustrie zu erwarten.

Die Bildung großer internationaler Mischkonzerne kann angesichts der Entwicklung in den USA und unter der Annahme, daß die Motivation der Manager unverändert bleiben wird, ebenfalls vorausgesagt werden. Die Diversifikation in unterschiedliche Branchen wird zur besten und vielleicht einzigen Alternative, die Unternehmen in ausgereiften und arbeitsintensiven Branchen in Industrieländern, in denen die Produktionskosten höher sind als in Entwicklungsländern, zur Sicherung ihres Überlebens haben.

Die Geschichte moderner Unternehmensstrategien ist bisher in den marktwirtschaftlichen Industrieländern so verlaufen, daß die USA führten und die übrige Welt nach einiger Zeit folgte. Das mag sich mit dem Schwinden der relativen wirtschaftlichen Macht der USA ändern. Die weltweite Übernahme der in den USA seit langem wirksamen Strategie der Diversifikation der Unternehmenstätigkeit in unterschiedliche Branchen hat jedoch bereits begonnen.

Trend Nr. 3: Reformen stehen bevor

Mit ihren finanziellen Überfallmethoden haben Übernahmespezialisten wie Pickens, Steinberg, Icahn und Jacobs das Image von Firmenaufkäufen befleckt. Zuvor konnte sich niemand vorstellen, daß Unternehmen wie Disney, Texaco oder CBS sich einmal davor fürchten würden, von individuellen Investoren aufgekauft zu werden. Da aber Finanzjongleure mit dem Nervenkostüm von Glücksspielern bereitwillige Kreditgeber hinter sich haben, brauchen sie eine Firma nicht einmal tatsächlich zu übernehmen, sie können ihre Übernahmetaktiken ins Spiel bringen und daran Geld verdienen, indem sie nur eine Minderheitsbeteiligung an dem Unternehmen erwerben. Dann lassen sie sich entweder nach der bewährten Methode der »Grünen Post« (siehe Seite 75) zu einem hohen Preis für den Verzicht auf weitere Übernahmemanöver wieder auskaufen, oder sie animieren andere Unternehmen zur Übernahme der Firma und verdienen an der dabei herauskommenden Wertsteigerung ihrer Investition.

Um sich gegen solche Attacken zu verteidigen, greifen mehr und mehr Unternehmen zum im Kapitel 2 auf Seite 76 beschriebenen Mittel der »Giftpillen«, damit eine Übernahme zu kostspielig und zu risikoreich erscheint, und Spitzenmanager werden überdies mit »goldenen Fallschirmen« ausgestattet, das heißt, sie werden mit riesigen Abfindungssummen entschädigt, wenn sie nach einer »feindlichen« Übernahme von den neuen Mehrheitsaktionären aus ihren Stellungen entfernt werden. Derartige Praktiken forderten natürlich öffentliche Reaktionen heraus. Der US-Kongreß und die Wertpapier- und Börsenkommission hielten beide Hearings über Reformen ab. Selbst aktive Teilnehmer am Fusionsgeschäft scheinen für Beschränkungen von mißbräuchlichen Übernahmemanövern zu sein.

Mit der Zügelung der Übernahmeartisten werden die Fusionen nicht aufhören, doch das Tempo der Bewegung dürfte sich eine Zeitlang vermindern. Bei der Fusionswelle der sechziger Jahre beseitigten Reformen von Buchführungsbestimmungen offensichtliche Mißbräuche. Das erwies sich langfristig als gesund für Fusionen. In ähnlicher Weise ist vermutlich jetzt die Zeit gekommen, in der die gesamte Fusionsbewegung von einer Abkühlung des Spekulationsfiebers profitieren kann.

Vernünftige Reformen stehen nicht im Widerspruch zu einem grundsätzlich freien Markt für Firmenübernahmen. Die Übernahme nicht voll genutzer Aktiva und sogar die Liquidation von veralteten Anlagen im Zuge von Übernahmen sind Teil der

Reindustrialisierung der USA. Doch jede neu aufkommende Gelegenheit zu riesigen Gewinnen hat immer gesetzliche Regelungen für ein faires Spiel der Kräfte angeregt. In unserem Fall der Fusionsbewegung wächst die Überzeugung, daß die Kapitalmärkte zugunsten von wenigen manipuliert werden, so daß dabei Unternehmen zerschlagen oder ihre Bilanzen mit Schulden beladen werden, ohne daß sich die Aufkäufer um mögliche Leistungsverbesserungen in den aufgekauften Firmen kümmern.

Wenn die Wirtschaft expandiert, verdeckt das Wachstum solche Exzesse, bis sie zu Katastrophen werden. Wenn jetzt gehandelt wird, so kann das noch zur Verhinderung der schlimmsten Kopfschmerzen beitragen, die einer ungehinderten Zunahme der Spekulation folgen würden. Die unerwünschten Praktiken müssen aber unterbunden werden, ohne die Fusionsbewegung ganz zu stoppen – das wird der heikle Teil der Reformen sein.

Trend Nr. 4: Langfristiger Gewinner wird ein Unternehmen bei Übernahmen nur durch funktionale und organisatorische Synergien

Langfristig werden die Unternehmen am erfolgreichsten sein, die es schaffen, ihre übernommenen Firmen zu integrieren. Das galt schon in den früheren Phasen der Entstehung von größeren Unternehmen durch Fusionen, und es bleibt auch für die Mischkonzerne von heute gültig. Unternehmen, die versucht haben, die von ihnen aufgekauften Firmen wie ein Portefeuille von Kapitalanlagen zu verwalten, sind Übernahmeversuchen am stärksten ausgesetzt gewesen: Raubritter des Kapitalmarkts wie die erwähnten hatten und haben es stets auf Konzerne abgesehen, die sich durch Weiterverkauf der Einzelteile mit Gewinn ausschlachten lassen, weil die Konzernkomponenten für Aufkäufer, die sie effizient leiten können, wahrscheinlich wertvoller sind als für die Aktionäre der Holdinggesellschaft, die sich um das Management der Töchter kaum kümmert. Der moderne Raubritter besorgt sich das Geld zum Aufkauf des Konzerns auf dem Kreditweg, zahlt den Kredit aus dem Erlös des Verkaufs von Konzernteilen zurück und kassiert darüber hinaus aus den Verkäufen mehr oder weniger hohe Gewinne.

Mehr und mehr Unternehmen erkennen jetzt allerdings, in welche Gefahr sie sich begeben, wenn sie Firmen und Unternehmensteile behalten, aus denen nicht die optimale Leistung herausgeholt wird. Sie überdenken daher ihre Strategie. Warum sollen die Gewinne, die sich die Raubritter aneignen, nicht direkt für das eigene Unternehmen und seine Aktionäre vereinnahmt werden?

Erdölgesellschaften wie ARCO und Mobil sind zwei Hauptbeispiele für dieses Vorgehen. Beide waren mit ihren Übernahmen außerhalb der Ölbranche nicht sonderlich erfolgreich. Exxon ist seines Engagements in der Büroausrüstungsbranche überdrüssig geworden, Texaco hat eine ganze Reihe von aufgekauften Unternehmen aus anderen Branchen wieder abgestoßen. Fast die ganze Erdölindustrie war seinerzeit auf Übernahmejagd in die verschiedensten Branchen gegangen, ohne eine Vorstellung davon zu haben, wie die erworbenen Firmen nachher zu managen seien. Es hat geraume Zeit und eine Flaute im Erdölgeschäft erfordert, bis die Erdölgesellschaften zu der Erkenntnis kamen, daß ihre Neuerwerbungen in anderen Händen mehr wert sind als in den eigenen.

Andererseits haben die Erdölgesellschaften Fusionen nicht aufgegeben. Im Gegenteil, sie haben ein neues Zeitalter gigantischer Firmenfusionen eingeleitet, jetzt aber innerhalb der eigenen Branche. In ihrer gegenwärtigen Entwicklungsphase scheinen sie zur horizontalen Integration statt zur Diversifikation entschlossen zu sein. Dieser Prozeß dient den Hauptzielen von Wachstum und Kontrolle über Märkte, ohne zu den Schwierigkeiten in neuen Geschäftszweigen zu führen, auf deren Management die Ölgesellschaften nicht vorbereitet sind.

Enttäuschende Resultate von Unternehmen, die versucht haben, übernommene Firmen aus der Distanz zu betreiben, bestätigen, wie erstrebenswert es ist, ausgeprägte Fähigkeiten als Grundlage für eine erfolgreiche Diversifikationsstrategie zu entwickeln. Je mehr betriebliche Verbindungen zwischen zwei Unternehmen hergestellt werden können, auch wenn sie in verschiedenen Branchen tätig sind, desto größer das Potential zur Erzielung langfristiger Synergien. Da Mobil Oil das Einzelhandelsgeschäft nicht kannte und es auch nicht im Laufe der Zeit intim kennenlernte, mußte das Unternehmen feststellen, daß seine Investition in den Aufkauf von Montgomery Ward sich nie bezahlt machte, sondern schließlich die Ertragslage von Mobil sogar belastete.

Nur wenn in einem übernommenen Unternehmen zusätzliche Wertschöpfung verursacht wird, kann das volle Potential der Übernahme ausgeschöpft werden. Ohne solche Synergien kann der Aufkäufer allenfalls mit den Gewinnen rechnen, die von der erworbenen Firma auch erzielt worden wären, wenn sie unabhängig geblieben wäre – wie dargestellt wurde, lassen sich auch solche Übernahmen unter bestimmten Umständen rechtfertigen, doch bleibt bei ihnen der Nutzen am geringsten.

Bei der industriellen Umstrukturierung, die gegenwärtig in den USA stattfindet, entspringt die Übertragung von Aktiva durch Wiederverkäufe aufgekaufter Firmen teilweise der Erkenntnis verfehlter Unternehmensübernahmen, die sich in der Vergangenheit gehäuft haben. Doch auch Unternehmen, die erstmals Firmen aufkaufen, lernen aus den Fehlern der Vergangenheit und gehen überlegter an die Diversifikation in unterschiedliche Branchen heran. Dieser Darwinsche Prozeß natürlicher Auslese, zu der auch die Wiederverkäufe erworbener Firmen gehören, dürfte die betrieblichen Leistungen insgesamt verbessern und damit der Gesamtwirtschaft nützen.

Trend Nr. 5: Die Diversifikation in unterschiedliche Branchen wird sowohl erzwungen als auch geplant

Dr. Henry Singleton von Teledyne hat erklärt, der Hauptbeweggrund für die Diversifikation sei »der natürliche Wunsch von Unternehmen zu überleben«. Tatsächlich ist die Diversifikation für manche Unternehmen eine Alternative, die ihnen durch die Umstände aufgezwungen wird. Sie finden sich im letzten tödlichen Krankheitsstadium ihrer Branchen, wie die Werften oder die

Hersteller einfacher Stahlsorten, so daß für sie der Ausbruch aus der Branche der einzige Weg zur Rettung wird. So erzielt USX (früher U.S. Steel) jetzt über die Hälfte der Umsatzerlöse aus dem Erdöl- und Erdgasgeschäft. Das ist immerhin besser, als nur Stahl verkaufen zu können.

In anderen Fällen stehen Unternehmen, die immer noch nur in ihrer ausgereiften oder alternden Ursprungsbranche tätig sind, vor der Alternative, entweder Stagnation, Schrumpfung oder sogar Untergang in Kauf zu nehmen oder aber ihre Tätigkeit in andere Branchen zu diversifizieren. Polaroid wird beispielsweise immer noch mit Amateur-Sofortbildphotographie identifiziert. Besessen vom Willen zur Innovation hatte sich Polaroid immer stärker auf diesen einen Geschäftszweig festgelegt. Gleichzeitig hatte die fürsorgliche Garantie lebenslanger Beschäftigung die Mitarbeiteranzahl aufgebläht. Schließlich brachte die Kombination zu enger Spezialisierung, zunehmender Konkurrenz und unproduktiver Belegschaft das einst herausragende Unternehmen in große Schwierigkeiten. Im Bemühen, aus ihnen herauszukommen, wandte sich Polaroid Anwendungen der Photographie außerhalb des privaten Verbraucherbereichs zu und ist jetzt auch recht und schlecht auf weniger verwandten Gebieten wie Computererzeugnissen, Videoausrüstungen und elektronischer Abbildung tätig.

Polaroids Art der Diversifikation ist nicht gerade nachahmenswert. Das Unternehmen zögerte sie hinaus, bis es dazu gezwungen war. Damit wurde aus dem falschen Grund diversifiziert. Doch die Wahl der Strategie erfolgt selten so planmäßig wie in den Lehrbüchern über Unternehmensstrategie. Ein weit verbreitetes Bild der Entscheidungsfindung stellt sie als einen sehr rationalen Prozeß der Vorausschau und darauf basierender Handlungen dar. Tatsächlich haben Untersuchungen gezeigt, daß Manager sich stark auf Intuition, Erfahrung und Anleitung durch den Chefmanager verlassen. Das Endresultat kann dann, selbst wenn es nicht geplant war, noch durch glücklichen Zufall positiv sein.

Nehmen wir beispielsweise Xerox. Im Jahre 1969 übernahm das Unternehmen Scientific Data Systems (SDS), eine Computerfirma. Schon bald nach der Übernahme stellte sich SDS als Katastrophe heraus. Xerox hatte einen viel zu hohen Preis bezahlt, und SDS erfüllte nie die in das Unternehmen gesetzten Erwartungen. Von SDS erhielt Xerox aber die Technologie für den schließlichen Vorstoß auf das Gebiet der computergestützten Büroausrüstungen. Damit hatte Xerox mehr als ein Jahrzehnt gebraucht, um doch noch Nutzen aus seiner früheren Diversifikationsentscheidung zu ziehen. Rückschauend hat der Erwerb von SDS Xerox aber vermutlich geholfen, die Situation zu vermeiden, in der sich Polaroid jetzt befindet.

Andere Unternehmen werden mehr oder weniger den Diversifikationsbewegungen von USX, Polaroid oder Xerox folgen. Unter Druck gesetzt von branchenspezifischen Umständen, eigenen strategischen Fehlern in der Vergangenheit oder von Erfahrungen, werden immer mehr Unternehmen die Diversifikation als die am wenigsten riskante Option sehen, die ihnen offensteht. Das Streben nach Überleben und nach Gewinnen wird nicht nur sicherstellen, daß die Diversifikation sich fortsetzt, sondern daß mehr und mehr Unternehmen sich immer weiter von den Märkten entfernen, auf denen sie ihre Geschäftstätigkeit begannen, wenn sie diese Märkte nicht sogar ganz verlassen.

Trend Nr. 6: Dem Personalmanagement wird mehr Aufmerksamkeit gewidmet werden

Gibt es bessere Arten der Kommunikation in Unternehmen mit Tausenden von Arbeitern als die bisher praktizierten? Eine Reihe von Firmen versuchen es erstmals mit innovativen Methoden. Ein Manager von General Motors beispielsweise verwendet einen »diagonalen Querschnitt«: Er trifft sich mit einer Zufallsauswahl von Arbeitnehmern aus allen Schichten der Belegschaft, von Fließbandarbeitern bis zu Managern auf der mittleren Ebene der Managementhierarchie.

Der Chairman von General Motors, Roger Smith, hat intensiv daran gearbeitet, Entscheidungsbefugnisse auf die mittleren und unteren Ebenen des Managements zu verlagern und die Kommandozügel zu lockern. In einer erschöpfenden zweijährigen Studie, mit der General Motors McKinsey & Co. beauftragt hatte, fanden die Unternehmensberater, daß bei General Motors viel zu wenig Bereitschaft zum Risiko bestand. Die Manager schreckten davor zurück, auch einmal etwas zu wagen. Routine war zur Gewohnheit geworden. Außerdem war der Prozeß der Entscheidungsfindung – wie in anderen Unternehmen mit vielen Managementebenen – zeitraubend und umständlich geworden. Das Management von General Motors hatte sich zu einem Fließbandbetrieb von Angestellten entwickelt. Selbst unbedeutende Fragen mußten das ganze Fließband der von den übrigen Mitarbeitern isolierten Entscheidungsbürokratie von einem bis zum anderen Ende durchlaufen, ehe eine Entscheidung getroffen werden konnte. Als Teil der Lösung dieses Problems wurde ein neuer Stil der Teilhabe aller Mitarbeiterebenen am Management entwickelt: Die Vorgesetzten wurden zugänglicher für ihre Untergebenen, und auch die Arbeiter trugen mit Vorschlägen mehr zur Entscheidungsfindung bei. Und wenn sich General Motors ändern kann, so kann sich jede Organisation ändern.

Die traditionelle Philosophie, nach der Management und Arbeiter in entgegengesetzten Lagern stehen, wobei der Nachdruck auf unpersönlichem Finanzmanagement statt auf persönlichen Kontakten liegt, zeigt Anzeichen der Aushöhlung. Angespornt durch den Erfolg der Japaner, führten US-Industrieunternehmen eigene Versionen von »Qualitätszirkeln« ein, in denen Arbeitnehmer gemeinsam Problemlösungen und Verbesserungen der Arbeitsmethoden erarbeiten. Die Firmen erhoffen sich davon verbesserte Beziehungen zwischen Management und Belegschaft sowie Produktivitäts- und Gewinnsteigerungen.

Es wäre zwar denkbar, daß diese Bewegung sich nur als eine weitere Modeerscheinung erweist, die auf viele Bücher über das Thema und einige Experimente in Unternehmen beschränkt bleibt. Beim nächsten Konjunkturaufschwung könnte sich die Notwendigkeit innovativer Lösungen wieder als weniger dringend erweisen, so daß die Unternehmen zur alten Managementroutine zurückkehren.

Es gibt aber zwei Gegenkräfte, die das Bemühen um ein System für eine quer durch alle Mitarbeiterschichten gehende Beteiligung am Management (Participatory Management) in Gang halten. Die eine ist der fortgesetzte Wettbewerbsdruck der Japaner, die nicht nur ihre Waren, sondern auch ihre Managementpraktiken exportieren. Sie errichten mehr und mehr Fabriken in den USA und leiten sie mit ihren eigenen Arten des Personalmanagements. Die Vorteile dieses Managementstils können so lange Wettbewerbsvorteile verschaffen, wie sie ein Monopol der Japaner bleiben.

Die zweite Gegenkraft ist aber der Gewinn, der überall aus verbesserter Kommunikation zwischen Management und übriger Belegschaft zu erzielen ist. Damit kann mehr unternehmerischer Geist in allen Geschäftszweigen eines Unternehmens erweckt werden. Zu oft wird übernommenen Geschäftszweigen zwar Autonomie zugestanden, doch der Entscheidungsprozeß innerhalb jedes Geschäftszweigs bleibt weitgehend in starr festgelegte Abläufe gepreßt.

Das Ziel eines besseren Personalmanagements müßte es sein, echte Dezentralisation zu erreichen, sei es nun im Gewand von Qualitätszirkeln, von einem Participatory Management oder von was auch immer. Jeder Geschäftszweig sollte in die Lage versetzt werden, flexibel und rasch auf seine Konkurrenten zu reagieren. Das erfordert den Aufbau von Kommunikationsnetzen innerhalb jedes Geschäftszweigs.

Wenn Großunternehmen den unternehmerischen Geist und die Risikobereitschaft von Kleinunternehmen in jeden ihrer Geschäftszweige einpflanzen, erhalten sie sich diese Vorzüge bei der Integration der Geschäftszweige in einem großen, in vielen unterschiedlichen Branchen tätigen Konzern. Das ist zwar besonders wichtig für Mischkonzerne, aber auch ein Problem, das jedes Großunternehmen betrifft. Die zunehmende Deutlichkeit dieses Problems und die Fortschritte bei den Bemühungen zu seiner Lösung stellen sicher, daß sich die fundamentalen Wandlungen in diese Richtung künftig noch beschleunigen werden.

Trend Nr. 7: Der Grundsatz der »Maximierung der Aktionärsinteressen« muß neu überdacht werden

Die Interessenwahrnehmung der Aktionäre gilt als eine Antwort auf die Frage, wofür das Management eines Unternehmens verantwortlich ist. Wenn es nun aber Aktionäre oder Aktionärsgruppen mit unterschiedlichen Interessen gibt, wessen Ansprüche sind dann zu erfüllen? Und was für berechtigte Ansprüche haben sie an das Unternehmen?

Der Begriff der Aktionärsinteressen ist um so verschwommener geworden, je mehr das Aktieneigentum sich auf institutionelle Kapitalanleger verlagert hat. »Das Problem ist, zu entscheiden, wem in Gottes Namen dieses Unternehmen Rechenschaft schuldig ist«, sagt der Chefmanager von Champion International, »ich kann meine Aktionäre gar nicht fragen, was sie wollen. Zu 75 Prozent ist Champion im Besitz von institutionellen Anlegern, und viele dieser Aktionäre wechseln so schnell, daß ich nicht einmal erfahre, wer sie sind. Außerdem«, so fügt er hinzu, »gehört zu unseren Aktionären eine Reihe von Indexfonds. Wer wählt für einen Indexfonds? Eine mathematische Formel entscheidet sich für Ihre Aktie.«

Obwohl das Unternehmenseigentum von Unternehmer-Eigentümern auf individuelle Investoren (private Aktionäre) und zunehmend auf institutionelle Investoren (Banken, Investment- und Pensionsfonds, Versicherungen) übergegangen ist, sucht man bisher vergebens nach einer ernsthaften Untersuchung, was das für die Gültigkeit der Forderung bedeutet, den Interessen der Aktionäre sei maximal zu dienen. Die professionellen Manager sind vielmehr genötigt zu versuchen, eine ständig wechselnde Wählerschaft von Aktionären zufriedenzustellen. Was immer sie tun, sie können dem Vorwurf ausgesetzt werden, damit nicht im besten Interesse einer der Aktionärsgruppen zu handeln. Wie im Kapitel 2 dargelegt wurde, haben Kritiker der Diversifikation der Unternehmenstätigkeit in fremde Branchen argumentiert, daß Unternehmen in ihrer vertrauten Branche bleiben und es den Aktionären überlassen sollten, sich anderen Branchen zuzuwenden. Daß dies ein Rezept zum Untergang ist, wenn es starr in jeder Situation angewendet wird, hat diese Kritiker wenig beeindruckt.

Mit der Trennung von Eigentum am Unternehmen und seinem Management konnte zwischen den Interessen der Aktionäre und den Handlungen der Manager keine Gleichheit mehr vorausgesetzt werden. Sie besteht manchmal noch. Sie hat sogar vielleicht als allgemeiner Grundsatz Gültigkeit. Doch die Zeiten sind vorbei, in denen man naiv annehmen konnte, daß die Interessen von Aktionärsgruppen mit den wirtschaftlichen Kriterien für die allgemeine Wohlfahrt der Verbraucher übereinstimmen.

Handeln Jäger am Unternehmensmarkt wie T. Boone Pikkens, selbsternannter Beschützer von Aktionärsinteressen, wirklich für das Allgemeinwohl? Wenn sie per Grüne Post Gewinne kassieren, kommt dieses Geld dann nicht aus den Taschen der Aktionäre zur Bereicherung der Jäger? Sind »Arbitrageure«, die sich Anteile an einem Unternehmen kaufen, nachdem Gerüchte auftauchen, es werde aufgekauft, und die ihre Anteile wieder verkaufen, sowie die Fusion erfolgt ist, Aktionäre, die schutzwürdige Interessen haben?

Diese Fragen sind nicht leicht zu beantworten. Manager und Aktionäre haben offensichtlich einige gemeinsame Ziele, werden aber auch von unterschiedlichen Eigeninteressen motiviert. Sicher ist nur, daß diese beiden Hauptparteien nicht nur mit dem simplen Schlagwort »Man lasse die Interessen der Aktionäre entscheiden« auf einen Nenner zu bringen sind.

Trend Nr. 8: Mischkonzerne werden bei Wissenschaftlern weiter auf Reserve stoßen

Die sicherste Voraussage für die nächste Zukunft ist die, daß der Widerstand gegen die Diversifikation in unterschiedliche Branchen bei den wissenschaftlichen Beobachtern andauern wird. Obwohl der Begriff des Wandels ein beherrschendes Thema für intellektuelle Debatten ist, bleibt die Sogwirkung zur Beibehaltung konventioneller Anschauungen stark. Man hat sich intellektuell festgelegt. Modelle, wie alles ablaufen und funktionieren sollte, sind mit großer Sorgfalt definiert worden. Unwesentliche Ausnahmen können als Fortschritt angesehen werden, aber dramatische Abweichungen gelten als Häresie.

Was Mischkonzerne anbelangt, steht die Auffassung, daß Diversifikation in unterschiedliche Branchen wirtschaftlich sinnvoll ist, in flagrantem Gegensatz zu gegenteiligen ökonomischen Grundaussagen. Die Volkswirte haben eine ganz spezifische Rechtfertigung für Fusionen: Sie sollten die Wirtschaftlichkeit durch Kostensenkungen erhöhen. Wenn ein Unternehmen ein anderes aufkauft, ergeben sich nach dieser Auffassung nur dann wirtschaftliche Vorteile, wenn die beiden Firmen gemeinsame Kosten haben, die durch die Fusion gesenkt werden. Da es bei der Übernahme eines Unternehmens aus einer anderen Branche, bei einer »konglomeraten Fusion«, keine Kostenüberschneidungen gibt, die eliminiert werden können, lassen sich theoretisch keine wirtschaftlichen Vorteile erzielen.

Die Erfahrung hat sich jedoch bei den Mischkonzernen als Mutter der Erfindung erwiesen. Angetrieben von praktischen Erfordernissen haben Manager herausgefunden, daß die Diversifikation in unterschiedliche Branchen nicht so unrentabel und schon gar nicht so katastrophal sein muß wie theoretisch vorausgesagt. Mit fortgesetztem Experiment und mit Ausdauer hat sich die Logik der Diversifikation in neue Branchen für eine wachsende Zahl von Unternehmen als immer zwingender herausgestellt.

Gleichzeitig haben sich die Früchte der »gemeinsamen Kosten« als schwer erreichbar erwiesen. Manager fanden es schwer, das Konzpt in die Praxis umzusetzen, obwohl es weiter als nützliche Theorie angepriesen wird. Walter Kiechel III von der Zeitschrift *Fortune* zeigt mit einer Anekdote, wie sehr wissenschaftliches Rezept und praktische Erfordernisse auseinanderklaffen:

»Im Jahre 1979 fragte ich mehrere Unternehmensberatungsfirmen, was die neuen strategischen Schlüsselkonzepte seien. Das einzige, das sie anzubieten hatten, war der Gedanke der gemeinsamen Kosten, die Auffassung, daß man bei der Analyse der Komponenten seiner Produkte feststellen könnte, daß es Komponenten gibt, die zu jedem der Produkte beigesteuert werden, und daß die Stückkosten dieser Komponente mit der gebrauchten Menge abnehmen. Daher solle man sich hüten, eines der Produkte aus seiner Produktpalette auszuschalten.

Tatsächlich war dieses Konzept ursprünglich von George Bennett und anderen erdacht worden, als sie bei der Boston Consulting Group an einem Fall bei Texas Instruments arbeiteten. Also ging ich zu Texas Instruments, wo die Idee herkam, und fragte: ›Wie wenden Sie das Konzept der gemeinsamen Kosten an?‹ Ich erhielt die Antwort: ›Es war ein wenig zu kompliziert für unsere Betriebsmanager. Wir haben es nicht benutzt.‹«*

Igor Ansoff, einer der ersten Autoren von Fachliteratur über Unternehmensstrategie, hat es einmal als wahrscheinlich bezeichnet, daß »der historische Rückstand der Ausbildung gegenüber der Praxis bestehen bleiben wird«. Früher hielt ich diese Einschätzung für unangemessen pessimistisch. Jetzt bin ich mir dessen nicht mehr so sicher. Für die akademischen Lehrer haben genau berechenbare Modelle, wie Unternehmen sich verhalten *sollten*, natürliche Vorzüge. Vor die Wahl gestellt, die Theorie zu revidieren oder zu beweisen, daß keine Revision notwendig ist, wird sich die Mehrheit der Lehrer auf der Grundlage der bisherigen Erfahrungen mit Mischkonzernen an die Arbeit für die Beweisführung begeben.

* Walter Kiechel III, *»Sniping at Strategic Planning«*, in: *Planning Review*, Mai 1984, S. 9.

IV

Mischkonzerne in der Bundesrepublik

I

Der neue Weg zu mehr Wachstum und mehr Arbeitsplätzen

Milton Leontiades konstatiert, daß es nicht die Intention seines Buches ist, den Beweis zu erbringen, ob Konglomerate als positiv oder negativ zu bewerten sind. Tatsächlich liefert er aber etliche Argumente dafür, daß vernünftig konzipierte und gut geführte Mischkonzerne ein Gewinn für jede Marktwirtschaft sind, also auch für die bundesrepublikanische. Da sind zunächst die folgenden drei Argumente pro Diversifikation der Unternehmenstätigkeit in unterschiedliche Branchen zu nennen, die auch den Aufkauf von Firmen miteinschließen:

1. Es ist vernünftig, durch Tätigkeit in mehreren Branchen das Unternehmensrisiko zu streuen und damit weniger konjunkturanfällig zu werden.
2. Unternehmen in gefährdeten Wirtschaftszweigen wie Stahl-, Werft- oder Textilindustrie müssen das Recht haben, ihre Abhängigkeit von diesen Branchen durch Aufkauf von Firmen anderer Branchen zu verringern.
3. Der Wettbewerb innerhalb einer inländischen Branche und/ oder gegenüber ausländischen Anbietern im Inland sowie auf den Weltmärkten wird belebt, wenn schwache Konkurrenten wie die AEG von Unternehmen anderer Zweige aufgekauft und gestärkt werden – besonders, wenn es außerordentlich schwer oder praktisch unmöglich ist, wettbewerbsfähige neue Betriebe in der Branche aufzubauen.

Prof. Dr. Fels, Direktor des Instituts der deutschen Wirtschaft (IW), des von Spitzenverbänden der deutschen Wirtschaft getragenen wirtschaftswissenschaftlichen Instituts, bekräftigt diese

Thesen, indem er sagt, er habe »einen positiven Grundaffekt zu dem, was dort niedergelegt ist. Aufgabe der Unternehmen ist es nicht, permanent die Erzeugnisse herzustellen, die sie schon immer produziert haben, sondern Gewinn zu maximieren. Wenn das alte Produkt nichts mehr bringt, muß man sich neue Erzeugnisse zulegen, innerhalb der eigenen Branche oder aus anderen Branchen. Das ist entscheidend für die Überlebensfähigkeit von Unternehmen.

Die Kieler Werften, das habe ich seinerzeit an Ort und Stelle erlebt, verfügen über ein hochqualifiziertes Fachpersonal und hochqualifiziertes Management und sind somit in der Lage, auch andere Produkte herzustellen: Das können beispielsweise schwimmende Produkte sein. Damals wurden schwimmende Zementfabriken diskutiert oder Bohrinseln oder Meerwasserentsalzungsanlagen. Eine Verbindung zum Meer muß aber nicht unbedingt bestehen. In der Zeit des Baubooms postulierten wir: Produzieren Sie Naßzellen für Wohnungen. Doch viele Unternehmen sind zu sehr auf ihre Produkte fixiert, die traditionell ihre Kernbereiche bilden, damit kann man umgehen, dafür hat man seine vertrauten Geschäftsverbindungen. Da bringt dann die Fusion mit einem Unternehmen aus einer anderen Branche die wichtigen Führungsvorteile, das notwendige Know-how, deshalb kann ich das volkswirtschaftlich eigentlich nur für gut halten.«

Folgerichtig müßte man dann von einem positiven Effekt ausgehen können, wenn ein Unternehmen die Diversifikation schon in seiner Reifephase beginnt (siehe *Abbildung* 8, Seite 116), nämlich in der Phase, in der es die Investitionen noch aus guten Gewinnen finanzieren kann, und nicht erst, wie die Werften, in der Altersphase ihrer Branche?

Dazu Prof. Fels: »Allerdings sollte es dann bei Fusionen ein Kriterium sein, daß der Wettbewerb auf dem inländischen Markt nicht gebührend eingeschränkt wird, aber das ist ja beispielsweise beim Zusammenschluß Daimler-AEG nicht so – das Gegenteil ist eher richtig. Außerdem wäre in diesem Fall die Beschränkung der Sicht nur auf den nationalen Markt denkbar provinziell. Selbst die USA, die in der Elektronik nun wirklich potent sind, versuchen ihren Markt dafür gegenüber den Japanern abzuschotten – das zeigt doch, mit welcher Intensität auf diesem Gebiet internationaler Wettbewerb stattfindet. Die betriebswirtschaftliche Organisationsfreiheit muß man gewähren, sonst reicht die Ideenfindung in den Unternehmen zur Erhaltung oder Steigerung der Wettbewerbsfähigkeit nicht aus.

Es gibt ja nicht nur horizontale, vertikale und konglomerate Konzentration, sondern beispielsweise auch eine Richtung, bei der die Organisationsfreiheit dazu genutzt wird, daß Unternehmen nur noch Agenturen für die Entwicklung von Produkten sind, Herstellung und Vertrieb aber delegieren – an andere Firmen. Man wird ja nachdenklich, wenn Konglomerate zu sehr gefeiert werden, denn die bedeuten auch einen Verlust an Planungssouveränität und unternehmerischer Autonomie. Deshalb sollte es bei uns wie in den angelsächsischen Ländern auch mehr Ausgründungen, ›spin-offs‹, geben, eine Gegenbewegung zur Konzentration, die unternehmerische Autonomie fähiger Mitarbeiter von Großunternehmen fördert.

In den USA geht das so weit, daß Unternehmen sogar ihre Finanzabteilungen verselbständigen, als ›Finance Consulting Companies‹; diese können am Markt selbständig operieren. Hätte VW seine Devisenabteilung als ›Devisenberatungsfirma‹ ausgegliedert, so wäre der jüngste Verlust nicht zu Lasten von VW und seinen Aktionären gegangen. Kürzlich war ich zur Einweihung der neuen Anlage eines Maschinenbauers in Schwaben. Er war früher bei einem großen Unternehmen, das seine Produktion von Verpackungsmaschinen aufgeben wollte, einen Zweig, der von der Unternehmensleitung als nicht mehr lohnend angesehen wurde. Da sagte er: ›Laßt mich das selbständig machen.‹ Das tut er nun seit sieben Jahren mit Erfolg. Mit seinen 35 Mitarbeitern macht er überhaupt keine Metallbearbeitung, sondern nur Software, kauft die Teile für die computergesteuerten Verpackungsmaschinen am Markt ein oder läßt sie nach seinen Spezifikationen anfertigen und montiert die Maschinen in seinem Betrieb – einschließlich des von ihm entwickelten Computerprogramms, alles genau nach dem Bedarf des Kunden. Entwurf, Zusammenbau aus Zulieferungen, Marketing und

Vertrieb, das ist die Firma. So etwas gibt es bei uns noch viel zuwenig, aber es ist auf dem Vormarsch.«

Als oft genanntes Argument gegen die Konglomerate führt Professor Fels die Ressourcentheorie an, die er persönlich ablehnt. Sie besagt, daß ein schwaches Unternehmen, das von einem finanzstarken aus einer anderen Branche aufgekauft wird, durch den neuen finanziellen Rückhalt mit ruinöser Konkurrenz eine Monopolstellung in der Branche oder auf Teilmärkten erringen werde.

Grundsätzlich gibt er aber zur Ressourcentheorie zu bedenken, daß sich bei hohen Eintrittsbarrieren in einen Markt der Aufkauf eines Konkurrenten durch einen Außenseiter oft als einziger tatsächlich praktikabler Weg anbietet, um verkrustete Branchenstrukturen wieder zugunsten von mehr und ausgeglichenerem Wettbewerb aufzulockern. »Auch ein Unternehmen wie Daimler kann nicht einfach sagen: Wir stellen jetzt 30 Leute frei oder ein, die sollen sich mal Gedanken machen, wie wir eine Elektronik-Produktion aufziehen.« Ehe die Anlagen produktionsbereit wären, hätten etablierte Konkurrenten, vor allem japanische, längst weitere Wettbewerbsvorteile errungen.

Auch Prof. Dr. Heinz Markmann, Geschäftsführer des Wirtschafts- und Sozialwissenschaftlichen Instituts des Deutschen Gewerkschaftsbundes, hat gegen den ersten Punkt keine Einwendungen. »Wir sehen ja die Misere der monostrukturierten Regionen und Firmen.« Und zu Punkt 2: »Die gut beratenen Firmen wie Mannesmann oder Thyssen sind schon früh ausgeschwärmt, dazu müssen Firmen nicht nur das Recht haben, in gefährdeten Branchen ist es geradezu ihre Pflicht.«

Zum dritten Argument der Wettbewerbsstärkung sagte Markmann allerdings: »Da wird's ambivalent. Über 70000 Arbeitsplätze der AEG werden gesichert, das ist die positive Seite.« Aber im Bereich bestimmter Elektro- und elektronischer Produkte werde man sich ähnlich wie bei den Chemie-Großunternehmen unter den wenigen verbliebenen Konkurrenten die Inlandsmärkte aufteilen – nach dem Motto: Du machst dies, ich mache das, zumal auch die Großbankenvertreter mit ihren Überkreuzvertretungen in den Aufsichtsräten der größten Elektrounternehmen den Vorständen die Frage stellen würden: »Sollen wir uns von den Japanern auseinandernehmen lassen, indem wir getrennt marschieren und dann auch getrennt geschlagen werden?« Doch Markmann erkennt einschränkend auch an: »Ohne die Übernahme durch Daimler hätte die AEG mehr Federn lassen müssen, das ist gar keine Frage, obwohl die öffentliche Hand mit Milliardenbürgschaften bereitstand.« Wenn er als Liberaler das ganze Konzentrationsgeschehen verfolgt und konsequent bewertet, müsse einem »im Grunde angst und bange werden; es verfestigen sich Marktstrukturen und damit auch Machtstrukturen in der Wirtschaft«. Allerdings, um in jedem Fusionsfall zu einer ausgewogenen Kritik zu kommen, muß man, so seine Forderung, gesondert auf individuelle Meriten und Gefahren eingehen.

Bringt aber nicht gerade der Zusammenschluß Daimler/AEG wieder Bewegung in den deutschen Elektro- und Elektronikmarkt? Zumal die Unternehmen offensichtlich selbst überzeugt davon sind, wie wichtig Wettbewerb zur Stimulierung von Innovationen und zur Erzielung von Höchstleistungen ist. Bei der Daimler-Benz AG wurde nachdrücklich versichert, daß die Bemühungen um Synergieeffekte im Konzern den Zugriff auf konzernfremde Technik keineswegs ausschließen werden – »damit die Tochtergesellschaften weiter dem Wettbewerb ausgesetzt bleiben«. Und bei Siemens, so erwähnte Dr. Otto Graf Lambsdorff, wirtschaftspolitischer Sprecher der FDP-Bundestagsfraktion, in seinem Gespräch, sei man über die Übernahme der AEG durch Daimler-Benz froh gewesen, weil dem deutschen Elektroriesen so ein Konkurrent erhalten blieb – ohne die AEG, ohne eine starke AEG hätte es für Siemens, so der Sprecher des Unternehmens, auf vielen Gebieten praktisch keinen ernsthaften deutschen Konkurrenten mehr gegeben. In diesem Zusammenhang stimmte Graf Lambsdorff dem Argument Nr. 3, der Belebung des Wettbewerbs durch konglomerate Fusion, ausdrücklich zu, »nur, um das positiv zu bewerten, muß das übernommene Unternehmen eben vorher wirklich ein schwacher Konkurrent geworden sein«.

Bei der Erörterung des Arguments Nr. 2 erinnerte Graf

Lambsdorff zunächst einmal daran, daß es Unternehmen gegeben hat, die bei ihren Versuchen, sich aus der Abhängigkeit von ihren gefährdeten Wirtschaftszweigen durch Diversifikation in fremde Branchen zu befreien, »Hemd und Hose verloren haben«. Leider habe die Diversifikation auch bei der Werftindustrie nur in wenigen Fällen funktioniert. »Ich komme immer mehr zu dem Eindruck, daß der Einstieg in andere Branchen, weil man in der eigenen nicht mehr weiterkommt, meistens nicht sehr erfolgreich gewesen ist. Ich habe noch nie behauptet, daß Diversifizierung an sich ein Erfolgsrezept sei. Es ist eine Möglichkeit, aber man wagt sich damit auf ein neues Gebiet vor . . . Als Unternehmensstrategie ist dabei der Aufkauf erfolgreicher Unternehmen, auch in einer benachbarten oder anderen Branche, häufig vernünftiger, als auf dem neuen Gebiet selber anzufangen. Unter Wettbewerbsgesichtspunkten ist es aber natürlich nicht das allerherrlichste, daß Firmen, die erfolgreich in mittlere Größenordnungen hineingewachsen sind, schleunigst von den Großen aufgekauft werden.

Selbst wenn sie sich ›freiwillig‹ aufkaufen lassen, tun sie es ja häufig nicht, weil sie keine Lust mehr zur Selbständigkeit hätten, sondern weil sie aus Gründen nicht mehr weiterkommen, die jedenfalls bei uns sehr häufig in der Steuergesetzgebung, in der Kapitalzufuhr, in der Eigenkapitalbildung liegen, also aus nicht erfreulichen Gründen. Wenn jemand seine Firma verkauft, weil er sein Geld lieber in der Spielbank verjubeln will oder weil er keine Kinder hat, dann ist das akzeptabel. Aber wir sollten uns doch eine einigermaßen ausgewogene Größenstruktur der Unternehmen erhalten, und die darf nicht dadurch ruiniert werden, daß wir durch Übersteuerung, was wir leider tun, und durch sonstige Überbelastung der Unternehmen, was wir leider auch tun, kleine und mittlere Unternehmer zwingen, aufzugeben und an Große zu verkaufen. Wenn man sich die Liste der Beteiligungen der VEBA ansieht, die im Anhang des Geschäftsberichts aufgeführt werden, dann lautet die Frage an den Vorstandsvorsitzenden, was das denn eigentlich soll? Herr von Bennigsen-Foerder antwortet darauf: ›Ich kann mich ja vor Angeboten gar nicht retten.‹ Ob die Mehrheit von ihnen nicht die weitere Selbständigkeit vorgezogen hätte, wenn die Rahmenbedingungen das ermöglichten, ist für mich noch eine offene Frage. Insofern ist manches, was wir hier an Politik betreiben, für den Erhalt selbständiger Unternehmen nicht besonders förderlich.« Für ihn gibt es aber auch erfolgreiche Beispiele für Diversifikation zur Verringerung der Abhängigkeit von in Schwierigkeiten geratenen Branchen. Mannesmann ist in seinen Augen eines davon, und auch bei Thyssen sei die Diversifikation überwiegend ein Erfolg geworden.

Zu Argument Nr. 1, das eine Risikostreuung konstatiert, äußert Graf Lambsdorff die Ansicht: »Nach meiner Meinung gibt es da auch keine Patentantwort. Ich kenne Unternehmen, die sind mit einem einzigen Produkt ganz ungewöhnlich erfolgreich und werden einen Teufel tun, sich zu diversifizieren. Andere schwören darauf, Produkt- und Unternehmensdiversifikation vorzunehmen, um weniger konjunkturanfällig zu werden. Nur habe ich immer wieder erlebt, daß die stark diversifizierten Unternehmen immer irgendwo ein Bein haben, das kränkelt, so daß ihre Gewinne und Dividendenausschüttungen nicht gerade strahlend sind. Mit der Diversifizierung verteilt man die Risiken besser, aber damit vermindert man auch seine Chancen.« Jedes Unternehmen müsse frei entscheiden, was die bessere Alternative sei.

Bei Graf Lambsdorffs Hinweisen auf die vielen Fehlschläge von Unternehmensdiversifikationen in fremde Branchen wird erwähnt – wie auch gegenüber den anderen Gesprächspartnern –, daß Leontiades mit einer Fülle von Beispielen und daraus abgeleiteten Schlußfolgerungen zeigt, durch welche Fehler und Umstände Diversifikation mißlingt und unter welchen Voraussetzungen, mit welchen Strategien und Fähigkeiten von seiten des Konglomerats sie zum Erfolg geführt werden kann. Wenn schon die unterschiedlichen Entstehungsarten und Entwicklungsstadien der US-Konglomerate dazu führen, daß ihre Durchschnittsergebnisse von Jahr zu Jahr in schwankenden Ausmaßen von den Durchschnittsergebnissen der gesamten US-Industrie abweichen (siehe *Abbildung* 3 auf Seite 72), wieviel weniger kann oder muß man dann von Mischkonzernen der Bundesrepublik erwarten, die überwiegend weitaus später mit der Diversifikation begonnen haben (und dies vielfach, ohne sich sorgfältig darum zu bemühen, aus den in den USA begangenen Fehlern zu lernen), so daß sie im Durchschnitt noch viel weniger Erfahrung mit dieser besonders schwierigen Strategie haben.

Eine interessante Liste von »zehn Todsünden«, samt kurzen Erklärungen, die bei der Diversifikation zu vermeiden sind, veröffentlichte vor einiger Zeit der Unternehmensberater Rainer G. Nehls der UBM Unternehmensberatung in München: 1. mangelnde Markt- und Technologiekenntnis, 2. Fehleinschätzung der Ertragsaussichten, 3. nicht miteinander zu vereinbarende Unternehmenskulturen, 4. Unfähigkeit, das übernommene Unternehmen zu führen (oder effizient führen zu lassen), 5. falsche Einschätzung der Folgekosten (bis zum Erreichen von Synergieeffekten), 6. Konstellationen, bei denen der ehemalige Inhaber Veränderungen blockieren kann, 7. zu geringer Einfluß bei Minderheitsbeteiligungen, 8. falsche Informationspolitik (beispielsweise Indiskretionen oder mangelhafte Unterrichtung der Arbeitnehmervertretungen), 9. Konzernrichtlinien, die entweder durch eine »zu lange Leine« die Integration der Neuerwerbung verzögern (oder verhindern) oder durch eine zu straffe Führung ein übernommenes flexibles Unternehmen verbürokratisieren, 10. mangelnder Konsens im übernehmenden Management (eine daraus resultierende stiefmütterliche Behandlung der erworbenen Firma läßt ihre Leistung erschlaffen).*

Besonders schwerwiegende Fehler können auch bei der Diversifikation in verwandte Bereiche gemacht werden, wie aus der Äußerung von Unternehmensberater Dr. Carl Zimmerer, Geschäftsführer der INTERFINANZ Gesellschaft für internationale Finanzberatung mbH & Co KG in Düsseldorf, hervorgeht: »Es gab eine Zeit, in der Verpackungsmittelkonzerne ihre Erzeugnissse aus jedem Stoff herstellen wollten – aus Papier, Pappe, Blech und Kunststoffen. Das ging nicht gut, weil in den Unternehmen selbst Wettbewerb entstand. Ähnlich war es mit Versuchen, sich zur Holzmöbelherstellung auch noch Werke für

* *manager magazin*, 5/86, S. 193

Stahlmöbel zuzulegen. Was am Markt zwischen den Firmen gut ist, Konkurrenz, ist innerhalb eines Unternehmens schlecht – man verkauft Überzeugungen, wer miteinander konkurrierende Produkte anbietet, bringt Kunden nicht zum Kaufen.«

Matthias Wissmann, wirtschaftspolitischer Sprecher der CDU/CSU-Bundestagsfraktion, nennt neben ökonomischen Aspekten auch die sozialen: »Zu Punkt 1 kann ich nur sagen, natürlich ist es vernünftig, zu diversifizieren, um das Unternehmensrisiko zu streuen und weniger konjunkturanfällig zu werden. Punkt 2, die Diversifizierung von Unternehmen in gefährdeten Branchen, das ist ja eine Notwendigkeit, nicht nur ein Recht, und dafür gibt es auch erfolgreiche Beispiele, Mannesmann ist eines, Hoesch ein anderes, um nur zwei Beispiele aus dem Stahlbereich zu nennen. Nur gibt es da neben der betriebswirtschaftlichen und volkswirtschaftlichen Verantwortung auch eine soziale Verantwortung.«

Die Diversifikation muß, nach seiner Meinung, auf einer durchdachten Strategie zur Sicherung des Unternehmens für die Zukunft oder zusätzlich zu anderen vernünftigen Zwecken wie die in Punkt 1 oder 2 genannten beruhen, »es darf nicht einfach darum gehen, eine volle Kriegskasse in irgendeiner anderen Branche verwenden zu wollen, weil man selber im eigenen Unternehmen nicht mehr genug Ideen einkaufen will, was dann dazu führen kann, daß aus einem Lahmen und einem Flexiblen zwei Lahme werden. Die Diversifizierung darf auch nicht, wie so oft vor allem in den USA, nur einer reinen Börsenstrategie zu Gewinnmitnahmen dienen.«

Zum dritten Argument ist zu sagen, »daß der relevante Markt in einem so exportabhängigen Land wie die Bundesrepublik für viele Unternehmen eben der europäische oder der Weltmarkt ist. Dazu lohnt sich schon die Stärkung eines schwach gewordenen Konkurrenten mit noch hohem technischem Leistungspotential durch Aufkauf. Deshalb konzentriere ich mich mit meinen Überlegungen zur Novellierung des Gesetzes gegen Wettbewerbsbeschränkungen auch auf den Handel, in dem es, wie im Lebensmittel- oder sonstigen Fachhandel, keinen relevanten internationalen Wettbewerb gibt, und wenn es dort zu einer Fusionswelle ohne Ende kommt, besteht die Gefahr, daß am Ende kein Wettbewerb mehr übrigbleibt.«

Auf die stärksten Vorbehalte gegen Diversifikation durch Unternehmensaufkäufe stößt man bei Wolfgang Roth, dem wirtschaftspolitischen Sprecher der SPD-Bundestagsfraktion. Bei der Stellungnahme zu Punkt 1 kam er ohne Umschweife gleich zur Fusion Daimler-Benz/AEG und den vorangegangenen Übernahmen von Daimler: »Unser Einwand ist nicht, daß bei Daimler-Benz ein Konglomerat entsteht, sondern unser Einwand ist, daß einem derart Leistungsfähigen und mit Rücklagen sogar überausgestatteten Konzern wie Daimler-Benz über Jahre nichts anderes einfällt, als abzuwarten, bis man mal was aufkaufen kann, anstatt selber neue Geschäftszweige aufzubauen. Wo kommen wir denn hin, wenn die einzige strategische Tätigkeit eines Vorstands, der vermeiden will, daß sein Sektor mal in eine konjunkturelle oder strukturelle Krise kommt, darin besteht, irgend etwas aufzukaufen. Eine unternehmerische Firmenleitung müßte auch aus ihrem Bereich in verwandten Bereichen Investitionsfelder eröffnen und nicht einfach nur fusionieren wollen – das ist der Kern der Einwände gewesen. Diversifikation liegt ja nicht allein und primär darin, daß man etwas aufkauft, sondern daß man auf neuen Gebieten forscht, entwickelt und dann später in die Resultate investiert, Betriebe aufbaut.

Was ist das denn für eine Strategie, 12 oder 15 Milliarden DM anzusammeln und nichts in Richtung Diversifikation zu tun, sondern dann irgendwann am Markt zuzuschlagen und so einen Mischkonzern zusammenzukaufen? Übrigens zeigt sich ja jetzt bei Daimler-Benz, daß die Geburtswehen, die daraus entstehen, außerordentlich sind, weil viel zu plötzlich aus einem homogenen Konzern ein großer Mischkonzern wurde. Der Diversifikationsprozeß war also nicht organisch, sondern, wenn man so will, künstlich. Wie selten so etwas erfolgreich ist, haben wir ja in Deutschland in ein paar dramatischen Fällen erlebt – was war das für eine wundervolle Diversifikation, die das Haus Volkswagen mit Triumph-Adler zustande gebracht hatte.

Meine Meinung ist schlicht, wenn wir das im Sinne des politischen Meinungsklimas enttabuisieren, dann bekommen wir Fusionsprozesse in einer Geschwindigkeit, die man dann wirklich nur noch bedauern kann. Wir als Politiker, die darauf achten sollten, daß ein funktionstüchtiger Wettbewerb stattfindet, müssen ein Meinungsklima schaffen, das auf den Nenner zu bringen ist: ›im Zweifelsfalle gegen Fusion‹. Wir haben darüber in der SPD durchaus Diskussionen geführt: Helmut Schmidt ist der festen Überzeugung, die deutschen Konzerne seien viel zu klein. Wenn man am Weltmarkt wettbewerbsfähig bleiben wolle, müsse man viel größere Mischkonzerne errichten, nur diese seien eigentlich lebensfähig. Aber die exporttüchtigsten deutschen Unternehmen sind in der Regel keine Mischkonzerne, und wir haben auch in den neuen Technologiebereichen im Export in den letzten Jahren wie in den Jahrzehnten davor hervorragend abgeschnitten.

Jetzt zu Punkt 2. Ich glaube, wenn die Branchenkrise schon begonnen hat, ist es schon zu spät, um einen erfolgreichen Mischkonzern aufzubauen, wahrscheinlich infiziert man dann sogar jahrelang die neuen Bereiche mit der Krankheit des alten Bereichs.

Der dritten These, diesem Wettbewerbsargument durch die Hintertür, würde ich ausdrücklich widersprechen. In der Tendenz wird der Wettbewerb eben nicht gestärkt, sondern er würde gestärkt, wenn in der Branche mehr Selbständigkeit erhalten würde . . .«

Und auf den Einwand, daß gegenüber dem Ausland der Wettbewerb doch gestärkt würde: »Dazu haben wir in Deutschland große Banken. Wenn sie es schon als Aufsichtsratsmitglieder verpennt hatten, daß die AEG vor ein paar Jahren vor die Wand lief, dann hätten sie gefälligst mithelfen sollen, daß die AEG aus eigener Kraft saniert wird, statt das Ziel zu verfolgen, das Unternehmen an einen Großkonzern zu verkaufen.

Ich glaube auch deswegen nicht so an das Wettbewerbsargument, weil wir so oft festgestellt haben, daß mit hohem Mut eine marode Firma aufgekauft und gesagt wird: ›Wir sanieren sie.‹ Doch nach ein paar Jahren wird der Laden schlicht dichtgemacht und gesagt: ›Es tut uns leid, es hat nicht geklappt.‹ Dafür gibt es viele Beispiele in der Vergangenheit. Wenn dagegen so ein

Unternehmen von seinen Banken abgestützt und ein Erneuerungsprozeß vom Spitzen- bis zum Mittelmanagement in Gang gesetzt wird, dann hat es meiner Meinung nach eine bessere Überlebenschance, als wenn es einem großen Konzern zugepackt wird, wo sich der Vorstandsvorsitzende oder der Vorstand nur einmal im Jahr wirklich um die Sache kümmert.«

Diese letzte Bemerkung von Wolfgang Roth trifft jedoch auf Daimler-Benz nicht zu. Der Vorstand von Daimler-Benz ist nach der Übernahme der AEG in einem Tempo reorganisiert worden, von dem Milton Leontiades gemäß seinen Ausführungen vielleicht nicht einmal geträumt hätte, der Vorstandsvorsitzende der AEG, Heinz Dürr, wurde dabei Vorstandsmitglied bei Daimler-Benz, und dieser Vorstand muß alle Beschlüsse einstimmig fassen. Schon Dürrs Anwesenheit gibt dem Vorstand keine Chance, sich nicht laufend mit der AEG zu beschäftigen. Ein weiterer Teil der zügigen Managementreform, die Bildung des Struktur- und Synergieausschusses, verdeutlicht, daß man dies auch in der richtigen Weise tun will – die Erzielung von Synergien geht ja über eine reine Sanierung noch hinaus.

Von Frau Dr. Ursula Engelen-Kefer, Vizepräsidentin der Bundesanstalt für Arbeit, darf man wohl sagen, daß ihr Sachverstand und Herz mindestens ebenso im linken politischen Spektrum angesiedelt sind wie das von Wolfgang Roth. Daher wäre von ihr noch einmal ein kräftiger Gegenwind gegen die positiven Argumente für Mischkonzerne zu erwarten gewesen. Weit gefehlt. Sie äußerte sich zur zweiten These spontan – fast mit den gleichen Einleitungsworten wie Prof. Markmann, dessen Stellvertreterin sie bis zur Übernahme ihres jetzigen Amtes war –: »Sie müssen nicht nur das Recht haben, die müssen die Pflicht haben, wenn sie in gefährdeten Branchen tätig sind, das hat mit einem Recht nichts zu tun, sie diversifizieren aber oft nicht einmal, wenn man es ihnen aufoktroyiert.« Auch mit den Thesen 1 und 3 erklärte sie sich einverstanden – immer unter der Voraussetzung, die eingangs gemacht wurde, daß es sich um vernünftig konzipierte Diversifikation handelt und nicht um raffgierige Finanzmanipulationen.

Prof. Dr. Wolfgang Kartte, Präsident des Bundeskartellamts,

hält die erste These für grundsätzlich richtig, »aber wie manage ich die verschiedenen Unternehmen?« Zu oft erweist sich, daß die Aufkäufer mit den übernommenen Firmen nicht fertig werden. Ähnlich verhält es sich mit These 2. Allerdings: »Mannesmann, Thyssen – ich nenne die beiden nur beispielhaft, ich will die anderen nicht diskriminieren – haben aus ihrem Stahlbereich heraus eine echte und, wie ich meine, kluge Diversifikation betrieben. Aber Karstadt hat sich mit der Übernahme von Neckermann – der erste große Fall dieser Art, mit dem wir befaßt waren – an den Rand seiner Möglichkeiten gebracht, und in der Presse ist noch immer zu lesen, daß Karstadt an den Folgen noch heute knabbert. Ich habe Daimler damals alles Gute gewünscht, sie können gute Wünsche brauchen, sie haben ja auch ihre Probleme bei der Integrierung des Brockens AEG.

Wenn so viele Fusionen schiefgehen, so liegt das daran, daß nicht mehr Kapital und Arbeit – Boden können Sie fast vergessen – die knappen Produktionsfaktoren sind, sondern Management«. Nach seiner Ansicht kann man bei der Diskussion um Finanzkraft – die auch die Monopolkommission in ihrem am 21. 7. 86 veröffentlichten sechsten Hauptgutachten bei der Erörterung der Fusion Daimler-Benz/AEG wieder ins Spiel gebracht hat – nicht davon ausgehen, daß sie schlechthin eine Machtposition bedeute. »Wir sind heute soweit, zu sagen, manchmal ist sie geradezu ein Hindernis, weil die Finanzkräftigen sich dann so sicher fühlen. Geld allein macht's nicht.«

Leontiades hat im vorangehenden an zahlreichen Beispielen gezeigt, daß finanzielle und auch funktionale Synergien verlorengehen oder gar nicht erst gewonnen werden, wenn nicht auch organisatorische Synergien durch die zweckmäßige Organisation des Mischkonzerns erzielt werden. Dies zu verhindern ist die Aufgabe des knappen Produktionsfaktors gutes Management.

Argument Nr. 3: »Da stocke ich. Wer auf dem Weltmarkt konkurrieren will, kann oft nicht mehr einfach exportieren, er muß vor Ort gehen, und da können natürlich durch Übernahmen die nötigen Ressourcen beschafft werden – Technik, Geld, alles, was man zur Gründung einer Auslandsniederlassung braucht.« Aber auf einem Markt, so seine Schlußfolgerung, auf dem die Auslandskonkurrenz noch nicht wirkt, braucht man nicht die finanzielle Stärkung von außen. Allerdings gibt es auf einem Inlandsmarkt auch das, was die Neoliberalen »Schlafmützenkonkurrenz« nennen, bei der es nahezu unmöglich sei, noch neue wettbewerbsfähige Betriebe aufzubauen. Da sieht er allerdings eine Möglichkeit, den Wettbewerb wieder in Gang zu setzen, wenn ein starkes Unternehmen aus einer anderen Branche einen schwachen Konkurrenten aufkauft. (Der Begriff besagt nach seinem Dafürhalten nicht, daß die Firmen in dem durch hohe Barrieren gegen Neugründungen gekennzeichneten Markt von Schlafmützen gemanagt werden, nur daß der Wettbewerb wie unter Schlafmützen sei.) »In die letzte Kartellgesetznovelle von 1980 hat der Gesetzgeber eine Bestimmung eingebaut, die verhindern soll, daß ein Großer in mittelständische Märkte geht, in der in dieser Globalität irrigen Auffassung, daß die Sicherung mittelständischer Marktstrukturen schlechthin immer positiv für den Wettbewerb sein muß. Es gibt aber eben auch die berühmte ›Schlafmützenkonkurrenz‹.«

Prof. Carl Christian von Weizsäcker, Leiter des Energiewirtschaftlichen Instituts der Universität Köln und als neues Mitglied der Monopolkommission seit Juli 1986 am letzten Hauptgutachten der Monopolkommission mit der kritischen Stellungnahme zur Fusion Daimler-Benz/AEG nicht beteiligt, erklärte die Thesen 1 und 2 aus der Sicht der Unternehmen für völlig legitim, »man will ja die Handlungsfreiheit, die Verfolgung der eigenen Interessen des Unternehmens nicht unnötig beschneiden«. Doch er gab zu bedenken, daß sich die konglomeraten Fusionen in den sechziger und siebziger Jahren, bei denen eine Art großer Gemischtwarenläden entstanden seien, in den USA und teilweise auch in Deutschland überwiegend nicht bewährt hätten. An dieser Stelle ist darauf zu verweisen, daß Leontiades in seinem Buch darstellte, warum gerade die Wellen von wahllosen, vielfach »feindlichen« Übernahmen wenig positive Resultate gehabt hätten.

Doch von Weizsäcker sagte, er sei zu feindlichen Übernahmen (gegen den Willen der betroffenen Unternehmensleitungen) gar nicht so negativ eingestellt. Auf den Einwurf, daß man in der Bundesrepublik sehr kritisch zu den in den USA vorkommenden »Hostile Overtakings« von Konglomeraten eingestellt sei, die nur erfolgten, um mit dem Verkauf von Konzernkomponenten Gewinne zu erzielen, sagte von Weizsäcker, es gebe die Auffassung, daß der Markt dafür sorge, daß die Ressourcen zum »besten Wirt« wandern. Gehe man davon aus, daß die Preiseinschätzungen von Käufer und Verkäufer im Durchschnitt realistisch seien, und eine Ressource, ein Teil eines Konglomerats, gehe vom Verkäufer, der sie niedriger einschätze, auf einen Käufer über, der sie höher einschätze, so bedeute dies, »daß sie in eine Hand kommt, die daraus mehr machen kann, und das ist ein volkswirtschaftlicher Vorteil«.

Nach dieser Auffassung kommt die feindliche Übernahme dadurch zustande, daß der »Angreifer« den Wert des Konglomerats höher einschätzt als den derzeitigen Börsenwert der Aktien des Konzerns, und Verkäufe der Komponenten des Konglomerats bringen Gewinne, weil die Käufer diese Einzelteile wiederum höher bewerten – überzeugt, daß sich diese Ressourcen besser nutzen lassen als bisher.

Die Konglomeratsbewegung der sechziger und siebziger Jahre hat nach Ansicht von Weizsäckers, größtenteils zu Fehlschlägen geführt, weil sich die Unternehmen »einen Haufen Zeug zusammengekauft haben, das nicht mit ihrem alten Kernbereich zu tun hatte«. So gebe es nun sowohl in Deutschland als auch in den USA wieder einen sehr deutlichen Trend, »sich auf die eigenen Stärken zu besinnen und sich darauf zu konzentrieren. Natürlich ist das in stagnierenden (oder rückläufigen) Branchen ein Problem, weil man in sie weniger gut investieren kann.«

Rechtsanwalt Werner Junge, stellvertretender Hauptgeschäftsführer und Leiter der Rechtsabteilung des Deutschen Industrie- und Handelstags, bei dem er auch für die Fragen der Wettbewerbspolitik zuständig ist, stellte seine Stellungnahme zu den Thesen 1 bis 3 zunächst in den historischen Zusammenhang: »Ich sehe in der Diversifikation eine zeitgemäße Unternehmensstrategie – die dritte Welle. Die erste waren die horizontalen Zusammenschlüsse, um größer zu werden und größere inländische Marktanteile zu gewinnen, die zweite waren die vertikalen Fusionen, um Zuliefer- und Absatzmärkte zu sichern. Die dritte

Welle sind die konglomeraten Zusammenschlüsse – vor allem für den harten Weltwettbewerb. Insgesamt bin ich positiv zu den Konglomeraten eingestellt, sie sind durchaus zeitgemäß, haben aber auch ihre Grenzen. Sie sind von zwei Seiten zu sehen.

Auf der einen Seite muß man die Bildung eines Mischkonzerns kaufmännisch betrachten. Diversifikation bietet eine Menge kaufmännischer Vorteile, birgt aber auch viele Gefahren in sich: Wie das kurzfristige Kaufen und Verkaufen von Firmen und Unternehmensteilen – ›profit centers‹ in den USA – nach der Vorstellung, daß es einen Markt für Unternehmen gibt, auf dem die Firmen zum besten Wirt wandern. Die US-Konglomerate hatten Schwierigkeiten, weil sie sich über zu viele der Konzernleitung unbekannte Branchen erstreckten. Es ist wichtig, wenn man ein Konglomerat errichten will, und das ist für Unternehmen in stagnierenden oder schrumpfenden Branchen notwendig (Ihr Punkt 2), sich zu überlegen, welche Märkte interessant sind, auf denen man mehrere Standbeine gewinnen könnte und die nicht so voneinander abhängen, daß sich Rezessionen auf einem Markt auf die anderen auswirken.

Solche Konglomerate sind unabhängiger, sie können in der Mischkalkulation, in der Mischfinanzierung besser arbeiten. Das Ganze muß aber noch eine sachliche Einheit bilden, nicht nur die Haltung verschiedener Beteiligungen. Die Verwandtschaft zwischen den Teilen des Konglomerats sollte nicht zwischen Märkten bestehen, diese sollen unabhängig voneinander sein, sondern in den Grunderfahrungen der Produktion und oft auch des Vertriebs oder anderer Know-how-Bereiche. Die Verwandtschaft muß von den Funktionen herkommen. Wenn ein Unternehmen beispielsweise schon reiche Erfahrungen in der angewandten Forschung hat, kann es sich Forschungs- und Entwicklungsbereiche auf ganz anderen Gebieten angliedern, weil es weiß, wie man Wissenschaftler zu interdisziplinärer Zusammenarbeit bringt. Allein diese Organisationsfähigkeit bringt etwas.

Bei der Größe der beiden Unternehmen dürfte die Vermittlung solcher Erfahrungen allerdings im Fall Daimler-Benz/AEG schwierig sein. Bei Dornier und MTU erscheint es schon eher möglich, vielleicht auch in Teilbereichen bei der AEG. Wichtig sind jedenfalls gemeinsame Erfahrungen, die man für verschiedene Märkte einbringen und vermitteln kann. Der Synergieeffekt aus Finanzkraft kommt jedenfalls erst an dritter Stelle, nach den organisatorischen und funktionalen Synergien.«

Auf den Einwand, daß es gemäß Leontiades nicht immer gemeinsame Erfahrungen sind, die Synergien ergeben, sondern oft die Beseitigung von Ineffizienzen, also Rationalisierungen, die ein übernehmendes Unternehmen bei aufgekauften Betrieben vornimmt, und daß die Entdeckung solcher Möglichkeiten einer der Gründe ist, die zu »feindlichen« Übernahmeversuchen in den USA führten, meint Junge:

»Es gibt dann aber auch die Möglichkeit, daß sich dann das angegriffene Management am eigenen Zopf wieder aus dem Sumpf zieht. Bei uns in Deutschland sind diese Formen der Übernahmen allerdings nicht üblich, wobei sie in den angelsächsischen Ländern, in denen sie die Form richtiger Schlachten annehmen, gewöhnlich nicht mit eigenem Geld, sondern durch Aktientausch oder sogar mit Krediten finanziert werden. Die Aktionäre haben dann nur die Chance, daß ein neues Management es besser macht. Die Börse bewertet alle Versprechungen – erweisen sie sich als unrealistisch, geht es schief.

Das entscheidende ist, daß ein tragfähiges unternehmerisches Konzept dahintersteht. Alles andere sind Auswüchse. In der Bundesrepublik bleiben Übernahmen auf der Basis von Finanztransaktionen, die einem Vabanquespiel gleichkommen, jedoch in den USA noch möglich sind, ausgeschlossen, da es bei uns zur Einführung neuer Aktien an der Börse strenge Prospektvorschriften gibt und dafür auch ein honoriges Bankenkonsortium notwendig ist. Auch die Ausgabekurse neuer Aktien werden vorsichtig festgesetzt, damit Bankkunden ihrer Bank nach einem Jahr nicht vorwerfen können, der Einführungskurs sei zu hoch gewesen.«

Bei der volkswirtschaftlichen Betrachtungsweise müßten jedoch »bei allen betriebswirtschaftlichen Vorteilen Grenzen für die Konglomerate gezogen werden«. Licht- und Schattenseiten von Großunternehmen seien dabei im Einzelfall zu prüfen.

Bei Dr. Heinrich Hölzler, Leiter der Abteilung Wettbewerbsordnung des Bundesverbandes der Deutschen Industrie, und Dr. Peter-R. Puf, Leiter der Abteilung Wirtschaftspolitik des BDI, hatten klare, prägnante Vorstellungen über die Punkte 1 bis 3. Dr. Hölzler zu Argument Nr. 1: »Im Einzelfall ist das sicher richtig, aber ein Unternehmen, das sich gerade auf einem technologisch fortgeschrittenen Gebiet mit hervorragenden Zukunftsaussichten spezialisiert hat, ist nicht gut beraten, wenn es Unternehmen aus anderen Branchen aufkauft.« Und zu Punkt 2: »In allen Martkwirtschaften dürfen Firmen von Produkt A auf Produkt B übergehen, das ist eigentlich eine Selbstverständlichkeit.« Und zu Punkt 3: »Das kann der Fall sein, schwache Konkurrenten werden aber durch Aufkauf nicht zwangsläufig gestärkt. Wenn ihre Produkte schlecht bleiben, ist ihnen nicht zu helfen. Oder nehmen Sie die Saarbergwerke, da ist der Wettbewerb so ruinös, daß Sie bis ins nächste Jahrtausend Geld in das Unternehmen hineinpumpen können, ohne den Wettbewerb zu stärken. Das gleiche gilt beispielsweise für den Lebensmittelhandel.« Dr. Puf: »Bei Übernahmen ist es zudem entscheidend, das Management so anzusetzen, daß diese zwei, drei oder mehr Pferde richtig geritten werden, um Synergieeffekte zu erzielen. Jetzt erleben wir aber in der Bundesrepublik häufig Unternehmen, die einfach sagen: Wir haben ein gutes Management und Geld, jetzt suchen wir Unternehmen mit guten Produkten und Ideen, aber einer schlechten Bilanz, in die schwarzen Zahlen bringen wir sie dann schon.«

* * *

Wer erlebt hat, wie in der eigenen Familie jemand in den zwei frühen Nachkriegsperioden – erstmals nach der Währungsreform und ein zweites Mal Mitte der fünfziger Jahre – von den Frustrationen und Folgewirkungen der Arbeitslosigkeit gequält und zermürbt worden ist, dem kann man nicht übelnehmen, daß er die jetzige anhaltende Massenarbeitslosigkeit von mehr als zwei Millionen Menschen in der Bundesrepublik als Seuche unserer Marktwirtschaft haßt. Wenn in den nächsten Jahren keine Wege zur vermehrten Schaffung von Arbeitsplätzen gefunden werden, erleiden noch weitere Hunderttausende dieses Schicksal. Der Verlust des Willens zur Arbeit ist die zwangsläufige Folge, sei es durch Resignation und die Überzeugung, keinen Arbeitsplatz mehr finden zu können, oder sei es durch weitgehendes Abfinden mit dem unwürdigen Leben von Sozialfürsorge.

Die Diversifikation der Unternehmenstätigkeit – die interne allerdings noch mehr als die externe durch Firmenaufkäufe – ist ein Weg zu mehr Wirtschaftswachstum und damit auch zu neuen Arbeitsplätzen – vorausgesetzt, daß sie in der richtigen Weise gefördert wird. Kann man deshalb Unternehmen und/oder der öffentlichen Hand vorwerfen, sie sorgten nicht genug dafür, daß bei der Diversifikation Arbeitsplätze erhalten und sogar geschaffen werden? Dieter Pützhofen, Oberbürgermeister des am Rande des Ruhrgebietes liegenden Stahlstandorts Krefeld, richtete im Februar 1987 den Vorwurf an die Stahlkonzerne der Region, sie hätten bei der Diversifizierung ihrer Unternehmenstätigkeit nicht genug zur Schaffung von Ersatzarbeitsplätzen im Land um die Ruhr getan. Denn in der Stahlindustrie gingen und gehen ja besonders viele Arbeitsplätze verloren, und das Ruhrgebiet ist neben norddeutschen Gebieten eine der Regionen, die von der Seuche Arbeitslosigkeit am schlimmsten betroffen sind.

Pützhofen erläutert weiter seine Auffassung: »Die Stahlunternehmen an den Stahlstandorten in Nordrhein-Westfalen sind seit etwa hundert Jahren in dieser Region ansässig, haben sich hier bewährt, große Erfolge gehabt und gut verdient – jetzt tragen sie einen Teil der Verantwortung, die auch Kommunen und Landesregierung tragen, und deshalb müssen Neuinvestitionen auch unter dem Gesichtspunkt geprüft werden, ob sie auch in Nordrhein-Westfalen zu realisieren sind. Ich mache den Unternehmen den Vorwurf, daß sie nicht genug Initiative entwickeln, um hier in Nordrhein-Westfalen Neues zu entwickeln, Firmen zu kaufen oder neue Firmen zu gründen, hier in Nordrhein-Westfalen, wo die Arbeitsplätze verlorengehen.«

Für die Thyssen AG hält der Vorstandsvorsitzende Dr. Dieter Spethmann dieser Meinung eine Reihe von Fakten entgegen: In den ersten zwölf Jahren der Stahlkrise hat das Unternehmen 9,8 Milliarden DM im Ruhrgebiet investiert und nur 1,4 Milliarden

DM in weiteren Bundesländern. Von den 9,8 Milliarden DM sind etwa 4 Milliarden DM in den fünf Jahren zwischen 1982 und 1986 investiert worden. »Wir sind einer der größten, wenn nicht *der* Investor Nummer eins im Ruhrgebiet; das waren wir auch in den finstersten Jahren von Rezession und Stahlkrise.« An Ministerpräsident Rau schrieb Spethmann in ähnlichem Zusammenhang: »Sie sollten uns nicht als Gegner sehen. Vielmehr sollten Sie unser Verbündeter sein.«

Bei diesen Investitionen zur Modernisierung der Stahlproduktion und zur Schaffung neuer Standbeine in anderen Märkten hat sich Thyssen auch um die Weiterbeschäftigung von Arbeitnehmern bemüht, deren Beschäftigung an angestammter Stelle nicht mehr möglich war. »Für uns sind Ersatzarbeitsplätze kein neues Thema. Wir haben in der Zeit der Stahlkrise 8000 Ersatzarbeitsplätze in anderen Konzernbetrieben an den Mann gebracht. Innerhalb des Stahlbereichs haben wir mit Umbesetzungen noch weitaus mehr Ersatzarbeitsplätze geschaffen, teilweise durch Umschulung auf höherqualifizierte Tätigkeiten.« Arbeitsplatz ist aber selbstverständlich nicht gleich Arbeitsplatz. In erster Linie kommt es auf die Wertschöpfung an, die bei den neuen Arbeitsplätzen ein Mehrfaches der früheren ausmacht. Diese Produktivitätssteigerung ist vor allem dem Ruhrgebiet zugute gekommen. Ein besonders beweiskräftiges Beispiel: »Wir haben 1974 Rheinstahl übernommen, und wo lagen die Hauptbetriebe von Rheinstahl? Im Ruhrgebiet. Wer hat diese Betriebe in Ordnung gebracht? Thyssen. Wir haben dort alles auf den Stand der Technik gebracht und marktmäßig zu neuem Leben, zu neuer Ertragsfähigkeit ertüchtigt: Schmieden, Gießen, Maschinenbau, Anlagenbau, Komponentenfertigung und mehr. Lassen Sie sich doch von denen, die damals, 1974, für die Aktionäre oder als Arbeitnehmervertreter im Aufsichtsrat von Rheinstahl waren, erzählen, was Thyssen in diesen dreizehn Jahren getan hat und wie sie Thyssen heute einschätzen.«

Der Erfolg blieb nicht aus. Mit dem Ziel »jederzeit so modern zu sein, daß wir gut am Markt liegen«, hat der Konzern seinen Aktionären einen Jahresabschluß für 1986 vorlegen können, der zeigte, »daß bei Thyssen jeder Unternehmensbereich Geld verdient hat – das ist ja die wahre Aussage des Jahresabschlusses 1986: Wir haben die strukturelle Gesundheit unseres Konzerns bewiesen.« Auch der Stahlbereich hatte Gewinne erzielt – was für eine Leistung in einer Zeit der Benachteiligung deutscher Stahlerzeuger durch Subventionierung der Konkurrenten in den Nachbarländern. So hält Spethmann den Kritikern entgegen: »Thyssen ist seit mehr als einem Jahrzehnt einer der größten, stärksten und beständigsten Kräfte des Wandels im Ruhrgebiet.« Und zum Thema der Ersatzarbeitsplätze fügt er noch hinzu: »Ein Unternehmen, das ein Produktionsprogramm aus Marktgründen nicht mehr durchhalten kann, prüft doch von sich aus, welche Möglichkeiten bestehen, die Menschen anderweitig einzusetzen, mit denen es seit Jahren und Jahrzehnten zusammengearbeitet hat, teilweise schon mit ihren Vätern und Großvätern, deren Charakterstärke und Zuverlässigkeit oft noch in den heutigen Mitarbeitern steckt. Meinen Sie denn, das sei etwas Leichtes, sich von solchen Menschen zu trennen? Es ist etwas Entsetzliches.«

Dennoch sind insgesamt bei Thyssen und anderen großen Arbeitgebern im Ruhrgebiet mehr Arbeitsplätze verlorengegangen, als neue geschaffen wurden, und noch weitere Arbeitsplatzverluste sind in den nächsten Jahren unumgänglich. Arbeitsplätze gingen und gehen nicht nur in den alten Branchen Bergbau und Stahl verloren, auch in Firmen, die von Stahlunternehmen zur Verringerung ihrer Abhängigkeit von den ertragsschwachen Geschäftszweigen aufgekauft wurden, mußte zunächst gewöhnlich zur Stärkung der Wettbewerbsfähigkeit solcher neuer Standbeine der Ruhrkonzerne rationalisiert werden, was Arbeitsplätze kostete. Eine Geschäftsbelebung als Ergebnis der erhöhten Wettbewerbsfähigkeit oder der Einführung neuer oder verbesserter Produkte, die so viele neue Arbeitsplätze schaffen würde, wie durch Betriebsstillegungen und Rationalisierungen weggefallen sind, bleibt Aufgabe der Zukunft. Der Vorwurf Pützhofens ging am Kern der Sache vorbei, doch die Schaffung von Ersatzarbeitsplätzen bleibt angesichts des Heeres von Arbeitssuchenden im Ruhrgebiet trotz aller Investitionen in der Region die wirtschaftliche Hauptaufgabe.

Der Fraktionsvorsitzende der FDP im nordrhein-westfälischen Landtag, Dr. Achim Rohde, kümmert sich auf seine eigene Weise um dieses Problem. Er unterhält sich mit Sachkundigen, macht Vorschläge nach allen Seiten, an Landesregierung, Kommunen und Unternehmen. Er verweist auf Unterlagen über ein Privatunternehmen mit Namen »Job Creation Ltd.«, auf das er bei seinen Überlegungen wider die Arbeitslosigkeit gestoßen war. Dr. Rohde bringt Gemeinden und Unternehmen mit dieser Firma in Kontakt, die in ganz Westeuropa tätig ist und sich, wie ihr Name besagt, um die Schaffung von Arbeitsplätzen bemüht, beispielsweise durch Gründung von Technologieparks oder sonstigen Kleinunternehmenszentren, an Standorten stillgelegter oder schrumpfender Betriebe. Ehemalige Manager von British Steel haben »Job Creation Ltd.« gegründet, die erlebt haben, was für ein produktives Potential in Gegenden mit bis zu 30 Prozent Arbeitslosigkeit brachliegt – und die Wege gefunden haben, dieses Potential wenigstens teilweise wieder nutzbringender Beschäftigung zuzuführen.

Wünschenswerte Diversifikation wäre in diesem Zusammenhang, sich an Standorten, in denen eigene Geschäftszweige in Schwierigkeiten geraten, an neuen oder umsiedelnden Firmen zu beteiligen, die von Unternehmen wie dem britischen – mit dem richtigen Riecher, der durch Erfahrung und Engagement immer weiter entwickelt wird – gesucht, gefunden, angelockt oder initiiert werden. Die Antwort auf die Frage, ob man sich mit einer solchen Firma nicht einmal über die Schaffung von Ersatzarbeitsplätzen unterhalten sollte, fiel bei Dr. Spethmann eindeutig positiv aus: »Wir lernen immer gern dazu.« Dagegen brachte es eine von Entlassungen von 2900 Stahlarbeitern bedrohte Gemeinde fertig, auf das Gesprächsangebot der »Job Creation Ltd.« mit dem Hinweis zu reagieren, das Problem sei noch nicht akut, weil »das Gelände« vorerst noch nicht frei werde. Wie wäre es dann mit alternativen Überlegungen?

Richtig gelenkte Diversifikation, zu der auch eine Förderung von Ausgründungen aus fusionierten Unternehmen gehören würde, ist ein Weg, der nicht nur zur Sicherung, sondern auch zur Schaffung von Arbeitsplätzen genutzt werden kann. Die verschiedenen direkten Wirkungen von konglomeraten Unternehmensaufkäufen auf die Beschäftigtenzahlen unter den *heutigen* Rahmenbedingungen sollen im folgenden auf der Grundlage der weiteren vier Thesen erfolgen:

4. Wenn ein Familienunternehmen mangels Nachfolger aufgekauft wird, so werden Arbeitsplätze erhalten – oder bei Infusion neuer Ideen geschaffen.
5. Wenn ein schwacher Konkurrent durch einen Aufkäufer aus einer anderen Branche gestärkt wird, werden Arbeitsplätze erhalten oder sogar neue Arbeitsplätze geschaffen.
6. Wenn zur Behebung von Schwächen eines aufgekauften Unternehmens Rationalisierungen mit Arbeitsplatzeinsparungen notwendig sind, so verhindert die (Wieder-)Herstellung der Wettbewerbsfähigkeit einen größeren Arbeitsplatzverlust.
7. Wenn ein Unternehmen sich aufkaufen läßt, um Expansionspläne finanziert zu bekommen, beispielsweise zu einer Vervielfachung der Herstellung neuer oder verbesserter Produkte, werden Arbeitsplätze geschaffen.

Prof. Markmann akzeptierte die Argumente Nr. 4, 5 und 7, doch bei Nr. 6 ließ er Unbehagen erkennen: »Da wird's sehr ambivalent. Bei Rationalisierungen muß man bei jedem Einzelfall nach gewissen Zeiträumen immer wieder prüfen, wie sich die Beschäftigtenzahlen per saldo verändert haben. In aller Regel, das zeigen alle Studien, wird durch Rationalisierung kurz- und mittelfristig Beschäftigung abgebaut. Und wo einfach nur rabiat kostensenkend rationalisiert wird, ohne an der Produktpalette etwas zu ändern, ist wohl auch langfristig wenig Besserung zu erwarten, es sei denn, der Umsatz steigt ganz rapide. Das ideale ist, wenn es neben der Arbeitsplätze kostenden Prozeßinnovation auch Produktinnovationen, Arbeitsplätze schaffende Veränderungen der Produktpalette gibt, aber das ist natürlich vom grünen Tisch her leicht zu fordern, in der unternehmerischen Praxis dagegen nicht immer leicht zu realisieren. Jedenfalls zeigen die Investitionserhebungen des Ifo-Instituts für Wirtschaftsforschung, daß 60 bis 70 Prozent der Investitionen in der Bundesrepublik für Rationalisierungen sind, vom Rest ist ein Teil noch für die reine Erhaltung des bestehenden Anlagenparks, daraus muß sich ja eine erhebliche technologische Arbeitslosigkeit ergeben. Sie läßt sich nicht isolieren, meistens kommen mehrere Faktoren zusammen, Marktfaktoren, Strukturfaktoren und dann eben die neue Technik.

So habe ich denn meine Zweifel, wenn Bundesforschungsminister Riesenhuber sagt: Die neue Technik schafft unter dem Strich mehr Arbeitsplätze. Das ist nicht so. Alles, was auf Automatisierung hinausläuft, die Mikroelektronik in klassischer Form, kostet per saldo Arbeitsplätze. Untersuchungen der Bundesanstalt für Arbeit, eine ganz neutrale Quelle, bestätigen das. Andererseits, das ist völlig richtig, wenn nicht rationalisiert wird, droht in vielen Fällen der Konkurs. Aber man kann die Rationalisierung auch übertreiben. Das alles ergibt die Janusköpfigkeit der Rationalisierung, und das macht auch die gewerkschaftliche Einstellung zu Modernisierung und Rationalisierung aus. Wir können uns nicht querlegen, wir können es aber auch nicht jubelnd begrüßen, das ist das Dilemma.«

Bei Prof. Fels fanden die vier Arbeitsplatzargumente Zustimmung, er wies aber auch darauf hin, daß gerade bei konglomeraten Fusionen sehr oft besonders rationalisierungsbedürftige Firmen aufgekauft würden, so daß die Arbeitsplatzverluste dabei zumindest am Anfang hoch seien. Langfristig komme es eben darauf an, was das erwerbende Unternehmen nach Herstellung oder Verbesserung der Wettbewerbsfähigkeit aus der Neuerwerbung mache.

Sehr viel günstiger wären die Auswirkungen der Konglomeratsbewegung auf das Beschäftigungsniveau, wenn es bei den entstehenden großen Konglomeraten zu mehr Ausgründungen kommen würde. »Nehmen wir wieder die Fusion Daimler-Benz/AEG, wenn nun Daimler Ausgründungen vornimmt und die AEG auch, so hätten wir eine Anzahl kleiner neuer Unternehmen, in denen Arbeitsplätze geschaffen werden, für Aufgaben, für die es im Großunternehmen vielleicht nicht genug Freiraum gibt, den der tüchtige Daimler-Benz- oder AEG-Mitarbeiter dann in dem ausgegründeten Unternehmen hat.« Es gehe dabei auch darum, »daß die Organisationsfreiheit einer Volkswirtschaft erhalten werden sollte«.

Graf Lambsdorff und Matthias Wissmann hatten gegen die Thesen 4 bis 7 keine Einwände. Anders bei Wolfgang Roth, er nahm eine andere Position ein und ging davon aus, daß Inhaber von Familienunternehmen sich rechtzeitig um einen Nachfolger kümmern müßten oder dafür sorgen sollten, daß die Firma börsenfähig wird. Auch rechtzeitige Umformungen des Unternehmens seien möglich. »Wozu haben wir denn die Aktiengesellschaft, die GmbH?« Auch gegenüber dem Punkt 5, der die Stärkung einer aufgekauften Firma beinhaltet, war er skeptisch. Zu oft erweise es sich, daß sich der Aufkäufer an den Neuerwerbungen den Magen verderbe, so daß Arbeitsplätze verloren statt geschaffen würden. »Ich will Ihnen Ihren positiven Glauben nicht nehmen, ich kann und will mich auch nicht verweigern, wenn ein Unternehmen in Übereinstimmung mit dem Kartellgesetz fusioniert, ich bin nur der Meinung, wir haben als Politiker den Auftrag, ein Klima zu schaffen, in dem man lieber für vielfältigere Marktstruktur als für Riesenkonzerne ist. Es hat sich auch immer wieder gezeigt, daß diese Riesenkonzerne, gerade wenn sie Mischkonzerne sind, erhebliche Trägheiten aufweisen.«

These 6 erkannte er an: »Was wegrationalisiert werden muß, muß wegrationalisiert werden.« Doch von Übernahmen zur Finanzierung von Expansionsplänen, auch wenn das von der aufgekauften Firma gewünscht wurde (Punkt 7), hält er nichts. »Wozu haben wir eigentlich die großen Banken? Die werden bei uns bald nur noch für das herangezogen, was absolut risikolos ist. Sie sind aber dazu da, tragfähige Expansionspläne zu finanzieren . . .«

»Dann würde sich bei sehr starker Expansion doch ein viel zu hoher Fremdkapitalanteil ergeben?«

»Wenn das Unternehmen etwas taugt, kann es sich das nötige Eigenkapital an der Börse beschaffen. Gerade besonders innovative Firmen sollten, wenn ihnen die Nachfrage am Markt dazu die Chance gibt, selbständig bleiben.« Man solle nicht »die ganze organisatorische Erstarrung eines Großkonzerns über eine junge

Firma stülpen«, damit werde nur deren Dynamik erstickt. Die Aufgabe müsse sein, »für einen vernünftig funktionierenden Kapitalmarkt zu sorgen, nicht für eine Fusionswelle«.

Fusionswellen will ja auch niemand. Doch in keinem Fall kann eine Fusion ohne organisatorische Erstarrung erfolgen, wie Leontiades ausführlich darlegt.

Dagegen meinte Prof. Kartte zu Punkt 4: »Das stimmt. Es werden jetzt viele Familienunternehmen verkauft, vor allem nach dem Krieg gegründete Tageszeitungen, aber auch Firmen anderer Branchen, bei denen Söhne und Töchter als Nachfolger nicht funktionieren, da muß eine Übernahme nicht schlecht sein. Das gilt auch für Unternehmen, die aufgekauft werden, weil sie nicht die Kraft haben, eine an sich gute eigene Entwicklung am Markt durchzusetzen. Nur müßte es dann auch immer Zuzug durch Neuerer, durch neue junge Unternehmer geben, es muß immer wieder frischen Durchzug geben. Dazu muß der Staat Marktzutritte fördern, er muß noch bessere Rahmenbedingungen schaffen, steuerpolitisch und auf jede Art, die junge Unternehmer ermuntert.«

Punkt 6: »Wir haben die Erfahrung gemacht, daß in Sanierungsfällen praktisch alle Arbeitsplätze wegfallen, die auch bei Konkurs verlorengegangen wären, denn beim Konkurs entstehen ja wieder neue Arbeitsplätze bei den Unternehmen, die sich die Marktanteile der bankrotten Firmen teilen. Ich würde auch nicht meine Hand dafür ins Feuer legen, daß alle Arbeitsplätze, die beim Konkurs verlorengehen würden, im Sanierungsfall wirklich dauerhaft erhalten werden. Doch die Sanierungsfusion verhindert einen Sturzflug, und das ist ein Wert an sich. Auch bei Ihrem Punkt 5, Stärkung eines schwach gewordenen Konkurrenten durch Aufkauf, fragt sich, wie viele Arbeitsplätze zu dieser Stärkung wegrationalisiert werden mußten. Mit der von Ihnen gemachten Einschränkung, daß sonst zuviel Fremdkapital aufgenommen werden müßte, stimme ich Ihrem Argument 7, Finanzierung von Expanisonsplänen, zu.«

Prof. von Weizsäcker nahm die Arbeitsplatzargumente sehr skeptisch auf: Im marktwirtschaftlichen Prozeß muß man davon ausgehen, daß die Gesamtwirkungen unternehmerischer Entscheidungen immer unübersichtlich sind. »Man kann also nicht die vordergründige Erhaltung oder Schaffung von Arbeitsplätzen durch eine Fusion mit den Gesamtwirkungen auf den Arbeitsmarkt gleichsetzen.«

Der Wettbewerbsexperte des DIHT, Werner Junge, dagegen akzeptierte das Rationalisierungsargument: »Bei Sanierungsfusionen ist die Erhaltung eines Teils der Arbeitsplätze gegenüber Alternative Konkurs ein positives Argument. Nur ein Arbeitsplatz, der rentabel ist, kann erhalten werden.« Zu den übrigen drei Punkten schränkte er jedoch ein: »Positive Arbeitsplatzauswirkungen sind ein Nebeneffekt. Neues, besseres Management könnte das auch erreichen, ohne daß die Firma aufgekauft wird. Das entscheidende ist immer das Unternehmenskonzept, ob es bei Existenzgründung, neuen oder verbesserten Produkten oder durch Fusion neue Nachfragen und damit Arbeitsplätze schafft.«

Beim BDI kommentierten Dr. Hölzler und Dr. Puf die vier Arbeitsplatzargumente schlicht mit: »Im Einzelfall, ja.« Zum Rationalisierungsargument (Nr. 6) merkte Dr. Hölzler allerdings ähnlich wie Prof. Kartte an, daß bei ausgesprochenen Sanierungsfällen oft »so viel rationalisiert werden muß, daß ebenso viele Arbeitsplätze wegfallen wie beim Konkurs, bei dem ja auch ein Teil der Entlassenen bei den Aufkäufern der Konkursmasse oder anderswo wieder Arbeit findet«.

Zu der Ergänzung, daß mit meinem Argument Nr. 7 nicht zuletzt an kleine Hochtechnologieunternehmen zu denken ist, denen die Entwicklung eines Produkts gelang, für das sie nun auf eine so immense Nachfrage stoßen, so daß dafür riesige neue Produktionsanlagen errichtet werden müßten, weshalb sich der Unternehmer zur Beschaffung des Eigenkapitalanteils an der Finanzierung aufkaufen läßt, konstatierte Dr. Hölzler, daß in der Bundesrepublik Erfinder in der Regel alles daransetzen, um selbständig zu bleiben. In den USA gebe es dagegen zahlreiche Tüftler, die bereit sind, zunächst einmal Unternehmer auf Zeit zu werden.

Die Großunternehmer geben diesen Erfindern Gelegenheit, ihre Ideen als selbständige Unternehmer zur Marktreife zu entwickeln, weil die gleiche Entwicklung im eigenen Unternehmen sehr viel teurer würde. Dabei ist jedoch vereinbart, daß die Entwicklungsergebnisse an das Großunternehmen zurückverkauft werden, und gerade deshalb sei es für diese Unternehmer auf Zeit leichter, von Wagniskapitalgesellschaften finanziert zu werden, als für ihre auf dauerhafte selbständige Auswertung ihrer Erfindungen bedachten Kollegen in der Bundesrepublik Deutschland. Das berühmte Silicon Valley ist vor allem durch solche Ausgründungen so schnell aufgeblüht.

Der Unternehmensberater Jürgen Wupper aus Hamburg, der jährlich eine Zusammenfassung aller veröffentlichten Unternehmenszusammenschlüsse, bei denen Firmen der Bundesrepublik beteiligt sind, herausgibt (1986 waren es 1700, davon 181 von zwölf Unternehmen mit zehn und mehr Übernahmen; als Spitzenreiter wird Siemens mit 24 Akquisitionen, gefolgt von der von Graf Lambsdorff erwähnten VEBA mit 20, genannt), und außerdem Monatsberichte über den deutschen Unternehmens- und Beteiligungmarkt, bedauert vor allem die Arbeitsplatzverluste, die bei den norddeutschen Werften durch zu späte Diversifikation eingetreten sind. »Vor zehn Jahren war klar abzusehen, wo die Reise für den Schiffbau hingehen würde, doch man hat weiter in die eigene Branche investiert, in ein Faß ohne Boden, statt zu diversifizieren, seinen Mitarbeitern anzubieten: Wir gehen in die und die Branche mit Zukunft, nehmt die Mühe auf euch, wir schulen euch um. Dann hätte man noch Arbeitsplätze retten oder sogar schaffen können.« Wie auch Leontiades darlegt: Man diversifiziere tunlichst in der Reifephase einer Branche, nicht erst, wenn ein Konkurs nur noch schwerlich aufzuhalten ist.

Frau Dr. Engelen-Kefer stimmte allen vier Argumenten zu und nannte ein Beispiel, bei dem ein Unternehmen geradezu zur Diversifikation – wenn auch nicht durch Firmenaufkauf, sondern durch Ausweitung der eigenen Produktpalette – gezwungen werden mußte, um Arbeitsplatzverluste zu vermeiden: »Grundig meinte, Tausende entlassen zu müssen, doch Gremien aus Betriebsrat, Gewerkschaft und Unternehmensmanagement – wir waren durch unsere Beiträge zur Höherqualifizierung von Grundig-Mitarbeitern auch beteiligt – sorgten dafür, daß Entlassungen unterblieben und eher gesehen wurde, was für neue Produkte in zukunftsträchtigen Bereichen man anbieten konnte. In der Elektronik ist das natürlich nicht ganz so schwierig wie auf anderen Gebieten.«

Es werden so manche zeitlich befristeten Gesetze gemacht, warum nicht auch eine Kartellgesetznovelle, die es dem Kartellamt in den nächsten drei oder vier Jahren ermöglicht, bei Genehmigungen von Fusionen auch zu berücksichtigen, ob die fusionswilligen Firmen glaubhaft machen können, daß durch den Zusammenschluß Arbeitsplätze geschaffen werden? Dann müßten sich Unternehmen, die Übernahmen erwägen, auch darüber Gedanken machen. Wenn Politiker und demokratische Parteien, aber auch die Kirchen und die Medien bei der Schaffung eines jetzt erforderlichen »Klimas« helfen würden, dann ist es das Klima, in dem sich jede Unternehmensleitung verpflichtet fühlt, immer wieder darüber nachzudenken, wie sie Arbeitsplätze schaffen kann – direkt im eigenen Unternehmen oder durch Diversifikation einerseits und Ausgründungen andererseits.

Dieses Klima in der Wirtschaft zu erzeugen ist bei zwei Millionen Arbeitslosen ebenso wichtig wie die weitere Stärkung des Umweltbewußtseins der Bevölkerung. So wie heute Werbespots wirksam sind, die auf die Umweltfreundlichkeit eines Produkts hinweisen, würden in einem solchen Klima auch Hinweise wie »Mit diesem neuen Produkt sind soundso viel neue Arbeitsplätze geschaffen worden« absatzfördernd sein. Dann dürfen aber auch Gewinne nicht verteufelt werden, denn nur gut verdienende Unternehmen können auch einmal auf ein oder zwei Prozentpunkte Rendite verzichten, wenn sie damit gegenüber alternativen Investitionen mehr Arbeitsplätze schaffen.

Die neuen Beschäftigten kaufen sich dann vieles, wofür zuvor das Geld fehlte, und die bislang Arbeitslosen unter ihnen können sich von ihrem Einkommen wieder die Erzeugnisse leisten, von denen sie bei ihrem bisherigen Zuwendungen vielleicht schon zu träumen aufgehört hatten. Das erhöht wiederum die Umsätze anderer Unternehmen, die deswegen Neueinstellungen vornehmen. Und wenn diesen Firmen das neue zusätzliche Wachstum noch nicht genügt, sie aber gute Gewinne erzielen, um so besser, sie können dann ihre Tätigkeit auf ihnen wachstumsträchtiger erscheinende Gebiete ausweiten – und mit dieser Diversifikation weiteres Wachstum erzielen.

Natürlich sind deutliche Fortschritte nur im Konsens mit allen am Entscheidungsprozeß beteiligten Gruppen zu erzielen. Wenn sich bei Regierung und Opposition schon die Überzeugung durchsetzt, daß Konsens für die Rentenreform notwendig ist, wieviel mehr gilt das dann für das noch viel schwierigere Problem der Arbeitslosigkeit. Wie könnte ein solcher Konsens aussehen? Bei Matthias Wissmann stieß ich zumindest auf nachdenkliches Verständnis: Die eine Seite müßte mehr Flexibilisierung zugestehen – da, wo sie, beispielsweise durch Ermöglichung längerer Maschinenlaufzeiten, wirklich Arbeitsplätze schafft –, und die andere Seite hätte begrenzten Beschäftigungsprogrammen zuzustimmen – für Projekte, die dem Umweltschutz oder sonstigen bleibenden Werten dienen und dabei Dauerarbeitsplätze für Betrieb und/oder Instandhaltung schaffen. Gleichzeitig wären Existenzgründungen einschließlich Ausgründungen verstärkt zu fördern, möglichst mit Anreizen auch für die größeren Unternehmen, mehr Ausgründungen fähiger Mitarbeiter zu arrangieren.

Matthias Wissmann sprach sich für eine Wiederbelebung der konzertierten Aktion in kleinerer und damit effektiverer Runde aus. Anhänger aller politischen Lager müßten daran beteiligt werden.

2

Synergieeffekte in deutschen Mischkonzernen

Für Mischkonzerne gibt es auch in der Bundesrepublik Beispiele mit langer Tradition. Der Gründer der Oetker-Gruppe, Dr. August Oetker, hatte sich auf die Expansion im Lebensmittelbereich beschränkt, doch nach dem Zweiten Weltkrieg machte Rudolf August Oetker die Diversifikation zum strategischen Ziel des Unternehmens: »Man soll nicht alle Eier in einen Korb legen« war seine Kurzfassung der Strategie. Die Diversifikation erstreckt sich heute auf die Bereiche Lebensmittel, Getränke und Dienstleistungen mit Schwerpunkt Schiffahrt. Mit der Diversifikation, so der Pressechef der Gruppe, Dr. Rolf Mühlmann, habe man häufig »Uhl und Nachtigall«. Wenn der Dollarkurs sinkt, leidet der Reedereibereich, der auf Dollarbasis abgewickelt wird, »aber dann haben wir die Nachtigall der günstigen Einkaufspreise für Rohstoffe«.

Mehrere Standbeine zu haben oder nicht alle Eier in einem Korb ist, auch ohne Synergie zu erreichen, ein legitimes unternehmerisches Ziel. Doch 1984 tat die Gruppe genau das, was Leontiades vorschlägt – die Bildung einer strategischen Gruppe. Die sich inzwischen durch Zukäufe – beispielsweise im Tiefkühlbereich – vermehrten und die bis dahin unabhängig geführten Lebensmittelunternehmen wurden einer gemeinsamen Geschäftsführung in Bielefeld unterstellt, »und damit wurde neue Kreativität freigesetzt, weil man sich nicht mehr nur mit seinem Produkt, sondern auch mit Nachbarerzeugnissen auseinanderzusetzen hat«. Dabei sind neue Produktideen auf den Weg gebracht worden, und weitere sollen nicht zuletzt daraus erwachsen, daß Forschung und Entwicklung nicht mehr getrennt in drei Firmen, sondern gemeinsam erfolgen. »Bereits 1985 haben wir dann unser gesamtes Marketing-Konzept neu gestaltet und seitdem die Markenführung in neuer Form betrieben.« Funktionale und organisatorische Synergien, Ertragskraft, die man getrennt nicht hatte, wurden gewonnen.

Im Produktionsbereich ist bereits ein neues Werk mit gut hundert Beschäftigten für eine der neuen Produktgruppen in Betrieb, doch im Außendienst wirkt die Konzentration im Handel einer Ausweitung der Beschäftigten entgegen: Auch wenn immer mehr neue Produkte vermarktet würden: Immer weniger Einkäufer des Handels sind zu bedienen. »Das wäre anders, wenn wir eine Fülle von kleinen und mittleren Handelsunternehmen hätten.« Die Konzentration im Handel vernichtet auch in anderen Bereichen Arbeitsplätze und verhindert die Schaffung von neuen.

Im Lebensmittelbereich wird aber die Idee der »Profit Centers« beibehalten: »Die einzelnen Einheiten sollen jede für sich schwarze Zahlen schreiben, und man kann nicht ihren Managern die Ertragsverantwortung geben und sie gleichzeitig wie Abteilungsleiter in einem Großkonzern führen.« So werden organisatorische Dissynergien vermieden.

Bei der BATIG Gesellschaft für Beteiligungen mbH in Hamburg beschreibt Dr. Jörg von Bargen, Chef des Ressorts Presse und Information des Vorstandsvorsitzenden, wie schon durch die Vorstandsorganisation organisatorische Synergien gewonnen werden. Zum Vorstandsvorsitzenden gehören noch die drei weiteren Ressorts Recht und Industriepolitik, Personal sowie vor allem Konzernentwicklung und Diversifikation. Die anderen vier Vorstandsmitglieder (ebenfalls mit unterstellten Ressorts) sind der Finanzchef und die drei Spartenchefs des Zigarettenbereichs, der Europlas Formteile GmbH (Zulieferer für die Kfz-Industrie) und der Horten AG. Außer diesen drei Sparten hat der Konzern nur noch kleinere Minderheitsbeteiligungen. »Damit haben wir die Verantwortlichen für die laufende Geschäftstätigkeit zusammen mit den Trägern der strategischen Verantwortung, die nach vorn denken müssen. Aus der Kombination des operativen Aktualitätsdenkens mit dem strategischen Nach-vorn-Denken gewinnen wir Synergie. Wir haben dazu ein diffiziles Planungs- und Steuerungssystem mit quartalsweise zusammengefaßter monatlicher Berichterstattung aus Rückbetrachtungen mit Ist-Zahlen und auf ein Jahr bezogener Vorschau mit Erwartungszahlen«, um Veränderungen in Unternehmen und auf Märkten früh zu erkennen.

Außerdem gibt es einen Fünfjahresplan, und der Konzern erstellt bis hinab zu Ressorts und darunterliegenden Abteilungen einmal jährlich eine Vorausschau auf die nächsten zehn Jahre. Man sei also gezwungen, »einmal im Jahr zehn Jahre nach vorn zu blicken und sich Gedanken darüber zu machen, wie entwikkeln sich in dieser Zeit Märkte und Unternehmen, welche Maßnahmen sollten wir früh genug einleiten, damit wir nicht in acht Jahren Schiffbruch erleiden«.

Leider – das sagte er über diversifizierte Unternehmen in der Bundesrepublik allgemein – unterbleibe allerdings wegen des irrationalen Klimas gegen Diversifikation so manche vernünftige unternehmerische Entscheidung, weil der Wiederverkauf einer einmal erworbenen Firma zugunsten des Einstiegs in einen aus aktuellster Sicht zukunftsträchtigeren Bereich in der Öffentlichkeit als Fehlschlag der früheren Übernahme dargestellt werde.

»Funktionale Synergien ergeben sich schon aus dem Gedanken- und Erfahrungsaustausch zwischen den Spartenleitern im Vorstand, der die Branchensicht zu einem größeren Horizont erweitert«, sagte ein anderer BATIG-Mitarbeiter, »die Branchen prägen oft ihre Manager, bei einem Seminar unseres Unternehmens konnte ich Teilnehmern, die ich nicht kannte, ansehen, aus welcher von unseren drei Sparten sie kamen.«

Auch bei der Thyssen AG sind unter dem Vorstandsvorsitzenden Dr. Dieter Spethmann die vier großen Unternehmensbereiche Stahl, Edelstahl, Investitionsgüter und Verarbeitung sowie Handel und Dienstleistungen im Vorstand vertreten. Hinzu kommen drei funktionale Mitglieder: der Finanzchef (Controller), ein Vorstandsmitglied für Technik (überwiegend für Stahl) sowie der Arbeitsdirektor.

Im Teilbereich Maschinenbau mit den Schwerpunkten Werkzeugmaschinen der spanenden Bearbeitung, flexible Fertigungssysteme, Montagemaschinen sowie Formen, Werkzeuge und

Vorrichtungen wurden funktionale Synergien durch Transfer von Know-how an die neuen Tochtergesellschaften einerseits, Zugewinne neuen Know-hows von ihnen andererseits erzielt. Diese Art der Synergiegewinnung verdeutlicht wie schon der bei BATIG erwähnte Gedanken- und Erfahrungsaustausch im Vorstand, daß Leontiades vielleicht zu sehr die Übertragung besonderer Fähigkeiten von Mutter- auf Tochtergesellschaft als Quelle von Synergie betont. Im Idealfall wird funktionale Synergie nicht auf einer Einbahnstraße, sondern durch den Austausch von Wissen und Ideen gewonnen. So entsteht bei Thyssen Maschinenbau Synergie durch gemeinsame Entwicklungen in Engineering und Elektronik bei der Lieferung kompletter Systeme zur Lösung individueller Kundenprobleme.

Auch der Teilbereich Aufzüge hat durch Übernahme kleiner und mittlerer Firmen seine Produktions- und Servicekapazitäten ausgebaut und rationalisiert. Durch die Belieferung der neuerworbenen Gesellschaften mit Komponenten aus eigener Herstellung wurden die Fertigungsbetriebe der Aufzugsgruppe höher ausgelastet. Das durch die Geschäftsausweitung vergrößerte Einkaufsvolumen ermöglichte Verbesserungen bei den Einstandskosten, die den Gesellschaften dieses Geschäftsbereichs direkt oder über preisgünstigere Komponenten indirekt zugute kamen. Ferner ließen sich Rationalisierungen durch den Zukauf von Wartungsverträgen erzielen. Das dichte Service-Netz ermöglicht eine Ausweitung des Dienstleistungsangebots über die traditionelle Wartung von Aufzügen und Fahrtreppen hinaus (»Haustechnik«). Schließlich verfügt der vergrößerte Geschäftsbereich nun über eine breitere Basis zur Eigenentwicklung technisch anspruchsvoller Aufzugskomponenten.

Synergien ergeben sich auch aus dem durch die Diversifikation verbreiterten Werkstoffwissen – beginnend bei der Herstellung über die Verarbeitung bis zum sorgfältig beobachteten Gebrauchsverhalten der Kunden. Bei der Entwicklung neuer Gießtechniken nutzte die Thyssen-Gießerei Erfahrungen aus dem Stahlbereich des Konzerns. Überformate für die Audi-Bodenbleche oder Lkw-Fahrerhäuser sind das Ergebnis einer intensiven Zusammenarbeit im Laserschweißen zwischen Thyssen

Stahl (Verfahrens- und Prüftechnik) und Thyssen Nothelfer (Konstruktion und Anlagenbau).

Die Trägerelemente der Magnetschwebebahn Transrapid werden durch einen Arbeitskreis von Thyssen Stahl und Thyssen Industrie optimiert: Dazu gehören Werkstoffeinsatz (Güte und Erzeugungsform), Fügetechnik, Konstruktion, Fertigungsverfahren und Mechanisierung. Das Zusammenspiel von Thyssen Stahl/Thyssen Edelstahl (Werkstoffe), Thyssen Maschinenbau/Milford Fabricating Company (Werkzeuge) sowie Thyssen Informationstechnik/The Budd Company (Fertigungseinrichtungen) ermöglicht die Herstellung von Teilen und Komponenten nach Kundenzeichnungen für Prototypen oder auch den kompletten Prototypenbau und das Erarbeiten kompletter Systemlösungen für Serienfertigungen verschiedenster Art.

Thyssen Stahl und Thyssen Umformtechnik (Brackwede) entwickelten gemeinsam die Längsträger aus höherfesten Stählen (PAS = perlitarme Stähle). Bei der Verarbeitung von hochfesten und/oder oberflächenbeschichteten Feinblechen steht Thyssen Umformtechnik das gesamte Know-how der Anwendungstechnik der Thyssen Stahl AG zur Verfügung. Bei der Entwicklung von geschmiedeten Fahrwerksteilen, die aus der Schmiedehitze vergütet werden, konnte Thyssen Henschel auf das Werkstoff-Know-how von Thyssen Edelstahl zurückgreifen. Im Zusammenspiel zwischen der Anwendungstechnik von Thyssen Stahl und Thyssen Edelstahl als Werkstofflieferanten und der Thyssen Draht AG wird das Schweißverhalten optimiert, damit können den Kunden ganze Systemlösungen angeboten werden, die vom Schweißverhalten abhängen.

Aus der Darstellung der Gewinnung finanzieller Synergie bei Thyssen wird deutlich, daß finanzielle Synergie nicht nur einfach eine höhere Rendite eines aufgekauften Unternehmens gegenüber alternativen Investitionen im eigenen Unternehmen bedeuten muß, vielmehr wird sie auch durch intelligente Senkung von Finanzierungskosten sowie durch rationell auf die Konzernkomponenten verteilte Nutzung der eigenen laufenden Einnahmen erreicht. Die Thyssen-Gruppe wird zwar dezentral geführt, davon ausgenommen ist aber das Finanzmanagement, das bei der

Thyssen AG liegt, die somit gegenüber jedem potentiellen Kreditgeber ein starker Partner ist. Damit hat sie allerdings auch über 180 in- und ausländische Gesellschaften der vier Unternehmensbereiche finanziell zu koordinieren.

So stellt zum Beispiel der Bereich Investitionsgüter und Verarbeitung mit seinen vielfach auf Einzelfertigung angelegten Aufträgen – bei denen Anzahlungen üblich sind – ganz andere Finanzierungsanforderungen als der Handel mit seinen Finanzierungserfordernissen im Umlaufbereich oder etwa die Bereiche Edelstahl und Stahl, die aufgrund ihrer hohen Anlagenintensität langfristige Finanzierungsmittel binden.

Mit der zentralen Führung der Finanzen sollen die verfügbaren Mittel an die Konzerngesellschaften mit den besten unternehmerischen Aussichten gelenkt werden. Dieser Steuerung dienen die kurz- und langfristigen Finanzpläne, vor allem die Fünfjahresfinanzplanung. Im Mittelpunkt der Planungsüberlegung steht der Cash-flow: Wie sollen die laufenden Einnahmen auf die Konzerngesellschaften verteilt werden?

Die finanzielle Führung schließt auch das Konzernclearing ein, das alle Konzernunternehmen dazu verpflichtet, nicht benötigte Barmittel der Thyssen AG zur Verfügung zu stellen sowie einen etwaigen Finanzbedarf auch bei ihr zu decken. Dazu nutzt die Thyssen AG zunächst die Gelder, die ihr aus dem Clearing zufließen, erst bei darüber hinausgehendem Bedarf erfolgen Kreditaufnahmen.

Die Vorteile der Zentralisierung des Finanzbereichs sieht der Konzern wie folgt:

1. Personal-, Raum- und Materialkosteneinsparungen durch Reduzierung der Finanzabteilungen in den Konzerngesellschaften auf ein Minimum.
2. Durch die Verrechnung von konzerninternen Zahlungsvorgängen wird das Geldvolumen, das über die Bank geleitet wird, wesentlich verringert. Für diese Zahlungsvorgänge fallen also keine Bankgebühren – sogenannte Postengebühren – an; ferner entfällt der bankinterne zinslose Postlauf.

3. Aufgrund des Einsatzes überschüssiger Liquidität einer Konzerngesellschaft zur Deckung des Geldbedarfs einer anderen Konzerngesellschaft, also durch die zentrale Steuerung der Konzernliquidität, ergibt sich ein geringerer Zinsaufwand: Der Gewinn der Bank, die Differenz zwischen Guthaben- und Kreditzins, wird eingespart
4. Durch das gebündelte höhere Volumen sind bessere Konditionen bei den Kreditinstituten zu erzielen.

Auch die Mannesmann AG nennt günstigere Finanzierungsmöglichkeiten für Umlaufvermögen und etwa notwendige Absatzfinanzierungen sowie günstigere Zinssätze als finanzielle Synergien, die sich aus dem Konzernverbund ergeben. Quelle funktionaler Synergie, so Pressechef Dr. Friedrich Schunder, ist das Mannesmann-Forschungsinstitut, das allen Konzernunternehmen zur Verfügung steht, vor allem auf den Gebieten Werkstoffe und Verarbeitungs- oder Produktionsverfahren. Außerdem gibt es einen Konzernentwicklungsausschuß, in dem größere Vorhaben besprochen werden. Auch werden in den verschiedenen Konzerngesellschaften angesammelte Kenntnisse und Erfahrungen untereinander ausgetauscht, beispielsweise auf den Gebieten der neuen Techniken und Verfahren wie computergestütztes Entwerfen (CAD, Computer-Aided Design) und computergestützte Herstellung (CAM, Computer-Aided Manufacturing).

Das Auf und Ab im Baugewerbe macht Diversifikation in dieser Branche besonders attraktiv. So kaufte sich der Münchner Bauunternehmer Josef Schörghuber zwei Brauereien – »Sympathie für die Branche« war einer der Gründe für seine Wahl. »Das Management der Brauereien hatte seine Qualität durch die Erwirtschaftung guter Ergebnisse bewiesen – Sympathie und gute Zahlen haben bei mir den Eindruck erweckt: Hier kann nichts passieren.« Zudem seien Brauereien große Grundstückseigentümer, das spiele eine Rolle für sein Baugeschäft, und die Arbeitnehmer der Baubetriebe trinken gerade in Bayern gern Bier, »da gibt es schon nutzbringende Verbindungen«, so werde auch ein gewisses Maß an Synergie erzielt.

Mancher Mittelständler scheint auch für breitere Diversifikation schon geboren zu sein. Dr. Johann Vielberth begann seinen Einstieg in die Diversifikation mit dem Verkauf der freien Tankstelle, die den Beginn seiner unternehmerischen Tätigkeit markierte. Heute entsteht unter seiner Regie in Regensburg ein großer Dienstleistungskomplex. In Betrieb sind bereits eine Ausstellungshalle, die bei einfacher Bestuhlung auch für Veranstaltungen mit bis zu 1800 Teilnehmern benutzt werden kann, ein Hotel und ein Kongreßzentrum mit den modernsten Tagungseinrichtungen (für maximal 350 Personen). Unten im Kongreßzentrum ist ein getrennt geführter Restaurationsbetrieb, daneben wird noch ein Fitneßzentrum gebaut. Alle Einrichtungen sind um einen künstlichen See mit Baumbepflanzung an den Ufern angelegt und haben getrennte Betreiber, denn für so verschiedene Gebiete kann man sich nur auf Experten verlassen.

Organisatorisch bewältigt Dr. Vielberth das so: Die Gewerbepark Regensburg Verwaltungsgesellschaft gibt »die groben Regeln und Richtlinien« für die fünf Betriebe aus, damit sie »in einer Richtung arbeiten«, also Synergien erzielen. Daneben gibt es die Gewerbepark Regensburg GmbH als Entwicklungsgesellschaft. Sie entwickelt die Bauprojekte von der Konzeption bis zur Vollendung und betreut auch die Mieter. Die beiden Gewerbeparkgesellschaften werden getrennt geführt, »denn der Mann, der ein guter Verwalter von Immobilien ist, muß nicht unbedingt gut im Immobiliengeschäft sein«. Dr. Vielberth sorgt also für organisatorische Synergie und scheint ein besonders gutes Gespür für die Auswahl der richtigen Mitarbeiter und Partner zu haben. Seine »zweite Schiene« sind gegenwärtig das Donau-Einkaufszentrum in Regensburg und zwei kleinere »Nachbarschaftseinkaufszentren« in der Umgebung der Stadt. Mit der dritten Schiene kehrt er zum Tankstellengeschäft zurück, jetzt mit Markentreibstoff. Er hat nach dem Erfolg der Autohöfe an verschiedenen Autobahnabfahrten die erste Einrichtung dieser Art an der Autobahn Nürnberg–Wien errichtet. Lkw- und zunehmend auch Pkw-Fahrer machen gern von den bisher etwa 40 Autohöfen Gebrauch. Mit großen Parkflächen ausgestattet, sind sie abseits vom Hauptverkehr ruhiger gelegen und haben »meistens sehr gute Gaststätten, weil sie ja die Leute nicht einfach hereingeschaufelt bekommen wie die Autobahnraststätten«. Zudem ist das Benzin billiger als direkt an der Autobahn, und es werden Duschmöglichkeiten geboten.

Nun ist Dr. Vielberth eher ein Beispiel für interne Diversifikation - eigene Gründungen, nicht Firmenaufkäufe. Wenn die meisten mittelständischen Firmen und Unternehmer ihren Aktionsbereich erweitern, ohne Unternehmen aufzukaufen, warum können das nicht alle Großunternehmen erst recht? Die Antwort bietet indirekt ein deutsches Familienunternehmen, das mit einem Jahresumsatz von 3,3 Milliarden DM 1986, davon 1,43 Milliarden DM im Inland, zu den Großunternehmen zählt: die Freudenberg-Gruppe. Sie geht auf eine 1849 gegründete Lederfabrik zurück, und Leder blieb bis 1950 die alleinige Basis für die Erzeugnisse des inzwischen international tätig gewordenen Unternehmens.

Die heute 165 Mitglieder der Gesellschafterversammlung sind alle direkte Nachkommen des Gründers, und statutengemäß können sie ihre Anteile auch nur an andere Nachfahren dieses Urgroßvaters von Hermann Freudenberg, dem heutigen Senior der Unternehmensleitung, verkaufen. Die Gesellschafter erhalten eine Mindestverzinsung ihrer Anteile auch in schlechten Jahren, die sich in ertragsreichen Jahren aber nur geringfügig erhöht, so daß die Gewinne größtenteils in die Reserven gehen und damit für Investitionen verfügbar werden. Schon in den Statuten von 1936 war vorgesehen, daß auch Nichtfamilienmitglieder in die Unternehmensleitung berufen werden können. Das geschah erst 1972, doch heute gehören der Unternehmensleitung, deren Beschlüsse einstimmig sein müssen, neben zwei weiteren Familienmitgliedern vier »Außenseiter« an. Die sieben müssen alle fünf Jahre bestätigt werden, und bei 65 Jahren liegt die eiserne Pensionsgrenze.

In der Weltwirtschaftskrise der dreißiger Jahre wurden die Exporte der Firma durch Protektionismus unmöglich gemacht. Die Arbeitsplätze wurden durch Vereinbarung einer 25-Stunden-Woche erhalten, und die Suche nach neuen Produktionsmöglichkeiten führte zur Herstellung von Wurstdärmen aus Lederhautabfällen (»eßbares Kollagen«, ein Protein der Haut). So wurde Freudenberg eine der ersten Firmen, die Recycling betrieb, und noch heute stellt eines der Freudenberg-Werke in Weinheim täglich etwa zweieinhalbtausend Kilometer Darm her. Kollagen wird heute beispielsweise auch in blutstillender Watte und Kosmetikprodukten verwendet.

Später wurde der Verdrängung des Leders aus vielen Anwendungsbereichen durch Herstellung von Erzeugnissen aus Synthesekautschuk begegnet, auch das von Dr. Bayer erfundene Polyurethan wandte Freudenberg als eines der ersten Unternehmen an, vor allem aber wurden Vliesstoffe entwickelt, die Gewebe beispielsweise als Bekleidungseinlagenstoffe immer mehr ablösen. Auf Basis dieser Werkstoffe wurden nicht Massenwaren, sondern vielfältige »Nischenprodukte« für Spezialanwendungen geschaffen.

»Bei der Notwendigkeit zu ständigen Rationalisierungen ist unsere Hauptaufgabe, Arbeitsplätze zu erhalten, eine Riesenaufgabe, es muß immer wieder etwas Neues produziert werden, damit nicht Leute wegrationalisiert werden. Wenn wir im letzten Jahr ein neues großes Rentenwerk für unsere Arbeitnehmer vereinbart haben, so zeigt dies aber, daß wir daran glauben, in dreißig Jahren eher mehr Menschen zu beschäftigen als jetzt, sonst läßt sich so ein Rentenwerk ja nicht finanzieren.« Man habe zwar in den letzten zwanzig Jahren immer wieder Abteilungen schließen müssen, doch in den dann zur Herstellung anderer Produkte umgebauten Gebäuden arbeiten, so Hermann Freudenberg, vielfach »die gleichen Leute, die nicht selten ihre dritte, vierte oder sogar fünfte Tätigkeit bei uns ausüben«. Hätten wir doch mehr Unternehmer und Spitzenmanager, die so denken – und handeln: »Wir legen uns mit dem Rentenwerk bewußt einen unternehmerischen Zwang zur Erhaltung, möglichst Schaffung von Arbeitsplätzen auf.«

Was für Synergien mit den weit über hundert Firmen der Freudenberg-Gruppe erzielt werden, zählt Hermann Freudenberg in einer Vielzahl auf. Die fünf Hauptsynergien sind: 1) die Kenntnis vieler Märkte, die die Entwicklung und Vermarktung neuer Produkte erleichtert, 2) Werkstoffkenntnisse, mit denen sich immer wieder neue Anwendungsbereiche erschließen lassen, 3) Kombinationsmöglichkeiten verschiedener Technologien zur Entwicklung neuer Erzeugnisse, 4) Optimierung von Erzeugnissen für die Kunden durch Selbstherstellung hochspezialisierter Maschinen und Werkzeuge für den eigenen Bedarf, 5) zentrale Konzernorganisation, die den Tochtergesellschaften mit erstklassigen Fachkräften vieles abnimmt und vielfältige Spareffekte erzielt.

Ein besonders interessantes Einzelbeispiel: Durch Spezialisierung der Produktion von Auslandstöchtern können deren Erzeugnisse oft besonders preisgünstig als »Randsortimente« mit den Hauptsortimenten aus deutscher Produktion zusammen angeboten werden, umgekehrt werde aus den deutschen Betrieben gerade in die Länder am meisten exportiert, in denen sich auch Produktionsstätten der Freudenberg-Gruppe befinden.

Freudenberg hat seine Diversifikation weitaus überwiegend intern betrieben. Dabei »haben alle neuen Gebiete, die heute groß sind, uns mindestens zehn Jahre lang Geld gekostet«. Jeder wolle in Wachstumsbranchen, so daß viele dabei Schiffbruch erleiden. Es sei viel interessanter, in schwierige Wirtschaftszweige zu gehen, wenn man das richtige Konzept dafür habe. Das Konzept von Freudenberg sei die Substitution von Erzeugnissen mit schrumpfendem Absatz durch andere nach Kundenbedarf, den man mit Überzeugungskraft auch wecken oder auslösen könne: »Märkte kann man machen.« Dazu gehöre die Erfüllung höchster Qualitätsansprüche und bester Service.

Damit ist aber auch schon gesagt, in welchen Bereichen man eher interne Diversifikation versuchen kann: In den nicht so rasch wachsenden Branchen oder als Zulieferant für sie, während es in den Wachstumsbranchen schon von Vorteil sein kann, ein Unternehmen mit bestehenden Kapazitäten zu kaufen, denn in diesen Branchen scheitern ja nicht nur viele, sondern die Konkurrenz beschleunigt auch das Tempo der technischen Entwicklung. Gerade für branchenfremde Unternehmen ist der Aufkauf einer Firma ein legitimer und oft der einzig gangbare Weg, am Fortschritt einer Wachstumsbranche teilzunehmen und dann eventuell auch zu lernen, daran mitzuwirken.

3
Großfusionen – Verbot per se?

Die Monopolkommission hat sich in ihrem im Juli 1986 veröffentlichten Jahreshauptgutachten kritisch zu den drei Genehmigungen des Bundeskartellamts geäußert, mit denen der Daimler-Benz AG gestattet wurde, eine Mehrheitsbeteiligung an der AEG zu erwerben, ihren Anteil an der MTU Motoren- und Turbinen Union München GmbH von 50 auf 100 Prozent aufzustokken und eine Mehrheitsbeteiligung von 65 Prozent an dem Luft- und Raumfahrtunternehmen Dornier GmbH zu übernehmen.*

Die Hauptsorge der Kommissionsmehrheit, so läßt sich dem Gutachten entnehmen, ist, daß zu große Unternehmen »unkontrollierbare Einflußnahmen auf Entscheidungen der verschiedenen politischen Ebenen« ausüben könnten. Daher halte sie ein generelles Verbot von Großfusionen für erwägenswert, von dem nur abgewichen werden könnte, wenn der Bundeswirtschaftsminister die Fusion aus Gründen des Gemeinwohls genehmigt. Wie wenig Daimler selbst dazu geneigt ist, auf höhere politische Instanzen einzuwirken, zeigte die Reaktion des Unternehmens auf das negative Urteil des Bundesverfassungsgerichts zur geplanten Teststrecke in Boxberg. Die Daimler Benz AG bekundete keinerlei Interesse an der goldenen Brücke, die das Urteil enthielt – die Enteignung des Geländes könne durch ein Landesgesetz genehmigt werden. Mittelständische Unternehmen mögen manchmal durchaus Einflußfaktoren in Gemeinden sein, in denen sie die Mehrzahl der Arbeitsplätze stellen, aber für Großunternehmen gilt dies nur bedingt. Nach dem durch die Parteispendenprozesse geschärften Mißtrauen der Bevölkerung werden

* Bundestagsdrucksache 10/5860 v. 21. 7. 86, S. 184 – 193

Konzerne strikter vermeiden, sich durch Versuche von Einflußnahmen ins Gerede zu bringen.

Prof. von Weizsäcker sagte erst nach langer Diskussion zu einem strikten Verbot von Großfusionen ab bestimmten Umsatzhöhen: »Vielleicht ist es doch nicht die beste Lösung.« Alle anderen im 2. Kapitel Zitierten lehnten ein solches Verbot klar ab. Wolfgang Roth allerdings nur, weil dies dem Wirtschaftsminister die Bürde der Entscheidungen über Ausnahmegenehmigungen aus Gründen des Gemeinwohls auflaste.

Es dürfte allgemein Grund zur Genugtuung geben, daß mit der Übernahme der AEG durch die Daimler-Benz AG Zehntausende von Arbeitsplätzen gesichert und ein Unternehmen mit reichem technischen Know-how durch neue Finanzkraft wieder auf dem Binnenmarkt und international wettbewerbsfähiger gemacht werden kann.

Im Oktober 1986 veröffentlichte das »Handelsblatt« unter der Überschrift: »Dollarschwäche bremst Gesundung« einen Bericht über die AEG, als die Dollarkurse noch günstiger als Mitte 1987 waren. Durch die Übernahmen wäre die Daimler Benz AG in der Liste der größten Industrieunternehmen der Welt gemäß Umsatz 1985 von Platz 31 auf Platz 18 vorgerückt. Sollte die drittgrößte Volkswirtschaft der Welt, die so exportabhängig ist, nicht auch noch größere Unternehmen haben können? Und wie sollen Großfirmen, die schwach geworden sind (aber wie die AEG ein erhebliches technisches Potential besitzen), denn saniert werden, wenn nicht durch andere Großunternehmen? Etwa durch noch mehr Fremdkapital der Banken? Die Monopolkommission bemängelt, das Kartellamt habe nicht erkennen lassen, ob es sich im Fall AEG um eine Aufholfusion handele oder um eine, die zu verstärktem Oligopolverhalten führe – das muß doch keine Alternative sein. Auf vielen Märkten wird die AEG mit Sicherheit durch den Aufkauf aufholen können, vor allem auf internationalen; auf manchen Teilmärkten mag sich ein Oligopolverhalten nicht ausschließen lassen.

Der Kfz-Kernbereich der Daimler-Benz AG allein hat über 30000 Zulieferanten. Im Konzern wird betont, daß sowohl die AG als auch diese kleinen und mittleren Unternehmen vom Austausch von Innovationen profitieren. Die Großunternehmen seien unerläßlich für die großen Entwicklungen von der Grundlagenforschung an, die kleinen für spezifische Erzeugnisse, manchmal eben aus eigener angewandter Forschung. Sie ergänzten sich gegenseitig, als ein Beispiel für ein wertvolles Ergebnis dieser Zusammenarbeit wird das Anti-Blockier-System genannt. Doch die Entwicklung eines neuen Automodells, die heute zwei Milliarden DM koste, könne sich eben nur ein großes Unternehmen leisten. Die gesunde marktwirtschaftliche Überzeugung, daß Konkurrenz auch auf dem Binnenmarkt nötig sei, um international an der Spitze zu bleiben, wird auch innerhalb des Konzernverbunds praktiziert, indem bei den Konkurrenten gekauft wird, wenn deren Erzeugnisse besser sind als die der Konzernunternehmen. Doch die Chefmanager der drei neuen Tochtergesellschaften sind Mitglieder des Vorstands der Daimler-Benz AG geworden, der Beschlüsse nur einstimmig faßt – keiner muß sich überstimmen lassen.

Ein Beispiel für Synergiegewinnung ist das O-Bahn-Nahverkehrssystem der Daimler-Benz AG, zu dem zwei Tochtergesellschaften etwas beisteuerten: die AEG einen Elektromotor (als Zweitmotor) und die Steuerung, Dornier die dazugehörige Software sowie den Stromabnehmer. Um die künftige systematische Synergiegewinnung kümmert sich der Struktur- und Synergieausschuß des Konzerns auf Vorstandsebene. Auch in ihm sind die Tochtergesellschaften vertreten.

Im neuen Technologiekonzern, wie das neue Unternehmenskonzept überschrieben wird, soll das Automobil die überragende Rolle behalten. Doch vor allem wegen der neuen »Querschnittechnologien«, die praktisch alle Branchen verändern und von denen die Kommunikationstechnik für Fahrzeuge aller Art besonders wichtig sei, habe man sich zur Konzernerweiterung entschlossen, um den künftigen Fortschritt besser mitgestalten zu können. Kooperation zu neuen Entwicklungen sei nur auf begrenzte Zeit zur Erarbeitung von Grundlagen möglich: »Kooperation ist die Fortsetzung der Konkurrenz mit anderen Mitteln.« Die wichtigsten Komponenten des Autos müßten mit dem Gesamtprodukt identifiziert werden und daher aus eigener Produktion kommen. So paßt MTU ohnehin ins Konzept. Der Anteil der elektronischen Komponenten am Auto soll von jetzt 0,4 Prozent auf über zehn Prozent im Jahr 2000 steigen, da kann die Daimler-Benz AG noch mehr Elektronik brauchen, als von der AEG und ihren Töchtern zu erhalten ist. Da es viele Berührungspunkte zwischen den erdgebundenen Autos und den Luft- und Raumfahrzeugen gibt, erscheint auch die Übernahme von Dornier sinnvoll.

So sieht denn Daimler die Bildung seines Vierklees Daimler-Benz, MTU, Dornier und AEG nicht so sehr als konglomerate Fusion, sondern als vertikale Integration, bei der die Enderzeugnisse im Bereich des Fahrzeugbaus im weitesten Sinne liegen – bei Dornier reichen sie eben bis in die Weltraumfahrt hinein.

Edzard Reuter, der neue Vorstandsvorsitzende der Daimler-Benz AG antwortet auf die Frage: »Was ist Ihre Version vom Technologiekonzern Daimler-Benz im Jahr 2000?«

»In nur dreizehn Jahren wird bei einigermaßen normaler Entwicklung das Haus Daimler-Benz unverändert den Löwenanteil seiner Umsätze im Geschäft mit qualitativ hochwertigen und wertbeständigen Personenkraftwagen und Nutzfahrzeugen der Spitzenklasse erzielen. Allerdings wird sich sehr viel deutlicher als heute abzeichnen, daß zunehmend Transportsysteme und nicht allein nur Fahrzeuge unser Angebot bestimmen. Gleichzeitig wird der Anteil neuer Geschäftsfelder am Konzernumsatz bis dahin spürbar zugenommen haben. Ich halte es jedoch für falsche Präzision, wollte ich Ihnen die wahrscheinlichen Umsatzanteile im einzelnen vorhersagen.

Entscheidend ist etwas anderes. Im Jahr 2000 wird der Daimler-Benz-Konzern ein Unternehmen sein, das aus der Berührung verschiedenster Technologien neue Quellen von Wachstum, Wertschöpfung, Ertrag und Beschäftigung geschaffen hat und weiter schafft. In dem einen oder anderen besonders erfolgreichen Fall werden sich daraus völlig neue Unternehmen entwikkeln, die im Konzert der Gesellschaften des Daimler-Benz-Konzerns einen beachteten, vielleicht sogar beneideten Platz einnehmen.«

Ernst Reuter hat als Regierender Bürgermeister von Berlin

bewundernswert viel für seine Stadt und damit für Deutschland getan. Wenn sein Sohn Edzard als neuer Vorstandsvorsitzender der Daimler-Benz AG den Konzern mit seinen Töchtern erfolgreich auf dem konzipierten Weg zum Technologiekonzern führt und dabei – trotz aller noch notwendigen Rationalisierungen von Betrieben und Produktpalette – die Zahl der Beschäftigten per saldo steigt, dann leistet er Bedeutendes für die gesamte Wirtschaft. Gutes Gelingen beim nunmehr größten deutschen Unternehmen wäre nicht nur nützlich, in bezug auf die Schaffung von neuen Arbeitsplätzen, sondern würde auch helfen, die Vorurteile gegen Groß- und Mischkonzerne abzubauen – auch die größten differenziert und objektiv zu bewerten.

Es wäre in vielen Fällen antimarktwirtschaftlich, dirigistisch und schädlich, den Großunternehmen Wachstum durch Firmenübernahmen zu verweigern – es kann schöpferische Impulse auslösen, sogar immense. Allerdings sollte es daneben Ermutigungen zu Ausgründungen unternehmerischer Mitarbeiter mit marktfähigen Ideen geben. Die Diversifikation von kleinen, mittleren und großen Unternehmen in zukunftsträchtige Bereiche ist – wenn sie nicht auf ein Gebiet mit hohem Wachstum spezialisiert sind – ihre Chance, selbst höheres Wachstum zu erzielen und damit auch Beiträge zur Steigerung des gesamtwirtschaftlichen Wachstums zu leisten. Klug, mit unternehmerischem Talent sowie mit Verantwortungsbewußtsein für Erhaltung und, solange noch nötig, Schaffung von Arbeitsplätzen diversifizierende Unternehmen – solche Mischkonzerne verändern die Welt: Sie sind ein neuer Weg zu ansehnlichem Wirtschaftswachstum und mehr sowie höherqualifizierten Beschäftigten – Motoren des Fortschritts.

Personen- und Sachregister

Ablon, Ralph E. 230
Absatzsteigerung 91
Abschreibung 41
Agee, Bill 76
Agglomerate 47
Aktiengesellschaft 59, 79
Aktiengesellschaft, Deutsche 150
Aktionärsinteressen 307
Aktionärsstimmrechte 190, 192
Aktiva, unterbewertete 190f.
Akzeptanz 17
Anderson, Robert O. 164
Anforderungen, strategische 222
Anlagemöglichkeiten 89
Anpassungsperiode 134
Anreize 157
Ansoff, Igor 310
Arbitrageur, professioneller 57
Aufbau- u. Expansionsprogramm 99
Aufkäufe 51
Ausgründungen 315
Ausnahmegenehmigung 356
Austin, J. Paul 207

Bankenkonsortium 329
Bargen, Jörg von 344
Barrieren 187f., 292
Baukastenprinzip 132
Baumol, William J. 62
Bayer 352
Beckett, John R. 264
Bennett, George 310
Bennigsen-Foerder, Rudolf 318
Berle 53
Betriebsgesellschaft 141
Betriebsorganisation 97
Betriebssystem 246
Binnenmarkt 357
Bluhdorn, Charles 33, 51, 206, 210f.
Board of Trustees 27
Börsenaufsichtsbehörde 19
Börsenstrategie 321
Börsenwert 327
Branchengrenzen 122
Branchenkrise 323
Branchenordnung 196
Branchenstruktur 115, 196, 253, 316
Branchenumstrukturierung 189f., 194
Bryan, John A. 210
Buckley, Robert J. 230
Bundeskartellamt 324, 355
Bundesverfassungsgericht 355
Buzick, William A. jr. 206, 209f.

Carnegie, Andrew 32, 114
Cash-flow 82, 91
Chandler, Alfred 128, 132, 135, 182
Chef-Manager (CEO) 76, 129, 148f., 153–156, 158, 161, 163, 165, 203f., 209f., 214, 218, 220, 222, 224, 229, 242f., 246, 255f., 258ff., 263f., 303, 307
Chief Corporate Officer (CCO) 149
Chief Operations Officer (COO) 148f.
Clausewitz, Karl von 130
Coffin, Charles 213
Cummings, Nathan 209f., 222
Cummunication Commission 40
Cunningham, Harry 218–221

Darwin, Charles 157
Davis, Martin 210f.

de Gaulle, Charles 131
Depression 27
Dewar, Robert E. 215
Dezentralisation 131, 306
Dezentralisierung 42, 151, 153
Dienstleistungsangebot 346
Differenzierung 147, 151, 158, 165
Discounted Cash Flow 286
Discounting 219
Dissynergien 111
Dissynergien, organisatorische 111, 267
Diversifikation 15ff., 19–22, 24f., 29, 31f., 38, 43f., 46–49, 52f., 58, 60f., 63f., 66f., 69, 73, 79f., 82f., 92, 95, 102, 106f., 110, 113f., 117f., 120–123, 127, 169, 173ff., 182, 185f., 196, 207–211, 213–218, 225, 228, 235f., 241f., 251, 253, 259–265, 267, 269, 272, 279, 283, 285, 288–291, 295ff., 301f., 304, 307ff., 313f., 318, 327, 344, 349f.
Diversifikationsaktivitäten 133, 151
Diversifikation, Anfänger der 136
Diversifikationsbewegung 33, 304
Diversifikationsentscheidung 131, 304
Diversifikation, Evolution der 136
Diversifikation, interne 142, 351, 353
Diversifikation, Management der 50, 280, 296
Diversifikationsmöglichkeiten 123
Diversifikationsneulinge 145
Diversifikation, Planung der 24, 262
Diversifikationsprogramm 10, 21, 24, 146, 209, 264, 266f.
Diversifikationsrisiko 175
Diversifikationsspektrum 136
Diversifikation, Strategie zur 36, 49, 130, 148, 159, 170, 175, 178, 196, 198, 229, 254, 279, 298, 301
Diversifikation, vier Stadien der 137
Diversifikationszyklen 133
Diversifizierung 62, 65, 105, 111,
Divestitionen 197, 199
Dividenden 60
Donaldson, Gordon 59
Dürr, Heinz 324
Drucker, Peter F. 117, 205f., 263
Effektivität 87f., 208
Effizienz 87f., 97, 102, 123, 162, 169, 179, 183, 215, 241
Effizienz, organisatorische 110
Effizienz, Steigerung der 111, 168, 181
Eigenkapitalbildung 318
Eisenhower, Dwight D. 131
Engelen-Kefer, Ursula 324, 340
Entwicklungsphase 215
Erfolgsschlüssel, Identifizierung der 274, 280
Ersatzinvestitionen 91
Ertragskraft 85
Ertragsmaximierung 52
Ertragssteigerung 287
Expansion 98, 138, 148, 263, 297

Fähigkeiten, branchenspezifische 167
Fähigkeiten, strategische 226
Fauber, Bernard M. 216
Federal Communications Commission (FCC) 41
Federal Trade Commission 13, 19
Fehlkalkulation 285
Fehlleistungen, betriebliche 96
Fels 313ff., 336
Ferkauf, Eugene 219
Ferris, Paul 228
Figgle, H. E. jr. 230
Finanzanalyse 287
Finanzbedarf 348
Finanzierungsmöglichkeiten 106
Finanzkonglomerat 185
Finanzmarktsegmente 185
Finanzstrategie 94
Finanzwesen 129, 156
Firmenaufkäufe 36, 331
Firmengründung 80
Firmenübernahme 30, 35, 80, 93, 180ff., 228, 231, 244, 261, 268, 281f., 285f., 288, 296, 299, 321
Firmenübernahme, Planung der 261, 269
Flexibilität 134, 147, 151, 165, 183, 243, 262, 278
Flexibilität, Prinzip der 147
Ford, Henry 32, 259f.

Freeman, Joseph 226
Fremdfinanzierung 80, 356
Freudenberg, Hermann 315
Frühwarnsignale 184
Führung, dynamische 254
Führungskräfte 52, 254
Führungsposition 48, 226
Führungsstil 219
Fünf-Faktoren-Modell 190
Fünfjahresplan 345, 348
Fuqua, J. B. 230
Fusionen 44, 51, 57, 61, 135, 183, 188, 216, 227, 235, 297–301, 308f.
Fusionen, konglomerate 317, 326, 358
Fusionsarten 29
Fusionsbewegung 39, 227, 300
Fusionsfall
Fusionspromoter 28
Fusionsprozeß 323
Fusionsschritte 44
Fusionsstrategie, effektive 128
Fusionstrend 28
Fusionswelle 29, 43, 128,

Galbraith, John Kenneth 17
Gegenstrategie 185
Gemeinschaftsunternehmen 191
Geneen, Harold 142, 206, 222
Gesamtkonzern 107, 239, 265
Gesamtmanagement 97, 145
Gesamtorganisation 107, 132
Gesamtstrategie 81, 147, 149, 151, 204, 236, 242, 255
Gesamtsynergie 111
Gesamtunternehmen 46, 106, 243
Gesamtunternehmen, Leistung des 101
Gesamtunternehmen, Umstrukturierung des 132
Geschäftsstrategien 9
Gewinnausschüttung 140
Gewinnmaximierung 45
Giftpillen 75f., 299
Glover, John D. 79
Goethe, Johann Wolfgang von 290
Goizueta, Roberto 207f.
Goldene Fallschirme 75f., 299
Goldsmith, Sir James 57
Grace, Peter 230
Gratisaktien 76
Gray, Harry 230
Größeneffekt 167, 172, 181, 188, 194, 273, 277f.
Großfusionen 355
Großunternehmen 43, 46, 51f., 62, 68, 78, 80f., 94, 108, 129f., 135, 161, 165, 180, 182, 193, 197, 199, 224, 230, 235, 245, 259, 281f., 295f., 306
Großunternehmen, Entstehung von 25
Gruhler, Wolfram 115
Grundstrukturen, organisatorische 129
Grüne Post 75, 299, 308
Gruppen, strategische 102, 159f., 161f.
Gruppen, Evolution strategischer 198
Gutfreund, John H. 228
Gutoff, Reuben 227

Hamilton, Lyman 222
Hammer, Armand 209, 230
Handelskommission (FTC) 67
Heinemann, Ben W. 230
Hennessy, Edward L. 208, 230
Hersch, Burton 205
Hockaday, Irv 230
Hölzler, Heinrich 329f., 339
Holdinggesellschaft 27, 89, 101, 128, 135f., 139f., 143, 146f., 155, 184, 217, 220, 227, 300

Iacocca, Lee 223
Icahn, Carl 57, 298
Identifizierungsprogramm 224
Image 163
Imperienbaumeister 32
Industrieimperium 35
Industrieunternehmer 53f.
Ineffizienzen 189, 194f.
Informationssystem 69
Innovation 120, 152, 154, 180, 218, 251f., 292, 303
Innovation, organisatorische 143, 157
Innovationsbereitschaft 141

Institut der deutschen Wirtschaft (IW) 313
Integration 112, 134, 148, 155, 209, 306
Integration, horizontale 15, 297f., 301
Integration, Planung der 263
Integration, synergieerzeugende 268
Integration, vertikale 15
Integrität, persönliche 224
Investitionen 58, 103, 347
Investitionsbedarf 41, 91
Investitionsentscheidung 59
Investitionserträge 89
Investitionsfelder 322
Investitionsgüter 348
Investitionslenkung 140
Investitionsmittel 92, 108
Investitionsmöglichkeiten 89, 94, 115
Investitionsplanung 135
Investitionsstrategie 92
Investmentfonds 192
Investor 58
Investoren, institutionelle 57

Jacobs 298
Jobs, Stephen P. 254
Johnson, Howard 203
Jung, Carl Gustav 204
Junge, Werner 327, 329, 339

Kapitalinvestoren 73
Kapitalmärkte 59
Kapitalmarkt, Dynamik des 74
Kapitalzufuhr 318
Kartellamt 356
Kartellanwälte 9
Kartellgesetznovelle 326
Kartte, Wolfgang 324, 338
Kelly, Donald 150, 218, 220f.
Keynes, Lord John Maynard 62
Kieschnik, William F. 164
Kirby, Robert E. 40
Kompetenz 104, 167
Komplexität 79, 134
Konglomerate 13, 16–20, 25, 31–38, 42ff., 46–49, 51f., 59, 61, 63, 65ff., 70f., 73–82, 127, 132–136, 138, 140, 143ff., 147f., 150, 153, 157, 159ff., 165, 167, 173, 190, 192, 196, 199f., 208, 211f., 214, 220f., 235f., 242, 248, 251, 260, 266, 285f., 313, 316
Konglomerate, ausgereifte 136, 140
Konglomerate, Rationalisierung der 49
Konglomeratsbewegungen 37f., 43, 79, 81, 196, 207
Konglomeratsfusionen 13, 128
Konglomerate, Leitung der 22
Konglomeratslogik 38, 60
Konglomeratsmanagement 22,108
Konglomeratsmanager 32,70,207ff.
Konglomeratsphilosophie 31
Konglomeratsstil 43,77,80,96,196, 227, 265
Konglomeratsstrategie 104, 127, 130, 132, 134, 235, 269
Konglomeratsunternehmer 32, 35, 85f., 89, 206, 211, 220
Konglomeratsunternehmertyp 230
Konjunkturschwankungen 238
Konkurrenten, ausländische 81, 83
Konkurrenten, japanische 118
Konkurrenzdruck 170
Konkurrenzfähigkeit 196
Konkurs 184f.
Konsolidierung 28f., 44, 47, 70, 163
Kontrolle, zentralisierte 138
Konzentration 169
Konzentration, horizontale 315
Konzentration, konglomerate 315
Konzentration, vertikale 315
Konzept, strategisches 180, 200
Konzernentwicklung 344
Konzernentwicklungsausschuß 349
Konzernliquidität 349
Konzernmanagement 140, 152, 155, 159
Konzernorganisation 151, 258
Konzernorganisation, effiziente 106
Konzernplanung 241, 255f.
Konzernstrategie 145
Konzernstruktur, Rationalisierung der 211

Konzernverbund 136
Kostensenkung 61f., 287, 309
Krisenmanagement 121
Kulturschock 108
Kurs/Gewinn-Verhältnis 286

Lamb, Robert B. 142
Lambsdorff, Otto Graf 317, 319, 337, 340
Lebenszyklusphasen 118
Leslie, Hannah 28
Levitt, Theodore 45
Ling, James J. 33, 51, 206
Little, Royal 60, 71, 266
Liquidität 349
Lorsch, Jay W. 59
Love, Howard M. 176f.

MacGregor Burns, James 204
Macht, wirtschaftliche 78
Markmann, Heinz 316f., 324, 335
Makromanager 32
Management 16, 21f., 28, 32, 35, 42, 50, 53, 56f., 60, 64f., 69f., 73, 81, 88, 91, 97, 108, 122, 127f., 130, 133, 136, 141, 144f., 147–151, 154, 158f., 161, 174f., 179, 184f., 192, 203, 206, 212, 215, 224, 230, 235, 238, 242, 259, 263, 266, 277, 288, 290, 300f., 304, 306ff., 324
Management, Anforderungen an das 125–231
Managementaufgaben 58, 67
Managementbürde 197
Management, dezentralisiertes 70
Management, Effizienz des 69, 88, 265
Managementfähigkeiten 104, 112
Managementfunktionen 53, 224
Management, Grundfunktionen des 25
Management, Gruppen- 143, 258
Managementhierarchie 49, 128
Managementinformationssysteme 69
Managementliteratur 13
Managementprobleme 70, 139, 199
Managementreform 324
Managementroutinen 207
Managementsektor 143
Managementstil 23, 113, 146, 152, 159, 164, 209, 216f., 251
Managementstrategie 58, 120f., 132, 142, 204, 283
Managementstruktur 112, 212, 230
Management, systematisches 86
Managementtalent 220
Managementteam 222, 231
Manager, Auswahl des 203, 223
Manager, professionelle 53, 230
Managertyp 206, 225, 250
Manager, Vorbereitung der 218
Markenartikel 162
Marketing 31, 97–100, 129, 138, 156, 171, 173, 226, 246, 283, 289, 315
Marketingkonzept 344
Marktakzeptanz 115
Marktanalyse 195, 268
Markt, Auswahl des 179
Markteintrittsbarrieren 195
Marktsegmentierung 98f.
Marktstrategie, Gewinnbeeinflussung der 86
Marktwirtschaft 313
Martini, Emil P. jr. 176
Massenarbeitslosigkeit 330
Massenproduktion 26, 30, 167, 169, 172, 287
Mean 53
Mehrheitsbeteiligung 355
Mellon, Andrew W. 205
Merkantilimus 52
Mischfinanzierung 328
Mischkalkulation 328
Mischkonzerne 323
Mischkonzern, Aufbau des 23, 233
Mischkonzern, Begründer des 36
Mischkonzern, Definition des Phänomens 19
Mischkonzern, Fehlleistung des 14
Mischkonzern, integrierter 107
Mischkonzern, Management des 20, 107
Mischkonzern, Trend zum 52
Mittelmanagement 229, 254
Monopolkommission 10, 326, 355f.
Monopolstellung 316
Morgan, J. P. 213

Motivationssystem 152
Mühlmann, Rolf 343
Muttergesellschaft 96f., 101, 113, 135, 153, 196

Nachfolgeproblem 230
Nachfolger, potentieller 229
Nachfolgersyndrom 209
Neff, John 42
Nehls, Rainer G. 320
Nelson, Ralph L. 29
Neupositionierung 258
Novak, William 224

Oetker, August 343
Ohmae, Kenichi 119, 255
Organisation 129, 151, 153f., 157, 159, 163
Organisation, einheitliche 21
Organisationsprinzip 128, 261
Organisationsstruktur 130, 132, 134, 137, 141f., 146, 149, 152, 156, 163, 165, 168, 213f., 248, 260, 265

Panzai, John C. 62
Papierunternehmertum 73
Penrose, Edith T. 69
Personalmanagement 304
Peters, Tom 18, 63–66, 86, 159f., 185, 247
Pickens, T. Boone 57, 191, 298, 308
Planung, dezentralisierte 241
Planung, Einzelbereichs- 245
Planung, koordinierte 244, 246
Planung, kreative 247
Planung, langfristige 238ff.
Planung, Probleme bei der 237
Planung, Routine- 247
Planung, schöpferische 254
Planung, strategische 24, 178, 186, 237, 240, 243f., 255f.
Planung, systematische 24, 260
Planung, zentrale 243
Planungsaktivitäten 244, 246ff., 252
Planungsarbeit 235
Planungsbedarf 252
Planungshierarchie 245
Planungsmethoden 253
Planungsprozeß, strategischer 92
Planungsstäbe 257
Planungsstil 249
Planungssysteme 235–238, 242
Planungstechnik 237
Planungszyklus 238f., 244, 246
Pools 27
Portefeuille, diversifiziertes 96
Portefeuille-Management 86, 90f., 284, 290
Porter, Glenn 28
Porter, Michael 86, 186–189, 194, 253
Posner, Victor 57
Produktdiversifikation 319
Produktinnovation 250
Produktion 129
Produktionsfaktor 325
Produktionsmöglichkeiten 351
Produktivität 108
Produktivitätsreserven 74
Produktivitätssteigerung 102f., 332
Professionalisierung 43
Promotor 28
Puf, Peter-R. 330, 339
Pützhofen, Dieter 331

Qualifikation 222, 225
Qualitätszirkel 191, 305f.

Rationalisierung 44, 49, 103, 162, 209, 261, 269, 333
Rau, Johannes 332
Reformen 298
Reform, organisatorische 148
Renaissance, industrielle 200
Rendite 89, 115, 190, 192
Rentenwerk 352
Reorganisation 104, 107, 110, 251
Reorganisation, effiziente 110
Reorganisationsmaßnahmen 244
Reputationen 278f.
Ressourcentheorie 316
Reuter, Edzard 358
Reuter, Ernst 358
Revolution, industrielle 200
Riesenhuber 336
Risikokapitalgesellschaft 158
Risikokapitalisten 280ff.

Risikostreuung 94, 319
Roach, John D. C. 237, 254
Rhode, Achim 344
Roth, Wolfgang 322, 324, 337

Scharffenberger, George F. 230
Schlüsselelemente 24, 279
Schlüsselfaktoren 272f.
Schlüsselfunktionen 276f.
Schlüsselkonzept, strategisches 309
Schmidt, Helmut 323
Schörghuber, Josef 349
Schumpeter, Joseph 81, 204
Schunder, Friedrich 349
Schwächen, Neugruppierungen von 182
Securities and Exchange Commission (SEC) 19
Singleton, Henry E. 48, 209, 230, 302
Sloan, Alfred 259f.
Smith, Adam 62, 104, 167f.
Smith, Roger B. 243, 304
Spethmann, Dieter 331ff., 345
Spezialisierung 52f., 62f., 68, 104, 129, 167
Spitzenmanagement 67f., 112, 131, 267
Spitzenmanager 59, 76, 86, 93, 148, 153, 161, 215, 217, 223, 237, 256, 265, 280, 283, 299
Stabilität 148, 165, 212, 251
Stabilität, industrielle 186
Standard Industrial Classification (SIC) 19, 46
Standard-Leistungsindikatoren 71
Stanlex, Morgan 287
Stärken, Neugruppierungen von 182
Steinberg, Saul 57, 75, 284, 298
Steuergesetzgebung 318
Strategie 46, 50, 52f., 58, 62f., 68–71, 73, 77, 82, 86, 92, 98–101, 113, 119f., 127ff., 132f., 135f., 138, 144–149, 156, 158, 170ff., 178, 181f., 186, 194, 197f., 204, 206f., 214–218, 228f., 231, 235, 238, 240ff., 246, 249, 251f., 258f., 261, 267, 272, 274, 278f., 301, 303
Strategieentwicklung 178, 253
Strategieveränderungen 163, 165, 183, 235, 247
Strichman, George 206, 230
Struktur, administrative 139, 141
Strukturanalyse 195
Struktur, organisatorische 127, 144, 146, 154, 235
Strukturveränderungen 163
Subventionierung 333
Sullivan, Fred R. 230
Synergien 13, 16, 20f., 47, 62, 85f., 88, 90, 97, 101, 104, 112, 128, 135f., 140f., 148, 150, 161f., 174, 178, 195, 199, 261, 265, 267, 346, 350
Synergieausschuß 324
Synergieeffekte 317, 329
Synergieentwicklung 110, 265
Synergie, finanzielle 88, 107f., 111, 140f., 146, 173, 347, 349
Synergie, funktionale 107, 111, 268, 300, 345, 349
Synergie, langfristige 302
Synergie, organisatorische 88, 102, 107, 110f., 135f., 161, 300, 325, 344

Technik 156
Technik, ineffiziente 190
Telling, Edward R. 208
Test, psychologischer 224
Thompson, Rupert 266
Tochtergesellschaft 27, 80, 82, 89ff., 101, 108, 135, 138ff., 147, 153, 158f., 161, 176f., 182, 199f., 213, 220, 227, 239, 241, 261
Trautman 222
Trusts 27

Übergangsmanager 209
Übergangsphasen 143, 211
Übernahmeaktivitäten 143
Übernahmeangebote 189
Übernahmebewegung 39
Übernahmehunger 190, 193
Übernahmekandidaten 262, 273, 276, 280, 288
Übernahmemöglichkeiten 74, 287
Übernahmepraktiken 75
Übernahmeprogramme 264
Übernahmespezialisten 57